BERNAL DÍAZ DEL CASTILLO

HISTORIA VERDADERA DE LA CONQUISTA DE LA NUEVA ESPAÑA

(TOMO I)

ERANDIQUE

COLECCIÓN

HISTORIA VERDADERA DE LA CONQUISTA DE LA NUEVA ESPAÑA (TOMO I)
BERNAL DÍAZ DEL CASTILLO

©Colección Erandique
Supervisión Editorial: Óscar Flores López
Diseño de portada: Andrea Rodríguez—Mariana Turcios
Administración: Tesla Rodas—Jessica Cordero
Director Ejecutivo: José Azcona Bocock
Primera Edición
Tegucigalpa, Honduras—Junio 2025

EL LIBRO DEL SOLDADO QUE CAMINÓ JUNTO A HERNÁN CORTÉS

La historia "verdadera" no es tan verdadera. Es imposible que lo sea cuando quien la escribe es un soldado español. Sin embargo, eso no le quita valor, pues no estamos ante una visión lejana o de "oídas", sino frente al testimonio directo de un soldado —Bernal Díaz del Castillo— que marchó junto a Hernán Cortés.

Más allá de la aventura, el autor presenció la destrucción de ciudades y templos, los asesinatos, el saqueo, el engaño, la perplejidad de los pueblos invadidos, la crueldad de los conquistadores.

A Díaz del Castillo se le acusa de escribir un relato altamente subjetivo, con la idea de reivindicar su papel y el de sus compañeros.

"El texto de Díaz del Castillo debe leerse no solo como una fuente testimonial, sino como una construcción retórica en la que el autor manipula la memoria para erigirse como autoridad moral frente a otros discursos más institucionalizados", señala Rolena Adorno, especialista en literatura colonial.

La autora de El sujeto colonial y la escritura del yo agrega que: "Cuando Bernal Díaz del Castillo escribió la Historia verdadera de la conquista de la Nueva España, confesó temer que sus lectores pudieran considerar ficticios los relatos de los noventa y tres días de batalla, pues podían parecer sacados de una novela de caballerías".

Para la académica, esto significa que Bernal Díaz del Castillo reconocía que su relato podía parecer exagerado o demasiado novelado, lo que sugiere un autodescubrimiento consciente de lo "literario" en su estilo histórico.

Además —explica— hay una tensión entre verosimilitud y género literario… La crónica de Díaz oscila entre el discurso histórico y estructuras propias de la narrativa de aventuras o caballerías, lo que puede añadir vivacidad, pero también suscitar dudas sobre su fidelidad factual.

Aun así, el libro (que Colección Erandique publica en dos tomos) conserva su valor testimonial y vivencial.

Pues, a diferencia de otros cronistas que no participaron en los hechos, Bernal Díaz del Castillo fue un testigo ocular y protagonista activo.

Eso le permite describir las batallas, las reuniones políticas y culturales, su visión del propio Hernán Cortés, de la Malinche, de Montezuma, Pedro de Alvarado y de fray Bartolomé de las Casas.

En Historia verdadera de la conquista de la Nueva España, Díaz del Castillo nos ofrece descripciones detalladas de las creencias de los indígenas y de los métodos de los invasores para imponer sus creencias religiosas; de los templos, ciudades, vestimenta, alimentos y costumbres.

El lector encontrará no solo relatos de batallas, alianzas y traiciones, sino también una vívida descripción del mundo indígena.

Este primer tomo sienta las bases de lo que vendrá después: la narración de la expedición de Cortés, el encuentro con Moctezuma, las intrigas entre españoles, las alianzas con pueblos indígenas y el lento avance hacia la gran Tenochtitlan.

El libro original está cargado con referencias y notas al pie de página. Hemos decidido suprimirlas con el objetivo de que la lectura de Historia verdadera de la conquista de la Nueva España sea más fluida y no detenga al lector.

Aunque se conserva el espíritu de la gramática con la que Bernal Díaz del Castillo escribió el libro, se corrigieron las tildes en desuso.

No se diga más. Inicie este viaje fascinante con una de las descripciones más antiguas que hay sobre la conquista. Sorpréndase y disfrute, pero que eso no le impida hacer su propio análisis crítico de la conquista (brutal y sanguinaria), realizada por hombres que no conocieron la piedad… ni la lealtad.

ÓSCAR FLORES LÓPEZ
Editor Colección Erandique

CAPÍTULO I: COMIENZA LA RELACIÓN DE LA HISTORIA

Bernal Díaz del Castillo, vecino y regidor de la muy leal ciudad de Santiago de Guatemala, uno de los primeros descubridores y conquistadores de la Nueva España y sus provincias, y del Cabo de Honduras y Higüeras —que en esta tierra así se nombra—, natural de la muy noble e insigne villa de Medina del Campo, hijo de Francisco Díaz del Castillo y de María Díez Rejón, su legítima mujer, regidor que fue de dicha villa, a quien por otro nombre llamaban "el Galán" —que tengan santa gloria por lo que a mí toca, y también todos los verdaderos conquistadores, mis compañeros, que hemos servido a Su Majestad en descubrir, conquistar, pacificar y poblar todas las demás provincias de la Nueva España, que es una de las más notables regiones descubiertas del Nuevo Mundo—, lo cual descubrimos por nuestra propia cuenta, sin que Su Majestad tuviese noticia de ello.

Y hablando ahora en respuesta de lo que han dicho y escrito personas que no llegaron a saberlo, ni lo vieron, ni tuvieron noticia verdadera sobre esta materia que trataron, sino que hablaron según su antojo, con el fin de oscurecer, si pudieran, nuestros muchos y notables servicios, para que no haya fama de ellos ni sean tenidos en la alta estima que justamente merecen. Y como la malicia humana es de tal calidad, no quisieran los malos retratistas que fuésemos recompensados o reconocidos como Su Majestad lo ha mandado a sus virreyes, presidentes y gobernadores.

Y dejando estas razones aparte, y porque cosas tan heroicas como las que adelante relataré no se olviden ni se aniquilen, y se conozcan claramente como verdaderas, y para que se desechen y tengan por nulos los libros que sobre esta materia se han escrito —porque están llenos de errores y apartados de la verdad—, y para que haya memoria memorable de nuestras conquistas, pues existen historias de hechos heroicos que ha habido en el mundo, es justo que estas nuestras tan ilustres se pongan entre las más nombradas que hayan acontecido, ya que con tan excesivos riesgos de muerte, heridas y mil penas pusimos y aventuramos nuestras vidas, tanto por mar —descubriendo tierras de las que jamás se había tenido noticia— como por tierra, luchando de día y de noche contra innumerables guerreros, y tan alejados de Castilla, sin tener socorro ni ayuda alguna, salvo la gran misericordia de Dios Nuestro Señor, que es el único y verdadero auxilio, y fue servido de que ganásemos la Nueva España y la muy famosa y gran ciudad de Tenochtitlán-México, que así se llama, y otras muchas ciudades y provincias, cuyos nombres no declaro aquí por ser tantos.

Y después que las tuvimos pacificadas y pobladas de españoles, como muy buenos y leales vasallos servidores de Su Majestad —como lo estamos por obligación a nuestro rey y señor natural—, con gran respeto se las enviamos a entregar, por medio de nuestros embajadores, a Castilla, y de allí a Flandes, donde Su Majestad tenía entonces su corte. Y ya que tantos bienes —como adelante diré— han resultado de ello, y la conversión de tantas miles de almas que se han salvado y se siguen salvando cada día, las cuales antes se perdían para siempre en el infierno, además de esta santa obra, téngase en cuenta las grandes riquezas que desde estas partes enviamos en presentes a Su Majestad, y las que han ido y van cotidianamente, tanto en los quintos reales como en lo que transportan otras muchas personas de todo tipo.

Digo, pues, que haré esta relación sobre quién fue el primer descubridor de la provincia de Yucatán, y cómo fuimos descubriendo la Nueva España, y quiénes fueron los capitanes y soldados que la conquistamos y poblamos, y otras muchas cosas relacionadas con dichas conquistas que son dignas de saberse y no quedar en el olvido. Lo cual diré lo más brevemente que pueda y, sobre todo, con estricta verdad, como testigo presencial

Y si tuviera que decir y recordar, una por una, las hazañas heroicas que en las conquistas realizaron los valerosos capitanes y fuertes soldados que desde el principio estuvimos en ellas, sería necesario escribir un gran libro para explicarlo como corresponde, y lo habría de hacer un cronista muy afamado que tuviera otra elocuencia más clara y retórica más graciosa que estas mis palabras tan mal dispuestas, para poderlo expresar tan elevadamente como merece, según se verá en lo que está escrito más adelante.

Pero en lo que yo me hallé, vi, entendí y recuerde —aunque no lo diga con el ornato elevado y estilo delicado que se requiere— lo escribiré con la ayuda de Dios, con honesta verdad, conforme al parecer de los sabios varones, que afirman que la buena retórica y elegancia en lo que se escribe consiste en decir la verdad, y no en sublimar ni en adular a unos capitanes mientras se rebaja a otros, especialmente en una relación como esta, que debe perdurar en la memoria.

Y porque yo no soy latino ni sé del arte de marear ni de sus grados y alturas, no trataré de ello, porque, como digo, no lo sé, salvo en las guerras y batallas y pacificaciones, en las cuales me hallé. Porque yo soy quien vino desde la isla de Cuba, de los primeros, en compañía de un capitán que se llamaba Francisco Hernández de Córdoba. Trajimos de aquel viaje ciento diez soldados, descubrimos lo de Yucatán y nos mataron, en la primera tierra que desembarcamos, que se llama la punta de Cotoche, y en un pueblo más adelante, que se llama Champotón, a más de la mitad de nuestros compañeros; y el capitán salió con diez flechazos, y casi todos los soldados con dos o tres heridas. Y viéndonos de tal modo, hubimos de volver con mucho trabajo a la isla de Cuba, de donde habíamos salido con la armada. Y el capitán murió luego, al llegar a tierra, de manera que de los ciento diez soldados que veníamos, quedaron muertos cincuenta y siete.

Después de estas guerras, volví segunda vez desde la misma isla de Cuba con otro capitán que se llamaba Juan de Grijalva, y tuvimos otros grandes encuentros de guerra con los mismos indios del pueblo de Champotón; y en estas segundas batallas nos mataron muchos soldados. Y desde aquel pueblo fuimos descubriendo la costa adelante hasta llegar a la Nueva España, y pasamos hasta la provincia de Pánuco; y otra vez hubimos de volver a la isla de Cuba muy destrozados y fatigados, tanto por hambre como por sed y otras causas que adelante diré en el capítulo que de ello trate.

Y volviendo a mi relato, vine la tercera vez con el venturoso y esforzado capitán don Hernando Cortés, que después, con el tiempo, fue Marqués del Valle y tuvo otros títulos. Digo que ningún capitán ni soldado pasó a esta Nueva España tres veces seguidas, una tras otra, como yo. De modo que soy el más antiguo descubridor y conquistador que ha habido ni hay en la Nueva España, aunque muchos soldados vinieron dos veces a descubrirla: una con Juan de Grijalva, ya por mí mencionado, y otra con el valeroso Hernando Cortés; pero no todos tres veces seguidas, porque si alguno vino al principio con Francisco

Hernández de Córdoba, no vino la segunda con Grijalva ni la tercera con el esforzado Cortés.

Y Dios ha sido servido de guardarme de muchos peligros de muerte, tanto en este trabajoso descubrimiento como en las muy sangrientas guerras mexicanas. Y doy a Dios muchas gracias y loores por ello, para poder decir y declarar lo acaecido en esas mismas guerras.

Y además de esto, considérenlo y piénsenlo bien los curiosos lectores: que, siendo yo en aquel tiempo de unos veinticuatro años, estando en la isla de Cuba, el gobernador de ella —que se llamaba Diego Velázquez, y era deudo mío— me prometió que me daría indios de los primeros que vacasen; y no quise esperar a que me los dieran. Siempre tuve el celo de buen soldado, el que está obligado a tener, tanto para servir a Dios como a nuestro rey y señor, y procurar alcanzar honra, como los nobles varones deben buscar la vida e ir de bien en mejor.

No me detuvo la muerte de los compañeros que en aquellos tiempos nos mataron, ni las heridas que recibí, ni las fatigas ni trabajos que pasé y pasan quienes van a descubrir tierras nuevas, como nosotros nos aventuramos: ¡siendo tan pocos compañeros, entrar en tan grandes poblaciones llenas de multitud de guerreros belicosos! Siempre fui adelante y no me quedé rezagado en los muchos vicios que había en la isla de Cuba, como más claramente verán en esta relación desde el año de mil quinientos catorce, que vine de Castilla y comencé a militar en lo de Tierra Firme y a descubrir lo de Yucatán y Nueva España.

Y como mis antepasados, y mi padre, y un hermano mío siempre fueron servidores de la Corona Real y de los Reyes Católicos, don Hernando y doña Isabel, de muy gloriosa memoria, quise parecerme en algo a ellos. Y en aquel tiempo, que fue el año de mil quinientos catorce, como ya tengo declarado, vino por gobernador de Tierra Firme un caballero que se llamaba Pedrarias Dávila, y acordé venirme con él a su gobernación y conquista.

Y por acortar palabras, no diré lo que sucedió en el viaje, sino que unas veces con buen tiempo y otras con malo, llegamos al Nombre de Dios, porque así se llama. Al cabo de tres o cuatro meses de estar allí establecidos, se desató una pestilencia de la cual murieron muchos soldados; y además de eso, la mayoría enfermábamos y se nos hacían unas malas llagas en las piernas.

También hubo diferencias entre el mismo gobernador y un hidalgo que en aquella sazón estaba por capitán y había conquistado aquella provincia, el cual se llamaba Vasco Núñez de Balboa, hombre rico, con quien Pedrarias Dávila casó a una hija suya, llamada doña Fulana Arias de Peñalosa. Y después que la hubo desposado, según pareció, y por ciertas sospechas que tuvo de su yerno —que se le quería alzar con copia de soldados para irse por la mar del Sur—, lo mandó degollar por sentencia, y hacer justicia de ciertos soldados.

Y viendo lo que acabo de contar, y otras revueltas entre sus capitanes, y alcanzando a saber que estaba recién poblada y conquistada la isla de Cuba, y que en ella gobernaba un hidalgo llamado Diego Velázquez, natural de Cuéllar —ya mencionado antes por mí—, acordamos ciertos caballeros y personas de calidad, de los que habíamos venido con Pedrarias Dávila, de pedirle licencia para irnos a la isla de Cuba. Y él nos la dio de buena voluntad, porque no tenía necesidad de tantos soldados como los que había traído de Castilla para hacer guerra, ya que no había qué conquistar, pues todo estaba pacificado, y su yerno, Vasco Núñez de Balboa, lo había ganado todo. Y además, la tierra era de por sí muy corta.

Así que, teniendo ya la licencia, nos embarcamos en un buen navío y, con buen tiempo, llegamos a la isla de Cuba e hicimos la debida cortesía al gobernador; y él se alegró con nosotros y nos prometió que nos daría indios cuando vacaran encomiendas.

Y como ya habían pasado tres años, así en lo que estuvimos en Tierra Firme como en la isla de Cuba, sin haber hecho cosa digna de contarse, acordamos juntarnos ciento diez compañeros, entre los que habíamos venido de Tierra Firme y otros que en la isla de Cuba no tenían indios, y concertamos con un hidalgo llamado Francisco Hernández de Córdoba —ya mencionado antes por mí, hombre rico y con pueblo de indios en la isla— para que fuera nuestro capitán, por ser persona suficiente para ello, y salir a nuestra ventura a buscar y descubrir tierras nuevas donde pudiéramos emplear nuestras personas.

Y para ese fin compramos tres navíos: dos de buen porte, y el otro era un barco que obtuvimos del mismo gobernador Diego Velázquez, fiado con la condición de que, antes de que nos lo diera, debíamos obligarnos a ir con esos tres navíos a unas isletas que están entre la isla de Cuba y Honduras, que ahora se llaman las islas de los Guanaxes, y que debíamos ir en son de guerra y cargar los navíos con indios de aquellas islas para pagar con ellos el barco, usándolos como esclavos.

Y cuando los soldados vimos que lo que pedía Diego Velázquez no era justo, le respondimos que lo que decía no lo manda Dios ni el rey: ¡que hiciésemos esclavos a quienes eran libres! Y cuando supo nuestra intención, dijo que era mejor la nuestra que la suya, la de ir a descubrir tierras nuevas, y entonces nos ayudó con pertrechos para la armada.

Me han preguntado ciertos caballeros curiosos que para qué escribo estas palabras que dijo Diego Velázquez sobre vendernos su navío, porque parecen feas y no deberían ir en esta historia. Digo que las incluyo porque así conviene, por los pleitos que nos puso Diego Velázquez y el obispo de Burgos, arzobispo de Rosano, que se llamaba don Juan Rodríguez de Fonseca.

Y volviendo a mi materia: y después que nos vimos con tres navíos y matalotaje de pan cazabe, que se hace de unas raíces, y compramos puercos, que costaban a tres pesos —porque en aquella sazón no había en la isla de Cuba vacas ni carneros, ya que entonces comenzaba a poblarse—, y con otros mantenimientos como aceite, compramos cuentas y cosas de rescate de poca valía. Buscamos también tres pilotos, siendo el principal y quien gobernaba nuestra armada un tal Antón de Alaminos, natural de Palos; el otro se llamaba Camacho de Triana, y el tercero, Juan Álvarez el Manquillo, natural de Huelva.

Asimismo reunimos los marineros que nos hacían falta, y el mejor equipo que pudimos conseguir: cables, maromas, guindalezas, anclas, pipas para llevar agua y todas las demás cosas necesarias para continuar nuestro viaje. Todo esto lo costeamos por nuestra propia cuenta y provisión.

Y después que reunimos a todos nuestros soldados, fuimos a un puerto que se llama en lengua de indios Axaruco, en la banda del norte, y que estaba a ocho leguas de una villa que entonces estaba poblada y que se llamaba San Cristóbal, la cual, dos años después, trasladaron adonde ahora está asentada La Habana.

Y para que con buen fundamento estuviese encaminada nuestra armada, tomamos con nosotros a un clérigo que residía en la misma villa de San Cristóbal, llamado Alonso González, quien se fue con nosotros. Además de esto, elegimos como veedor a un soldado llamado Bernaldino Íñiguez, natural de Santo Domingo de la Calzada, para que, si Dios nos encaminaba a tierras ricas y con gentes que poseyeran oro, perlas, plata u otras riquezas, hubiese entre nosotros una persona encargada de guardar el real quinto.

Y después de todo esto dispuesto, y oída misa, encomendándonos a Dios Nuestro Señor y a la Virgen Santa María Nuestra Señora, su bendita Madre, comenzamos nuestro viaje de la manera que diré.

En ocho días del mes de febrero del año de mil quinientos diecisiete, salimos de La Habana, del puerto de Axaruco, que está en la banda del norte, y en doce días doblamos la punta de Santo Antón, que por otro nombre, en la isla de Cuba, se llama Tierra de los Guanahataveyes, que son unos indios como salvajes. Y doblada aquella punta y puestos en alta mar, navegamos a nuestra ventura hacia donde se pone el sol, sin conocer bajos ni corrientes ni qué vientos suelen dominar en aquella altura, con gran riesgo de nuestras personas, porque en aquella sazón nos vino una tormenta que duró dos días con sus noches, y fue tal, que estuvimos a punto de perdernos. Y desque abonanzó, continuando nuestra navegación, pasados veintiún días desde que habíamos salido del puerto, vimos tierra, de lo cual nos alegramos mucho y dimos muchas gracias a Dios por ello.

Aquella tierra jamás se había descubierto ni se tenía noticia de ella hasta entonces. Y desde los navíos vimos un gran pueblo, que al parecer estaba a dos leguas de la costa. Y viendo que era una gran población, y no habíamos visto ni en la isla de Cuba ni en La Española pueblo tan grande, le pusimos por nombre el Gran Cairo. Acordamos que los dos navíos de menos porte se acercaran lo más posible a la costa, para ver si habría fondo donde pudiésemos anclar junto a tierra.

Y una mañana, que fue cuatro de marzo, vimos venir diez canoas muy grandes, que se llaman piraguas, llenas de indios naturales de aquella población, y venían a remo y vela. Son canoas hechas a manera de artesas, grandes y de maderos gruesos y ahuecados, de modo que están vacías por dentro; todas de una sola pieza de madera, y hay muchas de ellas en que caben hasta cuarenta indios.

Quiero volver a mi materia. Llegados los indios con las diez canoas cerca de nuestros navíos, les hicimos señas de paz, llamándolos con las manos y capeando para que se acercaran a hablarnos —pues entonces no teníamos intérpretes que entendiesen la lengua de Yucatán ni la mexicana—, vinieron sin temor alguno, y subieron a la nao capitana unos treinta de ellos. Les dimos a cada uno un sartal de cuentas verdes, y estuvieron mirando por buen rato los navíos. Y el más principal de ellos, que era cacique, dijo por señas que se querían volver en sus canoas e ir a su pueblo, y que al día siguiente regresarían con más canoas para que pudiéramos saltar a tierra.

Estos indios venían vestidos con camisetas de algodón, como jaquetas, y cubrían sus partes con unas mantas angostas que entre ellos llaman masteles. Los tuvimos por hombres de más razón que los indios de Cuba, porque los de Cuba andaban con las vergüenzas descubiertas, excepto las mujeres, que llevaban unas ropas de algodón hasta los muslos, que llaman naguas.

Volvamos a nuestro relato. Al otro día por la mañana volvió el mismo cacique a nuestros navíos y trajo doce canoas grandes —ya he dicho que se llaman piraguas— con indios remeros, y dijo por señas, con rostro muy alegre y muestras de paz, que fuéramos a su pueblo, que nos darían comida y lo que necesitáramos, y que en aquellas canoas podíamos desembarcar. Entonces decía en su lengua: Cones cotoche, cones cotoche, que quiere decir: "Andad acá, a mis casas". Y por esta causa le pusimos por nombre a aquella tierra Punta de Cotoche, y así está en las cartas de marear.

Viendo nuestro capitán y los demás soldados los muchos halagos que hacía aquel cacique, se acordó que sacáramos nuestros bateles de los navíos y, con uno de los navíos pequeños y las doce canoas, desembarcáramos todos a la vez, porque vimos la costa llena de indios que se habían juntado de aquella población. Así desembarcamos todos en la primera barcada.

Y cuando el cacique nos vio en tierra y que no íbamos a su pueblo, volvió a decir por señas al capitán que lo acompañáramos a sus casas. Y tantas muestras de paz hacía, que, tomando el capitán consejo, se acordó con la mayoría de los soldados que fuésemos con el mejor recaudo de armas que pudiéramos llevar. Llevamos quince ballestas y diez escopetas, y comenzamos a caminar por donde el cacique iba con otros muchos indios que lo acompañaban.

Yendo así, cerca de unos montes breñosos, el cacique comenzó a dar voces para que salieran a nosotros unos escuadrones de indios de guerra que tenía en celada para matarnos. A las voces que dio, los escuadrones vinieron con gran furia y presteza, y nos comenzaron a flechar, de tal modo que en la primera rociada de flechas hirieron a quince soldados. Traían armas de algodón que les llegaban hasta las rodillas, lanzas, rodelas, arcos, flechas, hondas y mucha piedra, y penachos. Luego de lanzar las flechas, vinieron a nosotros cuerpo a cuerpo, y con sus lanzas nos hacían mucho daño. Mas quiso Dios que luego los hiciésemos huir, como vieron el buen tajo de nuestras espadas, y las ballestas y escopetas; de manera que quedaron muertos quince de ellos.

Un poco más adelante de donde nos dieron aquella refriega, había una placeta y tres casas de cal y canto, que eran cúes o adoratorios donde tenían muchos ídolos de barro: unos con cara de demonios, otros como de mujeres, y otros de figuras feas, de modo que al parecer representaban sodomías entre los mismos indios. Dentro de las casas tenían unas arquillas pequeñas de madera, y en ellas otros ídolos, y unas patenas de medio oro —y lo demás de cobre—, y unos colgantes, y tres diademas, y otras figurillas de pescados y ánades de la tierra, todo de oro bajo.

Y desque lo vimos, tanto el oro como las casas de cal y canto, estábamos muy contentos, por haber descubierto tal tierra, ya que en ese tiempo no se había descubierto el Perú ni se descubrió hasta veinte años después.

Mientras estábamos batallando con los indios, el clérigo González, que venía con nosotros, se cargó con las arquillas, ídolos y oro, y lo llevó al navío. En aquellas escaramuzas prendimos a dos indios, que después de bautizados se llamaron uno Julián y el otro Melchor, y ambos eran bizcos.

Acabado aquel rebato, nos volvimos a los navíos y seguimos costeando hacia donde se pone el sol; y después de curar a los heridos, dimos velas. Y lo que pasó adelante, lo contaré después.

Creyendo que era isla, como nos lo aseguraba el piloto Antón de Alaminos, íbamos con gran tiento, navegando de día y resguardándonos de noche. En quince días que anduvimos de esta manera vimos desde los navíos un pueblo, que al parecer era algo grande, y cerca de él había una gran ensenada o bahía. Creímos que habría río o arroyo donde pudiéramos tomar agua, porque teníamos gran necesidad de ella, a causa de las pipas y vasijas que traíamos, que no venían estancas. Como nuestra armada era de hombres pobres y no teníamos oro en la cantidad que convenía para comprar buenas vasijas y cables, faltó el agua, y hubimos de saltar en tierra junto al pueblo.

Y fue un domingo de Lázaro, y por esa causa pusimos a aquel pueblo por nombre Lázaro, y así está en las cartas de marear; el nombre propio de los indios es Campeche. Para desembarcar todos de una sola vez, acordamos hacerlo en el navío más chico y en los tres bateles, con nuestras armas, no nos aconteciera lo mismo que en la Punta de Cotoche. Y como en aquellos ancones y bahías la mar mengua mucho, dejamos los navíos anclados a más de una legua de tierra y fuimos a desembarcar cerca del pueblo.

Allí había un buen pozo de agua, donde los naturales de aquella población bebían, porque en aquellas tierras, según hemos visto, no hay ríos. Sacamos las pipas para llenarlas y volvernos a los navíos. Y ya que estaban llenas y queríamos embarcar, vinieron del pueblo unos cincuenta indios, con buenas mantas de algodón, que al parecer eran caciques y venían en son de paz. Nos preguntaron por señas qué buscábamos, y les dimos a entender que solo queríamos tomar agua y regresar a los navíos. Nos señalaron con las manos si veníamos de donde sale el sol, y decían: "Castilán, castilán", y no dimos entonces mayor importancia a la palabra.

Después de estas pláticas, nos invitaron por señas a su pueblo, y tras tomar consejo, acordamos ir con precaución. Nos llevaron a unas casas muy grandes, que eran adoratorios de sus ídolos, bien labradas de cal y canto, y tenían en las paredes pintadas muchas figuras de serpientes, culebras grandes y otros ídolos de mala traza. Alrededor de un altar había gotas de sangre. En otro rincón, cerca de los ídolos, había unas figuras a manera de cruces, todo pintado, lo cual nos causó admiración, como cosa nunca antes vista ni oída.

Según pareció, en esa sazón habían sacrificado a ciertos indios para que sus dioses les dieran victoria contra nosotros. Andaban muchas indias riendo y mostrándose alegres, aparentemente en paz. Pero como se iban juntando muchos indios, temimos no nos salieran con alguna zalagarda como la de Cotoche.

Y estando así, vinieron otros muchos indios, con mantas muy malas, cargando carrizos secos, que pusieron en un llano. Luego tras ellos llegaron dos escuadrones de indios flecheros, con lanzas, rodelas, hondas y piedras, con sus armas de algodón, ordenados en formación, cada escuadrón con su capitán. Se colocaron a poca distancia de nosotros.

En ese instante salieron de otra casa, también adoratorio, diez indios vestidos con mantas largas de algodón que les llegaban hasta los pies, blancas; los cabellos muy largos, llenos de sangre pegada, que no se podía deshacer ni peinar si no era cortándolos. Estos indios eran sacerdotes de ídolos, que en la Nueva España comúnmente se llamaban papas, y así los llamaré en adelante.

Esos papas nos trajeron sahumerios, como resina que entre ellos se llama copal, y con braseros de barro llenos de ascuas comenzaron a sahumarnos. Por señas nos dijeron que nos fuésemos de su tierra antes de que ardiera la leña que habían juntado, y que si no lo hacíamos, nos harían la guerra y nos matarían. Luego mandaron prender fuego a los carrizos, y se fueron los papas sin decir más palabra.

Los que estaban dispuestos en los escuadrones para hacernos guerra comenzaron a silbar, tocar sus bocinas y tambores. Viéndolos así y tan bravíos, y estando aún sin sanar las heridas de Cotoche (y aun se nos habían muerto dos soldados que echamos a la mar), y viendo los grandes escuadrones de indios sobre nosotros, temimos lo peor y acordamos, con buen juicio, retirarnos hacia la costa. Comenzamos a caminar por la playa hasta llegar cerca de un peñol que está en la mar. Los bateles y el navío pequeño fueron por la costa, tierra a tierra, con las pipas y vasijas de agua. No nos atrevimos a embarcar donde habíamos desembarcado, por el gran número de indios que allí nos esperaban, seguros de que, al intentar embarcar, nos atacarían.

Ya con el agua metida en los navíos y embarcados nosotros también, comenzamos a navegar seis días con sus noches, con buen tiempo, y luego se levantó un Norte —que es travesía en aquella costa— que duró cuatro días y noches, en los que estuvimos a punto de zozobrar. El temporal fue tan fuerte que tuvimos que anclar; se nos quebraron dos cables, y un navío iba ya garrando. ¡Oh, en qué aprieto nos vimos! Por ventura, si se rompía el cable, nos perdíamos en la costa. Pero quiso Dios que se auxiliaran con otras maromas y guindalezas.

Reposado ya el tiempo, seguimos costeando, acercándonos cuanto podíamos a tierra para tomar más agua, porque, como ya dije, las pipas que traíamos no eran estancas. No había regla en ello. Y como íbamos siguiendo la costa, creíamos que dondequiera que desembarcáramos hallaríamos jagüeyes o pozos que podríamos cavar.

Yendo así, vimos desde los navíos un pueblo, y antes de él, a cosa de una legua, había una ensenada que parecía río o arroyo, y acordamos de surgir. Como en aquella costa la mar mengua mucho y los navíos quedan muy en seco, por temor de eso anclamos más de una legua de tierra. En el navío menor, con todos los bateles, desembarcamos en aquella ensenada, llevando nuestras vasijas para tomar agua. Con buen concierto de armas, ballestas y escopetas, salimos a tierra un poco más del mediodía. Desde donde desembarcamos hasta el pueblo habría una legua. Junto a ese lugar había pozos, maizales y caserías de cal y canto. Este pueblo se llama Potonchán.

Llenamos nuestras pipas de agua, pero no pudimos llevarlas con la gran multitud de guerreros que cargaron sobre nosotros. Y aquí lo dejo, y más adelante contaré las guerras que nos dieron.

CAPÍTULO II: "¡MATEN AL CAPITÁN!"

Tomando nuestra agua, vinieron por la costa muchos escuadrones de indios del pueblo de Potonchán —que así se dice— con sus armas de algodón que les daba hasta la rodilla, arcos, flechas, lanzas, rodelas, espadas que parecían de a dos manos, hondas, piedras y sus penachos, como ellos suelen usar. Traían las caras pintadas de blanco, prieto y enalmagrado, y venían callando. Se vinieron derechos hacia nosotros, como si nos vinieran a ver de paz, y por señas nos preguntaron si veníamos de donde sale el sol, y por señas les respondimos que sí.

Entonces nos pusimos a pensar qué podrían significar aquellas pláticas que nos dijeron ahora y que también habían dicho los de Lázaro, pero nunca llegamos a entender lo que querían decir. Esto fue a la hora de las Avemarías. Luego se fueron a unas caserías que estaban cerca, y nosotros pusimos velas, escuchas y buen recaudo, porque no nos gustaron aquellas juntas de gentes en tal número.

Estando en vela toda la noche, oímos venir un gran escuadrón de indios, tanto de las estancias como del pueblo, y todos de guerra. Y cuando lo sentimos, bien entendíamos que no venían con buena intención. Entramos en acuerdo sobre qué haríamos, y unos soldados decían que debíamos embarcarnos de inmediato. Y como en tales casos suele suceder, unos opinaban una cosa y otros otra, hubo parecer de la mayoría de los compañeros que, si intentábamos embarcarnos, siendo tantos los indios, caerían sobre nosotros y habría gran riesgo para nuestras vidas. Otros estábamos de acuerdo en que acometiéramos esa misma noche, porque, como dice el refrán, quien acomete vence. Además, nos pareció que para cada uno de nosotros habría sobre doscientos indios.

Y estando en estos acuerdos amaneció, y dijimos unos soldados a otros que estuviésemos con corazones firmes para pelear y lo encomendamos a Dios, procurando salvar nuestras vidas. Ya que era claro el día, vimos venir por la costa muchos más indios guerreros, con sus banderas tendidas, penachos y tambores, y se juntaron con los primeros que habían llegado la noche anterior.

Enseguida formaron sus escuadrones y nos cercaron por todas partes, y nos dieron tal rociada de flechas, varas y piedras tiradas con hondas, que hirieron a más de ochenta soldados. Se nos vinieron encima pie con pie, unos con lanzas, otros flechando, y con espadas de navajas, que parecían hechas de dos manos, de tal manera que nos traían en muy mal estado, aunque nosotros les dábamos buena prisa con estocadas y cuchilladas. Las escopetas y ballestas no paraban, unas tirando y otras cargando.

Ya que se apartaron algo de nosotros —cuando sintieron las grandes estocadas y cuchilladas que les dábamos— no lo hicieron a gran distancia. Y esto fue para flecharnos y tirarnos desde el suelo a su salvo. Mientras estábamos en esta batalla, los indios se apellidaban y decían: "¡Al Calachuni, Calachuni!", que en su lengua quiere decir que acometieran al capitán o que lo mataran. Y le dieron diez flechazos, y a mí me dieron tres, uno de ellos bien peligroso en el costado izquierdo, que me pasó lo hueco; y a todos nuestros soldados les dieron grandes lanzadas. A dos se los llevaron vivos: el uno se llamaba Alonso Boto y el otro era un portugués viejo.

Viendo nuestro capitán que nuestro buen pelear no bastaba, y que tantos escuadrones nos cercaban, y que venían más refuerzos del pueblo con comida, bebida y muchas flechas para ellos, y nosotros todos heridos con dos o tres flechazos, y tres soldados atravesados de los gaznates por lanzadas, y el capitán sangrando por muchas partes (y ya nos habían muerto a más de cincuenta soldados), viendo también que no teníamos fuerzas para sostenernos ni pelear contra ellos, acordamos —con corazones muy fuertes— romper por en medio de sus batallones y acogernos a los bateles que teníamos en la costa, que estaban muy cerca, lo cual fue un buen socorro.

Y hechos todos nosotros un escuadrón, rompimos por ellos. Pues oír la grita, los silbos, la vocería y la prisa con que nos daban los flechazos, y a maniente con sus lanzas, hiriendo siempre en nosotros…

Pues otro daño tuvimos: que, como nos acogimos de golpe a los bateles y éramos muchos, no nos podíamos sustentar y se iban a fondo; y como mejor pudimos, asidos a los bordes y entre dos aguas, medio nadando, llegamos al navío de menos porte, que ya venía con gran prisa a socorrernos. Y al embarcar hirieron a muchos de nuestros soldados, en especial a los que iban asidos a las popas de los bateles; y les tiraban desde tierra firme, y aun entraban en la mar con las lanzas y daban a maniente. Y con mucho trabajo quiso Dios que escapamos con las vidas del poder de aquellas gentes.

Pues ya embarcados en los navíos, hallamos que faltaban sobre cincuenta soldados, con los dos que llevaron vivos; y cinco echamos en la mar de ahí a pocos días, que se murieron de las heridas y de la gran sed que pasábamos. Y estuvimos peleando en aquellas batallas obra de una hora. Llámase este pueblo Potonchán, y en las cartas de marear le pusieron por nombre —los pilotos y marineros— Costa de Mala Pelea.

Y desque nos vimos en salvo de aquellas refriegas, dimos muchas gracias a Dios. Pues cuando nos curábamos los soldados las heridas, se quejaban algunos de ellos del dolor que sentían, que, como se habían resfriado y con el agua salada, estaban muy hinchadas. Y ciertos soldados maldecían al piloto Antón de Alaminos y a su viaje y descubrimiento de isla, porque siempre porfiaba que no era tierra firme. Donde lo dejaré, y diré lo que más nos acaeció.

Después que nos vimos en los navíos de la manera que dicha tengo, dimos muchas gracias a Dios, y, curados los heridos (que no quedó hombre de cuantos allí nos hallamos que no tuviese a dos y a tres y a cuatro heridas, y el capitán con diez; solo un soldado quedó sin herir), acordamos de nos volver a Cuba. Y como estaban heridos todos los más de los marineros, no teníamos quien marease las velas. Dejamos un navío de menos porte en la mar, puesto fuego, después de haber sacado las velas, anclas y cables, y repartir los marineros que estaban sin heridas en los dos navíos de mayor porte.

Pues otro mayor daño teníamos, que era la gran falta de agua, porque las pipas y barriles que teníamos llenos en Champotón, con la gran guerra que nos dieron y la priesa de acogernos a los bateles, no se pudieron llevar, que allí se quedaron, que no sacamos ninguna agua. Digo que tanta sed pasamos, que las lenguas y bocas teníamos hechas grietas de la secura, pues otra cosa ninguna para refrigerio no lo había.

¡Oh, qué cosa tan trabajosa es ir a descubrir tierras nuevas, y de la manera que nosotros nos aventuramos! No se puede ponderar sino los que han pasado por aquestos excesivos trabajos.

De manera que con todo esto íbamos navegando muy allegados a tierra, para hallarnos en paraje de algún río o bahía para poder tomar agua, y desde a tres días vimos una ensenada que parecía ancón y creímos que hubiese río o estero que ternía agua. Y saltaron en tierra quince marineros de los que habían quedado en los navíos, que no tenían heridas ningunas, y tres soldados que estaban más sin peligro de los flechazos, y llevaron azadones y tres barriles para traer agua. Y el estero era salado, y hicieron pozos en la costa, y también era tan mala agua y salada, y amargaba como la del estero, por manera que, mala y amarga, trujeron las vasijas llenas, y no había hombre que la pudiese beber, y unos soldados que la bebieron, les dañó los cuerpos y las bocas.

Y había en aquel estero muchos y grandes lagartos, y desde entonces se puso por nombre el estero de Los Lagartos, y ansí está en las cartas de marear. Entre tanto que fueron los bateles por el agua, se levantó un viento nordeste tan deshecho, que íbamos garrando a tierra con los navíos. Como aquella costa es travesía y reina el norte y nordeste, y como vieron aquel tiempo los marineros que habían ido a tierra por el agua, vinieron muy más de priesa con los bateles y tuvieron tiempo de echar otras anclas y maromas, y estuvieron los navíos seguros dos días y dos noches. Y luego alzamos anclas y dimos velas para ir nuestro viaje a la isla de Cuba.

Y el piloto Alaminos se concertó y aconsejó con los otros dos pilotos que desde aquel paraje adonde estábamos atravesásemos a La Florida, porque hallaba por sus cartas y grados y altura que estaría de allí obra de setenta leguas. Y después de puestos en La Florida, dijo que era mejor viaje y más cercana navegación para ir a La Habana que no la derrota por donde habíamos venido. Y ansí fue como lo dijo, porque, según yo entendí, había venido con un Juan Ponce de León a descobrir La Florida habría ya catorce o quince años, y allí en aquella mesma tierra le desbarataron y mataron al Juan Ponce. Y en cuatro días que navegamos, vimos la tierra de la mesma Florida, y lo que en ella nos acaeció diré adelante.

Llegados a la Florida, acordamos que saliesen en tierra veinte soldados, los que teníamos más sanos de las heridas, e yo fui con ellos e también el piloto Antón de Alaminos, y sacamos las vasijas que había, y azadones y nuestras ballestas y escopetas. Y como el capitán estaba muy mal herido, y con la gran sed que pasaba estaba muy debilitado, y nos rogó que en todo caso le trujésemos agua dulce, que se secaba y moría de sed, porque el agua que había era salada y no se podía beber, como otra vez he dicho.

Llegados que fuimos a tierra, cerca de un estero que estaba en la mar, el piloto Alaminos reconoció la costa y dijo que había estado en aquel paraje, que vino con un Juan Ponce de León, cuando vino a descobrir aquella costa, y que allí les habían dado guerra los indios de aquella tierra y que les habían muerto muchos soldados, y que estuviésemos muy sobre aviso apercebidos. Y luego pusimos por espías a dos soldados, y en una playa que se hacía muy ancha hicimos pozos bien hondos, donde nos pareció haber agua dulce, porque en aquella sazón era menguante la marea. Y quiso Dios que topásemos buen agua, y con el alegría y por hartarnos della y lavar paños para curar los heridos, estuvimos espacio de una hora.

E ya que nos queríamos venir a embarcar con nuestra agua, muy gozosos, vimos venir al un soldado de los dos que habíamos puesto en vela, dando muchas voces diciendo: "¡Al arma, al arma, que vienen muchos indios de guerra por tierra y otros en canoas por el estero!" Y el soldado dando voces, y los indios llegaron casi que a la par con él contra nosotros. Y traían arcos muy grandes y buenas flechas y lanzas y unas a manera de espadas, y cueros de venados vestidos, y eran de grandes cuerpos; y se vinieron derechos a nos flechar; y hirieron luego seis de nosotros, y a mí me dieron un flechazo de poca herida. Y dímosles tanta priesa de cuchilladas y estocadas, y con las escopetas y ballestas, que nos dejan a nosotros y van a la mar, al estero, a ayudar a sus compañeros los que venían en las canoas, donde estaban con los marineros, que también andaban peleando pie con pie con los indios de las canoas. Y aun les tenían ya tomado el batel y lo llevaban por el estero arriba con sus canoas, y habían herido cuatro marineros y al piloto Alaminos en la garganta. Y arremetimos a ellos el agua a más de la cintura y a estocadas les hicimos soltar el batel; y quedaron tendidos en la costa y en el agua veinte y dos dellos, y tres prendimos que estaban heridos poca cosa, que se murieron en los navíos.

Después desta refriega pasada, preguntamos al soldado que pusimos por vela que qué se hizo su compañero Berrio, que ansí se llamaba. Dijo que le vio apartar con un hacha en las manos para cortar un palmito e que fue hacia el estero por donde habían venido los indios de guerra, y desque oyó las voces, que eran de español, que por aquellas voces vino a dar mandado, y que entonces le debieron matar. El cual soldado solamente él había quedado sin le dar ninguna herida en lo de Potonchán, y quiso su ventura que vino allí a fenecer.

Y luego fuimos en busca de nuestro soldado por el rastro que habían traído aquellos indios que nos dieron guerra, y hallamos una palma que había comenzado a cortar, y cerca della mucha huella, más que en otras partes, por donde tuvimos por cierto que lo llevaron vivo, porque no había rastro de sangre. Y anduvímosle buscando a una parte y a otra más de una hora, y dimos voces, y sin más saber dél nos volvimos a embarcar en los bateles; y llevamos el agua dulce, con que se alegraron todos los soldados como si entonces les diéramos las vidas. Y un soldado se arrojó desde el navío en el batel, con la gran sed que tenía tomó una botija a pechos y bebió tanta agua, que se hinchó y murió dende a dos días.

Y embarcados con nuestra agua, metidos los bateles, dimos vela para La Habana y pasamos en aquel día y la noche, que hizo buen tiempo, junto de unas isletas que llaman Los Mártires, que son unos bajos que ansí los llamaron: los bajos de los Mártires. Y íbamos en cuatro brazas lo más hondo, y tocó la nao capitana entre unas como isletas, e hizo mucha agua, que, con dar todos los soldados que allí íbamos a la bomba, no podíamos estancalla, y vivíamos con temor no nos anegásemos. Traíamos unos marineros levantiscos, y les decíamos: "Hermanos, ayudad a dar la bomba, pues veis que estamos todos muy mal heridos y cansados de la noche y del día." Y respondían los levantiscos: "Facételo vos, pues no ganamos sueldo, sino hambres y sed y trabajos y heridas, como vosotros." Por manera que les hacíamos que ayudasen, y que malos y heridos como íbamos, mareábamos las velas y dábamos en la bomba, hasta que Nuestro Señor nos llevó al Puerto de Carenas, donde ahora está poblada la villa de La Habana, que en otro tiempo Puerto de Carenas se solía llamar. Y cuando nos vimos en tierra, dimos muchas gracias a Dios.

Volvamos a decir de nuestra llegada a La Habana, que luego tomó el agua de la capitana un buzo portugués que estaba en aquel puerto. Y escrebimos a Diego Velázquez, gobernador, muy en posta, haciéndole saber que habíamos descubierto tierras de grandes poblaciones y casas de cal y canto; y las gentes naturales dellas traían vestidos de ropa de algodón y cubiertas sus vergüenzas, y tenían oro y labranzas de maizales, y otras cosas que no me acuerdo.

Y nuestro capitán, Francisco Hernández, se fue desde allí por tierra a una villa que se decía Santispíritus, donde era vecino, donde tenía sus indios. Y como iba mal herido, murió dende a diez días, y todos los más soldados nos fuimos cada uno por su parte por la isla adelante. Y en La Habana se murieron tres soldados de las heridas, y nuestros navíos fueron al puerto de Santiago, donde estaba el gobernador.

Y después que hobieron desembarcado los dos indios que hobimos en la Punta de Cotoche, que se decían Melchorejo y Julianillo, y sacaron el arquilla con las diademas y anadejos y pescadillos y otras pecezuelas de oro, y también muchos ídolos; soblimábanlo de arte que en todas las islas, así de Santo Domingo y en Jamaica, y aun en Castilla, hobo gran fama dello; y decían que otras tierras en el mundo no se habían descubierto mejores. Y como vieron los ídolos de barro y de tantas maneras de figuras, decían que eran de los gentiles. Otros decían que eran de los judíos que desterró Tito y Vespasiano de Jerusalén, y que los echó por la mar adelante en ciertos navíos que habían aportado en aquella tierra. Y como en aquel tiempo no era descubierto el Pirú ni se descubrió de ahí a veinte años, teníase en mucho.

Pues otra cosa preguntaba Diego Velazquez a aquellos indios: que si había minas de oro en su tierra; y por señas a todo le dan a entender que sí. Y les mostraron oro en polvo, y decían que había mucho en su tierra; y no le dijeron verdad, porque claro está que en la Punta de Cotoche, ni en todo Yucatan, no hay minas de oro ni de plata. Y ansimismo les mostraban los montones donde ponen las plantas de cuyas raíces se hace el pan cazabe. Y llámase en la isla de Cuba "yuca"; y los indios decían que las había en su tierra, y decían "tlati" por la tierra en que las plantaban; por manera que yuca con tlati quiere decir Yucatan. Y para decir esto, decíanles los españoles que estaban con el Velazquez, hablando juntamente con los indios: "Señor, dicen estos indios que su tierra se dice Yucatlan." Y ansí se quedó con este nombre, que en su lengua no se dice ansí.

Dejemos esta plática y diré que todos los soldados que fuimos en aquel viaje a descubrir gastamos la pobreza de hacienda que teníamos, y heridos y empeñados volvimos a Cuba; y cada soldado se fue por su parte, y el capitán luego murió. Estuvimos muchos días curando las heridas, y por nuestra cuenta hallamos que murieron cincuenta y siete. Y esta ganancia trujimos de aquella entrada y descubrimiento. Y el Diego Velazquez escribió a Castilla, a los señores oidores que mandaban en el Real Consejo de Indias, que él lo había descubierto y gastado en lo descubrir mucha cantidad de pesos de oro. Y ansí lo decía y publicaba don Juan Rodriguez de Fonseca, obispo de Burgos y arzobispo de Rosano, porque ansí se nombraba, porque era presidente del Consejo de Indias. Y lo escribió a Su Majestad a Flandes, dando mucho favor en sus cartas al Diego Velazquez, y no hizo memoria de nosotros, que lo descubrimos.

Y quedarse ha aquí, y diré adelante los trabajos que me acaescieron a mí y a otros tres soldados.

Ya he dicho que nos quedamos en La Habana ciertos soldados que no teníamos sanos los flechazos, y para ir a la villa de La Trinidad, ya que estábamos mejores, acordamos que nos concertáramos tres soldados con un vecino de la misma Habana que se decía Pedro de Ávila, que iba asimismo aquel viaje y llevaba una canoa para ir por la mar por la banda del sur, y llevaba la canoa cargada de camisetas de algodón a vender a la villa de La Trinidad.

Ya he dicho otra vez que las canoas son de hechura de artesas cavadas y huecas, y en aquellas tierras con ellas navegan al remo costa a costa. Y en el concierto que hicimos con el Ávila fue que le daríamos diez pesos de oro porque fuésemos en su canoa. Pues yendo por nuestra costa adelante, a veces remando y a ratos a la vela, ya que habíamos navegado once días y en paraje de un pueblo de indios que se decía Canarreo, que era término de la villa de La Trinidad, se levantó un tan recio viento de noche, que no nos pudimos sostener en la mar con la canoa. Por bien que remábamos todos nosotros y el Pedro de Ávila y unos indios de La Habana, muy buenos remeros, que traíamos alquilados, hubimos de dar al través entre unos seborucos, que los hay muy grandes en aquel paraje.

Por manera que se nos quebró la canoa y el Ávila perdió su hacienda, y salimos descalabrados y desnudos en carnes, porque para ayudarnos y que no se quebrase la canoa y poder mejor nadar, nos apercibimos de estar sin ropa ninguna. Pues ya escapados de aquel contraste, para ir a la villa de La Trinidad no había camino por la costa, sino por unos seborucos y malpaíses, que ansí se dice, que son unas piedras que pasan las plantas de los pies; y las olas, que siempre reventaban y daban en nosotros, y aun sin tener qué comer. Y por acortar otros trabajos que podría decir, de la sangre que nos salía de las plantas de los pies y aun de las otras partes, lo dejaré.

Y quiso Dios que con mucho trabajo salimos a una playa de arena. Y de ahí a dos días que caminamos por ella, llegamos a un pueblo de indios que se decía Yaguarama, el cual en aquella sazón era del padre fray Bartolomé de las Casas, clérigo presbítero, y después le conocí licenciado y fraile dominico, y llegó a ser obispo de Chiapa. Y en aquel pueblo nos dieron de comer. Y otro día fuimos a otro pueblo que se decía Chipiona, que era de un Alonso de Ávila y de un Sandoval (no lo digo por el capitán Sandoval de la Nueva España, sino por otro Sandoval natural de Tudela de Duero). Y desde aquel pueblo fuimos a la villa de La Trinidad, y un amigo mío, natural de mi tierra, que se decía Antonio de Medina, me dio unos vestidos según en la isla se usaban. Y desde allí, con mi pobreza y trabajo, me fui a Santiago de Cuba, donde estaba el gobernador, y me recibió de buena gracia.

El cual andaba ya muy diligente en enviar otra armada, y cuando le fui a hablar y a hacer acato, porque éramos deudos, se holgó conmigo, y de unas pláticas en otras me dijo que si estaba bueno para volver a Yucatán. Y riéndome, le respondí que quién le puso nombre Yucatán, que allá no le llaman ansí. Y dijo que los indios que trajimos lo decían. Yo respondí que mejor nombre sería "la tierra donde nos mataron más de la mitad de los soldados que a aquella tierra fuimos, y todos los más salimos heridos". Y respondió: "Bien sé que pasasteis muchos trabajos, y ansí es lo de descubrir tierras nuevas por ganar honra. Su Majestad os la gratificará, y yo ansí lo escribiré; y ahora, hijo, volved otra vez en la armada que hago, que yo mandaré al capitán Juan de Grijalva que os haga mucha honra".

Y quedarse ha aquí, y diré lo que más pasó.

Aquí se acaba el descubrimiento que hizo Francisco Hernández y en su compañía Bernal Díaz del Castillo, y digamos en lo que entendió Diego Velázquez

En el año de mil y quinientos y diez y ocho, viendo el gobernador de Cuba la buena relación de las tierras que descubrimos, que se dice Yucatán, acordó de enviar una armada, y para ella se buscaron cuatro navíos: los dos fueron de los tres que llevamos con Francisco Hernández, y los otros dos navíos compró Diego Velázquez nuevamente de sus dineros.

Y en aquella sazón que ordenaba la armada, halláronse presentes en Santiago de Cuba, donde residía Velázquez, un Juan de Grijalva y un Alonso de Dávila y Francisco de Montejo y Pedro de Alvarado, que habían ido a ciertos negocios con el gobernador, porque todos tenían encomiendas de indios en la misma isla y eran hombres principales.

Concertose que Juan de Grijalva, que era deudo de Diego Velázquez, viniese por capitán general, y que Alonso Dávila viniese por capitán de un navío, y Pedro de Alvarado de otro, y Montejo de otro, por manera que cada uno de estos capitanes puso bastimentos y matalotaje de pan cazabe y tocinos, y Diego Velázquez puso los cuatro navíos y cierto rescate de cuentas y cosas de poca valía, y otras menudencias de legumbres.

Y entonces me mandó Diego Velázquez que viniese con aquellos capitanes por alférez. Y como había fama de que las tierras eran ricas y había en ellas casas de cal y canto, y el indio Julianillo que llevamos de la Punta de Cotoche decía que había oro, tomaron mucha voluntad y codicia los vecinos y soldados que no tenían indios en la isla de venir a estas tierras, por manera que de presto nos juntamos docientos y cuarenta compañeros, y pusimos cada uno de la hacienda que teníamos para matalotaje y armas y cosas que convenían.

Y en este viaje volví yo con estos capitanes por alférez, como dicho tengo, y pareció ser que la instrucción que para ello dio el gobernador fue, según entendí, que rescatase todo el oro y plata que pudiese. Y si viese que convenía poblar o se atrevía a ello, poblase; y si no, que se volviese a Cuba.

Y vino por veedor de la armada uno que se decía Peñalosa, natural de Segovia, y trajimos un clérigo que se decía Juan Díaz, natural de Sevilla, y los dos pilotos que antes habíamos traído, que se decían Antón de Alaminos, de Palos, y Camacho, de Triana, y Juan Álvarez el Manquillo, de Huelva, y otro que se decía Sopuerta, natural de Moguer.

Pues antes que meta la pluma en lo de los capitanes, porque nombraré algunas veces a estos hidalgos que he dicho que venían en la armada, y parecerá cosa descomedida nombrarles secamente sus nombres, sepan que después fueron personas que tuvieron ditados, porque Pedro de Alvarado fue adelantado y gobernador de Guatemala y comendador del Señor Santiago, y Montejo fue adelantado de Yucatán y gobernador de Honduras. Alonso Dávila no tuvo tanta ventura como los demás, porque le prendieron franceses, como adelante diré en el capítulo que adelante trataré. Y a esta causa no les nombraré sino sus propios nombres, hasta que tuvieron por Su Majestad los ditados por mí nombrados.

Y quiero que volvamos a nuestra relación. Y diré cómo fuimos con los cuatro navíos por la banda del norte a un puerto que se dice de Matanzas, que está cerca de La Habana vieja, que en aquella sazón no estaba poblada la villa donde ahora está; y en aquel puerto tenían todos los más vecinos de La Habana sus estancias. Y desde allí se proveyeron nuestros navíos del cazabe y carne de puerco, que ya he memorado, que no había vacas ni carneros, porque era nuevamente ganada aquella isla; y nos juntamos, ansí capitanes como soldados, para hacer nuestro viaje.

Antes que más pase adelante, y aunque vaya fuera de nuestra historia, quiero decir por qué causa llamaban aquel puerto Matanzas. Y esto traigo aquí a la memoria porque me lo ha preguntado un coronista que habla en su corónica cosas acaecidas en Castilla.

Aquel nombre se le puso por esto que diré: que antes que aquella isla de Cuba se conquistase, dio al través un navío en aquella costa, cerca del río y puerto que he dicho que se dice de Matanzas; y venían en el navío sobre treinta personas españoles y dos mujeres. Y para pasarlos de la otra parte del río, porque es muy grande y caudaloso, vinieron muchos indios de La Habana y de otros pueblos con intención de matarlos; y como no se atrevieron a darles guerra en tierra, con buenas palabras y halagos les dijeron que los querían pasar en canoas y llevarlos a sus pueblos para darles de comer.

Ya iban con ellos a medio del río en las canoas, las trastornaron y los mataron, que no quedaron sino tres hombres y una mujer, que era hermosa, y la llevó un cacique de los que hicieron aquella traición, y los tres españoles repartieron entre sí. Y a esta causa se puso aquel nombre Puerto de Matanzas.

Yo conocí a la mujer, que, después de ganada la isla de Cuba, se quitó al cacique de poder de quien estaba, y la vi casada en la misma isla de Cuba, en una villa que se dice La Trinidad, con un vecino della que se decía Pedro Sánchez Farfán. Y también conocí a los tres españoles, que se decía el uno Gonzalo Mejía, y era hombre anciano, natural de Jerez; y el otro se llamaba Juan de Santisteban, y era mancebo, natural de Madrigal; y el otro se decía Cascorro, hombre de la mar, natural de Moguer.

Mucho me he detenido en contar cosas viejas, y dirán que por decir una antigüedad dejé de seguir mi relación. Volvamos a ello. Ya que estábamos recogidos todos nuestros soldados, y dadas las instrucciones que los pilotos habían de llevar y las señas de los faroles para la noche, y después de haber oído misa, en ocho días del mes de abril del año de quinientos y diez y ocho años, dimos vela; y en diez días doblamos la Punta de Guaniguanico, que por otro nombre se llama de Santo Antón, y dentro de diez días que navegamos vimos la isla de Cozumel, que entonces la descubrimos, porque descayeron los navíos con las corrientes más bajo que cuando vinimos con Francisco Hernández de Córdoba.

Yendo que íbamos bojando la isla por la banda del sur, vimos un pueblo de pocas casas, y allí cerca buen surgidero y limpio de arrecifes. Saltamos en tierra con el capitán buena copia de soldados. Y los naturales de aquel pueblo se habían ido huyendo desque vieron venir el navío a la vela, porque jamás habían visto tal; y los soldados que saltamos a tierra hallamos en unos maizales dos viejos que no podían andar, y los trajimos al capitán; y con los indios Julianillo y Melchorejo, que trajimos cuando lo de Francisco Hernández, que entendían muy bien aquella lengua, les habló, porque su tierra de ellos y aquella isla de Cozumel no hay de travesía de lo uno a lo otro sino obra de cuatro leguas, y todo es una lengua.

Y el capitán halagó a los dos viejos y les dio unas contezuelas, y les envió a llamar a los caciques de aquel pueblo; y fueron y nunca volvieron.

Pues estándoles aguardando, vino una india moza, de buen parecer, y comenzó de hablar en la lengua de la de Jamaica, y dijo que todos los indios e indias de aquel pueblo se habían ido huyendo a los montes de miedo. Y como muchos de nuestros soldados y yo entendimos muy bien aquella lengua, que es como la propia de Cuba, nos admiramos de verla y le preguntamos que cómo estaba allí; y dijo que habría dos años que dio al través con una canoa grande, en que iban a pescar desde la isla de Jamaica a unas isletas diez indios jamaicanos, y que las corrientes les echó en aquella tierra, y mataron a su marido y a todos los más indios jamaicanos, sus compañeros, y que luego los sacrificaron a los ídolos.

Y el capitán, como vio que la india sería buena mensajera, envió con ella a llamar a los indios y caciques de aquel pueblo, y diola de plazo dos días para que volviese, porque los indios Julianillo y Melchorejo tuvimos temor que si se apartaban de nosotros se irían a su tierra, que está cerca; y a esta causa no osábamos enviarlos a llamar con ellos.

Pues volvamos a la india de Jamaica; que la respuesta que trajo, que no quería venir ningún indio por más palabras que les decía. Pusimos nombre a este pueblo Santa Cruz, porque fue día de Santa Cruz cuando en él entramos. Había en él muy buenos colmenares de miel y buenas patatas y muchos puercos de la tierra, que tienen sobre el espinazo el ombligo. Había en él tres pueblos: aqueste en que desembarcamos era el mayor, y los otros pueblezuelos más chicos; estaban en cada punta de la isla el suyo. Y esto yo lo vi y anduve cuando volví tercera vez con Cortés; y terná de bojo esta isla de dos leguas.

Y volvamos a decir que como el capitán Juan de Grijalva vio que era perder tiempo estar allí esperando, mandó que nos embarcásemos. Y la india de Jamaica se fue con nosotros, y seguimos nuestro viaje.

Pues vueltos a embarcar e yendo por las derrotas pasadas cuando lo de Francisco Hernández, en ocho días llegamos en el paraje del pueblo de Champotón, que fue donde nos desbarataron los indios en aquella provincia, como ya dicho tengo en el capítulo que de ello habla. Y como en aquella ensenada mengua mucho la mar, ancleamos los navíos una legua de tierra y, con todos los bateles, desembarcamos la mitad de los soldados que allí íbamos junto a las casas del pueblo.

Y los indios naturales de él y de otros sus comarcanos se juntaron todos, como la otra vez, cuando nos mataron sobre cincuenta y seis soldados, y todos los más salimos heridos, según memorado tengo. Y a esta causa estaban muy ufanos y argullosos, y bien armados a su usanza, que son arcos, flechas, lanzas tan largas como las nuestras y otras menores, y rodelas y macanas y espadas como de a dos manos, y piedras y hondas y armas de algodón, y trompetillas y atambores. Y los más de ellos, pintadas las caras de negro y otros colorados y de blanco; y puestos en concierto, esperando en la costa para, en llegando que llegásemos a tierra, dar en nosotros. Y como teníamos experiencia de la otra vez, llevábamos en los bateles unos falconetes, e íbamos apercibidos de ballestas y escopetas.

Pues llegados que llegamos a tierra, nos comenzaron a flechar y con las lanzas dar a menteniente, y aunque con los falconetes les hacíamos mucho mal, tales rociadas de flechas nos dieron, que, antes que tomásemos tierra, hirieron a más de la mitad de nuestros soldados. Y desque hubieron saltado en tierra todos nuestros soldados, les hicimos perder la furia a buenas estocadas y cuchilladas y con las ballestas, porque aunque nos flechaban a terrero, todos nosotros llevábamos armas de algodón. Y todavía estuvieron buen rato peleando, y les hicimos retraer a unas ciénagas junto al pueblo.

En esta guerra mataron a siete soldados, y entre ellos a un Juan de Quiteria, persona principal, y al capitán Juan de Grijalva le dieron entonces tres flechazos y le quebraron los dientes, y hirieron sobre sesenta de los nuestros. Y desque vimos que todos los contrarios se habían ido huyendo, fuimos al pueblo y se curaron los heridos y enterramos los muertos; y en todo el pueblo no hallamos persona ninguna, ni los que se habían retraído en las ciénagas: ya se habían desgarrado.

En aquellas escaramuzas prendimos tres indios; el uno de ellos era principal. Mandoles el capitán que fuesen a llamar al cacique de aquel pueblo, y se les dio muy bien a entender con las lenguas, Julianillo y Melchorejo, y que les perdonaban lo hecho: y les dio cuentas verdes para que las diesen en señal de paz. Y fueron y nunca volvieron, y creímos que los indios Julianillo y Melchorejo no les debieron de decir lo que les mandaron, sino al revés.

Estuvimos en aquel pueblo tres días. Acuérdome que cuando estábamos peleando en aquellas escaramuzas por mí memoradas, que había allí unos prados y en ellos muchas langostas de las chicas, que cuando peleábamos saltaban y venían volando y nos daban en la cara; y como eran muchos indios flecheros y tiraban tanta flecha como granizos, nos parecía que eran algunas de ellas langostas que volaban, y no nos rodelábamos, y la flecha que venía nos hería; otras veces creíamos que eran flechas, y eran langostas que venían volando: fue harto estorbo para nuestro pelear.

Dejemos esto y pasemos adelante, y digamos cómo luego nos embarcamos y seguimos nuestra derrota.

Yendo por nuestra navegación adelante, llegamos a una boca como de río muy grande y caudaloso y ancho, y no era río como pensamos, sino muy buen puerto. Y porque está entre unas tierras y otras, y parecía como estrecho, tan ancha boca tenía. Decía el piloto Antón de Alaminos que era isla y que partía términos con la tierra; y a esta causa le pusimos nombre de Boca de Términos, y ansí está en las cartas de marear.

Y allí saltó el capitán Juan de Grijalva en tierra, con todos los demás capitanes por mí memorados y soldados. Y estuvimos tres días sondando la boca de aquella entrada y mirando bien arriba y abajo del ancón, adonde creíamos que venía o iba a parar, y no hallamos ser isla, sino ancón y muy buen puerto. Y había en tierra unas casas de adoratorios de ídolos, de cal y canto, y muchos ídolos de barro y de palo, que eran dellos figuras de sus dioses, y dellos de sus como mujeres, y otros como sierpes, y muchos cuernos de venado.

Y creímos que por allí cerca habría alguna poblazón y, con el buen puerto, que sería bueno para poblar, lo cual no fue ansí, que estaba muy despoblado, porque aquellos adoratorios eran de mercaderes y cazadores que de pasada entraban en aquel puerto con canoas y allí sacrificaban. Y había mucha caza de venados y conejos: matamos diez venados con una lebrela y muchos conejos.

Y luego, desque fue todo visto y sondado, nos tornamos a embarcar, y allí se nos quedó la lebrela. Llaman los marineros a este puerto de Términos. Y vueltos a embarcar, navegamos costa a costa junto a tierra, hasta que llegamos a un río que llaman de Tabasco, que allí le pusimos nombre río de Grijalva.

CAPÍTULO III: UN ABRAZO EN SEÑAL DE PAZ

Navegando costa a costa la vía del poniente, y nuestra navegación era de día, porque de noche no osábamos por temor de bajos y arrecifes. A cabo de tres días vimos una boca de río muy ancha y llegamos cerca de tierra con los navíos; y parecía un buen puerto. Y como nos fuimos acercando a la boca, vimos reventar los bajos antes de entrar en el río, y allí sacamos los bateles y con la sonda en la mano hallamos que no podían entrar en el puerto los dos navíos de mayor porte. Fue acordado que anclasen fuera, en la mar; y con los otros dos navíos, que demandaban menos agua, que con ellos y con los bateles fuésemos todos los soldados río arriba, porque vimos muchos indios estar en canoas en las riberas; y tenían arcos y flechas y todas sus armas, según la manera de Champotón.

Por donde entendimos que había por allí algún pueblo grande, y también porque, viniendo como veníamos navegando costa a costa, habíamos visto echadas nasas con que pescaban en la mar, y aun a dos de ellas se les tomó el pescado con un batel que traíamos a jorro de la capitana.

Aqueste río se llama de Tabasco, porque el cacique de aquel pueblo se decía Tabasco; y como lo descubrimos deste viaje, y Juan de Grijalva fue el descubridor, se nombra río de Grijalva, y así está en las cartas de marear.

Tornemos a nuestra relación; que ya que llegábamos obra de media legua del pueblo, bien oímos el gran rumor de cortar madera, de que hacían grandes mamparos y fuerzas y palizadas, y aderezarse para nos dar guerra, por muy cierta. Y desque aquello sentimos, desembarcamos en una punta de aquella tierra, donde había unos palmares que eran del pueblo media legua; y desque nos vieron entrar, vinieron obra de cincuenta canoas con gente de guerra, y traían arcos, flechas y armas de algodón, rodelas y lanzas, y sus atambores y penachos. Y estaban entre los esteros otras muchas canoas llenas de guerreros, y estuvieron algo apartados de nosotros, que no osaron llegar como los primeros.

Y desque los vimos de aquel arte, estábamos para tirarles con los tiros y con las escopetas y ballestas. Y quiso Nuestro Señor que acordamos de los llamar; y con Julianillo y Melchorejo, que sabían muy bien aquella lengua, se les dijo que no hubiesen miedo, que les queríamos hablar cosas que, desque las entendiesen, habrían por buena nuestra llegada allí y a sus casas; y que les queríamos dar de las cosas que traíamos.

Y como entendieron la plática, vinieron cerca de nosotros cuatro canoas, y en ellas obra de treinta indios; y luego se les mostró sartalejos de cuentas verdes y espejuelos y diamantes azules. Y desque lo vieron, parecía que estaban de mejor semblante, creyendo que eran chalchivís, que ellos tienen en mucho.

Entonces el capitán les dijo, por las lenguas Julianillo y Melchorejo, que veníamos de tierras muy lejos y éramos vasallos de un gran emperador que se dice don Carlos, el cual tiene por vasallos a muchos grandes señores y caciques, y que ellos le deben tener por señor, y que les iría muy bien en ello; y que a trueque de aquellas cuentas nos diesen comida y gallinas.

Y respondieron dos de ellos, que el uno era principal y el otro papa (que son como sacerdotes que tienen cargo de los ídolos, que ya he dicho otras veces que papas los llaman en la Nueva España), y dijeron que darían el bastimento que decíamos y trocarían de sus cosas a las nuestras. Y en lo demás, que señor tienen, y que ahora veníamos y sin conocerlos ya les queríamos dar señor; y que mirásemos no les diésemos guerra, como en Potonchán, porque tenían aparejados sobre tres jiquipiles de gente de guerra de todas aquellas provincias contra nosotros; son cada jiquipil ocho mil hombres.

Y dijeron que bien sabían que pocos días había que habíamos muerto y herido más de doscientos hombres en Potonchán, y que ellos no son de tan pocas fuerzas como fueron los otros; y por esta causa habían venido a hablar para saber nuestra voluntad, y aquellas palabras que les decíamos, que se lo irían a decir a los caciques de muchos pueblos que están juntos para tratar guerra o paces.

Y luego el capitán los abrazó en señal de paz y les dio unos sartalejos de cuentas y les mandó que volviesen con la respuesta con brevedad; y que si no venían, que por fuerza habíamos de ir a su pueblo, y no para los enojar. Y aquellos mensajeros que enviamos hablaron con los caciques y papas, que también tienen voto entre ellos. Y dijeron que eran buenas las paces y traer comida; y que entre todos ellos y los más pueblos comarcanos se buscaría luego un presente de oro para nos dar y hacer amistades, no les acaezca como a los de Potonchán.

Y lo que yo vi y entendí después, con el tiempo andando, en aquellas provincias y otras tierras de la Nueva España se usaba enviar presentes cuando se tratan paces, como adelante verán.

Y en aquella punta de los palmares donde estábamos vinieron otro día sobre treinta indios, y entre ellos el cacique, y trajeron pescado asado y gallinas y frutas de zapotes y pan de maíz, y unos braseros con ascuas y con sahumerios, y nos sahumaron a todos. Y luego pusieron en el suelo unas esteras, que en esta tierra llaman petates, y encima una manta, y presentaron ciertas joyas de oro, que fueron unas como diademas, y ciertas joyas como hechura de ánades, como las de Castilla, y otras joyas como lagartijas, y tres collares de cuentas vaciadizas y otras cosas de oro de poco valor, que no valían doscientos pesos. Y más trajeron: unas mantas y camisetas de las que ellos usan, y dijeron que recibiésemos aquello de buena voluntad, y que no tienen más oro que nos dar; que adelante, hacia donde se pone el sol, hay mucho. Y decían "Colúa, Colúa" y "México, México"; y nosotros no sabíamos qué cosa era Culúa ni aun México.

Y puesto que no valía mucho aquel presente que trajeron, tuvímoslo por bueno por saber cierto que tenían oro. Y desque lo hubieron presentado, dijeron que nos fuésemos luego adelante. Y el capitán Juan de Grijalva les dio gracias por ello, y cuentas verdes. Y fue acordado de irnos luego a embarcar, porque estaban a mucho peligro los dos navíos, por temor del Norte, que es travesía, y también por acercarnos a donde decían que había oro.

Vueltos a embarcar, siguiendo la costa adelante, desde dos días vimos un pueblo junto a tierra que se dice el Ayaguaculco. Y andaban muchos indios de aquel pueblo por la costa, con unas rodelas hechas de concha de tortuga que relumbran con el sol que daba en ellas; y algunos de nuestros soldados porfiaban que era de oro bajo. Y los indios que las traían iban haciendo pernetas, como burlando de los navíos, como ellos estaban en salvo, por los arenales y costa adelante. Y pusimos por nombre a este pueblo La Rambla, y ansí está en las cartas de marear.

Y yendo más adelante, costeando, vimos una ensenada, donde se quedó el río de Tonalá, que a la vuelta que volvimos entramos en él, y le pusimos nombre de río de Santo Antón, y ansí está en las cartas de marear. E yendo más adelante navegando, vimos adónde quedaba el paraje del gran río de Guazacalco, y quisiéramos entrar en la ensenada por saber qué cosa era, sino por el tiempo contrario.

Y luego se parecieron las grandes sierras nevadas que en todo el año están cargadas de nieve; y también vimos otras sierras que están más junto a la mar, que se llaman de San Martín. Y pusimosle aqueste nombre porque el primero que las vio desde los navíos fue un soldado que se decía San Martín (era vecino de La Habana), que iba con nosotros.

Y navegando nuestra costa adelante, el capitán Pedro de Alvarado se adelantó con su navío y entró en un río que en nombre de indios se dice Papaloava, y entonces le pusimos nombre río de Alvarado, porque entró en él el mismo Alvarado. Allí le dieron pescado unos indios pescadores, que eran naturales de un pueblo que se dice Tacotalpa.

Estuvimosle aguardando en el paraje del río donde entró con todos tres navíos hasta que salió de él. Y a causa de haber entrado en el río sin licencia del general, se enojó mucho con él, y le mandó que otra vez no se adelantase de la armada, porque no le aviniese algún contraste en parte donde no le pudiésemos ayudar.

Y luego navegamos con todos cuatro navíos en conserva hasta que llegamos en paraje de otro río, que le pusimos por nombre río de Banderas, porque estaban en él muchos indios con lanzas grandes, y en cada lanza una bandera de manta grande, revolándola y llamándonos, lo cual diré, siguiendo adelante, cómo pasó.

Ya habrán oído decir en España algunos curiosos lectores y otras personas que han estado en la Nueva España cómo México es tan gran ciudad y poblada en el agua como Venecia; y había en ella un gran señor que era rey en estas partes de muchas provincias y señoreaba todas aquellas tierras de la Nueva España, que son mayores que dos veces nuestra Castilla. El cual señor se decía Montezuma, y como era tan poderoso, quería saber y señorear hasta más de lo que no podía.

Y tuvo noticia de la primera vez que venimos con Francisco Hernández de Córdoba, lo que nos acaesció en la batalla de Cotoche y en la de Champotón, y ahora deste viaje con los mesmos de Champotón. Y supo que, siendo nosotros pocos soldados, y los de aquel pueblo y otros muchos confederados que se juntaron con ellos, los desbaratamos, y cómo entramos en el río de Tabasco y lo que en él pasamos con los caciques de aquel pueblo; y, en fin, entendió que nuestra demanda era buscar oro, a trueque del rescate que traíamos; y todo se lo habían llevado pintado en unos paños que hacen de henequén, que es como de lino.

Y como supo que íbamos costa a costa hacia sus provincias, mandó a sus gobernadores que si por allí aportásemos con los navíos, que procurasen de trocar oro a nuestras cuentas, especial a las verdes, que parecían algo a sus chalchivís, que las tienen en mucho como esmeraldas; y también lo mandó para saber e inquirir más por entero de nuestras personas y qué era nuestro intento. Y lo más cierto era, según entendimos, que les habían dicho sus antepasados que habían de venir gentes de hacia donde sale el sol, con barbas, que los habían de señorear.

Ahora sea por lo uno o por lo otro, estaban en posta y vela muchos indios del gran Montezuma en aquel río, con unas varas muy largas, y en cada vara una bandera de manta de algodón blanca, enarbolándolas y llamándonos, como que parecían eran señas de paz, que fuésemos adonde estaban.

Y desque vimos desde los navíos cosas tan nuevas, nos admiramos; y para saber qué podía ser, fue acordado por el general con todos los más capitanes que echásemos dos bateles en el agua, y que saltasen en ellos todos los ballesteros y escopeteros y veinte soldados de los más sueltos y prestos, y que Francisco de Montejo fuese con nosotros; y que si viésemos que era gente de guerra los que estaban con las banderas, que de presto se lo hiciésemos saber, u otra cualquier cosa que fuese.

Y en aquella sazón quiso Dios que hacía bonanza en aquella costa, lo cual pocas veces suele acaecer. Y como llegamos en tierra, hallamos tres caciques, que el uno de ellos era gobernador de Montezuma, y con muchos indios de su servicio. Y tenían allí gallinas de la tierra y pan de maíz, de lo que ellos suelen comer, y frutas que eran piñas y zapotes, que en otras partes llaman a los zapotes mameyes. Y estaban debajo de una sombra de árboles, puestas esteras en el suelo; y allí, por señas, nos mandaron asentar, porque Julianillo, el de la punta de Cotoche, no entendía aquella lengua, que es mexicana; y luego trajeron braseros de barro con ascuas y nos sahumaron con una como resina.

El capitán Montejo lo hizo saber todo lo aquí memorado al general; y como lo supo, acordó de surgir allí con todos los navíos. Y saltó en tierra con los capitanes y soldados. Y desque aquellos caciques y gobernadores le vieron en tierra y entendieron que era el capitán general de todos, a su usanza le hicieron gran acato; y él les hizo muchas caricias y les mandó dar diamantes azules y cuentas verdes, y por señas les dijo que trajesen oro a trocar a nuestros rescates.

Lo cual luego el indio gobernador mandó a sus indios que de todos los pueblos comarcanos trajesen de las joyas de oro que tenían a rescatar, y en seis días que allí estuvimos trajeron más de dieciséis mil pesos en joyezuelas de oro bajo y de mucha diversidad de hechuras. Y aquesto debe ser lo que dicen los coronistas Gómara e Illescas y Jovio que dieron en Tabasco, y así lo escriben, como si fuera verdad, porque vista cosa es que en la provincia del río de Grijalva ni todos sus rededores no hay oro, sino muy pocas joyas de sus antepasados.

Dejemos esto y pasemos adelante. Y es que tomamos posesión en aquella tierra por Su Majestad. Y después de esto hecho, habló el general a los indios diciendo que se querían embarcar, y les dio camisas de Castilla. Y de allí tomamos un indio, que llevamos en los navíos, el cual, después que entendió nuestra lengua, se volvió cristiano y se llamó Francisco; y después le vi casado con una india.

Volvamos a nuestra plática. Pues como vio el general que no traían más oro que rescatar, y había seis días que estábamos allí, y los navíos corrían riesgo, por ser travesía el Norte y Nordeste, nos mandó embarcar. Y corriendo la costa adelante, vimos una isleta que bañaba la mar y tenía la arena blanca, y estará al parecer obra de tres leguas de tierra; y pusimosle nombre isla Blanca, y así está en las cartas de marear.

Y no muy lejos de esta isleta Blanca vimos otra isla que tenía muchos árboles verdes, y estará de la costa cuatro leguas, y pusimosle por nombre isla Verde. E yendo más adelante, vimos otra isla algo mayor que las demás, y estaría de tierra obra de legua y media; y allí enfrente de ella había buen surgidero. Y mandó el general que surgiésemos.

Y echados los bateles en el agua, fue Juan de Grijalva, con muchos de nosotros los soldados, a ver la isleta, porque había humos en ella; y hallamos dos casas hechas de cal y canto bien labradas, y en cada casa unas gradas, por donde subían a unos como altares, y en aquellos altares tenían unos ídolos de malas figuras, que eran sus dioses.

Y allí hallamos sacrificados, de aquella noche, cinco indios, y estaban abiertos por los pechos y cortados los brazos y los muslos, y las paredes de las casas llenas de sangre. De todo lo cual nos admiramos en gran manera, y pusimos nombre a esta isleta isla de Sacrificios, y así está en las cartas de marear.

Y allí enfrente de aquella isla saltamos todos en tierra y en unos arenales grandes que allí hay, adonde hicimos ranchos y chozas con ramas y con las velas de los navíos. Habían venido y se estaban allegando en aquella costa muchos indios que traían a rescatar oro hecho en pecezuelas, como en el río de Banderas. Y según despúes supimos, lo mandó el gran Montezuma que viniesen con ello, y los indios que lo traían estaban temerosos. Y era muy poco, por manera que el capitán mandó que los navíos alzasen anclas y diesen velas y fuésemos a surgir enfrente de otra isleta que estaba obra de media legua de tierra.

Y esta isla es donde ahora es el puerto de la Veracruz, obra de media legua de tierra. Y diré lo que allí nos avino.

Desembarcados en unos arenales, hicimos chozas encima de los más altos médanos de arena, que los hay por allí grandes, por causa de los mosquitos, que había muchos. Y con los bateles sondaron muy bien el puerto y hallaron que con el abrigo de aquella isleta estarían seguros los navíos del Norte, y había buen fondo.

Y hecho esto, fuimos a la isleta con el general y treinta soldados bien apercibidos en dos bateles, y hallamos una casa de adoratorios, donde estaba un ídolo muy grande y feo, el cual llamaban Tescatepuca, y, acompañándole, cuatro indios con mantas prietas y muy largas, con capillas que quieren parecer a las que traen los dominicos o los canónigos. Y aquellos eran sacerdotes de aquel ídolo, que comúnmente en la Nueva España llamaban papas, como ya lo he memorado otra vez.

Y tenían sacrificados de aquel día dos muchachos, y abiertos por los pechos, y los corazones y sangre ofrecida a aquel maldito ídolo. Y aquellos sacerdotes nos venían a sahumar con lo que sahumaban a aquel su Tescatepuca, porque en que llegamos lo estaban sahumando con uno que huele a incienso, y no consentimos que tal sahumerio nos diesen; antes tuvimos muy gran lástima de ver muertos aquellos dos muchachos y ver tan grandísima crueldad.

Y el general preguntó al indio Francisco, por mí memorado y que trajimos del río de Banderas, que parecía algo entendido, que por qué hacían aquello. Y esto se lo decía medio por señas, porque entonces no teníamos lengua ninguna, como ya otra vez he dicho, porque Julianillo y Melchorejo no entendían la mexicana. Y respondió el indio Francisco que los de Culúa los mandaban sacrificar; y como era torpe de lengua, decía: "Ulúa, Ulúa"; y como nuestro capitán estaba presente y se llamaba Juan, y era por San Juan de junio, pusimos por nombre a aquella isleta San Juan de Ulúa. Y este puerto es ahora muy nombrado, y están hechos en él grandes mamparos para que estén seguros los navíos por temor del Norte, y allí vienen a desembarcar las mercaderías de Castilla para México y Nueva España.

Volvamos a nuestro cuento. Que como estábamos en aquellos arenales, vinieron indios de pueblos comarcanos a trocar su oro de joyas a nuestros rescates; mas era tan poco lo que traían y de poca valía, que no hacíamos cuenta de ello. Y estuvimos siete días de la manera que he dicho, y con los muchos mosquitos que había, no nos podíamos valer.

Y viendo que el tiempo se nos pasaba en balde y teniendo ya por cierto que aquellas tierras no eran islas, sino tierra firme, y que había grandes pueblos y mucha multitud de indios, y el pan cazabe que traíamos muy mohoso y sucio de fatulas y amargaba. Y los soldados que allí veníamos no éramos bastantes para poblar, cuanto más que faltaban ya trece soldados que se habían muerto de las heridas y estaban otros cuatro dolientes.

Y viendo todo esto por mí ya dicho, fue acordado que lo enviásemos a hacer saber a Diego Velázquez, para que nos enviase socorro, porque Juan de Grijalva muy gran voluntad tenía de poblar con aquellos pocos soldados que con él estábamos, y siempre mostró ánimo de muy valeroso y esforzado capitán, y no como lo escribe el coronista Gómara.

Pues para hacer aquella embajada acordamos que fuese el capitán Pedro de Alvarado en un navío muy bueno que se decía San Sebastián. Y fue así acordado por dos cosas: lo uno, porque Juan de Grijalva ni los demás capitanes no estaban bien con él, por la entrada que hizo con su navío en el río de Papalote, que entonces le pusimos por nombre río de Alvarado; y lo otro, porque había venido a aquel viaje de mala gana y medio doliente.

Y también se concertó que llevase todo el oro que se había rescatado, y ropa de mantas, y los dolientes. Y los capitanes escribieron a Diego Velázquez cada uno lo que les pareció. Y luego se hizo a la vela, y fue la vuelta de la isla de Cuba, adonde lo dejaré ahora, así al Pedro de Alvarado como a su viaje; y diré cómo Diego Velázquez envió en nuestra busca.

Después que salimos con la armada con el capitán Juan de Grijalva de la isla de Cuba para hacer nuestro viaje, siempre Diego Velázquez estaba pensativo no hubiese acaecido algún desastre, y deseaba saber de nosotros. Y a esta causa envió un navío pequeño en nuestra busca y con ciertos soldados, y por capitán de ellos a un Cristóbal de Olí, persona de valía y muy esforzado, y éste es el que fue maestre de campo cuando lo de Cortés.

Y mandó Diego Velázquez que siguiese la derrota de Francisco Hernández de Córdoba hasta topar con nosotros. Y Cristóbal de Olí, yendo su viaje en nuestra busca y estando surto cerca de tierra, en lo de Yucatán, le dio un recio temporal, y por no anegarse sobre las amarras, el piloto que traía mandó cortar los cables; y perdió las anclas y se volvió a Santiago de Cuba, donde estaba Diego Velázquez.

Y desque vio que no tenía nuevas de nosotros, si pensativo estaba antes que enviase a Cristóbal de Olí, mucho más lo estuvo después que lo vio volver sin recaudo. Y en esta sazón llegó el capitán Pedro de Alvarado a Cuba con el oro y ropa, y dolientes, y con entera relación de lo que habíamos descubierto.

Y desque el gobernador vio el oro que llevaba el capitán Pedro de Alvarado, que estaba en joyas, parecía mucho más de lo que era; y estaban con Diego Velázquez acompañándole muchos vecinos de la villa y de otras partes, que venían a negocios.

Y desque los oficiales del rey tomaron el real quinto de lo que venía a Su Majestad, estaban todos espantados de cuán ricas tierras habíamos descubierto, porque el Pirú no se descubrió de ahí a veinte años. Y como Pedro de Alvarado se lo sabía muy bien platicar, dizque no hacía Diego Velázquez sino abrazarle, y en ocho días tener gran regocijo y jugar cañas.

Y si mucha fama tenían antes de ricas tierras, ahora, con este oro, se sublimó mucho más en todas las islas y en Castilla, como adelante diré. Y dejaré a Diego Velázquez haciendo fiestas y volveré a nuestros navíos, que estábamos en San Juan de Ulúa, y allí acordamos que fuésemos descubriendo más la costa, lo cual diré adelante.

Después que de nosotros se partió el capitán Pedro de Alvarado para ir a la isla de Cuba, como memorado tengo, acordó nuestro general, con los demás capitanes y soldados y parecer de los pilotos, que fuésemos costeando y descubriendo todo lo que pudiésemos por la costa.

Y yendo por nuestra navegación, vimos las sierras que se dicen de Tuztla, y, más adelante, de ahí a otros dos días, vimos otras sierras mucho más altas, que ahora se llaman las sierras de Tuzpa, porque se nombra un pueblo que está junto a aquellas sierras Tuzpa. Y yendo nuestra derrota, vimos muchas poblaciones, y estarían tierra adentro, al parecer, dos o tres leguas, y esto es en la provincia de Pánuco.

E yendo por nuestra navegación, llegamos a un río grande y muy corriente que le pusimos nombre río de Canoas; y enfrente de la boca de él surgimos. Y estando surtos todos tres navíos, estábamos algo descuidados, vinieron de repente por el río abajo obra de veinte canoas muy grandes, llenas de indios de guerra, con arcos y flechas y lanzas. Y vanse derechos al navío que les pareció el más chico, del cual era capitán Francisco de Montejo, y estaba más llegado a tierra, y le dan una rociada de flechas que hirieron a cinco soldados, y echaban sogas al navío, pensando llevarlo, y aun cortaron una amarra con sus hachas de cobre.

Y puesto que el capitán y los soldados peleaban bien y les trastornaron tres canoas, nosotros, con gran presteza, les ayudamos con nuestros bateles y escopetas y ballestas, y herimos más de la tercia parte de aquella gente, por manera que volvieron con sus canoas con la malaventura por donde habían venido.

Y luego alzamos anclas y dimos velas, y seguimos costa a costa hasta que llegamos a una punta muy grande, y era tan mala de doblar y las corrientes muchas, que no pudimos ir adelante. Y el piloto Antón de Alaminos dijo al general que no era bien navegar más aquella derrota, y para ello dio muchas causas.

Y luego se tomó consejo sobre lo que se había de hacer, y fue acordado que diésemos la vuelta a la isla de Cuba; lo uno porque ya entraba el invierno y no había bastimentos, y un navío hacía mucha agua, y los capitanes, desconformes, porque Juan de Grijalva decía que quería poblar, y Alonso Dávila y Francisco de Montejo decían que no, que no se podrían sustentar por causa de los muchos guerreros que en la tierra había; y también todos nosotros, los soldados, estábamos muy trabajados de andar por la mar.

Y por estas causas dimos vuelta a dos velas; las corrientes que nos ayudaban, en pocos días llegamos al paraje del gran río de Guazacalco; y no pudimos entrar en él por ser el tiempo contrario. Y muy abrazados con tierra, entramos en el río Tonalá, que se puso nombre entonces de San Antón. Y allí dimos carena al navío que hacía mucha agua, puesto que tocó al entrar en la barra, que es muy baja.

Y estando aderezando nuestro navío, vinieron muchos indios del pueblo de Tonalá, que está una legua de allí, y muy de paz, y trajeron pan de maíz y pescado y fruta, y con buena voluntad nos lo dieron. Y el capitán les hizo muchos halagos y les mandó dar cuentas verdes y diamantes; y les dijo por señas que trajesen oro a rescatar, y que les daría de nuestro rescate. Y traían joyas de oro bajo y les daban cuentas por ello. Y también vinieron los de Guazacalco y de otros pueblos comarcanos y trajeron sus joyezuelas, que todo era nonada.

Pues demás de aqueste rescate traían comúnmente todos los más indios de aquellas provincias unas hachas de cobre muy lucias como por gentileza y a manera de galanía, con unos cabos de palos pintados; y nosotros creímos que eran de oro bajo y comenzamos a rescatar de ellas. Digo que en tres días se hubieron más de seiscientas; y estábamos muy contentos creyendo que eran de oro bajo, y los indios mucho más con las cuentas. Y todo salió vano, que las hachas eran de cobre puro y las cuentas un poco de nada. Y un marinero había rescatado siete hachas y estaba alegre con ellas.

También me acuerdo que un soldado que se decía Bartolomé Pardo fue a una casa de ídolos que estaba en un cerro, que ya he dicho que se dicen cúes, que es como quien dice casa de sus dioses; y en aquella casa halló muchos ídolos y copal, que es como resina con que sahuman, y cuchillos de pedernal, con que sacrificaban y retajaban; y en un arca de madera halló muchas piezas de oro, que eran diademas y collares, y dos ídolos y otras como cuentas vaciadizas. Y el oro tomó el soldado para sí, y los ídolos y sacrificios trajo al capitán. Y no faltó quien lo vio y lo dijo al Grijalva, y queríaselo tomar. Y rogamos que se lo dejase, y como era de buena condición, mandó que, sacado el real quinto, lo demás fuese para el pobre soldado; y valdría obra de ciento y cincuenta pesos.

También quiero decir cómo quedaron los indios de aquella provincia muy contentos. Y luego nos embarcamos y vamos la vuelta de Cuba, y en cuarenta y cinco días, unas veces con buen tiempo y otras con contrario, llegamos a Santiago de Cuba, donde estaba Diego Velázquez; y él nos hizo buen recibimiento.

Y desque vio el oro que traíamos, que serían cuatro mil pesos, y lo que trajo primero Pedro de Alvarado, sería por todo veinte mil; otros decían que eran más. Y los oficiales de Su Majestad sacaron el real quinto. Y también trajeron las seiscientas hachas que creímos que eran de oro bajo; y cuando las vieron ¡estaban tan mohosas!, y, en fin, como cobre que era. Y allí hubo bien qué reír y decir de la burla y del rescate.

Y el gobernador estaba muy alegre, puesto que pareció que no estaba bien con el pariente Grijalva; y no tenía razón, sino que Francisco de Montejo y Pedro de Alvarado no estaban bien con Grijalva, y también Alonso Dávila ayudó de mala. Y cuando esto pasó ya había otras pláticas para enviar otra armada y sobre quién elegirían por capitán.

Y dejemos esto aparte y diré cómo Diego Velázquez envió a España para que Su Majestad le diese licencia para rescatar y conquistar y poblar y repartir las tierras que hubiese descubierto.

aunque les parezca a los lectores que va fuera de nuestra relación esto que yo traigo aquí a la memoria, antes que entre en lo del valeroso y esforzado capitán Cortés, conviene que se diga, por las causas que adelante verán, y también porque en un tiempo acaecen dos y tres cosas, y por fuerza hemos de hablar en la que más viene al propósito.

Y el caso es que, como ya he declarado, cuando llegó el capitán Pedro de Alvarado a Santiago de Cuba con el oro que hubimos de las tierras que descubrimos, Diego Velázquez temió que, primero que él hiciese relación de ello a Su Majestad, algún caballero privado en corte le hurtaría la bendición y lo pedirían a Su Majestad. Y a esta causa, envió a un su capellán, que se decía Benito Martín, hombre de negocios, a Castilla, con probanzas y cartas para don Juan Rodríguez de Fonseca, obispo de Burgos y arzobispo de Rosano, que ansí se nombraba, y para el licenciado Luis Zapata y para el secretario Lope de Conchillos, que en aquella sazón entendían en las cosas de Indias.

Y Diego Velázquez les era gran servidor, en especial del mesmo obispo. Y les dio pueblos de indios en la mesma isla de Cuba, que les sacaban oro de las minas; y hacían mucho por las cosas de Diego Velázquez.

Y en aquella sazón estaba Su Majestad en Flandes, y aun les envió a aquellos caballeros por mí memorados joyas de oro de las que habíamos rescatado; y no se hacía otra cosa en el Real Consejo de Indias sino lo que aquellos señores mandaban. Y lo que enviaba a negociar Velázquez era que le diesen licencia para rescatar y conquistar y poblar en todo lo que había descubierto y en lo que más descubriese, y decía en sus relaciones y cartas que había gastado muchos miles de pesos de oro en el descubrimiento.

Y el Benito Martín que envió fue a Castilla y negoció todo lo que pidió, y aun más cumplidamente, porque trajo provisión para que Diego Velázquez fuese adelantado de Cuba.

Pues ya negociado lo aquí por mí ya dicho, no vinieron tan presto los despachos que no saliese primero el valeroso Cortés con otra armada. Y quedarse ha aquí, ansí los despachos del Benito Martín como la armada del capitán Cortés.

Y diré cómo, estando escribiendo esta relación, vi las corónicas de los coronistas Francisco López de Gómara y las del doctor Illescas y las del Jovio, que hablan en las conquistas de la Nueva España. Y lo que sobre ello me pareciere declarar, adonde hubiere contradicción, lo propondré clara y verdaderamente, y va muy diferente de lo que han escrito los coronistas ya por mí nombrados.

Estando escribiendo en esta mi corónica, acaso vi lo que escriben Gómara e Illescas y Jovio en las conquistas de México y Nueva España, y desque las leí y entendí y vi su policía, y estas mis palabras tan groseras y sin primor, dejé de escribir en ella, estando presentes tan buenas historias. Y con este pensamiento, torné a leer y a mirar muy bien las pláticas y razones que dicen en sus historias, y desde el principio y medio ni cabo no hablan lo que pasó en la Nueva España.

Y desque entraron a decir de las grandes ciudades y tantos números que dicen que había de vecinos en ellas, que tanto se les da poner ochenta mil como ocho mil. Pues de aquellas grandes matanzas que dicen que hacíamos, siendo nosotros cuatrocientos y cincuenta soldados los que andábamos en la guerra, harto teníamos que defendernos no nos matasen o nos llevasen de vencida, que aunque estuvieran los indios atados, no hiciéramos tantas muertes; en especial que tenían sus armas de algodón, que les cubrían el cuerpo, y arcos, saetas, rodelas, lanzas grandes, espadas de navajas como de a dos manos, que cortan más que nuestras espadas, y eran muy denodados guerreros.

Y escriben los coronistas por mí memorados que hacíamos tantas muertes y crueldades, que Atalarico, muy bravísimo rey, y Atila, muy soberbio guerrero, según dicen y se cuenta de sus historias, en los Campos Catalanes no hicieron tantas muertes de hombres.

Pues tornando a nuestra plática, dicen que derrocamos y abrasamos muchas ciudades y templos, que son cúes, y en aquello les parece que aplacen mucho a los oyentes que leen sus historias. Y no lo vieron ni entendieron cuando lo escribían, que los verdaderos conquistadores y curiosos lectores que saben lo que pasó claramente les dirán que si todo lo que escriben de otras historias va como lo de la Nueva España, irá todo errado.

Y lo bueno es que ensalzan a unos capitanes y abajan a otros, y los que no se hallaron en las conquistas dicen que fueron en ellas; y también dicen muchas cosas, y de tal calidad y por ser tantas y en todo no aciertan, no lo declararé.

Pues otra cosa peor dicen: que Cortés mandó secretamente barrenar los navíos. No es así, porque por consejo de todos los más soldados y mío, mandó dar con ellos al través, a ojos vistas, para que nos ayudasen la gente de la mar que en ellos estaban a velar y a guerrear. Y en todo escriben muy vicioso.

¿Y para qué yo meto tanto la pluma en contar cada cosa por sí, que es gastar papel y tinta? Yo lo maldigo, puesto que lleve buen estilo. Dejemos esta plática y volveré a mi materia, que, después de bien mirado todo lo que aquí he dicho, que es todo burla lo que escriben acerca de lo acaecido en la Nueva España, torné a proseguir mi relación, porque la verdadera policía y agraciado componer es decir verdad en lo que he escrito.

Y mirando esto, acordé de seguir mi intento, con el ornato y pláticas que verán, para que salga a luz. Y hallarán las conquistas de la Nueva España claramente como se han de ver. Quiero volver con la pluma en la mano, como el buen piloto que lleva la sonda, descubriendo bajos por la mar adelante, cuando siente que los hay: así haré yo en decir los borrones de los coronistas. Mas no será todo, porque si parte por parte se hubiesen de escribir, sería más la costa de recoger la rebusca que en las verdaderas vendimias.

Digo que sobre esta mi relación pueden los coronistas sublimar y dar loa al valeroso y esforzado capitán Cortés y a los fuertes conquistadores, pues tan grande empresa salió de nuestras manos. Y lo que sobre ello escribieron, diremos los que en aquellos tiempos nos hallamos como testigos de vista ser verdad, como ahora decimos las contrariedades; que ¿cómo tienen tanto atrevimiento y osadía de escribir tan vicioso y sin verdad, pues que sabemos que la verdad es cosa bendita y sagrada, y que todo lo que contra ello dijeren va maldito?

Mas bien se parece que Gómara fue aficionado a hablar tan loablemente del valeroso Cortés. Y tenemos por cierto que le untaron las manos, pues que a su hijo, el marqués que ahora es, le eligió su crónica, teniendo a nuestro rey y señor, que con derecho se le había de elegir y encomendar. Y habrían de mandar borrar los señores del Real Consejo de Indias los borrones que en sus libros van escritos.

CAPÍTULO IV: CORTÉS BUSCA TODO TIPO DE ARMAS

Después que llegó a Cuba el capitán Juan de Grijalva, ya por mí memorado, y visto el gobernador Diego Velázquez que eran las tierras ricas, ordenó de enviar una buena armada, muy mayor que las de antes; y para ello tenía ya a punto diez navíos en el puerto de Santiago de Cuba, donde el Diego Velázquez residía: los cuatro de ellos eran en los que volvimos con el Juan de Grijalva, porque luego les hizo dar carena; y los otros seis recogieron de toda la isla, y los hizo proveer de bastimento, que era pan cazabe y tocinos, porque en aquella sazón no había en la isla de Cuba ganado vacuno ni carneros, porque era nuevamente poblada. Y este bastimento no era más que para hasta llegar a La Habana, porque allí habíamos de hacer todo el matalotaje, como lo hicimos.

Y dejemos de hablar en esto, y diré las diferencias que se hubo para elegir capitán.

Para ir aquel viaje hubo muchos debates y contrariedades, porque ciertos hidalgos decían que viniese por capitán un Vasco Porcallo, pariente del conde de Feria, y temiose el Diego Velázquez que se le alzaría con la armada, porque era atrevido; otros decían que viniese un Agustín Bermúdez o un Antonio Velázquez Borrego o un Bernardino Velázquez, parientes del gobernador, y todos los más soldados que allí nos hallamos decíamos que volviese el mesmo Juan de Grijalva, pues era buen capitán y no había falta en su persona y su saber mandar.

Andando las cosas y conciertos de esta manera que aquí he dicho, dos grandes privados del Diego Velázquez, que se decían Andrés de Duero, secretario del mesmo gobernador, y un Amador de Lares, contador de Su Majestad, hicieron secretamente compañía con un hidalgo que se decía Hernando Cortés, natural de Medellín, que tenía indios de encomienda en aquella isla, y poco tiempo había que se había casado con una señora que se decía doña Catalina Suárez, la Marcaida. Esta señora fue hermana de un Juan Suárez que, después que se ganó la Nueva España, fue vecino de México; y a lo que yo entendí y otras personas decían, se casó con ella por amores.

Y esto deste casamiento, muy largo lo decían otras personas que lo vieron, y por esta causa no tocaré más en esta tecla, y volveré a decir acerca de la compañía. Y fue desta manera: que concertasen estos privados del Diego Velázquez que le hiciesen dar al Hernando Cortés la capitanía general de toda la armada, y que partirían entre todos tres la ganancia del oro y plata y joyas de la parte que le cupiese a Cortés, porque secretamente el Diego Velázquez enviaba a rescatar y no a poblar, según después pareció por las instrucciones que de ello dio, y aunque publicaba y pregonó que enviaba a poblar.

Pues hecho este concierto, tienen tales modos el Duero y el contador con el Diego Velázquez, y le dicen tan buenas y meliosas palabras, y loando mucho a Cortés, que es persona en quien cabe el cargo para ser capitán, porque, demás de ser muy esforzado, sobre mandar y ser temido, y que le sería muy fiel en todo lo que le encomendase, así en lo de la armada como en lo demás; y demás desto, era su ahijado, y fue su padrino cuando Cortés se veló con la doña Catalina Suárez; por manera que le persuadieron y convocaron a ello. Y luego se eligió por capitán general, y el secretario Andrés de Duero hizo las provisiones, como suele decir el refrán, de muy buena tinta, y como Cortés las quiso, muy bastantes.

Ya publicada su elección, a unas personas les placía y a otras les pesaba. Y un domingo, yendo a misa el Diego Velázquez, como era gobernador, íbanle acompañando los más nobles vecinos que había en aquella villa, y llevaba al Hernando Cortés a su lado derecho, por le honrar. E iba delante del Diego Velázquez un truhán que se decía Cervantes el Loco, haciendo gestos y chocarrerías, y decía:

"¡A la gala, a la gala de mi amo Diego! ¡Oh Diego, oh Diego! ¿Qué capitán has elegido? Que es de Medellín de Extremadura, capitán de gran ventura; mas temo, Diego, no se te alce con la armada, porque todos le juzgan por muy varón en sus cosas".

Y decía otras locuras, que todas iban inclinadas a malicia; y porque lo iba diciendo de aquella manera, le dio de pescozazos el Andrés de Duero, que iba allí junto al Diego Velázquez, y le dijo:

"¡Calla, borracho loco, no seas más bellaco, que bien entendido tenemos que esas malicias, so color de gracias, no salen de ti!"

Y todavía el loco iba diciendo, por más pescozazos que le dieron:

"¡Viva, viva la gala de mi amo Diego y del su venturoso capitán! Y juro a tal, mi amo Diego, que por no te ver llorar el mal recaudo que ahora has hecho, yo me quiero ir con él a aquellas ricas tierras".

Túvose por cierto que le dieron los Velázquez, parientes del gobernador, ciertos pesos de oro a aquel chocarrero, porque dijese aquellas malicias, so color de gracias. Y todo salió verdad como lo dijo. Dicen que los locos algunas veces aciertan en lo que dicen. Y verdaderamente fue elegido Hernando Cortés para ensalzar nuestra santa fe y servir a Su Majestad, como adelante diré.

Antes que más pase adelante, quiero decir cómo el valeroso y esforzado Hernando Cortés era hijodalgo conocido por cuatro abolengos: el primero, de los Corteses, que así se llamaba su padre Martín Cortés; el segundo, por los Pizarros; el tercero, por los Monroys; el cuarto, por los Altamiranos. Y puesto que fue tan valeroso y esforzado y venturoso capitán, no le nombraré de aquí adelante ninguno de estos sobrenombres de valeroso ni esforzado ni marqués del Valle, sino solamente Hernando Cortés, porque tan tenido y acatado fue en tanta estima el nombre de solamente Cortés, así en todas las Indias como en España, como fue nombrado el nombre de Alejandro en Macedonia; y entre los romanos, Julio César y Pompeyo y Escipión; y entre los cartagineses, Aníbal; y en nuestra Castilla, a Gonzalo Hernández, el Gran Capitán.

Y el mesmo valeroso Cortés se holgaba que no le pusiesen aquellos sublimados ditados, sino solamente su nombre, y así le nombraré de aquí adelante. Y dejaré de hablar en esto, y diré en este otro capítulo las cosas que hizo y entendió para proseguir su armada.

Pues como ya fue elegido Hernando Cortés por general, de la manera que dicho tengo, comenzó a buscar todo género de armas, así escopetas, pólvora y ballestas, y todos cuantos pertrechos de armas pudo haber y buscar de rescate, y también otras cosas pertenecientes a aquel viaje. Y demás desto, se comenzó de pulir y ataviar su persona mucho más que de antes, y se puso su penacho de plumas, con su medalla y una cadena de oro, y una ropa de terciopelo, sembradas por ella unas lazadas de oro, y como un bravoso y esforzado capitán.

Pues para hacer estos gastos que he dicho, no tenía de qué, porque en aquella sazón estaba muy adeudado y pobre, puesto que tenía buenos indios de encomienda y sacaba oro de las minas. Mas todo lo gastaba en su persona y en atavíos de su mujer, que era recién casado, y en algunos forasteros huéspedes que se le allegaban, porque era de buena conversación y apacible, y había sido dos veces alcalde de la villa de San Juan de Baracoa, donde era vecino, porque en estas tierras se tiene por mucha honra a quien hacen alcalde.

Y como unos mercaderes amigos suyos, que se decían Jaime Tría y Jerónimo Tría, y un Pedro de Jerez, le vieron con aquel cargo de capitán general, le prestaron cuatro mil pesos de oro y le dieron fiados otros cuatro mil en mercaderías sobre sus indios y hacienda y fianzas.

Y luego mandó hacer dos estandartes y banderas labrados de oro con las armas reales y una cruz de cada parte, con un letrero que decía: "Hermanos y compañeros, sigamos la señal de la Santa Cruz con fe verdadera, que con ella venceremos". Y luego mandó dar pregones y tocar trompetas y atambores, en nombre de Su Majestad, y en su real nombre, Diego Velázquez, y él por su capitán general, para que cualesquier personas que quisiesen ir en su compañía a las tierras nuevamente descubiertas, a conquistarlas y poblar, les darían sus partes del oro y plata y riquezas que hubiere, y encomiendas de indios después de pacificadas; y que para ello tenía licencia el Diego Velázquez de Su Majestad.

Y puesto que se pregonó esto de la licencia del rey nuestro señor, aún no había venido con ella de Castilla el capellán Benito Martín, que fue el que Diego Velázquez hubo enviado para que lo trajese, como dicho tengo en el capítulo que de ello habla.

Pues como se supo esta nueva en toda la isla de Cuba, y también Cortés escribió a todas las villas a sus amigos que se aparejasen para ir con él aquel viaje, unos vendían sus haciendas para buscar armas y caballos, otros a hacer pan cazabe y tocinos para matalotaje, y colchaban armas de algodón y se apercibían de lo que habían menester lo mejor que podían. De manera que nos juntamos en Santiago de Cuba, donde salimos con la armada, más de trescientos y cincuenta soldados.

Y de la casa del mesmo Diego Velázquez salió un su mayordomo, que se decía Diego de Ordás, y este, el mismo Diego Velázquez le envió para que mirase y entendiese en la armada, no hubiese alguna mala traza de Cortés, porque siempre temió de él que se alzaría, aunque no lo daba a entender. Y vino un Francisco de Morla y un Escobar, que llamábamos el Paje, y un Heredia y Juan Ruano y Pedro Escudero y un Martín Ramos de Lares y otros muchos, que eran amigos y paniaguados del Diego Velázquez.

Y yo me quiero poner aquí a la postre, que también salí de la misma casa del Diego Velázquez, porque era mi deudo. Y estos soldados pongo aquí ahora por memoria, porque después, en su tiempo y lugar, escribiré de todos los que venimos en la armada, y de los que se me acordaren sus nombres, y de qué tierra eran de Castilla naturales.

Y como Cortés andaba muy solícito en enviar su armada y en todo se daba mucha prisa, como la malicia y envidia reinaba en los deudos del Velázquez, estaban afrentados, como no se fiaba el pariente ni hacía cuenta de ellos y dio aquel cargo de capitán a Cortés, sabiendo que había sido su gran enemigo, pocos días había, sobre el casamiento de Cortés ya por mí declarado. Y a esta causa andaban murmurando del pariente Diego Velázquez y aun de Cortés, y por todas las vías que podían le revolvían con el Diego Velázquez, para que en todas maneras le revocasen el poder.

De lo cual tenía aviso el Cortés, y no se quitaba de estar siempre en compañía del gobernador, y mostrándose muy gran su servidor. Y le decía que le había de hacer merced, mediante Dios, y muy ilustre señor y rico en poco tiempo. Y demás de esto, el Andrés de Duero avisaba siempre a Cortés que se diese prisa en embarcar él y sus soldados, porque ya le tenían trastrocado al Diego Velázquez con inoportunidades de aquellos sus parientes los Velázquez.

Y desque aquello vio Cortés, mandó a su mujer que todo lo que hubiese de llevar de bastimentos y regalos, que suelen hacer para tan largo viaje para sus maridos, se los enviase luego a embarcar a los navíos. Y ya tenía mandado pregonar y apercibido a los maestres y pilotos y a todos los soldados que entre aquel día y la noche se fuesen a embarcar, que no quedase ninguno en tierra.

Y desque los vio todos embarcados, se fue a despedir del Diego Velázquez, acompañado de aquellos sus grandes amigos y de otros muchos hidalgos; y todos los más nobles vecinos de aquella villa. Y después de muchos ofrecimientos y abrazos de Cortés al gobernador y del gobernador a él, se despidió. Y otro día muy de mañana, después de haber oído misa, nos fuimos a los navíos, y el mismo Diego Velázquez fue allí con nosotros; y se tornaron a abrazar, y con muchos cumplimientos del uno al otro.

Y nos hicimos a la vela, y con próspero tiempo llegamos al puerto de la Trinidad. Y tomado puerto y saltados en tierra, nos salieron a recibir todos los más vecinos de aquella villa y nos festejaron mucho. Y aquí en esta relación verán las contrariedades que tuvo Cortés, y las palabras que dice Gómara en su historia, cómo son todas contrarias de lo que pasó.

Luego llevaron los más principales de aquella villa a aposentar a Cortés y a todos nosotros entre los vecinos, y en las casas del capitán Juan de Grijalva posó Cortés. Y luego mandó Cortés poner su estandarte y pendón real delante de su posada, y dar pregones, como se había hecho en Santiago, y mandó buscar todo género de armas y comprar otras cosas necesarias y bastimentos.

Y de aquella villa salieron cinco hermanos, que se decían Pedro de Alvarado, y Jorge de Alvarado, y Gonzalo, y Gómez, y Juan de Alvarado, el Viejo, bastardo. El capitán Pedro de Alvarado es el por mí otras veces ya memorado. Y también salió de aquesta villa Alonso de Ávila, capitán que fue cuando lo de Grijalva, y Juan de Escalante, y Pero Sánchez Farfán, y Gonzalo Mejía, que después, con el tiempo, fue tesorero en México; y un Baena, y Juanes de Fuenterrabía, y Lares, el Buen Jinete —llamámoslo así porque hubo otro Lares—, y Cristóbal de Olí, el Muy Esforzado, que fue maestro de campo en las guerras mexicanas; y Ortiz el Músico, y un Gaspar Sánchez, sobrino del tesorero de Cuba, y un Diego de Pineda o Pinedo, y un Alonso Rodríguez, que tenía unas minas ricas de oro, y un Bartolomé García, y otros hidalgos que no me acuerdo sus nombres, y todas personas de mucha valía.

Y desde la Trinidad escribió Cortés a la villa de Santíspiritus, que estaba de allí dieciocho leguas, haciendo saber a todos los vecinos cómo iba aquel viaje a servir a Su Majestad, y con palabras sabrosas y ofrecimientos para atraer a sí a muchas personas de calidad que estaban en aquella villa poblados, que se decían Alonso Hernández Puertocarrero, primo del conde de Medellín; y Gonzalo de Sandoval, que después, con el tiempo, fue en México alguacil mayor, y aun ocho meses fue gobernador de la Nueva España; y vino Juan Velázquez de León, pariente de Diego Velázquez; y Rodrigo Rengel, y Gonzalo López de Jimena, y un su hermano, y un Juan Sedeño —este Juan Sedeño era vecino de aquella villa, y declárolo así porque había en nuestra armada otros dos Juan Sedeños—. Y todos estos que he nombrado eran personas muy generosas.

Y luego vinieron desde la villa de Santíspiritus a la Trinidad, donde estaba Cortés; y como supo que venían, los salió a recibir con todos nosotros que estábamos en su compañía, y les mostró mucho amor, y ellos le tenían grande acato. Y estos vecinos que he nombrado tenían sus estancias de pan cazabi y manadas de puercos cerca de aquella villa, y cada uno procuró de poner el más bastimento que pudo.

Pues estando como estábamos desta manera, recogiendo soldados y comprando caballos —que en aquella sazón pocos había y muy caros—, y como aquel caballero por mí nombrado que se decía Alonso Hernández Puertocarrero no tenía caballo ni de qué comprallo, Hernando Cortés le compró una yegua rucia. Y dio por ella unas lazadas de oro que traía en la ropa de terciopelo, la cual mandó hacer en Santiago de Cuba, como dicho tengo.

Y en aquel instante vino un navío de La Habana a aquel puerto, que traía un Juan Sedeño, vecino de la misma Habana, cargado de pan cazabi y tocinos, que iban a vender a unas minas de oro que estaban cerca de Santiago de Cuba. Y como saltó en tierra, el Juan Sedeño fue a hacer acato a Cortés; y después de muchas pláticas que tuvieron, le compró el navío y el tocino y cazabe, fiado, y se fue con nosotros. Ya teníamos once navíos, y todo se nos hacía prósperamente. Gracias a Dios por ello.

Y estando de la manera que he dicho, envió Diego Velázquez cartas y mandamientos para que le detuvieran la armada a Cortés y lo enviaran preso, lo cual verán adelante lo que pasó.

Quiero volver algo atrás de nuestra plática para decir cómo, después que salimos de Santiago de Cuba con todos los navíos, de la manera que he dicho, dijeron a Diego Velázquez tales palabras contra Cortés, que le hicieron volver la hoja, porque le acusaban de que iba alzado y que salió del puerto a cencerros tapados, y que le habían oído decir que, aunque pesase a Diego Velázquez y a sus parientes, había de ser capitán; y que para este efecto había embarcado todos sus soldados en los navíos de noche, para que, si le quisiesen detener por fuerza, hacerse a la vela; y que había engañado a Velázquez su secretario Andrés de Duero y el contador Amador de Lares, por tratos que había entre ellos y Cortés.

Y quien más metía la mano en ello para mover a Diego Velázquez a que le revocase luego el poder eran sus parientes los Velázquez y un viejo que se decía Juan Millán, que le llamaban el Astrólogo; otros decían que tenía ramo de locura, porque era atronado. Y este viejo decía muchas veces a Diego Velázquez: "Mirad, señor, que Cortés se vengará ahora de vos, de cuando le tuvisteis preso; y como es mañoso y atrevido, os ha de echar a perder si no lo remediáis presto".

A estas palabras y otras muchas que le decían dio oídos; y él, que siempre estaba con aquella sospecha. Y con mucha brevedad envió dos mozos de espuelas de quien se fiaba, con mandamientos y provisiones para el alcalde mayor de la Trinidad, que se decía Francisco Verdugo, el cual era cuñado del mismo gobernador; y escribió cartas a otros sus amigos y parientes, para que en todo caso no dejasen pasar la armada, porque decía en los mandamientos que le detuviesen o que lo llevasen preso, porque ya no era capitán, y le habían revocado el poder y dado a Vasco Porcallo.

Y también envió otras cartas para Diego de Ordás y Francisco de Morla y otros sus criados, rogándoles mucho que no pasase la armada. Y como Cortés lo supo, habló a Ordás y a Francisco Verdugo y a todos los soldados y vecinos de la Trinidad que le pareció que le serían contrarios y favorecerían las provisiones; y tales palabras y ofrecimientos les dijo, que los trajo a su servicio.

Y aun el mismo Diego de Ordás convocó luego a Francisco Verdugo, que era alcalde mayor, que no se hablase más en el negocio, sino que lo disimulase. Y le puso por delante que hasta allí no habían visto ninguna novedad en Cortés, antes se mostraba muy servidor del gobernador; y ya que en algo se quisiesen poner para quitarle la armada, que Cortés tenía muchos caballeros por amigos y estaban mal con Diego Velázquez porque no les dio buenos indios; y demás desto, tenía gran copia de soldados y estaba muy pujante; y que sería meter cizaña en la villa, o que, por ventura, los soldados le darían sacomano y la robarían, y harían otros peores desconciertos. Y ansí, se quedó sin hacer bullicio.

Y el un mozo de espuelas de los que traían las cartas se fue con nosotros, que se decía Pedro Laso de la Vega; y con el otro mensajero escribió Cortés muy amorosamente a Diego Velázquez que se maravillaba de su merced de haber tomado aquel acuerdo, y que su deseo era servir a Dios y a Su Majestad y a él en su real nombre; y que le suplicaba que no oyese más a aquellos señores sus deudos, ni por un viejo loco, como era Juan Millán, se hiciese mudanza.

Y también escribió a todos sus amigos y a Duero y al contador, sus compañeros. Y luego mandó entender a todos los soldados en aderezar armas, y a dos herreros que estaban en aquella villa que hiciesen casquillos, y a los ballesteros que desbastasen almacén y hiciesen saetas, y atrajo y convocó a los dos herreros que se fuesen con nosotros; y ansí lo hicieron. Y estuvimos en aquella villa diez días, donde lo dejaré y diré cómo nos embarcamos para ir a La Habana.

También quiero que vean los que aquesto leyeren la diferencia que hay de la relación de Gómara, cuando dice que envió a mandar Diego Velázquez a Ordás que convidase a comer a Cortés en el navío y lo llevase preso a Santiago; y pone otras cosas de trampas en su corónica, que por no alargarme lo dejo al parecer de los curiosos lectores. Volvamos a nuestra materia.

Después que Cortés vio que en la villa de la Trinidad no teníamos en qué entender, apercibió a todos los soldados que allí se habían juntado para ir en su compañía, y también mandó a Pedro de Alvarado que se fuese por tierra desde aquella villa de la Trinidad hasta La Habana, que había sesenta leguas, para que recogiese unos soldados que estaban en unas estancias, y yo fui en su compañía. También mandó Cortés a un hidalgo que se decía Juan de Escalante, muy su amigo, que fuese en un navío por la banda del norte; y mandó que todos los caballos fuesen por tierra.

Pues ya despachado todo lo que dicho tengo, Cortés se embarcó en la nao capitana, con todos los navíos, para ir a la derrota de La Habana. Parece ser que las naos que llevaba en conserva no vieron a la capitana, donde iba Cortés, porque era de noche, y fueron al puerto. Y ansimismo llegamos por tierra con Pedro de Alvarado a la villa de La Habana; y en el navío que venía Juan de Escalante por la banda del norte también había llegado, y todos los caballos que iban por tierra. Y Cortés no vino, ni sabían dar razón de él ni de dónde quedaba.

Y pasáronse cinco días y no había nuevas ningunas de su navío, y teníamos sospecha de que se hubiese perdido en Los Jardines, que es cerca de las islas de Pinos, donde hay muchos bajos, que son diez o doce leguas de La Habana. Y fue acordado por todos nosotros que fuesen tres navíos de los de menor porte en busca de Cortés. Y en aderezar los navíos y en debates: "Vaya Fulano, vaya Zutano, o Pedro o Sancho", se pasaron otros dos días, y Cortés no venía.

Ya había entre nosotros bandos y medio chirinolas sobre quién sería capitán hasta saber de Cortés. Y quien más en ello metió la mano fue Diego de Ordás, como mayordomo mayor de Velázquez, a quien enviaba para entender solamente en lo de la armada, no se alzasen con ella.

Dejemos esto y volvamos a Cortés, que, como venía en el navío de mayor porte, como antes tengo dicho, en el paraje de isla de Pinos o cerca de Los Jardines —donde hay muchos bajos— parece ser que tocó y quedó algo en seco el navío, y no pudo navegar; y con el batel mandó descargar toda la carga que se pudo sacar, porque allí cerca había tierra, donde lo descargaron. Y desque vieron que el navío estaba en flote y podía nadar, le metieron en más hondo, y tornaron a cargar lo que habían sacado en tierra; y dio vela, y fue su viaje hasta el puerto de La Habana.

Y cuando llegó, todos los más de los caballeros y soldados que le aguardábamos nos alegramos con su venida, salvo algunos que pretendían ser capitanes, y cesaron las chirinolas. Y después que le aposentamos en casa de Pedro Barba, que era teniente de aquella villa de Diego Velázquez, mandó sacar sus estandartes y ponerlos delante de las casas donde posaba; y mandó dar pregones, según y de la manera de los pasados.

Y de allí, de La Habana, vino un hidalgo que se decía Francisco de Montejo —y éste es el por mí muchas veces nombrado, que después de ganado México fue adelantado y gobernador de Yucatán—; y vino Diego de Soto, el de Toro, que fue mayordomo de Cortés en lo de México; y vino un Angulo, y Garci Caro, y Sebastián Rodríguez, y un Pacheco, y un Fulano Gutiérrez, y un Rojas (no digo Rojas el Rico), y un mancebo que se decía Santa Clara, y dos hermanos que se decían los Martínez del Fregenal, y un Juan de Nájera (no lo digo por el Sordo, el del juego de la pelota de México), y todos personas de calidad, sin otros soldados que no me acuerdo sus nombres.

Y cuando Cortés los vio, todos aquellos hidalgos juntos, se holgó en gran manera; y luego envió un navío a la punta de Guaniguanico, a un pueblo que allí estaba de indios, adonde hacían cazabi y tenían muchos puercos, para que cargasen el navío de tocinos, porque aquella estancia era del gobernador Diego Velázquez.

Y envió por capitán del navío a Diego de Ordás, como mayordomo de las haciendas de Velázquez; y envióle por tenello apartado de sí, porque Cortés supo que no se mostró mucho en su favor cuando hubo las contiendas sobre quién había de tener el mando. Por contraste en su persona, le envió y le mandó que, después que tuviese cargado el navío de bastimentos, se estuviese aguardando en el mesmo puerto de Guaniguanico hasta que se juntase con otro navío que había de ir por la banda del norte; y que irían ambos en conserva hasta lo de Cozumel; y le avisaría con canoas lo que había de hacer.

Volvamos a decir del Francisco de Montejo y de todos aquellos vecinos de La Habana, que metieron mucho matalotaje de cazabi y tocinos, que otra cosa no había. Y luego Cortés mandó sacar toda la artillería de los navíos, que eran diez tiros de bronce y ciertos falconetes, y dio cargo dello a un artillero que se decía Mesa, y a un levantisco que se decía Arbenga, y a un Juan Catalán, para que lo limpiasen y probasen, y que las pelotas y pólvora y todo lo tuviesen muy a punto, y dioles vino y vinagre con que lo refinasen, y dioles por compañero a uno que se decía Bartolomé de Usagre.

Ansimismo mandó aderezar las ballestas y cuerdas y nueces y almacén, e que tirasen a terrero y que mirasen a cuántos pasos llegaba la fuga de cada una dellas. Y como en aquella tierra de La Habana había mucho algodón, hicimos armas muy bien colchadas, porque son buenas para entre indios, porque es mucha la vara y flecha y lanzadas que daban; pues piedra: era como granizo.

Y allí en La Habana comenzó Cortés a poner casa y a tratarse como señor; y el primer maestresala que tuvo fue un Guzmán, que luego se murió o mataron indios (no digo por el mayordomo Cristóbal de Guzmán, mayordomo que fue de Cortés, que prendió a Guatemuz cuando la guerra de México). Y también tuvo Cortés por camarero a un Rodrigo Rangel, y por mayordomo a un Juan de Cáceres, que fue, después de ganado México, hombre rico.

Y todo esto ordenado, nos mandó apercibir para embarcar, y que los caballos fuesen repartidos en todos los navíos; hicieron una pesebrera y metieron mucho maíz e hierba seca. Quiero aquí poner por memoria todos los caballos e yeguas que pasaron:

- Capitán Cortés: un caballo castaño zaíno, que luego se le murió en San Juan de Ulúa.
- Pedro de Alvarado y Hernán López de Ávila: una yegua alazana, muy buena, de juego y de carrera. Y de que llegamos a la Nueva España, Pedro de Alvarado le compró la mitad de la yegua, o se la tomó por fuerza.
- Alonso Hernández Puertocarrero: una yegua rucia, de buena carrera, que le compró Cortés por las lazadas de oro.
- Juan Velázquez de León: otra yegua rucia muy poderosa, que llamábamos la Rabona, muy revuelta y de buena carrera.

- Cristóbal de Olí: un caballo castaño escuro, harto bueno.
- Francisco de Montejo y Alonso de Ávila: un caballo alazán tostado; no fue para cosa de guerra.
- Francisco de Morla: un caballo castaño escuro, gran corredor y revuelto.
- Juan de Escalante: un caballo castaño claro tresalbo; no fue bueno.
- Diego de Ordás: una yegua rucia machorra, pasadera, y aunque corría poco.
- Gonzalo Domínguez, un muy extremado jinete: un caballo castaño escuro, muy bueno y gran corredor.
- Pero González de Trujillo: un buen caballo castaño, perfecto castaño, que corría muy bien.
- Morón, vecino del Bayamo: un caballo overo, labrado de las manos, y era bien revuelto.
- Baena, vecino de la Trinidad: un caballo overo, algo sobre morcillo; no salió bueno para cosa ninguna.
- Lares, el muy buen jinete: un caballo muy bueno, de color castaño algo claro, y buen corredor.
- Ortiz el Músico y Bartolomé García, que solía tener minas de oro: un muy buen caballo oscuro que decían el Arriero. Este fue uno de los buenos caballos que pasamos en la armada.
- Juan Sedeño, vecino de La Habana: una yegua castaña, y esta yegua parió en el navío. Este Juan Sedeño pasó el más rico soldado que hubo en toda la armada, porque trajo navío suyo y la yegua, y un negro, y cazabi, y tocino; porque en aquella sazón no se podía hallar caballos ni negros, si no era a peso de oro, y a esta causa no pasaron más caballos, porque no los había ni de qué comprarlos.

Y dejalo he aquí, y diré lo que allí nos avino, ya que estábamos a punto para nos embarcar.

Hay necesidad de que algunas cosas de esta relación vuelvan atrás a ser recitadas para que se entienda bien lo que se escribe. Y esto digo: que parece ser que Diego Velázquez vio y supo de cierto que Francisco Verdugo, su teniente y cuñado, que estaba en la villa de la

Trinidad, no quiso apremiar a Cortés para que dejase la armada, antes lo favoreció, juntamente con Diego de Ordás, para que saliese. Dicen que estaba tan enojado Diego Velázquez, que hacía bramuras y decía al secretario Andrés de Duero y al contador Amador de Lares que ellos lo habían engañado por el trato que hicieron, y que Cortés iba alzado.

Y acordó enviar a un su criado con cartas y mandamientos para La Habana, a su teniente, que se decía Pedro Barba; y escribió a todos sus parientes que estaban por vecinos en aquella villa, y a Diego de Ordás y a Juan Velázquez de León, que eran sus deudos y amigos, rogándoles muy afectuosamente que, en bueno ni en malo, no dejasen pasar aquella armada, y que luego prendiesen a Cortés y lo enviasen preso, a buen recaudo, a Santiago de Cuba.

Llegado que llegó Garnica —que así se decía el que envió con las cartas y mandamientos a La Habana—, se supo lo que traía; y de este mismo mensajero tuvo aviso Cortés de lo que enviaba Velázquez. Y fue de esta manera: que parece ser que un fraile de la Merced, que se daba por servidor de Velázquez y que estaba en su compañía del mesmo gobernador, escribía a otro fraile de su orden que se decía fray Bartolomé de Olmedo, que iba con nosotros; y en aquella carta del fraile le avisaban a Cortés sus dos compañeros, Andrés de Duero y el contador, de lo que pasaba.

Volvamos a nuestro cuento. Pues como a Ordás lo había enviado Cortés a lo de los bastimentos, con el navío, como dicho tengo, no tenía en él contraditor sino a Juan Velázquez de León. Luego que le habló, lo atrajo a su mandado; y especialmente que Juan Velázquez no estaba bien con su pariente, porque no le había dado buenos indios. Pues a todos los demás a quienes había escrito Diego Velázquez, ninguno le acudía a su propósito; antes, todos a una, se mostraron por Cortés, y el teniente Pedro Barba, muy mejor.

Y demás desto, los Alvarado, y Alonso Hernández Puertocarrero, y Francisco de Montejo, y Cristóbal de Olí, y Juan de Escalante, y Andrés de Monjaraz y su hermano Gregorio de Monjaraz, y todos nosotros, pusiéramos la vida por Cortés.

Por manera que si en la villa de la Trinidad se disimularon los mandamientos, muy mejor se callaron entonces. Y con el mismo Garnica escribió el teniente Pedro Barba a Diego Velázquez que no osó prender a Cortés, porque estaba muy pujante de soldados; y que hubo temor de que no metiesen a sacomano la villa y la robasen, y embarcase a todos los vecinos y se los llevase consigo. Y que, a lo que ha entendido, Cortés era su servidor, y que no se atrevió a hacer otra cosa. Y Cortés le escribió a Velázquez con palabras tan buenas y de ofrecimientos, que lo sabía muy bien decir, y que otro día se hacía a la vela y que le sería servidor.

No hicimos alarde hasta la isla de Cozumel, más de mandar Cortés que los caballos se embarcasen, y mandó a Pedro de Alvarado que fuese por la banda del norte en un buen navío que se decía San Sebastián; y mandó al piloto que llevaba en el navío que lo aguardase en la punta de San Antón, para que allí se juntase con todos los navíos para ir en conserva hasta Cozumel; y envió mensajero a Diego de Ordás, que había ido por el bastimento, que aguardase y que hiciese lo mismo, porque estaba en la banda del norte.

Y en diez días del mes de febrero, año de mil quinientos y diecinueve, después de haber oído misa, nos hicimos a la vela con nueve navíos por la banda del sur, con la copia de caballeros y soldados que dicho tengo, y con los dos navíos por la banda del norte, que fueron once, con el que fue Pedro de Alvarado, con sesenta soldados. Y yo fui en su compañía. Y el piloto que llevábamos, que se decía Camacho, no tuvo cuenta de lo que le fue mandado por Cortés, y siguió su derrota. Y llegamos dos días antes que Cortés a Cozumel, y surgimos en el puerto ya por mí otras veces dicho cuando lo de Grijalva.

Y Cortés aún no había llegado con su flota, por causa de que a un navío, en que venía por capitán Francisco de Morla, con el mal tiempo se le saltó el gobernalle, y fue socorrido con otro gobernalle de los navíos que venían con Cortés, y vinieron todos en conserva.

Volvamos a Pedro de Alvarado, que así como llegamos al puerto, saltamos en tierra en el pueblo de Cozumel con todos los soldados; y no hallamos indios ningunos, que se habían ido huyendo. Y mandó que luego fuésemos a otro pueblo que estaba de allí una legua; y también se amontonaron y huyeron los naturales, y no pudieron llevar su hacienda y dejaron gallinas y otras cosas. Y de las gallinas mandó Pedro de Alvarado que tomasen hasta cuarenta de ellas. Y también, en una casa de adoratorios de ídolos, tenían unos paramentos de mantas viejas y unas arquillas donde estaban unas como diademas e ídolos y cuentas y pinjantillos de oro bajo; y también se les tomó dos indios y una india. Y volvímonos al pueblo donde desembarcamos.

Y estando en esto, llega Cortés con todos los navíos. Y después de aposentado, la primera cosa que hizo fue mandar echar preso en grillos al piloto Camacho, porque no aguardó en la mar como le fue mandado. Y desque vio el pueblo sin gente y supo cómo Pedro de Alvarado había ido al otro pueblo, y que les había tomado gallinas y paramentos y otras cosillas de poco valor de los ídolos, y el oro medio cobre, mostró tener mucho enojo de ello, y de cómo no aguardó el piloto. Y reprendióle gravemente a Pedro de Alvarado, y le dijo que no se habían de apaciguar las tierras de aquella manera, tomando a los naturales su hacienda.

Y luego mandó traer a los dos indios y a la india que habíamos tomado, y con el indio Melchorejo, que llevábamos de la punta de Cotoche, que entendía bien aquella lengua, les habló (porque Julianillo, su compañero, ya por mí memorado, ya se había muerto), que fuesen a llamar a los caciques e indios de aquel pueblo y que no hubiesen miedo. Y les mandó volver el oro y paramentos y todo lo demás, y por las gallinas que ya se habían comido, les mandó dar cuentas y cascabeles; y más: dio a cada indio una camisa de Castilla.

Por manera que fueron a llamar al señor de aquel pueblo; y otro día vino el cacique con toda su gente, e hijos y mujeres de todos los del pueblo, y andaban entre nosotros como si toda su vida nos hubieran tratado; y mandó Cortés que no se les hiciese enojo ninguno.

Aquí en esta isla comenzó Cortés a mandar muy de hecho, y Nuestro Señor le daba gracia, que doquiera que ponía la mano se le hacía bien, especial en pacificar los pueblos y naturales de aquellas partes, como adelante verán.

De ahí a tres días que estábamos en Cozumel, mandó hacer alarde para saber cuántos soldados llevaba. Y halló por su cuenta que éramos quinientos ocho, sin maestres y pilotos y marineros, que serían ciento; y dieciséis caballos y yeguas (las yeguas todas eran de juego y de carrera); y once navíos grandes y pequeños, con uno que era como bergantín, que traía a cargo un Ginés Nortes; y eran treinta y dos ballesteros y trece escopeteros, que ansí se llamaban en aquel tiempo; y tiros de bronce, y cuatro falconetes, y mucha pólvora y pelotas. Y esto de la cuenta de los ballesteros no se me acuerda muy bien; no hace al caso de la relación.

Y hecho el alarde, mandó a Mesa, el artillero —que ansí se llamaba—, y a un Bartolomé de Usagre, y Arbenga, y a un Catalán (que todos eran artilleros), que lo tuviesen muy limpio y aderezado, y los tiros y pelotas y pólvora muy a punto. Y puso por capitán de artillería a un Francisco de Orozco, que había sido soldado en Italia.

Ansimismo mandó a dos ballesteros, maestros de aderezar ballestas, que se decían Juan Benítez y Pedro de Guzmán, el Ballestero, que mirasen que todas las ballestas tuviesen a dos y tres nueces y otras tantas cuerdas y avancuerdas, y que siempre tuviesen cargo de hacer almacén, y tuviesen cepillo e inguijuela y tirasen a terrero, y que los caballos estuviesen muy a punto.

No sé yo en qué gasto ahora tanta tinta en meter la mano en cosas de apercibimiento de armas y de lo demás, porque Cortés verdaderamente tenía gran vigilancia en todo.

CAPÍTULO V: CORTÉS: "QUITEN ESOS ÍDOLOS"

Como Cortés en todo ponía gran diligencia, me mandó llamar a mí y a un vizcaíno que se decía Martín Ramos, y nos preguntó qué sentíamos de aquellas palabras que nos hubieron dicho los indios de Campeche, cuando venimos con Francisco Hernández de Córdoba, que decían: "Castilán, castilán", según lo he dicho en el capítulo que dello trata; y nosotros se lo tornamos a contar según y de la manera que lo habíamos visto y oído. Y dijo que ha pensado muchas veces, y que por ventura estarían algunos españoles en aquella tierra; y dijo: "Paréceme que será bien preguntar a estos caciques de Cozumel si saben alguna nueva de ellos".

Y con Melchorejo, el de la punta de Cotoche, que entendía ya poca cosa de la lengua de Castilla y sabía muy bien la de Cozumel, se lo preguntó a todos los principales. Y todos a una dijeron que habían conocido ciertos españoles, y daban señas de ellos, y que en la tierra adentro, andadura de dos soles, estaban, y los tenían por esclavos unos caciques, y que allí en Cozumel había indios mercaderes que les hablaron pocos días había. De lo cual todos nos alegramos con aquellas nuevas.

Y díjoles Cortés que luego los fuesen a llamar con cartas —que en su lengua llaman amales—; y dio a los caciques y a los indios que fueron con las cartas camisas, y los halagó, y les dijo que cuando volviesen les daría más cuentas. Y el cacique dijo a Cortés que enviase rescate para los amos con quien estaban, que los tenían por esclavos, para que los dejasen venir. Y ansí se hizo, que se les dio a los mensajeros de todo género de cuentas.

Y luego mandó apercibir dos navíos, los de menos porte —que el uno era poco mayor que bergantín—, con veinte ballesteros y escopeteros, y por capitán dellos a Diego de Ordás. Y mandó que estuviese en la costa de la punta de Cotoche aguardando ocho días con el navío mayor; y entretanto que iban y venían con la respuesta de las cartas, con el navío pequeño volviesen a dar la respuesta a Cortés de lo que hacían, porque está aquella tierra de la punta de Cotoche obra de cuatro leguas, y se parece la una tierra desde la otra.

Y escrita la carta, decía en ella:

"Señores y hermanos: aquí en Cozumel he sabido que estáis en poder de un cacique detenidos, y os pido por merced que luego os vengáis aquí a Cozumel, que para ello envío un navío con soldados, si los hubiéredes menester, y rescate para dar a esos indios con quien estáis; y lleva el navío de plazo ocho días para os aguardar. Veníos con toda brevedad; de mí seréis bien mirados y aprovechados. Yo quedo en esta isla con quinientos soldados y once navíos; en ellos voy, mediante Dios, la vía de un pueblo que se dice Tabasco o Potonchán."

Luego se embarcaron en los navíos con las cartas y los dos indios mercaderes de Cozumel que las llevaban, y en tres horas atravesaron el golfete y echaron en tierra los mensajeros con las cartas y rescate; y en dos días las dieron a un español que se decía Jerónimo de Aguilar, que entonces supimos que ansí se llamaba, y de aquí adelante ansí le nombraré.

Y desque las hubo leído y recibido el rescate de las cuentas que le enviamos, él se holgó con ello y lo llevó a su amo el cacique para que le diese licencia, la cual luego se le dio para que se fuese adonde quisiese. Y caminó el Aguilar a donde estaba su compañero, que se decía Gonzalo Guerrero, en otro pueblo cinco leguas de allí. Y como le leyó las cartas, el Gonzalo Guerrero le respondió:

"Hermano Aguilar, yo soy casado y tengo tres hijos, y tiénenme por cacique y capitán cuando hay guerras; idos vos con Dios, que yo tengo labrada la cara y horadadas las orejas. ¿Qué dirán de mí desque me vean esos españoles ir desta manera? Y ya veis estos mis hijitos cuán bonicos son. Por vida vuestra, que me deis de esas cuentas verdes que traéis para ellos, y diré que mis hermanos me las envían de mi tierra."

Y ansimismo la india, mujer del Gonzalo, habló al Aguilar en su lengua, muy enojada, y le dijo:

"Mirad con qué viene este esclavo a llamar a mi marido; idos vos y no curéis de más pláticas."

Y el Aguilar tornó a hablar al Gonzalo, que mirase que era cristiano, que por una india no se perdiese el alma; y si por mujer e hijos lo hacía, que los llevase consigo, si no los quería dejar. Y por más que le dijo y amonestó, no quiso venir. Y parece ser aquel Gonzalo Guerrero era hombre de la mar, natural de Palos.

Y desque Jerónimo de Aguilar vio que no quería venir, se vino luego con los dos indios mensajeros adonde había estado el navío aguardándole. Y desque llegó, no lo halló, que ya era ido, porque ya se habían pasado los ocho días, y aun uno más que llevó de plazo el Ordás para que aguardase, porque desque el Aguilar no venía, se volvió a Cozumel sin llevar recaudo a lo que había venido.

Y desque el Aguilar vio que no estaba allí el navío, quedó muy triste y se volvió a su amo, al pueblo donde antes solía vivir. Y dejaré esto y diré cómo, cuando Cortés vio volver a Ordás sin recaudo ni nueva de los españoles ni de los indios mensajeros, estaba tan enojado y dijo con palabras soberbias a Ordás que había creído que otro mejor recaudo trujera que no venirse ansí sin los españoles ni nuevas dellos, porque ciertamente estaban en aquella tierra.

Ya pues en aquel estante ac005 que unos marineros, que se decían los Peñates, naturales de Gibraleón, habían hurtado a un soldado que se decía Berrio ciertos tocinos y no se los querían dar. Y quejose Berrio a Cortés; y tomando juramento a los marineros, se perjuraron. Y en la pesquisa pareció el hurto: de los cuales tocinos estaban repartidos en los siete marineros; y a cuatro dellos los mandó luego azotar, que no aprovecharon ruegos de ningún capitán. Donde lo dejaré, así de los marineros como esto del Aguilar; y nos íbamos ya en el nuestro viaje hasta su tiempo y sazón.

Y diré cómo venían muchos indios en romería a aquella isla de Cozumel, los cuales eran naturales de los pueblos comarcanos de la punta de Cotoche y de otras partes de tierra de Yucatán, porque, según pareció, había allí en Cozumel unos ídolos de muy disformes figuras, y estaban en un adoratorio en que ellos tenían por costumbre en aquella tierra por aquel tiempo de sacrificar. Y una mañana estaba lleno un patio —donde estaban los ídolos— de muchos indios e indias quemando resina, que es como nuestro incienso; y como era cosa nueva para nosotros, paramos a mirar en ello con atención.

Y luego se subió encima de un adoratorio un indio viejo, con mantas largas, el cual era sacerdote de aquellos ídolos —que ya he dicho otras veces que papas los llaman en la Nueva España—, y comenzó a predicarles un rato; y Cortés y todos nosotros mirándolo, en qué paraba aquel negro sermón. Y Cortés preguntó a Melchorejo, que entendía muy bien aquella lengua, que qué era aquello que decía aquel indio viejo; y supo que les predicaba cosas malas.

Y luego mandó llamar al cacique y a todos los principales, y al mismo papa; y como mejor se pudo dárselo a entender con aquella nuestra lengua, les dijo que si habían de ser nuestros hermanos, que quitasen de aquella casa aquellos sus ídolos, que eran muy malos y les hacían errar; y que no eran dioses, sino cosas malas, y que les llevarían al infierno sus almas. Y se les dio a entender otras cosas santas y buenas; y que pusiesen una imagen de Nuestra Señora que les dio, y una cruz, y que siempre serían ayudados y tendrían buenas sementeras, y se salvarían sus almas; y se les dijo otras cosas acerca de nuestra santa fe, bien dichas.

Y el papa con los caciques respondieron que sus antepasados adoraban en aquellos dioses porque eran buenos; y que no se atreverían ellos a hacer otra cosa, y que se los quitásemos nosotros, y veríamos cuánto mal nos iba de ello, porque nos iríamos a perder en la mar.

Y luego Cortés mandó que los despedazásemos y echásemos a rodar unas gradas abajo, y ansí se hizo. Y luego mandó traer mucha cal —que había harto en aquel pueblo— e indios albañiles, y se hizo un altar muy limpio, donde pusimos la imagen de Nuestra Señora; y mandó a dos de nuestros carpinteros de lo blanco, que se decían Alonso Yáñez y Álvaro López, que hiciesen una cruz de unos maderos nuevos que allí estaban, la cual se puso en uno como humilladero que estaba hecho cerca del altar.

Y dijo misa el padre que se decía Juan Díaz, y el papa y cacique y todos los indios estaban mirando con atención. Llaman en esta isla de Cozumel a los caciques calachionis, como otra vez he dicho en lo de Potonchán. Y dejallo he aquí, y pasaré adelante y diré cómo nos embarcamos.

Cortés llevaba la capitana.

Pedro de Alvarado y sus hermanos, un buen navío que se decía San Sebastián.

Alonso Hernández Puertocarrero, otro.

Francisco de Montejo, otro buen navío.

Cristóbal de Olí, otro.

Diego de Ordás, otro.

Juan Velázquez de León, otro.

Juan de Escalante, otro.

Francisco de Morla, otro.

Otro, Escobar el Paje.

Y el más chico, como bergantín, Ginés Nortes.

Y en cada navío su piloto; y por piloto mayor, Antón de Alaminos; y las instrucciones por donde se habían de regir, y lo que habían de hacer; y de noche las señas de los faroles.

Y Cortés se despidió de los caciques y papas, y les encomendó aquella imagen de Nuestra Señora y a la cruz, que la reverenciasen y la tuviesen limpia y enramada, y verían cuánto provecho de ello les venía. Y dijeron que ansí lo harían; y trajéronle cuatro gallinas y dos jarros de miel, y se abrazaron.

Y embarcados que fuimos, en ciertos días del mes de marzo de mil quinientos y diecinueve años dimos velas, y con muy buen tiempo íbamos nuestra derrota; y aquel mismo día, a hora de las diez, dan desde una nao grandes voces, capeaban, y tiraron un tiro para que todos los navíos que veníamos en conserva lo oyésemos.

Y como Cortés lo vio y oyó, se puso luego en el bordo de la capitana y vio ir arribando el navío en que venía Juan de Escalante, que se volvía hacia Cozumel. Y dijo Cortés a otras naos que venían allí cerca: "¿Qué es aquello, qué es aquello?" Y un soldado que se decía Luis de Zaragoza le respondió que se anegaba el navío de Escalante, que era donde iba el cazabi. Y Cortés dijo: "Plega a Dios no tengamos algún desmán". Y mandó al piloto Alaminos que hiciese señas a todos los navíos que arribasen a Cozumel.

Ese mismo día volvimos al puerto donde salimos y descargamos el cazabi; y hallamos la imagen de Nuestra Señora y la cruz muy limpia y puesta incienso, y de ello nos alegramos. Y luego vino el cacique y los papas a hablar a Cortés y le preguntaron que a qué volvíamos. Y dijo que porque hacía agua un navío y lo quería adobar; y que les rogaba que con todas sus canoas ayudasen a los bateles a sacar el pan cazabi; y ansí lo hicieron.

Y estuvimos en adobar el navío cuatro días. Y dejemos de hablar en ello, y diré cómo lo supo el español que estaba en poder de indios, que se decía Aguilar, y lo que más hicimos.

Cuando tuvo noticia cierta el español que estaba en poder de indios de que habíamos vuelto a Cozumel con los navíos, se alegró en gran manera y dio gracias a Dios, y se dio mucha prisa en venirse, él y los dos indios que le llevaron las cartas y el rescate, a embarcarse en una canoa; y como la pagó bien, en cuentas verdes del rescate que le enviamos, luego la halló alquilada, con seis indios remeros con ella. Y dieron tal prisa en remar, que en espacio de poco tiempo pasaron el golfete que hay de una tierra a la otra, que serían cuatro leguas, sin tener contraste de la mar.

Y llegados a la costa de Cozumel, ya que estaban desembarcando, dijeron a Cortés unos soldados que iban a cazar —porque había en aquella isla puercos de la tierra— que había venido una canoa grande allí, junto al pueblo, y que venía de la punta de Cotoche. Y mandó Cortés a Andrés de Tapia y a otros dos soldados que fuesen a ver qué cosa nueva era venir allí, junto a nosotros, indios sin temor ninguno, con canoas grandes. Y luego fueron; y desque los indios que venían en la canoa, que traían al Aguilar, vieron los españoles, tuvieron temor y queríanse tornar a embarcar y hacerse a lo largo con la canoa; y Aguilar les dijo en su lengua que no tuviesen miedo, que eran sus hermanos.

Y Andrés de Tapia, como los vio que eran indios —porque el Aguilar ni más ni menos parecía que indio—, luego envió a decir a

Cortés con un español que siete indios de Cozumel son los que allí llegaron en la canoa. Y después que hubieron saltado en tierra, el español, mal mascado y peor pronunciado, dijo: "¡Dios y Santa María de Sevilla!". Y luego le fue a abrazar el Tapia y otro soldado de los que habían ido con él a ver qué cosa era; fue a mucha prisa a demandar albricias a Cortés porque era español el que venía en la canoa, de lo cual todos nos alegramos.

Y luego se vino el Tapia con el español adonde estaba Cortés. Y antes que llegasen, ciertos soldados preguntaban al Tapia: "¿Qué es del español?"; e iba junto con él, pero lo tenían por indio propio, porque de suyo era moreno, y trasquilado a manera de indio esclavo; y traía un remo al hombro, una cotara vieja calzada y la otra atada en la cinta, y una manta vieja muy ruin, y un braguero peor, con que cubría sus vergüenzas; y traía atado en la manta un bulto, y eran Horas muy viejas.

Pues desque Cortés los vio de aquella manera, también picó como los demás soldados, que preguntó al Tapia que qué era del español. Y el español, como le entendió, se puso en cuclillas, como hacen los indios, y dijo: "Yo soy". Y luego le mandó dar de vestir camisa y jubón, y zaragüelles, y caperuza, y alpargates, que otros vestidos no había.

Y le preguntó de su vida, y cómo se llamaba, y cuándo vino a aquella tierra. Y él dijo —aunque no bien pronunciado— que se decía Jerónimo de Aguilar, y que era natural de Écija, y que tenía órdenes de Evangelio; que había ocho años que se había perdido él y otros quince hombres y dos mujeres que iban desde el Darién a la isla de Santo Domingo, cuando hubo unas diferencias y pleitos de un Enciso y Valdivia. Y dijo que llevaban diez mil pesos de oro y los procesos de los unos contra los otros, y que el navío en que iban dio en los Alacranes, que no pudo navegar; y que en el batel del mismo navío se metieron él y sus compañeros y las dos mujeres, creyendo tomar la isla de Cuba o Jamaica; y que las corrientes eran muy grandes, que los echó en aquella tierra; y que los calachionis de aquella comarca los repartieron entre sí, y que habían sacrificado a los ídolos muchos de sus compañeros, y dellos se habían muerto de dolencia; y las mujeres, que poco tiempo había, que de trabajo también se murieron, porque las hacían moler; y que a él lo tenían para sacrificar, y una noche se huyó y se fue a otro cacique con quien estaba (ya no se me acuerda el nombre, que allí lo nombró); y que no habían quedado de todos sino él y un Gonzalo Guerrero.

Y dijo que le fue a llamar y no quiso venir. Y Cortés dio muchas gracias a Dios por todo; y le dijo que de él sería bien mirado y gratificado. Y le preguntó por la tierra y los pueblos. Y el Aguilar dijo que, como lo tenían esclavo, no sabía sino servir, traer leña y agua, y cavar en los maizales; que no había salido sino hasta cuatro leguas, que lo llevaron con una carga, y que no la pudo llevar, y cayó malo de ello; y que ha entendido que hay muchos pueblos.

Y luego le preguntó por el Gonzalo Guerrero. Y dijo que estaba casado y tenía tres hijos, y que tenía labrada la cara y horadadas las orejas y el labio de abajo, y que era hombre de la mar, de Palos; y que los indios lo tienen por esforzado; y que había poco más de un año que, cuando vinieron a la punta de Cotoche unos capitanes con tres navíos (parece ser que fueron los de Francisco Hernández de Córdoba), que él fue inventor de que nos diesen la guerra que nos dieron, y que vino él allí juntamente con un cacique de un gran pueblo, según ya he dicho en lo de Francisco Hernández de Córdoba.

Y después que Cortés lo oyó, dijo: "En verdad que lo querría haber a las manos, porque jamás será bueno".

Y dejallo he, y diré cómo los caciques de Cozumel, desque vieron al Aguilar que hablaba su lengua, le daban muy bien de comer; y el Aguilar les aconsejaba que siempre tuviesen acato y reverencia a la santa imagen de Nuestra Señora y a la cruz, y que conocerían que por ello les venía mucho bien.

Y los caciques, por consejo de Aguilar, demandaron una carta de favor a Cortés, para que, si viniesen a aquel puerto otros españoles, que fuesen bien tratados y no les hiciesen agravios; la cual carta luego se les dio. Y después de despedidos con muchos halagos y ofrecimientos, nos hicimos a la vela para el río de Grijalva.

Y de esta manera que he dicho se hubo Aguilar, y no de otra, como lo escribe el coronista Gómara —y no me maravillo, pues dice que es por nuevas—. Y volvamos a nuestra relación.

En cuatro días del mes de marzo de mil quinientos y diecinueve años, habiendo tan buen suceso en llevar buena lengua y fiel, mandó Cortés que nos embarcásemos, según y de la manera que habíamos venido antes que arribásemos a Cozumel, y con las mismas instrucciones y señas de los faroles para de noche.

E yendo navegando con buen tiempo, revuelve un viento, ya que quería anochecer, tan recio y contrario, que echó cada navío por su parte, con harto riesgo de dar en tierra; y quiso Dios que a media noche aflojó.

Y desque amaneció, luego se volvieron a juntar todos los navíos, excepto uno en que iba Juan Velázquez de León; e íbamos nuestro viaje sin saber de él hasta mediodía, de lo cual llevamos pena, creyendo fuese perdido en unos bajos. Y desque se pasaba el día y no parecía, dijo Cortés al piloto Alaminos que no era bueno ir más adelante sin saber de él; y el piloto hizo señas a todos los navíos que estuviesen al reparo y pairando, aguardando si por ventura lo echó el tiempo en alguna ensenada donde no podía salir por serle el viento contrario.

Y desque no venía, dijo el piloto a Cortés: "Señor, tenga por cierto que se metió en uno como puerto o bahía que queda atrás, y que el viento no le deja salir, porque el piloto que lleva es el que vino con Francisco Hernández y volvió con Grijalva, que se decía Juan Álvarez el Manquillo, y sabe aquel puerto".

Y luego fue acordado de volver los navíos a buscarlo con toda la armada, y en aquella bahía donde había dicho el piloto lo hallamos ancleado, de lo cual todos hubimos placer. Y estuvimos allí un día, y echamos dos bateles en el agua, y saltó en tierra el piloto y un capitán que se decía Francisco de Lugo.

Y había por allí unas estancias donde había maizales y hacían sal, y tenían cuatro cúes, que son casas de ídolos, y en ellos muchas figuras, y todas las más de mujeres, y altas de cuerpo; y se puso nombre a aquella tierra la Punta de las Mujeres. Acuérdome que decía el Aguilar que cerca de aquellas estancias estaba el pueblo donde era esclavo, y que allí vino cargado, que lo trajo su amo, y que cayó malo de traer la carga; y que también estaba no muy lejos el pueblo donde estaba Gonzalo Guerrero, y que todos tenían oro, sino que era poco, y que si quería, que le guiaría, y que fuésemos allá. Y Cortés le dijo riendo que no venía él para tan pocas cosas, sino para servir a Dios y al rey.

Y luego mandó Cortés a un capitán que se decía Escobar que fuese en el navío de que era capitán —que era muy velero y demandaba poca agua— hasta Boca de Términos, y mirase muy bien qué tierra era y si era buen puerto para poblar, y si había mucha caza, como le habían informado. Y esto que lo mandó fue por consejo del piloto, porque cuando por allí ahora pasásemos con todos los navíos, no nos detuviésemos en entrar en él; y que después de visto, que pusiese una señal y quebrase árboles en la boca del puerto, o escribiese una carta y la pusiese donde la viésemos de una parte o de otra del puerto, para que conociésemos que había entrado dentro, o que aguardase en la mar a la armada barloventeando, después que lo hubiese visto.

Y luego el Escobar partió y fue a puerto de Términos, que ansí se llama, y hizo todo lo que le fue mandado. Y halló la lebrela que se hubo quedado cuando lo de Grijalva, y estaba gorda y lucia. Y dijo el Escobar que cuando la lebrela vio el navío que entraba en el puerto, que estaba halagando con la cola y haciendo otras señas de halagos, y se vino luego a los soldados y se metió con ellos en la nao.

Y esto hecho, se salió el Escobar del puerto a la mar, y estaba esperando la armada; y parece ser que, con viento sur que le dio, no pudo esperar al reparo, y se metió mucho en la mar.

Volvamos a nuestra armada, que quedábamos en la Punta de las Mujeres, que al otro día de mañana salimos con buen terral y llegamos a Boca de Términos. Y desque no hallamos a Escobar, mandó Cortés que sacasen el batel, y con diez ballesteros le fuesen a buscar en la Boca de Términos, o a ver si había señal o carta. Y luego se hallaron árboles cortados y una carta, en que en ella decía que era muy buen puerto y buena tierra y de mucha caza, y lo de la lebrela.

Y dijo el piloto Alaminos a Cortés que fuésemos nuestra derrota, porque con el viento sur se debiera haber metido en la mar, y que no podría ir muy lejos, porque había de navegar a orza. Y puesto que Cortés sintió pena de que no le hubiese acaecido algún desmán, mandó meter velas, y luego lo alcanzamos. Y dio el Escobar sus descargos a Cortés y la causa por que no pudo aguardar.

Estando en esto, llegamos al paraje del pueblo de Potonchán, y Cortés mandó al piloto que surgiese en aquella ensenada; y el piloto respondió que era mal puerto, porque habían de estar los navíos surtos más de dos leguas lejos de tierra, y que mengua mucho la mar.

Porque tenía pensamiento Cortés de darles una buena mano por el desbarate de Francisco Hernández de Córdoba y Grijalva; y muchos de los soldados que nos habíamos hallado en aquellas batallas le suplicamos que entrase dentro y no quedasen sin buen castigo, aunque se detuviese allí dos o tres días. El piloto Alaminos, con otros pilotos, porfiaron que si allí entrábamos, que en ocho días no podríamos salir por el tiempo contrario, y que ahora llevábamos buen viento, y que en dos días llegaríamos a Tabasco.

Y ansí pasamos de largo, y en tres días que navegamos llegamos al río de Grijalva, que en nombre de indios se llama Tabasco. Y lo que allí nos acaeció y las guerras que nos dieron diré adelante.

En doce días del mismo marzo de mil quinientos y diecinueve años, llegamos con toda la armada al río de Grijalva, que se dice Tabasco, y como sabíamos ya, de cuando lo de Grijalva, que en aquel puerto y río no podían entrar navíos de mucho porte, surgieron en la mar los mayores, y con los pequeños y los bateles fuimos todos los soldados a desembarcar a la punta de los Palmares, como cuando con Grijalva, que estaba del pueblo de Tabasco obra de media legua.

Y andaban por el río y en la ribera, entre unos mambrales, todo lleno de indios guerreros, de lo cual nos maravillamos los que habíamos venido con Grijalva. Y demás de esto, estaban juntos en el pueblo más de doce mil guerreros aparejados para darnos guerra, porque en aquella sazón aquel pueblo era de mucho trato, y estaban sujetos a él otros grandes pueblos, y todos los tenían apercibidos con todo género de armas, según las usaban.

Y la causa de ello fue porque los de Potonchán y los de Lázaro y otros pueblos comarcanos los tuvieron por cobardes, y se lo echaban en cara, por causa que dieron a Grijalva las joyas de oro que antes he dicho en el capítulo que de ello habla, y que de medrosos no nos osaron dar guerra, pues eran más pueblos y tenían más guerreros que no ellos; y esto les decían por afrentarlos, y que en sus pueblos nos habían dado guerra y muerto cincuenta y seis hombres. Por manera que, con aquellas palabras que les habían dicho, se determinaron a tomar las armas.

Y desque Cortés los vio puestos en aquella manera, dijo a Aguilar, la lengua, que entendía bien la de Tabasco, que dijese a unos indios que parecían principales, que pasaban en una gran canoa cerca de nosotros, que para qué andaban tan alborotados, que no les veníamos a hacer ningún mal, sino decirles que les queríamos dar de lo que traemos como a hermanos, y que les rogaba que mirasen no comenzasen la guerra, porque les pesaría de ello; y les dijo otras muchas cosas acerca de la paz.

Y mientras más lo decía el Aguilar, más bravos se mostraban, y decían que nos matarían a todos si entrábamos en su pueblo, porque lo tenían muy fortalecido todo a la redonda de árboles muy gruesos, de cercas y albarradas. Aguilar les tornó a hablar con la paz, y que nos dejasen tomar agua y comprar de comer a trueque de nuestro rescate, y también decir a los calacheonis cosas que sean de su provecho y juicio de Dios Nuestro Señor. Y todavía ellos porfiaban que no pasásemos de aquellos palmares adelante, si no, que nos matarían.

Y desque aquello vio Cortés, mandó apercibir los bateles y navíos menores, y mandó poner en cada batel tres tiros, y repartió en ellos los ballesteros y escopeteros y soldados. Y teníamos memoria de cuando lo de Grijalva que iba un camino angosto desde los palmares al pueblo por unos arroyos y ciénagas. Mandó Cortés a tres soldados que aquella noche mirasen bien si iba a las casas, y que no se detuviesen mucho en traer la respuesta. Y los que fueron vieron que sí iba.

Y visto todo esto, y después de bien mirado, se nos pasó aquel día dando orden en cómo y de qué manera habíamos de ir en los bateles.

Y otro día por la mañana, después de haber oído misa, y todas nuestras armas muy a punto, mandó Cortés a Alonso de Ávila, que era capitán, que con cien soldados, y entre ellos diez ballesteros, fuese por el caminillo dicho que iba al pueblo, y que de que oyese los tiros, él por una parte y nosotros por otra diésemos en el pueblo. Y Cortés y todos los más soldados y capitanes fuimos en los bateles y navíos de menos porte por el río arriba.

Y desque los indios guerreros que estaban en la costa y entre los mamblares vieron que de hecho íbamos, vienen sobre nosotros con tantas canoas al puerto adonde habíamos de desembarcar, para defender que no saltásemos en tierra, que toda la costa no había sino indios de guerra con todo género de armas que entre ellos se usan, tañendo trompetillas y caracoles y atabalejos.

Y desque así vio la cosa, mandó Cortés que nos detuviésemos un poco, y que no soltasen ballesta ni escopeta ni tiros. Y como todas las cosas quería llevar muy justificadas, les hizo otro requerimiento delante de un escribano del rey que se decía Diego de Godoy, y por la lengua de Aguilar, para que nos dejen saltar en tierra y tomar agua y hablarles cosas de Dios y de Su Majestad; y que si guerra nos daban, que si por defendernos algunas muertes hubiese o otros cualquier daños, fuesen a su culpa y cargo, y no a la nuestra. Y ellos todavía haciendo muchos fieros, y que no saltásemos en tierra, si no, que nos matarían.

Y luego comenzaron muy valientemente a flechar y hacer sus señas con sus tambores, y como esforzados se vienen todos contra nosotros y nos cercan con las canoas, con tan gran rociada de flecha, que nos hicieron detener en el agua hasta la cinta, y otras partes no tanto; y como había allí mucha lama y ciénaga, no podíamos tan presto salir de ella. Y cargan sobre nosotros tantos indios, que con las lanzas a maniente, y otros a flecharnos, hacían que no tomásemos tierra tan presto como quisiéramos; y también porque en aquella lama estaba Cortés peleando, y se le quedó un alpargate en el cieno, que no lo pudo sacar, y, descalzo el un pie, salió a tierra; y luego le sacaron el alpargate y se calzó.

Y entretanto que Cortés estaba en esto, todos nosotros, ansí capitanes como soldados, fuimos sobre ellos, nombrando a Señor Santiago; y les hicimos retraer, y aunque no muy lejos, por amor de las albarradas y cercas que tenían hechas de maderas gruesas, adonde se amparaban, hasta que las deshicimos y tuvimos lugar, por un portillo, de les entrar y pelear con ellos. Y les llevamos por una calle adelante, adonde tenían hechas otras fuerzas, y allí tornaron a reparar y hacer cara, y peleaban muy valientemente y con gran esfuerzo, y dando voces y silbos, y decían: "¡Al calacheoni, al calacheoni!", que en su lengua mandaban que matasen o prendiesen a nuestro capitán.

Estando de esta manera envueltos con ellos, vino Alonso de Ávila con sus soldados, que había ido por tierra desde los palmares, como dicho tengo, y parece ser no acertó a venir más presto por amor de unas ciénagas y esteros. Y su tardanza fue bien menester, según habíamos estado detenidos en los requerimientos, y deshacer portillos en las albarradas para pelear.

Ansí que todos juntos les tornamos a echar de las fuerzas donde estaban, y los llevamos retrayendo; y ciertamente que, como buenos guerreros, nos iban tirando grandes rociadas de flechas y varas tostadas. Y nunca volvieron de hecho las espaldas hasta un gran patio donde estaban unos aposentos y salas grandes, y tenían tres casas de ídolos, y ya habían llevado todo cuanto hato había.

En los cúes de aquel patio mandó Cortés que reparásemos, y que no fuésemos más en seguimiento del alcance, pues iban huyendo. Y allí tomó Cortés posesión de aquella tierra por Su Majestad, y él en su real nombre. Y de esta manera: que, desenvainada su espada, dio tres cuchilladas en señal de posesión en un árbol grande que se dice ceiba, que estaba en la plaza de aquel gran patio. Y dijo que si había alguna persona que se lo contradijese, que él lo defendería con su espada y una rodela que tenía embrazada.

Y todos los soldados que presentes nos hallamos cuando aquello pasó respondimos que era bien tomar aquella real posesión en nombre de Su Majestad, y que nosotros seríamos en ayudalle, si alguna persona otra cosa contradijere. Y por ante un escribano del rey se hizo aquel auto. Sobre esta posesión, la parte de Diego Velázquez tuvo que remurmurar de ella.

Acuérdome que en aquellas reñidas y guerras que nos dieron de aquella vez, hirieron a catorce soldados, y a mí me dieron un flechazo en el muslo, mas poca fue la herida; y quedaron tendidos y muertos diez y ocho indios en el agua donde desembarcamos. Y allí dormimos aquella noche con grandes velas y escuchas. Y dejallo he, por contar lo que más pasamos.

Otro día de mañana mandó Cortés a Pedro de Alvarado que saliese por capitán de cien soldados, y entre ellos quince ballesteros y escopeteros, y que fuese a ver la tierra adentro hasta andadura de dos leguas, y que llevase en su compañía a Melchorejo, la lengua de la punta de Cotoche. Y cuando le fueron a llamar al Melchorejo, no le hallaron, que se había ya huido con los de aquel pueblo de Tabasco, porque, segun parescía, el día antes, en la punta de los Palmares, dejó colgados sus vestidos que tenía de Castilla y se fue de noche en una canoa. Y Cortés sintió enojo con su ida, porque no dijese a los indios, sus naturales, algunas cosas que no nos trajesen provecho. Dejémosle ido con la mala ventura y volvamos a nuestro cuento.

Ansimesmo mandó Cortés que fuese otro capitán, que se decía Francisco de Lugo, por otra parte, con otros cien soldados y doce ballesteros y escopeteros, y que no pase de otras dos leguas y que volviese a la noche a dormir en el real.

E yendo que iba el Francisco de Lugo con su compañía obra de una legua de nuestro real, se encontró con grandes capitanías e escuadrones de indios, todos flecheros y con lanzas y rodelas y atambores y penachos. Y se vienen derechos a la capitanía de nuestros soldados y les cercan por todas partes, e les comenzaron a flechar de arte que no se podía sustentar con tanta multitud de indios. Y le tiraban muchas varas tostadas y piedras con hondas, que como granizo caían sobre ellos, y con espadas de navajas de a dos manos; y por bien que peleaban el Francisco de Lugo y sus soldados, no les podía apartar de sí.

Y desque aquello vio, con gran concierto se venía ya retrayendo al real, y había enviado un indio de Cuba, gran corredor y suelto, a dar mandado a Cortés para que le fuésemos a ayudar. Y todavía el Francisco de Lugo, con gran concierto de sus ballesteros y escopeteros, unos armando y otros tirando, y algunas arremetidas que hacían, se sostenían con todos los escuadrones que sobre él estaban.

Y dejémosle de la manera que he dicho e en gran peligro, y volvamos al capitán Pedro de Alvarado, que paresce ser había andado más de una legua y topó con un estero muy malo de pasar; e quiso Dios encaminallo que vuelve por otro camino hacia donde estaba el Francisco de Lugo peleando, como dicho he. Y como oyó las escopetas que tiraban y el gran ruido de atambores y trompetillas y voces e silbos de los indios, bien entendió que estaban revueltos en guerra; y con mucha presteza y gran concierto acudió a las voces y tiros; y halló al capitán Francisco de Lugo con su gente haciendo rostro y peleando con los contrarios, y cinco indios de los contrarios muertos.

Y desque se juntaron con el Lugo, dan tras los indios, que los hicieron apartar, y no de manera que los pudiesen poner en huida, que todavía les fueron siguiendo los indios hasta el real. Y ansimesmo nos habían acometido otras capitanías de guerreros adonde estaba Cortés con los heridos; mas muy presto les hecimos retraer con los tiros que llevaban muchos dellos y a buenas cuchilladas.

Y cuando Cortés oyó al indio de Cuba que venía a demandar socorro y del arte que quedaba Francisco de Lugo, de presto les íbamos a ayudar: y nosotros, que íbamos, y los dos capitanes por mí nombrados, que llegaban con sus gentes ya obra de media legua del real. Y murieron dos soldados de la capitanía de Francisco de Lugo, y ocho heridos, y de la de Pedro de Alvarado le hirieron tres. Y desque vinieron al real, se curaron y enterraron los muertos, y hobo buena vela y escuchas.

Y en aquellas escaramuzas se mataron quince indios y prendieron tres, y el uno parescía algo principal. Y Aguilar, la lengua, les preguntaba que por qué eran locos y que por qué salían a dar guerra, y que mirasen que les mataríamos si otra vez volviesen. Y luego se envió un indio dellos con cuentas para dar a los caciques, que viniesen de paz.

Y aquel mensajero que enviamos dijo que el indio Melchiorejo que traíamos con nosotros, que era de la punta de Cotoche, que se fue la noche antes a ellos y les aconsejó que diesen guerra de día y de noche, e que nos vencerían, e que éramos muy pocos. De manera que traíamos con nosotros muy mala ayuda e nuestro contrario.

Aquel indio que enviamos por mensajero fue e nunca volvió, y de los otros dos supo Aguilar por muy cierto que para otro día estaban juntos todos cuantos caciques había en todos aquellos pueblos comarcanos de aquella provincia con sus armas, aparejados para nos dar guerra, y nos habían de venir otro día a cercar en el real, y que el Melchiorejo, la lengua, se lo aconsejó.

Y dejallo he aquí, e diré lo que sobre ello se hizo.

Cómo Cortés mandó que para otro día nos aparejásemos todos para ir en busca de los escuadrones guerreros, y mandó sacar los caballos de los navíos, y lo que más nos avino en la batalla que con ellos tuvimos

Desde que Cortés supo que muy ciertamente nos venían a dar guerra, mandó que con brevedad sacasen todos los caballos de los navíos a tierra, y que escopeteros y ballesteros y todos los soldados estuviésemos muy a punto con nuestras armas, aunque estuviésemos heridos. Y desde que hubieron sacado los caballos en tierra, estaban muy torpes y temerosos en el correr, como había muchos días que estaban en los navíos; y otro día estuvieron sueltos.

Una cosa aconteció en aquella sazón a seis o siete soldados mancebos y bien dispuestos: que les dio mal de lomos, que no se podían tener en pie si no los llevaban a cuestas. No supimos de qué se les recreció; han dicho que de las armas de algodón, que no se quitaban de noche ni de día de los cuerpos, y porque en Cuba eran regalados y no estaban acostumbrados a trabajos, y con el calor les dio aquel mal. Y luego Cortés les mandó llevar a los navíos, no quedasen en tierra; y apercibió a los caballeros que habían de ir los mejores jinetes y caballos, y que fuesen con pretales de cascabeles; y les mandó que no se parasen a lancear hasta haberles desbaratado, sino que las lanzas se las pasasen por los rostros. Y señaló trece de caballo, y el Cortés por capitán de ellos.

Y fueron estos que aquí nombraré: Cortés, Cristóbal de Olid, Pedro de Alvarado, Alonso Hernández Puertocarrero, Juan de Escalante, Francisco de Montejo, y a Alonso de Ávila le dieron un caballo que era de Ortiz el Músico y de un Bartolomé García, que ninguno de ellos era buen jinete; y Joan Velázquez de León, Francisco de Morla, Lares el Buen Jinete (nómbrase así, porque había otro Lares), Gonzalo Domínguez, extremado hombre de a caballo, Morón el del Bayamo y Pero González de Trujillo.

Todos estos caballeros señaló Cortés, y él por capitán; y mandó a Mesa el artillero que tuviese muy a punto su artillería, y mandó a Diego de Ordás que fuese por capitán de todos nosotros los soldados, y aun de los ballesteros y escopeteros, porque no era hombre de a caballo.

Y otro día muy de mañana, que fue día de Nuestra Señora de Marzo, después de oída misa, que nos dijo fray Bartolomé de Olmedo, puestos todos en ordenanza con nuestro alférez, que entonces era Antonio de Villarroel, marido que fue de Isabel de Ojeda (que después se mudó el nombre el Villarroel y se llamó Antonio Serrano de Cardona), fuimos por unas sabanas grandes adonde habían dado guerra a Francisco de Lugo y a Pedro de Alvarado; y llamábase aquella sabana y pueblo Sintla, sujeto al mismo Tabasco, una legua del aposento donde salimos. Y nuestro Cortés se apartó un poco espacio de trecho de nosotros, por amor de unas ciénagas que no podían pasar los caballos. E yendo de la manera que he dicho, dimos con todo el poder de escuadrones de indios guerreros que venían ya a buscarnos a los aposentos, y fue junto al mismo pueblo de Sintla, en un buen llano, por manera que si aquellos guerreros tenían deseo de darnos guerra y nos iban a buscar, nosotros los encontramos con el mismo motivo.

Y dejallo he aquí, y diré lo que pasó en la batalla; y bien se puede nombrar así, como adelante verán.

Ya he dicho de la manera y concierto que íbamos. Y topamos todas las capitanías y escuadrones que nos iban a buscar, y traían grandes penachos y atambores y trompetillas, y las caras almagradas, blancas y prietas, y con grandes arcos y flechas, y lanzas y rodelas y espadas como montantes de a dos manos, y muchas hondas y piedra y varas tostadas, y cada uno sus armas colchadas de algodón. Y ansí como llegaron a nosotros, como eran grandes escuadrones, que todas las sabanas cubrían, y se vienen como rabiosos y nos cercan por todas partes, y tiran tanta de flecha y vara y piedra, que de la primera arremetida hirieron más de setenta de los nuestros, y con las lanzas, pie con pie, nos hacían mucho daño; y un soldado murió luego de un flechazo que le dieron por el oído.

Y no hacían sino flechar e herir en los nuestros; y nosotros, con los tiros y escopetas y ballestas y a grandes estocadas, no perdíamos punto de buen pelear; y poco a poco, desde que conocieron las estocadas, se apartaban de nosotros. Mas era para flechar más a su salvo, puesto que Mesa, el artillero, con los tiros les mató muchos de ellos, porque, como eran grandes escuadrones y no se apartaban, daba en ellos a su placer.

Y con todos los males e heridas que les hacíamos, no los pudimos apartar. Yo dije: "Diego de Ordás, paréceme que podemos apechugar con ellos, porque verdaderamente sienten bien el cortar de las espadas y estocadas, y por esto se desvían algo de nosotros, por temor de ellas, y por mejor tirarnos sus flechas y varas tostadas y tantas piedras como granizo". Y respondió que no era buen acuerdo, porque había para cada uno de nosotros trescientos indios, y que no nos podríamos sostener con tanta multitud; y ansí estábamos con ellos, sosteniéndonos. Y acordamos de nos allegar cuanto pudiésemos a ellos, como se lo había dicho al Ordás, por darles mal año de estocadas; y bien lo sintieron, que se pasaron de la parte de una ciénega.

Y en todo este tiempo, Cortés, con los de a caballo, no venía, y aunque le deseábamos, teníamos que por ventura no le hubiese acontecido algún desastre.

Acuérdome que, cuando soltábamos los tiros, que daban los indios grandes silbos y gritos, y echaban pajas y tierra en alto para que no viésemos el daño que les hacíamos, y tañían atambores y trompetillas y silbos y voces, y decían: "Alalalalá". Estando en esto, vimos asomar los de a caballo, y como aquellos grandes escuadrones estaban embebecidos dándonos guerra, no miraban tan de presto en ellos como venían por las espaldas; y como el campo era llano y los caballeros buenos, y los caballos, algunos de ellos, muy revueltos y corredores, danles tan buena mano y alancean a su placer.

Pues los que estábamos peleando, desde que los vimos, nos dimos tanta priesa, que los de a caballo por una parte y nosotros por otra, de presto volvieron las espaldas. Y aquí creyeron los indios que el caballo y el caballero eran todo uno, como jamás habían visto caballos. Iban aquellas sabanas y campos llenos de ellos, y acogiéronse a unos espesos montes que allí había.

Y desde que los hubimos desbaratado, Cortés nos contó cómo no habían podido venir más presto, por amor de una ciénega, y cómo estuvo peleando con otros escuadrones de guerreros antes que a nosotros llegaron. Y venían tres de los caballeros de a caballo heridos y cinco caballos.

Y después de apeados debajo de unos árboles y casas que allí estaban, dimos muchas gracias a Dios por habernos dado aquella victoria tan cumplida; y como era día de Nuestra Señora de Marzo, llamose una villa, que se pobló con el tiempo, Santa María de la Vitoria, ansí por ser día de Nuestra Señora como por la gran victoria que tuvimos.

Ésta fue la primera guerra que tuvimos en compañía de Cortés en la Nueva España. Y esto pasado, apretamos las heridas a los heridos con paños, que otra cosa no había, y se curaron los caballos con quemarles las heridas con unto de un indio de los muertos, que abrimos para sacarle el unto; y fuimos a ver los muertos que había por el campo, y eran más de ochocientos, y todos los más de estocadas, y otros de los tiros y escopetas y ballestas; y muchos estaban medio muertos y tendidos. Pues donde anduvieron los de a caballo había buen recaudo, de ellos muertos y otros quejándose de las heridas.

Estuvimos en esta batalla sobre una hora, que no les pudimos hacer perder punto de buenos guerreros hasta que vinieron los de caballo. Y prendimos cinco indios, y los dos de ellos, capitanes. Y como era tarde y hartos de pelear, y no habíamos comido, nos volvimos al real. Y luego enterramos dos soldados que iban heridos por la garganta, y otro por el oído, y quemamos las heridas a los demás, y a los caballos, con el unto del indio, y pusimos buenas velas y escuchas, y cenamos y reposamos.

Aquí es donde dice Francisco López de Gómara que salió Francisco de Morla en un caballo rucio picado, antes que llegase Cortés con los de a caballo, y que eran los santos apóstoles Señor Santiago, o Señor San Pedro. Digo que todas nuestras obras y victorias son por mano de Nuestro Señor Jesucristo, y que en aquella batalla había para cada uno de nosotros tantos indios, que a puñadas de tierra nos cegaran, salvo que la gran misericordia de Nuestro Señor en todo nos ayudaba; y pudiera ser que los que dice el Gómara fueran los gloriosos Apóstoles Señor Santiago o Señor San Pedro, y yo, como pecador, no fuese digno de lo ver.

Lo que yo entonces vi y conocí fue a Francisco de Morla en un caballo castaño, que venía juntamente con Cortés, que me parece que ahora que lo estoy escribiendo se me representa por estos ojos pecadores toda la guerra según y de la manera que allí pasamos. Y ya que yo, como indigno, no fuera merecedor de ver a cualquiera de aquellos gloriosos apóstoles, allí en nuestra compañía había sobre cuatrocientos soldados, y Cortés y otros muchos caballeros. Platicárase de ello y se tomara por testimonio, y se hubiera hecho una iglesia cuando se pobló la villa y se nombrara la villa de Santiago de la Vitoria, o de San Pedro de la Vitoria, como se nombró Santa María de la Vitoria.

Y si fuera ansí como dice el Gómara, harto malos cristianos fuéramos, que, enviándonos Nuestro Señor Dios sus santos apóstoles, no reconocer la gran merced que nos hacía y reverenciar cada día aquella iglesia; y pluguiera a Dios que ansí fuera como el cronista dice; y hasta que leí su crónica, nunca entre conquistadores que allí se hallaron tal les oí.

Y dejémoslo aquí, y diré lo que más pasamos.

Ya he dicho cómo prendimos en aquella batalla cinco indios, y los dos de ellos capitanes, con los cuales estuvo Aguilar, la lengua, a pláticas, y conoció en lo que le dijeron que serían hombres para enviar por mensajeros, y díjolo al capitán Cortés, que los soltasen, y que fuesen a hablar a los caciques de aquel pueblo y otros cualesquier que pudiesen ver. Y a aquellos dos indios mensajeros se les dio cuentas verdes y diamantes azules; y les dijo Aguilar muchas palabras bien sabrosas y de halagos, y que les queremos tener por hermanos, y que no hubiesen miedo, y que lo pasado de aquella guerra que ellos tenían la culpa, y que llamasen a todos los caciques de todos los pueblos, que les queremos hablar; y se les amonestó otras muchas cosas bien mansamente, para atraerlos de paz.

Y fueron de buena voluntad y hablaron con los principales y caciques, y les dijeron todo lo que les enviamos a hacer saber sobre la paz.

Y oída nuestra embajada, fue entre ellos acordado de enviar luego quince indios de los esclavos que entre ellos tenían, y todos entiznadas las caras, y las mantas y bragueros que traían muy ruines; y con ellos enviaron gallinas y pescado asado y pan de maíz. Y llegados delante de Cortés, los recibió de buena voluntad. Y Aguilar, la lengua, les dijo medio enojado que cómo venían de aquella manera prietas las caras, que más venían de guerra que para tratar paces; y que luego fuesen a los caciques y les dijesen que si querían paz, como se la ofrecimos, que viniesen señores a tratar de ella, como se usa, y no envíen esclavos. A aquellos mismos entiznados se les hizo ciertos halagos y se envió con ellos cuentas azules, en señal de paz y para ablandarles los pensamientos.

Y luego otro día vinieron treinta indios principales, y con buenas mantas, y trajeron gallinas y pescado y fruta y pan de maíz; y demandaron licencia a Cortés para quemar y enterrar los cuerpos de los muertos en las batallas pasadas, porque no oliesen mal o los comiesen tigres o leones. La cual licencia les dio luego, y ellos se dieron prisa en traer mucha gente para enterrar y quemar los cuerpos a su usanza. Y según Cortés supo de ellos, dijeron que les faltaban sobre ochocientos hombres, sin los que estaban heridos; y dijeron que no se podían detener con nosotros en palabras ni paces porque otro día habían de venir todos los principales y señores de todos aquellos pueblos, y concertarían las paces.

Y como Cortés en todo era muy avisado, nos dijo riendo a los soldados que allí nos hallamos teniéndole compañía: "¿Sabéis, señores, que me parece que estos indios temerán mucho a los caballos, y deben de pensar que ellos solos hacen la guerra, y asimismo las lombardas? He pensado una cosa para que mejor lo crean: que traigan la yegua de Juan Sedeño, que parió el otro día en el navío, y atálla han aquí, adonde yo estoy, y traigan el caballo de Ortiz el Músico, que es muy rijoso y tomará olor de la yegua; y desde que haya tomado olor de ella, llevarán la yegua y el caballo, cada uno por sí en parte donde, desde que vengan los caciques que han de venir, no los oigan relinchar ni los vean hasta que estén delante de mí y estemos hablando". Y ansí se hizo, según y de la manera que lo mandó, que trajeron la yegua y el caballo, y tomó olor de ella en el aposento de Cortés; y además de esto, mandó que cebasen un tiro, el mayor, con una buena pelota y bien cargado de pólvora.

Y estando en esto, que ya era mediodía, vinieron cuarenta indios, todos caciques, con buena manera y mantas ricas, a la usanza de ellos; y saludaron a Cortés y a todos nosotros; y traían de sus inciensos y andaban sahumando a cuantos allí estábamos, y demandaron perdón de lo pasado, y que desde allí adelante serían buenos.

Cortés les respondió algo con gravedad, como enojado, y por nuestra lengua, Aguilar, dijo que ya ellos habían visto cuántas veces les había requerido con la paz, y que ellos tenían la culpa, y que ahora eran merecedores de que a ellos y a cuantos quedaban en todos sus pueblos matásemos. Y que somos vasallos de un gran rey y señor que nos envió a estas partes, que se dice el emperador don Carlos, que manda que a los que estuvieren en su real servicio les ayudemos y favorezcamos. Y que si ellos fueren buenos, como dicen, que ansí lo haremos; y si no, que soltará de aquellos tepuzques que los maten (y al hierro llaman en su lengua tepuzque), y aun por lo pasado que han hecho en darnos guerra están enojados algunos de ellos.

Entonces, secretamente, mandó poner fuego a la lombarda, que estaba cebada, y dio tan buen trueno como era menester. Iba la pelota zumbando por los montes, que como era mediodía y hacía calma, llevaba gran ruido; y los caciques se espantaron de oírla; como no habían visto cosa como aquella, creyeron que era verdad lo que Cortés les dijo.

Y Cortés les dijo con Aguilar que ya no hubiesen miedo, que él mandó que no hiciesen daño. Y en aquel instante trajeron el caballo, que había tomado olor de la yegua, y átanlo no muy lejos de donde estaba Cortés hablando con los caciques; y como la yegua la habían tenido en el mismo aposento adonde Cortés y los indios estaban hablando, pateaba el caballo y relinchaba y hacía bramuras, y siempre los ojos mirando a los indios y al aposento donde había tomado olor de la yegua. Y los caciques creyeron que por ellos hacía aquellas bramuras, y estaban espantados.

Y desde que Cortés los vio de aquel arte, se levantó de la silla y se fue para el caballo, y mandó a dos mozos de espuelas que luego le llevasen de allí lejos; y dijo a los indios que ya mandó al caballo que no estuviese enojado, pues ellos venían de paz y eran buenos.

Estando en esto, vinieron sobre treinta indios de los de carga, que entre ellos llaman tamemes, que traían la comida de gallinas y pescado y otras cosas de frutas, que parece ser se quedaron atrás y no pudieron venir juntamente con los caciques. Y allí hubo muchas pláticas Cortés con aquellos principales y los caciques con Cortés; y dijeron que otro día vendrían y traerían un presente y hablarían en otras cosas, y ansí se fueron muy contentos. Donde los dejaré ahora, hasta otro día.

Otro día de mañana, que fueron a quince días del mes de marzo de mil quinientos y diecinueve años, vinieron muchos caciques y principales de aquel pueblo de Tabasco y de otros comarcanos, haciendo mucho acato a todos nosotros; y trajeron un presente de oro, que fueron cuatro diademas y unas lagartijas y dos como perrillos y orejeras y cinco ánades y dos figuras de caras de indios, y dos suelas de oro como de sus cotaras, y otras cosillas de poco valor, que ya no me acuerdo qué tanto valía. Y trajeron mantas de las que ellos hacían, que son muy bastas, porque ya habrán oído decir los que tienen noticia de aquella provincia que no las hay en aquella tierra sino de poca valía.

Y no fue nada todo este presente en comparación de veinte mujeres, y entre ellas una muy excelente mujer que se dijo doña Marina, que ansí se llamó después de vuelta cristiana.

Y dejaré esta plática y de hablar de ella y de las demás mujeres que trajeron, y diré que Cortés recibió aquel presente con alegría. Y se apartó con todos los caciques y con Aguilar, el intérprete, a hablar. Y les dijo que por aquello que traían se lo tenía en gracia; mas que una cosa les rogaba: que luego mandasen poblar aquel pueblo con toda su gente y mujeres e hijos, y que dentro de dos días le quería ver poblado, y que en esto conocerá tener verdadera paz.

Y luego los caciques mandaron llamar a todos los vecinos, y con sus hijos y mujeres en dos días se pobló. Y lo otro que les mandó, que dejasen sus ídolos y sacrificios, y respondieron que ansí lo harían. Y les declaramos con Aguilar, lo mejor que Cortés pudo, las cosas tocantes a nuestra santa fe, y cómo éramos cristianos y adorábamos en un solo Dios verdadero. Y se les mostró una imagen muy devota de Nuestra Señora con su hijo precioso en los brazos, y se les declaró que en aquella santa imagen reverenciamos, porque ansí está en el cielo y es madre de Nuestro Señor Dios. Y los caciques dijeron que les parecía muy bien aquella gran teclecihuata, y que se la diesen para tener en su pueblo, porque a las grandes señoras en aquella tierra, en su lengua, llaman tecleciguatas. Y dijo Cortés que sí la daría; y les mandó hacer un buen altar, bien labrado, el cual luego hicieron.

Y otro día de mañana mandó Cortés a dos de nuestros carpinteros de lo blanco, que se decían Alonso Yáñez y Álvaro López, que luego labrasen una cruz muy alta. Y después de haber mandado todo esto, les dijo qué fue la causa que nos dieron guerra, tres veces requiriéndoles con la paz. Y respondieron que ya habían demandado perdón de ello, y estaban perdonados; y que el cacique de Champotón, su hermano, se lo aconsejó, y porque no le tuviesen por cobarde, y porque se le reñían y deshonraban, porque no nos dio guerra cuando la otra vez vino otro capitán con cuatro navíos. Y, según parece, decíalo por Juan de Grijalva; y también que el indio que traíamos por lengua, que se huyó una noche, se lo aconsejó, y que de día y de noche nos diesen guerra.

Y luego Cortés les mandó que en todo caso se lo trajesen, y dijeron que como les vio que en la batalla no les fue bien, que se les fue huyendo, y que no sabían de él, y aunque le han buscado; y supimos que le sacrificaron, pues tan caro les costó sus consejos.

Y más les preguntó que de qué parte traían oro y aquellas joyezuelas. Respondieron que hacia donde se pone el sol, y decían "Culúa" y "México"; y como no sabíamos qué cosa era México ni Culúa, dejábamoslo pasar por alto. Y allí traíamos otra lengua que se decía Francisco, que hubimos cuando lo de Grijalva, ya otra vez por mí memorado; mas no entendía poco ni mucho la de Tabasco, sino la de Culúa, que es la mexicana, y medio por señas dijo a Cortés que Culúa era muy adelante; y nombraba México y no le entendimos.

Y en esto cesó la plática hasta otro día, que se puso en el altar la santa imagen de Nuestra Señora y la cruz, la cual todos adoramos. Y dijo misa el padre fray Bartolomé de Olmedo, y estaban todos los caciques y principales delante; y púsose nombre aquel pueblo Santa María de la Vitoria, y ansí se llama ahora la villa de Tabasco.

Y el mismo fraile, con nuestra lengua, Aguilar, predicó a las veinte indias que nos presentaron muchas buenas cosas de nuestra santa fe, y que no creyesen en los ídolos que de antes creían, que eran malos, y no eran dioses, ni más les sacrificasen, que las traían engañadas, y adorasen en Nuestro Señor Jesucristo. Y luego se bautizaron, y se puso por nombre doña Marina a aquella india e señora que allí nos dieron; y verdaderamente era gran cacica e hija de grandes caciques y señora de vasallos, y bien se le parecía en su persona; lo cual diré adelante cómo y de qué manera fue allí traída.

Y a las otras mujeres, no me acuerdo bien de todos sus nombres, y no hace al caso nombrar algunas; mas estas fueron las primeras cristianas que hubo en la Nueva España; y Cortés las repartió a cada capitán la suya. Y a esta doña Marina, como era de buen parecer y entremetida y desenvuelta, dio a Alonso Hernández Puertocarrero, que ya he dicho otra vez que era muy buen caballero, primo del conde de Medellín; y desde que fue a Castilla el Puertocarrero, estuvo doña Marina con Cortés, e hubo en ella un hijo, que se dijo don Martín Cortés.

En aquel pueblo estuvimos cinco días, ansí porque se curaban las heridas como por los que estaban con dolor de lomos, que allí se les quitó.

Y demás desto, porque Cortés siempre atraía con buenas palabras a todos los caciques, les dijo cómo el Emperador nuestro señor, cuyos vasallos somos, tiene a su mandar muchos grandes señores, y que es bien que ellos le den la obediencia; y que en lo que hubieren menester, ansí favor de nosotros o cualquiera cosa, que se lo hagan saber dondequiera que estuviésemos, que él les vendrá a ayudar. Y todos los caciques le dieron muchas gracias por ello, y allí se otorgaron por vasallos de nuestro gran emperador; y estos fueron los primeros vasallos que en la Nueva España dieron la obediencia a Su Majestad.

Y luego Cortés les mandó que para otro día, que era Domingo de Ramos, muy de mañana viniesen al altar con sus hijos y mujeres, para que adorasen la santa imagen de Nuestra Señora y la cruz; y asimismo les mandó que viniesen luego seis indios carpinteros, y que fuesen con nuestros carpinteros, y que en el pueblo de Cintla, adonde Nuestro Señor Dios fue servido darnos aquella victoria de la batalla pasada por mí memorada, que hiciesen una cruz en un árbol grande que allí estaba, que entre ellos llaman ceiba; e hiciéronla en aquel árbol, a efecto que durase mucho, que con la corteza que suele reverdecer está siempre la cruz señalada.

Hecho esto, mandó que aparejasen todas las canoas que tenían para nos ayudar a embarcar, porque luego aquel santo día nos queríamos hacer a la vela, porque en aquella sazón vinieron dos pilotos a decir a Cortés que estaban en gran riesgo los navíos por amor del Norte, que es travesía.

Y otro día muy de mañana vinieron todos los caciques y principales con todas las canoas y sus mujeres e hijos, y estaban ya en el patio donde teníamos la iglesia y cruz, y muchos ramos cortados para andar en procesión. Y desde que los caciques vimos juntos, ansí Cortés y capitanes, y todos a una con gran devoción anduvimos una muy devota procesión, y el padre de la Merced y Juan Díaz, el clérigo, revestidos; y se dijo misa, y adoramos y besamos la santa cruz, y los caciques e indios mirándonos. Y hecha nuestra solemne fiesta, según el tiempo, vinieron los principales y trajeron a Cortés hasta diez gallinas y pescado y otras legumbres.

Y nos despedimos de ellos, y siempre Cortés encomendándoles la santa imagen y santas cruces, y que las tuviesen muy limpias y barridas, y enramado, y que las reverenciasen, y hallarían salud y buenas sementeras. Y después de que era ya tarde, nos embarcamos, y otro día por la mañana nos hicimos a la vela, y con buen viaje navegamos, y fuimos la vía de San Juan de Ulúa, y siempre muy juntos a tierra.

E yendo navegando con buen tiempo, decíamos a Cortés los que sabíamos aquella derrota: "Señor, allí queda la Rambla, que en lengua de indios se dice Ayagualulco". Y luego que llegamos en el paraje de Tonalá, que se dice San Antón, se lo señalábamos; más adelante le mostrábamos el gran río de Guazacualco; y vio las muy altas sierras nevadas, y luego las sierras de San Martín, y más adelante le mostramos la roca partida, que es unos grandes peñascos que entran en la mar, y tienen una señal arriba como manera de silla; y más adelante le mostramos el río de Alvarado, que es adonde entró Pedro de Alvarado cuando lo de Grijalva; y luego vimos el río de Banderas, que fue donde rescatamos los diez y seis mil pasos; y luego le mostramos la isla Blanca, y también le dijimos adonde quedaba la isla Verde; y junto a tierra vio la isla de Sacrificios, donde hallamos los altares, cuando lo de Grijalva, y los indios sacrificados; y luego, en buena hora, llegamos a San Juan de Ulúa, jueves de la Cena, después de mediodía.

Y acuérdome que se llegó un caballero, que se decía Alonso Hernández Puertocarrero, y dijo a Cortés:

—Paréceme, señor, que os han venido diciendo estos caballeros, que han venido otras dos veces a estas tierras:

"Cata Francia, Montesinos, cata París la ciudad,
cata las aguas del Duero, do van a dar en la mar.
Yo digo que mire las tierras ricas, y sabéos bien gobernar".

Luego Cortés bien entendió a qué fin fueron aquellas palabras dichas, y respondió:

—Dénos Dios ventura en armas, como al paladín Roldán, que en lo demás, teniendo a vuestra merced y a otros caballeros por señores, bien me sabré entender.

Y dejémoslo, y no pasemos de aquí. Y esto es lo que pasó, y Cortés no entró en el río de Alvarado, como lo dice Gómara.

CAPÍTULO V: MONTEZUMA ES TAN GRAN SEÑOR

En Jueves Santo de la Cena de mil quinientos y diez y nueve años, llegamos con toda la armada al puerto de San Juan de Ulúa; y como el piloto Alaminos lo sabía muy bien desde cuando vinimos con Juan de Grijalva, luego mandó surgir en parte que los navíos estuviesen seguros del Norte, y pusieron en la nao capitana sus estandartes reales y veletas. Y desde obra de media hora que hubimos surgido, vinieron dos canoas muy grandes (y que en aquellas partes a las canoas grandes llaman piraguas), y en ellas vinieron muchos indios mexicanos; y como vieron los estandartes y el navío grande, conocieron que allí habían de ir a hablar al capitán. Y fuéronse derechos al navío, y entran dentro y preguntan cuál era el tatuán, que en su lengua dicen el señor.

Y doña Marina, que bien lo entendió, porque sabía muy bien la lengua, se le mostró a Cortés. Y los indios hicieron mucho acato a Cortés a su usanza y le dijeron que fuese bienvenido, que un criado del gran Montezuma, su señor, les enviaba a saber qué hombres éramos y qué buscábamos, y que si algo hubiésemos menester para nosotros y los navíos, que se lo dijésemos, que traerán recaudo para ello. Y Cortés respondió con las dos lenguas, Aguilar y doña Marina, que se lo tenía en merced; y luego les mandó dar de comer y beber vino, y unas cuentas azules; y desque hubieron bebido, les dijo que veníamos para verlos y contratar, y que no se les haría enojo ninguno, y que tuviesen por buena nuestra llegada a aquella tierra. Y los mensajeros se volvieron muy contentos.

Y otro día, que fue Viernes Santo de la Cruz, desembarcamos, ansí caballos como artillería, en unos montones y médanos de arena que allí hay altos, que no había tierra llana, sino todos arenales, y asestaron los tiros como mejor le pareció al artillero, que se decía Mesa. Y hicimos un altar, adonde se dijo luego misa; e hicieron chozas y ramadas para Cortés y para los capitanes, y entre tres en tres soldados acarreábamos madera, e hicimos nuestras chozas; y los caballos se pusieron adonde estuviesen seguros; y en esto se pasó aquel Viernes Santo.

Y otro día, sábado, víspera de Pascua de la Santa Resurrección, vinieron muchos indios que envió un principal que era gobernador de Montezuma, que se decía Pitalpitoque, que después le llamamos Obandillo, y trajeron hachas y adobaron las chozas del capitán Cortés y los ranchos que más cerca hallaron, y les pusieron mantas grandes encima por amor del sol, que era Cuaresma y hacía muy gran calor; y trajeron gallinas y pan de maíz y ciruelas, que era tiempo de ellas, y paréceme que entonces trajeron unas joyas de oro. Y todo lo presentaron a Cortés y dijeron que otro día había de venir un gobernador a traer más bastimento. Cortés se lo agradeció mucho y les mandó dar ciertas cosas de rescate, con que fueron muy contentos.

Y otro día, Pascua Santa de Resurrección, vino el gobernador que habían dicho, que se decía Tendile, hombre de negocios, y trajo con él a Pitalpitoque, que también era persona entre ellos principal, y traían detrás de sí muchos indios con presentes, y gallinas y otras legumbres; y a estos que lo traían mandó Tendile que se apartasen un poco a un cabo; y con mucha humildad hizo tres reverencias a Cortés a su usanza, y después a todos los soldados que más cercanos nos hallamos. Y Cortés les dijo con las lenguas que fuesen bienvenidos, y los abrazó y les mandó que esperasen, y que luego les hablaría.

Y entretanto mandó hacer un altar, lo mejor que en aquel tiempo se pudo hacer, y dijo misa cantada fray Bartolomé de Olmedo, que era gran cantor, y la beneficiaba el padre Juan Díaz, y estuvieron a la misa los dos gobernadores y otros principales de los que traían en su compañía. Y oída misa, comió Cortés y ciertos capitanes y los dos indios criados del gran Montezuma.

Y alzadas las mesas, se apartaron Cortés con las dos lenguas y con aquellos caciques, y les dijo cómo éramos cristianos y vasallos del mayor señor que hay en el mundo, que se dice el emperador don Carlos, y que tiene por vasallos y criados a muchos grandes señores. Y que por su mandado venimos a estas tierras, porque ha muchos años que tiene noticia de ellas y del gran señor que les manda, y que le quiere tener por amigo, y decirle muchas cosas en su real nombre; y desque las sepa y haya entendido, se holgará. Y también para contratar con él y sus indios y vasallos de buena amistad; y que querría saber dónde manda su señor que se vean.

Y el Tendile respondió algo soberbio y dijo:

—¡Aun ahora has llegado y ya le quieres hablar! Recibe ahora este presente que te damos en su nombre, y después me dirás lo que te cumpliere.

Y luego sacó de una petaca, que es como caja, muchas piezas de oro y de buenas labores y ricas; y mandó traer diez cargas de ropa blanca de algodón y de pluma, cosas muy de ver, y otras cosas que ya no me acuerdo, y mucha comida, que eran gallinas y fruta y pescado asado. Cortés les recibió riendo y con buena gracia, y les dio cuentas torcidas y otras cosas de las de Castilla; y les rogó que mandasen en sus pueblos que viniesen a contratar con nosotros, porque él traía muchas cuentas a trocar por oro; y dijeron que ansí lo mandarían. Y según después supimos, estos Tendile y Pitalpitoque eran gobernadores de unas provincias que se dicen Cotustan y Tustepeque y Guazpaltepeque y Tataltelco, y de otros pueblos que nuevamente tenían sojuzgados.

Y luego Cortés mandó traer una silla de cadera con entalladuras de taracea y unas piedras margajitas, que tienen dentro de sí muchas labores, y envueltas en unos algodones que tenían almizcle, porque oliesen bien, y un sartal de diamantes torcidos y una gorra de carmesí, con una medalla de oro de San Jorge, como que estaba a caballo con su lanza, que mata un dragón. Y dijo a Tendile que luego enviase aquella silla en que se asiente el señor Montezuma, que ya sabíamos que ansí se llamaba, para cuando le vaya a ver y hablar; y que aquella gorra la ponga en la cabeza; y que aquellas piedras y todo lo demás le manda dar el rey nuestro señor en señal de amistad, porque sabe que es gran señor; y que mande señalar para qué día y en qué parte quiere que le vaya a ver.

Y el Tendile lo recibió y dijo que su señor Montezuma es tan gran señor, que holgará de conocer a nuestro gran rey, y que llevará presto aquel presente y traerá respuesta.

Y parece ser que Tendile traía consigo grandes pintores, que los hay tales en México, y mandó pintar al natural la cara y rostro y cuerpo y facciones de Cortés y de todos los capitanes y soldados, y navíos y velas y caballos, y a doña Marina y Aguilar, y hasta dos lebreles, y tiros y pelotas, y todo el ejército que traíamos, y lo llevó a su señor. Y luego mandó Cortés a los artilleros que tuviesen muy bien cebadas las lombardas con buen golpe de pólvora, para que hiciese gran trueno cuando lo soltasen. Y mandó a Pedro de Alvarado que él y todos los de a caballo se aparejasen para que aquellos criados de Montezuma los viesen correr, y que llevasen pretales de cascabeles;

y también Cortés cabalgó, y dijo: "Si en estos médanos de arena pudiéramos correr, bueno fuera; mas ya verán que a pie nos atollamos en la arena; salgamos a la playa desque sea menguante y correremos de dos en dos". Y a Pedro de Alvarado, que era su yegua alazana de gran carrera y revuelta, le dio el cargo de todos los de a caballo.

Todo lo cual se hizo delante de aquellos dos embajadores; y para que viesen salir los tiros, hizo Cortés que los quería tornar a hablar con otros muchos principales, y ponen fuego a las lombardas. Y en aquella sazón hacía calma; y van las piedras por los montes retumbando con gran ruido; y los gobernadores y todos los indios se espantaron de cosas tan nuevas para ellos, y todo lo mandaron pintar a sus pintores para que su señor Montezuma lo viese.

Y parece ser que un soldado tenía un casco medio dorado, aunque mohoso. Y vióle Tendile, que era más entremetido indio que el otro, y dijo que le quería ver, que parecía a uno que ellos tenían que les habían dejado sus antepasados y linaje donde venían, lo cual tenían puesto a sus dioses Huichilobos, y que su señor Montezuma se holgará de lo ver. Y luego se lo dieron, y les dijo Cortés que porque quería saber si el oro desta tierra es como el que sacan en la nuestra de los ríos, que le envíen aquel casco lleno de granos de oro para enviarlo a nuestro gran emperador.

Y después de todo esto, el Tendile se despidió de Cortés y de todos nosotros; y después de muchos ofrecimientos que le hizo Cortés, se despidió de él y dijo que él volvería con la respuesta con toda brevedad.

Y ya ido Tendile, alcanzamos a saber que, después de ser indio de grandes negocios, fue el más suelto peón que su amo Montezuma tenía. El cual fue en posta y dio relación de todo a su señor, y le mostró todo el dibujo que llevó pintado y el presente que le envió Cortés. Y dizque el gran Montezuma, desque lo vio, quedó admirado y recibió por otra parte mucho contento, y desque vio el casco, y el que tenía su Huichilobos, tuvo por cierto que éramos de los que le habían dicho sus antepasados que vendrían a señorear aquella tierra.

Aquí es donde dice el coronista Gómara muchas cosas que no le dieron buena relación. Y dejallo he, y diré lo que más acaesció.

Desque fue Tendile con el presente que el capitán Cortés le dio para su señor Montezuma, y había quedado en nuestro real el otro gobernador, que se decía Pitalpitoque, quedó en unas chozas apartado de nosotros, y allí trajeron indias para que hiciesen pan de su maíz y gallinas y fruta y pescado, y de aquello proveían a Cortés y a los capitanes que comían con él, que a nosotros los soldados, si no lo mariscábamos o íbamos a pescar, no lo teníamos.

Y en aquella sazón vinieron muchos indios de los pueblos por mí nombrados, donde eran gobernadores aquellos criados del gran Montezuma, y traían algunos de ellos oro y joyas de poco valor y gallinas a trocar por nuestros rescates, que eran cuentas verdes y diamantes y otras cosas, y con aquello nos sustentábamos, porque comúnmente todos los soldados traíamos rescate, como teníamos aviso, cuando lo de Grijalva, que era bueno traer cuentas.

Y en esto se pasaron seis o siete días. Y estando en esto, vino Tendile una mañana con más de cien indios cargados. Y venía con ellos un gran cacique mexicano, y en el rostro y facciones y cuerpo se parecía al capitán Cortés, y adrede le envió el gran Montezuma, porque, según dijeron, que cuando a Cortés le llevó Tendile dibujado su misma figura, todos los principales que estaban con Montezuma dijeron que un principal que se decía Quintalbor se le parecía a lo propio a Cortés; que ansí se llamaba aquel gran cacique que venía con Tendile; y como parecía a Cortés, ansí le llamábamos en el real: Cortés acá, Cortés acullá.

Volvamos a su venida y lo que hicieron. Que en llegando donde nuestro capitán estaba, besó la tierra, y con braseros que traían de barro, y en ellos de su incienso, le sahumaron, y a todos los demás soldados que allí cerca nos hallamos. Y Cortés les mostró mucho amor y los asentó cabe sí. Y aquel principal que venía con aquel presente traía cargo de hablar juntamente con el Tendile; ya he dicho que se decía Quintalbor.

Y después de haber dado el parabién venido a aquella tierra y otras muchas pláticas que pasaron, mandó sacar el presente que traían, y encima de unas esteras y tendidas otras mantas de algodón encima de las esteras. Y lo primero que dio fue una rueda de hechura de sol de oro muy fino, que sería tamaña como una rueda de carreta, con muchas maneras de pinturas, gran obra de mirar, que valía, a lo que después dijeron que la habían pesado, sobre diez mil pesos; y otra mayor rueda de plata, figurada la luna, y con muchos resplandores y otras figuras en ella, y esta era de gran peso, que valía mucho.

Y trajo el casco lleno de oro en granos chicos, como lo sacan de las minas, que valía tres mil pesos. Aquel oro del casco tuvimos en más, por saber cierto que había buenas minas, que si trajeran veinte mil pesos. Más trajo: veinte ánades de oro, muy prima labor y muy al natural, y unos como perros de los que entre ellos tienen, y muchas piezas de oro de tigres y leones y monos, y diez collares hechos de una hechura muy prima, y otros pinjantes, y doce flechas y un arco con su cuerda y dos varas como de justicia, de largo de cinco palmos; y todo esto que he dicho de oro muy fino y de obra vaciadiza.

Y luego mandó traer penachos de oro y de ricas plumas verdes y otras de plata, y aventadores de lo mismo; pues venados de oro, sacados de vaciadizos. Y fueron tantas cosas que, como ha ya tantos años que pasó, no me acuerdo de todo. Y luego mandó traer allí sobre treinta cargas de ropa de algodón, tan prima, y de muchos géneros de labores, y de pluma de muchos colores, que por ser tantas, no quiero en ello meter más la pluma, porque no lo sabré escribir.

Y desque lo hubo dado, dijo aquel gran cacique Quintalbor a Cortés que reciba aquello con la gran voluntad que su señor se lo envía, y que lo reparta con los teules que consigo trae; y Cortés con alegría lo recibió. Y dijeron a Cortés aquellos embajadores que le querían hablar lo que su señor le envía a decir. Y lo primero que le dijeron, que se ha holgado que hombres tan esforzados vengan a su tierra, como le han dicho que somos, porque sabía lo de Tabasco; y que deseará mucho ver a nuestro gran Emperador, pues tan gran señor es, pues de tan lejos tierras como venimos tiene noticias de él, y que le enviará un presente de piedras ricas, y que entretanto que allí en aquel puerto estuviéremos, si en algo nos puede servir, que lo hará de buena voluntad; y cuanto a las vistas, que no curasen de ellas, que no había para qué, poniendo muchos inconvenientes.

Cortés les tornó a dar las gracias con buen semblante por ello, y con muchos halagos y ofrecimientos dio a cada gobernador dos camisas de holanda y diamantes azules y otras cosillas, y les rogó que volviesen por su embajador a México, a decir a su señor, el gran Montezuma, que pues habíamos pasado tantas mares y veníamos de tan lejos tierras solamente por le ver y hablar de su persona a la suya, que si ansí se volviese, que no le recibirá de buena manera nuestro gran Rey y señor; y que adonde quiera que estuviere le quiere ir a ver y hacer lo que mandare.

Y los gobernadores dijeron que ellos irían y se lo dirían; mas que las vistas que dice, que entienden que son por demás.

Y envió Cortés con aquellos mensajeros a Montezuma, de la pobreza que traíamos, que era una copa de vidrio de Florencia, labrada y dorada, con muchas arboledas y monterías que estaban en la copa, y tres camisas de holanda y otras cosas, y les encomendó la respuesta. Y se fueron estos dos gobernadores, y quedó en el real Pitalpitoque, que parece ser le dieron cargo los demás criados de Montezuma para que trajese la comida de los pueblos más cercanos.

Y dejallo he aquí, y diré lo que en nuestro real pasó.

Despachados los mensajeros para México, luego Cortés mandó ir dos navíos a descubrir la costa adelante, y por capitán de ellos a Francisco de Montejo, y le mandó que siguiese el viaje que habíamos llevado con Juan de Grijalva, porque el mismo Montejo había venido en nuestra compañía, como otra vez he dicho. Y que procurase de buscar puerto seguro y mirase por tierras en que pudiésemos estar, porque ya bien vía que en aquellos arenales no nos podíamos valer, de mosquitos, y estar tan lejos de poblazones.

Y mandó al piloto Alaminos y a Juan Álvarez el Manquillo fuesen por pilotos, porque como ya sabían aquella derrota, que diez días navegasen costa a costa todo lo que pudiesen. Y fueron de la manera que les fue mandado, y llegaron en el paraje del río Grande, que es cerca de Pánuco, y desde allí adelante no pudieron pasar por las grandes corrientes; que fue el río donde la otra vez llegamos, cuando lo del capitán Juan de Grijalva. Y viendo aquella mala navegación, dio la vuelta a San Juan de Ulúa, sin más pasar adelante ni otra relación, excepto que doce leguas de allí habían visto un pueblo como puesto en fortaleza, el cual pueblo se llamaba Quiahuyztlán. Y que cerca de aquel pueblo estaba un puerto, que le parecía al piloto que podrían estar los navíos seguros del Norte; púsole un nombre feo, que es el tal de Bernal, que parece a otro puerto de España que tenía aquel nombre. Y en estas idas y venidas se pasaron al Montejo diez o doce días.

Volveré a decir que el indio Pitalpitoque, que quedaba para traer comida, aflojó de tal manera, que no traía ninguna cosa al real, y teníamos gran falta de mantenimientos, porque ya el cazabi amargaba de mohoso y podrido y sucio de fatulas; y si no íbamos a mariscar, no comíamos. Y los indios, que solían traer oro y gallinas a rescatar, ya no venían tantos como al principio, y esos que acudían, muy recatados y medrosos; y estábamos aguardando los mensajeros que fueron a México, por horas.

Y estando de esta manera, vuelve Tendile con muchos indios; y después de haber hecho el acato que suelen entre ellos de sahumar a Cortés y a todos nosotros, dio diez cargas de mantas de pluma muy fina y rica y cuatro chalchiuís, que son unas piedras verdes muy de gran valor, y tenidas entre ellos más que nosotros las esmeraldas, y es color verde; y ciertas piezas de oro, que dijeron que valía el oro, sin los chalchiuís, tres mil pesos.

Y entonces vinieron el Tendile y Pitalpitoque, porque el otro gran cacique, que se decía Quintalbor, no volvió, porque había adolecido en el camino. Y aquellos dos gobernadores se apartaron con Cortés y doña Marina y Aguilar, y le dijeron que su señor Montezuma recibió el presente y que se holgó con él, y que en cuanto a las vistas, que no le hablen más sobre ello, y que aquellas ricas piedras de chalchiuís que las envía para el gran Emperador, y porque son tan ricas, que valen cada una de ellas una gran carga de oro, y que en más estima las tenía, y que ya no cure de enviar más mensajeros a México.

Y Cortés les dio las gracias con ofrecimientos; y ciertamente que le pesó, que tan claramente le decían que no podríamos ver al Montezuma, y dijo a ciertos soldados que allí nos hallamos:

—Verdaderamente debe ser gran señor y rico; y si Dios quisiere, algún día le hemos de ir a ver.

Y respondimos los soldados:

—Ya querríamos estar envueltos con él.

Y dejemos por ahora las vistas y digamos que en aquella sazón era hora del Ave María y en el real tañíamos una campana, y todos nos arrodillamos delante de una cruz que teníamos puesta en un médano de arena, y delante de aquella cruz decíamos la oración del Ave María.

Y como Tendile y Pitalpitoque nos vieron ansí arrodillados, como eran muy entendidos, preguntaron que a qué fin nos humillábamos delante de aquel palo hecho de aquella manera. Y como Cortés lo oyó, y el fraile de la Merced estaba presente, le dijo al fraile:

—Bien es ahora, padre, que hay buena materia para ello, que les demos a entender con nuestras lenguas las cosas tocantes a nuestra santa fe.

Y entonces se les hizo un tan buen razonamiento para en tal tiempo, que unos buenos teólogos no lo dijeron mejor; y después de declarado cómo somos cristianos y todas las cosas tocantes a nuestra santa fe que se convenían decir, y les dijeron que sus ídolos son malos y que no son buenos, que huyen donde está aquella señal de la cruz, porque en otra de aquella hechura padeció muerte y pasión el Señor del cielo y de la tierra y de todo lo criado, que es en el que nosotros adoramos y creemos, que es nuestro Dios verdadero que se dice Jesucristo, y que quiso sufrir y pasar aquella muerte por salvar todo el género humano, y que resucitó al tercero día y está en los cielos, y que hemos de ser juzgados de Él.

Y se les dijo otras muchas cosas muy perfectamente dichas, y las entendían bien y respondían que ellos lo dirían a su señor Montezuma. Y también se les declaró que una de las cosas por que nos envió a estas partes nuestro gran Emperador fue para quitar que no sacrificasen ningunos indios, ni otra manera de sacrificios malos que hacen, ni se robasen unos a otros, ni adorasen aquellas malditas figuras; y que les ruega que pongan en su ciudad, en los adoratorios donde están los ídolos que ellos tienen por dioses, una cruz como aquella, y pongan una imagen de Nuestra Señora, que allí verán cuánto bien les va y lo que nuestro Dios por ellos hace.

Y porque pasaron otros muchos razonamientos, y yo no los sabré escribir, lo dejaré.

Y traeré a la memoria que, como vinieron con Tendile muchos indios, esta postrera vez a rescatar pieza de oro y no de mucha valía, todos los soldados lo rescatábamos, y aquel oro que rescatábamos dábamos a los hombres que traíamos de la mar, que iban a pescar, a trueco de su pescado, para tener de comer, porque de otra manera pasábamos mucha necesidad de hambre. Y Cortés se holgaba de ello y lo disimulaba, y aunque lo vía, y se lo decían muchos criados y amigos de Diego Velázquez: que para qué nos dejaba rescatar. Y lo que sobre ello pasó diré adelante.

Como vieron los amigos de Diego Velázquez que algunos soldados rescatábamos oro, dijéronselo a Cortés, que para qué lo consentía, y que no le envió Diego Velázquez para que los soldados se llevasen todo el más del oro, y que era bien mandar pregonar que no rescatasen más de ahí adelante si no fuese el mismo Cortés. Y lo que hubiesen habido, que lo manifestasen para sacar el real quinto, y que se pusiese una persona que fuese conveniente para cargo de tesorero. Cortés a todo dijo que era bien lo que decían, y que la tal persona que la nombrasen ellos, y señalaron a un Gonzalo Mejía.

Y después de hecho esto, les dijo Cortés no de buen semblante:

—Mirá, señores, que nuestros compañeros pasan gran trabajo de no tener con qué se sustentar, y por esta causa habíamos de disimular, porque todos comiesen; cuanto más, que es una miseria cuanto rescatan, que, mediante Dios, mucho es lo que habemos de haber, porque todas las cosas tienen su haz y envés. Ya está pregonado que no rescaten más oro, como habéis querido, y veremos de qué comeremos.

Aquí es donde dice el coronista Gómara que lo hacía Cortés porque no creyese Montezuma que se nos daba nada por oro. Y no le informaron bien, que desde lo de Grijalva en el río de Banderas lo sabía muy claramente; y, demás desto, cuando le enviamos a demandar el casco de oro en granos de las minas y nos veían rescatar, pues ¡qué gente mexicana para no entendello!

Y dejemos esto, pues dice que por información lo sabe, y digamos cómo una mañana no amaneció indio ninguno de los que estaban en las chozas, que solían traer de comer, ni los que rescataban, y con ellos Pitalpitoque, que sin hablar palabra se fueron huyendo. Y la causa fue, según después alcanzamos a saber, que se lo envió a mandar Montezuma, que no aguardase más pláticas de Cortés ni de los que con él estábamos, porque parece ser, como Montezuma era muy devoto de sus ídolos, que se decían Tezcatepuca e Huichilobos (el uno decían que era dios de la guerra y el Tezcatepuca, dios del infierno), y les sacrificaba cada día muchachos para que le diesen respuesta de lo que había de hacer de nosotros.

Porque el Montezuma tenía pensamiento que, si no nos tornábamos a ir en los navíos, de nos haber todos a las manos para que hiciésemos generación, y también para tener qué sacrificar, según después supimos; que la respuesta que le dieron sus ídolos, que no curase más de oír a Cortés, ni las palabras que le envía a decir que tuviese cruz, y la imagen de Nuestra Señora que no la trujesen a su ciudad, y por esta causa se fueron sin hablar.

Y como vimos aquella novedad, creímos que estaban de guerra, y estábamos siempre muy más a punto apercibidos.

Y un día, estando yo y otro soldado puestos por espías en unos arenales, vimos venir por la playa cinco indios, y por no hacer alboroto por poca cosa en el real, los dejamos llegar a nosotros, y con alegres rostros nos hicieron reverencia a su usanza, y por señas nos dijeron que los llevásemos al real. Yo dije a mi compañero que se quedase en el puesto, y yo iría con ellos, que en aquella sazón no me pesaban los pies como ahora que soy viejo.

Y desque llegaron adonde Cortés estaba, le hicieron gran acato, y le dijeron: "Lope, luzio; lope, luzio", que quiere decir en lengua totonaca: "Señor y gran señor". Y traían unos grandes agujeros en los labios de abajo, y en ellos unas rodajas de piedras pintadillas de azul, y otros con unas hojas de oro delgadas, y en las orejas muy grandes agujeros, en ellas puestas otras rodajas con oro y piedras, y muy diferente traje y habla que traían que la de los mexicanos que solían estar con nosotros.

Y como doña Marina y Aguilar, las lenguas, oyeron aquello de "Lope luzio", no lo entendían. Dijo la doña Marina en la lengua de México que si había allí entre ellos nahuatlatos, que son intérpretes de la lengua mexicana, y respondieron dos de aquellos cinco que sí, que ellos la entendían, y dijeron que fuésemos bienvenidos, y que su señor les enviaba a saber quién éramos y que se holgara servir a hombres tan esforzados, porque parece ser ya sabían lo de Tabasco y lo de Potonchán. Y más dijeron: que ya hubieran venido a vernos si no por temor de los de Culúa, que solían estar allí con nosotros. Y Culúa entiéndese por mexicanos, que es como si dijésemos cordobeses o sevillanos, y que supieron que había tres días que se habían ido huyendo a sus tierras.

Y de plática en plática supo Cortés cómo tenía Montezuma enemigos y contrarios, de lo cual se holgó, y con dádivas y halagos que les dio despidió a aquellos cinco mensajeros y les dijo que dijesen a su señor que él les iría a ver muy presto. Aquellos indios llamábamos desde ahí en adelante los "lopes luzios".

Y dejallo he ahora, y pasemos adelante y digamos que en aquellos arenales donde estábamos había siempre muchos mosquitos, ansí de los zancudos como de los chicos, que llaman jejenes, que son peores que los grandes, y no podíamos dormir dellos, y no había bastimentos, y el cazabi se apocaba y muy mohoso y sucio de las fatulas, y algunos soldados de los que solían tener indios en la isla de Cuba sospirando por volverse a sus casas, en especial los criados y amigos de Diego Velázquez.

Y como Cortés ansí vido la cosa y voluntades, mandó que nos fuésemos al pueblo que había visto el Montejo y el piloto Alaminos, que estaba en fortaleza que se dice Quiaviztlan, y que los navíos estarían al abrigo del peñol por mí nombrado.

Y como se ponía por la obra para nos ir, todos los amigos y deudos y criados de Diego Velázquez dijeron a Cortés que para qué quería hacer aquel viaje sin bastimentos, y que no tenía posibilidad para pasar más adelante, porque ya se habían muerto en nuestro real de heridas de lo de Tabasco y de dolencias y hambre sobre treinta y cinco soldados, y que la tierra era grande y las poblaciones de mucha gente, y que nos darían guerra un día u otro, y que sería mejor que nos volviésemos a Cuba a dar cuenta a Diego Velázquez del oro rescatado, pues era cantidad, y de los grandes presentes de Montezuma, que era el sol y luna de plata, y el casco de oro menudo de minas, y de todas las joyas y ropa por mí memoradas.

Y Cortés les respondió que no es buen consejo volver sin ver por qué, y que hasta ahora no nos podíamos quejar de la fortuna, y que diésemos gracias a Dios que en todo nos ayudaba, y que en cuanto a los que se han muerto, que en las guerras y trabajos suele acontecer, y que será bien saber lo que hay en la tierra, y que entre tanto del maíz y bastimentos que tienen los indios y pueblos cercanos comeríamos, o mal nos andarían las manos.

Y con esta respuesta se sosegó algo la parcialidad de Diego Velázquez, aunque no mucho; que ya había corrillos de ellos y plática en el real sobre la vuelta a Cuba.

Y dejallo he aquí, y diré lo que más avino.

Ya he dicho que en el real andaban los parientes y amigos de Diego Velázquez perturbando que no pasásemos adelante y que desde allí, de San Juan de Ulúa, nos volviésemos a la isla de Cuba. Parece ser que ya Cortés tenía puesto en pláticas con Alonso Hernández Puertocarrero y con Pedro de Alvarado y sus cuatro hermanos, Jorge y Gonzalo y Gómez y Juan, todos Alvarados, y con Cristóbal de Olí y Alonso de Ávila y Juan de Escalante y Francisco de Lugo, y conmigo y otros caballeros y capitanes, que le pidiésemos por capitán. El Francisco de Montejo bien lo entendió y estábase a la mira.

Y una noche, a más de medianoche, vinieron a mi choza el Alonso Hernández Puertocarrero y el Juan de Escalante y el Francisco de Lugo —que éramos algo deudos yo y el Lugo, y de una tierra— y me dijeron:

—¡Ah, señor Bernal Díaz del Castillo! Salí acá con vuestras armas a rondar; acompañaremos a Cortés, que anda rondando.

Y desque estuve apartado de la choza me dijeron:

—Mirá, señor, tened secreto de un poco que os queremos decir, que pesa mucho, y no lo entiendan los compañeros que están en vuestro rancho, que son de la parte de Diego Velázquez.

Y lo que me platicaron fue:

—¿Paréceos, señor, bien que Hernando Cortés ansí nos haya traído engañados a todos? Y dio pregones en Cuba que venía a poblar, y ahora hemos sabido que no trae poder para ello, sino para rescatar, y quieren que nos volvamos a Santiago de Cuba con todo el oro que se ha habido, y quedaremos todos perdidos. ¿Y tomarse ha el oro Diego Velázquez como la otra vez? Mirá, señor, que habéis venido ya tres veces con esta postrera, gastando vuestros haberes, y habéis quedado empeñado aventurando tantas veces la vida con tantas heridas. Hacémoslo, señor, saber, porque no pase esto más adelante, y estamos muchos caballeros que sabemos que son amigos de vuestra merced, para que esta tierra se puebla en nombre de Su Majestad, y Hernando Cortés en su real nombre; y en teniendo posibilidad, hacello saber en Castilla a nuestro rey y señor. Y tenga, señor, cuidado de dar el voto para que todos le elijamos por capitán de unánime voluntad, porque es servicio de Dios y de nuestro rey y señor.

Yo respondí que la ida a Cuba no era buen acuerdo, y que sería bien que la tierra se poblase, y que eligiésemos a Cortés por general y justicia mayor, hasta que Su Majestad otra cosa mandase.

Y andando de soldado en soldado este concierto, alcanzanlo a saber los deudos y amigos de Diego Velázquez, que eran muchos más que nosotros. Y con palabras algo sobradas dijeron a Cortés que para qué andaba con mañas para quedarse en esta tierra sin ir a dar cuenta a quien le envió para ser capitán, porque Diego Velázquez no se lo tenía a bien. Y que luego nos fuésemos a embarcar, y que no curase de más rodeos y andar en secretos con los soldados, pues no tenía bastimentos ni gente ni posibilidad para que pudiese poblar.

Y Cortés respondió sin mostrar enojo y dijo que le placía, que no iría contra las instrucciones y memorias que traía de Diego Velázquez; y mandó luego pregonar que para otro día todos nos embarcásemos, cada uno en el navío que había venido.

Y los que habíamos sido en el concierto le respondimos que no era bien traernos ansí engañados, que en Cuba pregonó que venía a poblar, y que viene a rescatar; y que le requerimos de parte de Dios Nuestro Señor y de Su Majestad que luego poblase y no hiciese otra cosa, porque era muy gran bien y servicio de Dios y de Su Majestad. Y se le dijo muchas cosas bien dichas sobre el caso, diciendo que los naturales no nos dejarían desembarcar otra vez como ahora, y que en estar poblada aquesta tierra, siempre acudirían de todas las islas soldados para nos ayudar; y que Diego Velázquez nos ha echado a perder con publicar que tenía provisiones de Su Majestad para poblar, siendo al contrario; y que nosotros queríamos poblar, y que se fuese quien quisiese a Cuba.

Por manera que Cortés lo aceptó, y aunque se hacía mucho de rogar; y, como dice el refrán: "Tú me lo ruegas y yo me lo quiero".

Y fue con condición que le hiciésemos justicia mayor y capitán general, y lo peor de todo, que le otorgamos que le diésemos el quinto del oro de lo que se hubiese, después de sacado el real quinto. [35r]

Y luego le dimos poderes muy bastantísimos, delante de un escribano del rey que se decía Diego de Godoy, para todo lo por mí aquí dicho. Y luego ordenamos de hacer y fundar y poblar una villa que se nombró la Villa Rica de la Veracruz, porque llegamos Jueves de la Cena y desembarcamos en Viernes Santo de la Cruz; y "rica" por aquel caballero que dije en el capítulo, que se llegó a Cortés y le dijo que mirase las tierras ricas y que se supiese bien gobernar; y quiso decir que se quedase por capitán general, el cual era Alonso Hernández Puertocarrero.

Y volvamos a nuestra relación. Y fundada la villa, hicimos alcaldes y regidores, y fueron los primeros alcaldes Alonso Hernández Puertocarrero y Francisco de Montejo. Y a este Montejo, porque no estaba muy bien con Cortés, por metelle en los primeros y principal, le mandó nombrar por alcalde; y los regidores dejallos he de escribir, porque no hace al caso que nombre algunos.

Y diré cómo se puso una picota en la plaza, y fuera de la villa una horca. Y señalamos por capitán para las entradas a Pedro de Alvarado, y maestre de campo a Cristóbal de Olí, y alguacil mayor a Juan de Escalante, y tesorero, Gonzalo Mejía, y contador, Alonso de Ávila, y alférez, a Fulano Corral (porque el Villarroel, que había sido alférez, no sé qué enojo había hecho a Cortés sobre una india de Cuba y se le quitó el cargo), y alguacil del real a Ochoa, vizcaíno, y a un Alonso Romero.

Dirán ahora que cómo no nombro en esta relación al capitán Gonzalo de Sandoval, siendo un capitán nombrado, que, después de Cortés, fue la segunda persona y de quien tanta noticia tuvo el Emperador nuestro señor. A esto digo que, como era mancebo entonces, no se tuvo tanta cuenta con él y con otros valerosos, hasta que le vimos florecer en tanta manera, que Cortés y todos los soldados le teníamos en tanta estima como al mismo Cortés, como adelante diré.

Y quedarse ha aquí esta relación. Y diré cómo el coronista Gómara dice que por relación sabe lo que escribe; y esto que aquí digo pasó ansí, y todo lo demás que escribe no le dieron buena cuenta de lo que dice. Y otra cosa veo: que para que parezca ser verdad lo que en ello escribe, todo lo que en el caso pone es muy al revés, por más buena retórica que en el escribir ponga.

Y dejallo he, y diré lo que la parcialidad de Diego Velázquez hizo sobre que no fuese por capitán elegido Cortés y nos volviésemos a la isla de Cuba.

Desque la parcialidad de Diego Velázquez vieron que de hecho habíamos elegido a Cortés por capitán general y justicia mayor, y nombrada la villa y alcaldes y regidores, y nombrado capitán a Pedro de Alvarado, y alguacil mayor y maestre de campo, y todo lo por mí dicho, estaban tan enojados y rabiosos, que comenzaron a armar bandos y chirinolas, y aun palabras muy mal dichas contra Cortés y contra los que le elegimos; y que no era bien hecho sin ser sabidores dello todos los capitanes y soldados que allí venían, y que no le dio tales poderes Diego Velázquez, sino para rescatar. Y harto teníamos los del bando de Cortés de mirar que no se desvergonzasen más y viniésemos a las armas.

Entonces avisó Cortés secretamente a Juan de Escalante que le hiciésemos parecer las instrucciones que traían de Diego Velázquez; lo cual luego Juan de Escalante las sacó del seno y las dio a un escribano del rey que las leyese, y desque decía en ellas:

"Desque hubiéredes rescatado lo más que pudiéredes, os volveréis", y venían firmadas de Diego Velázquez y refrendadas de su secretario Andrés de Duero, pedimos a Cortés que las mandase incorporar juntamente con el poder que le dimos, y asimismo el pregón que se dio en la isla de Cuba.

Y esto fue a causa que Su Majestad supiese en España cómo todo lo que hacíamos era en su real servicio, y no nos levantasen alguna cosa contraria de la verdad. Y fue harto buen acuerdo, según en Castilla nos trataba don Juan Rodríguez de Fonseca, obispo de Burgos y arzobispo de Rosano, que ansí se llamaba, lo cual supimos por muy cierto que andaba por nos destruir, como adelante diré.

Hecho esto, volvieron otra vez los mismos amigos y criados de Diego Velázquez a decir que no estaba bien hecho haberle elegido sin ellos, y que no querían estar debajo de su mando, sino volverse luego a la isla de Cuba. Y Cortés les respondía que él no detenía a ninguno por fuerza; y cualquiera que le viniese a pedir licencia, se la daría de buena voluntad, aunque se quedase solo.

Y con esto los asosegó a algunos de ellos, excepto a Juan Velázquez de León, que era pariente de Diego Velázquez, y a Diego de Ordás, y a Escobar, que llamábamos el Paje, porque había sido criado de Diego Velázquez, y a Pedro Escudero y a otros amigos de Diego Velázquez. Y a tanto vino la cosa, que poco ni mucho le querían obedecer.

Y Cortés, con nuestro favor, determinó de prender a Juan Velázquez de León y a Diego de Ordás y a Escobar el Paje y a Pedro Escudero y a otros que ya no me acuerdo; y por los demás mirábamos no hubiese algún ruido, y estuvieron presos con cadenas y velas que les mandaban poner ciertos días.

Y pasaré adelante y diré cómo fue Pedro de Alvarado a entrar a un pueblo cerca de allí.

Aquí dice el coronista Gómara en su historia muy contrario de lo que pasó; y quien viere su historia, verá ser muy extremado en hablar, si bien le informaran y él dijera lo que pasaba.

Ya que habíamos hecho y ordenado lo por mí aquí dicho, acordamos que fuese Pedro de Alvarado la tierra adentro a unos pueblos que teníamos noticia que estaban cerca, para que viese qué tierra era y para traer maíz y algún bastimento, porque en el real pasábamos mucha necesidad; y llevó cien soldados, y entre ellos quince ballesteros y seis escopeteros. Y eran destos soldados más de la mitad de la parcialidad de Diego Velázquez. Y quedamos con Cortés todos los de su bando, por temor no hubiese más ruido ni chirinola y se levantasen contra él, hasta asegurar más la cosa.

Y de esta manera fue Alvarado a unos pueblos chicos, sujetos de otro pueblo que se decía Cotastán, que eran de lengua de Culúa. Y este nombre de Culúa es en aquella tierra como si dijesen los romanos o sus aliados; ansí es toda la lengua de la parcialidad de México y de Montezuma. Y a este fin, en toda aquesta tierra, cuando dijere Culúa, son vasallos y sujetos a México; y ansí se han de entender.

Y llegado Pedro de Alvarado a los pueblos, todos estaban despoblados de aquel mismo día, y halló sacrificados en unos cúes hombres y muchachos, y las paredes y altares de sus ídolos con sangre, y los corazones presentados a los ídolos; y también hallaron las piedras sobre que los sacrificaban y los cuchillos de pedernal con que los abrían por los pechos para les sacar los corazones. Dijo Pedro de Alvarado que habían hallado en todos los más de aquellos cuerpos muertos sin brazos y piernas. Y que dijeron otros indios que los habían llevado para comer, de lo cual nuestros soldados se admiraron mucho de tan grandes crueldades. Y dejemos de hablar de tanto sacrificio, pues desde allí adelante en cada pueblo no hallábamos otra cosa.

Y volvamos a Pedro de Alvarado, que en aquellos pueblos los halló muy abastecidos de comida y despoblados de aquel día de indios, que no pudo hallar sino dos indios que le trajeron maíz; y ansí hubo de cargar cada soldado de gallinas y de otras legumbres. Y volvióse al real sin más daño les hacer, aunque halló bien en qué, porque ansí se lo mandó Cortés, que no fuese como en lo de Cozumel. Y en el real nos holgamos con aquel poco bastimento que trujo, porque todos los males y trabajos se pasan con el comer.

Aquí es donde dice el coronista Gómara que fue Cortés la tierra adentro con cuatrocientos soldados; no le informaron bien, que el primero que fue es el por mí aquí dicho, y no otro.

Y tornemos a nuestra plática. Que como Cortés en todo ponía gran diligencia, procuró de se hacer amigo de la parcialidad de Diego Velázquez, porque a unos con dádivas del oro que habíamos habido, que quebranta peñas, y a otros con prometimientos, los atrajo a sí y los sacó de las prisiones, excepto a Juan Velázquez de León y a Diego de Ordás, que estaban en cadenas en los navíos, y desde a pocos días también los soltó de las prisiones. E hizo tan buenos y verdaderos amigos dellos como adelante verán, y todo con el oro, que lo amansa.

Ya todas las cosas puestas en este estado, acordamos de nos ir al pueblo que estaba en fortaleza, ya otra vez por mí memorado, que se dice Quiauistlán, y que los navíos se fuesen al peñol y puerto que estaba enfrente de aquel pueblo, obra de una legua dél. E yendo costa a costa, acuérdome que se mató un gran pescado, que le echó la mar en la costa en seco. Y llegamos a un río, donde está poblado ahora la Veracruz, y venía algo hondo, y con unas canoas quebradas y a nado y en balsas pasamos.

Y de aquella parte del río estaban unos pueblos sujetos a otro gran pueblo que se decía Cempoal, donde eran naturales los cinco indios de los bezotes de oro que he dicho que vinieron por mensajeros a Cortés, que les llamamos lopelucios en el arenal. Y hallamos las casas de ídolos y sacrificaderos y sangre derramada, y inciensos con que sahumaban, y otras cosas de ídolos y de piedras con que sacrificaban, y plumas de papagayos y muchos libros de su papel cogidos a dobleces, como a manera de paños de corte. Y no hallamos indios ningunos, porque se habían ya huido, que como no habían visto hombres como nosotros ni caballos, tuvieron temor. Y allí dormimos aquella noche, y no hubo qué cenar.

Y otro día caminamos la tierra adentro hacia el poniente y dejamos la costa; y no sabíamos el camino, y topamos unos buenos prados que llaman sabanas, y estaban paciendo unos venados. Y corrió Pedro de Alvarado con su yegua alazana tras un venado y le dio una lanzada, y, herido, se metió por un monte, que no se pudo haber. Y estando en esto, vimos venir doce indios que eran vecinos de aquellas estancias donde habíamos dormido, y venían de hablar a su cacique y traían gallinas y pan de maíz. Y dijeron a Cortés, con nuestras lenguas, que su señor envía aquellas gallinas que comiésemos y nos rogaba fuésemos a su pueblo, que estaba de allí, a lo que señalaron, andadura de un día, porque es un sol. Y Cortés les dio las gracias y los halagó. Y caminamos adelante y dormimos en otro pueblo chico, que también tenía hechos muchos sacrificios.

Y porque estarán hartos de oír de tantos indios e indias que hallábamos sacrificados en todos los pueblos y caminos que topábamos, pasaré adelante sin decir de qué manera y qué cosas tenían. Y diré cómo nos dieron en aquel poblezuelo de cenar, y supimos que era por Cempoal el camino para ir a Quiauistlán, que ya he dicho que estaba en una fuerza. Y pasaré adelante, y diré cómo entramos en Cempoal.

Y como dormimos en aquel poblezuelo donde nos aposentaron los doce indios que he dicho, y después de bien informados del camino que habíamos de llevar para ir al pueblo que estaba en el peñol, muy de mañana se lo hicimos saber a los caciques de Cempoal, cómo íbamos a su pueblo, y que lo tuviesen por bien. Y para ello envió a seis indios por mensajeros, y los otros seis quedaron para que nos guiasen. Y mandó Cortés poner muy en orden los tiros y escopeteros y ballesteros, y siempre corredores de campo descubriendo, y los de a caballo y todos los demás muy apercibidos.

Y de esta manera caminamos hasta que llegamos una legua del pueblo; y ya que estábamos cerca de él, salieron veinte indios principales a nos recibir de parte del cacique, y trajeron unas piñas de rosas de la tierra, muy olorosas, y dieron a Cortés y a los de a caballo con gran amor; y le dijeron que su señor nos estaba esperando en los aposentos, y por ser hombre muy gordo y pesado no podía venir a nos recibir; y Cortés les dio las gracias y se fueron adelante.

Y ya que íbamos entrando entre las casas, desque vimos tan grande pueblo, y no habíamos visto otro mayor, nos admiramos mucho dello. Y como estaba tan vicioso y hecho un vergel, y tan poblado de hombres y mujeres, las calles llenas, que nos salían a ver, dábamos muchos loores a Dios, que tales tierras habíamos descubierto.

Y nuestros corredores del campo, que iban a caballo, parece ser llegaron a la gran plaza y patios donde estaban los aposentos; y de pocos días, según pareció, teníanlos muy encalados y relucientes, que lo saben muy bien hacer, y pareció a uno de los de a caballo que aquello blanco que relucía era plata, y vuelve a rienda suelta a decir a Cortés cómo tienen las paredes de plata. Y doña Marina y Aguilar dijeron que sería yeso o cal, y tuvimos bien que reír de su plata y frenesía, que siempre después le decíamos que todo lo blanco le parecía plata.

Dejemos la burla y digamos cómo llegamos a los aposentos, y el Cacique Gordo nos salió a recibir junto al patio, que, porque era muy gordo, ansí lo nombraré. E hizo muy gran reverencia a Cortés y le sahumó, que ansí lo tenían de costumbre, y Cortés le abrazó. Y allí nos aposentaron en unos aposentos harto buenos y grandes, que cabíamos todos, y nos dieron de comer y pusieron unos cestos de ciruelas, que había muchas, porque era tiempo de ellas, y pan de su maíz.

Y como veníamos hambrientos y no habíamos visto otro tanto bastimento como entonces, pusimos nombre a aquel pueblo Villaviciosa, y otros le nombraron Sevilla. Mandó Cortés que ningún soldado les hiciese enojo ni se apartase de aquella plaza.

Y desque el Cacique Gordo supo que habíamos comido, le envió a decir a Cortés que le quería ir a ver, y vino con buena copia de indios principales, y todos traían grandes bezotes de oro y ricas mantas. Y Cortés también le salió al encuentro del aposento, y con grandes caricias y halagos le tornó a abrazar.

Y luego mandó el Cacique Gordo que trajesen un presente que tenía aparejado de cosas de joyas de oro y mantas, y aunque no fue mucho, sino de poco valor, le dijo a Cortés:

—Lope luzio, lope luzio; recibe esto de buena voluntad —y que si más tuviera, que se lo diera.

Ya he dicho que en lengua totonaca dijeron señor y gran señor cuando dice "lope luzio", etc.

Y Cortés le dijo, con doña Marina y Aguilar, que él se lo pagaría en buenas obras; y que lo que hubiese menester, que se lo dijesen, que él lo haría por ellos, porque somos vasallos de un tan gran señor, que es el emperador don Carlos, que manda muchos reinos y tierras, y que nos envía para deshacer agravios y castigar a los malos y mandar que no sacrifiquen más ánimas, y se les dio a entender otras muchas cosas tocantes a nuestra santa fe.

Y luego, como aquello oyó el Cacique Gordo, dando suspiros, se queja reciamente del gran Montezuma y de sus gobernadores, diciendo que de pocos tiempos acá le había sojuzgado y que le ha llevado todas sus joyas de oro, y los tiene tan apremiados, que no osan hacer sino lo que les manda, porque es señor de grandes ciudades y tierras y vasallos y ejércitos de guerra.

Y como Cortés entendió que de aquellas quejas que daban al presente no podía entender en ello, les dijo que él haría de manera que fuesen desagraviados, y porque él iba a ver sus acales, que en lengua de indios ansí llaman a los navíos, y hacer su estada y asiento en el pueblo de Quiaviztlán, que, desque allí esté de asiento, se verán más despacio. Y el Cacique Gordo le respondió muy concertadamente.

Y otro día, de mañana, salimos de Cempoal, y tenía aparejados sobre cuatrocientos indios de carga, que en aquellas partes llaman tamemes, que llevan dos arrobas de peso a cuestas y caminan con ellas cinco leguas. Y desque vimos tanto indio para carga, nos holgamos, porque de antes traíamos a cuestas nuestras mochilas, los que no tenían indios de Cuba, porque no pasaron en la armada sino cinco o seis, y no tantos como dice el Gómara.

Y doña Marina y Aguilar nos dijeron que en aquestes tierras, cuando están de paz, sin demandar quién lleve la carga, los caciques son obligados de dar de aquellos tamemes; y desde allí adelante, dondequiera que íbamos, demandábamos indios para las cargas.

Y despedido Cortés del Cacique Gordo, otro día caminamos nuestro camino y fuimos a dormir a un poblezuelo cerca de Quiaviztlán, y estaba despoblado, y los de Cempoal trajeron de cenar.

Aquí es donde dice el coronista Gómara que estuvo Cortés muchos días en Cempoal y que se concertó la rebelión y liga contra Montezuma; no le informaron bien, porque, como he dicho, otro día por la mañana salimos de allí. Y dónde se concertó la rebelión y por qué causa adelante lo diré.

Y quédese ansí, y digamos cómo entramos en Quiaviztlán.

Otro día, a hora de las diez, llegamos al pueblo fuerte que se dice Quiaviztlán, que está entre grandes peñascos y con muy altas cuestas; y si hubiera resistencia, era malo de tomar. E yendo con buen concierto y ordenanza, creyendo que estuviese de guerra, iba la artillería delante y todos subíamos en aquella fortaleza, de manera que si algo aconteciera, hacer lo que éramos obligados.

Entonces Alonso de Ávila llevó cargo de capitán; como era soberbio y de mala condición, porque un soldado que se decía Hernando Alonso de Villanueva no iba en buena ordenanza, le dio un bote de lanza en un brazo que lo mancó, y después se llamó Hernando Alonso de Villanueva el Manquillo.

Dirán que siempre salgo de orden al mejor tiempo por contar cosas viejas. Dejémoslo y digamos que hasta la mitad de aquel pueblo no hallamos indio ninguno con quien hablar, de lo cual nos maravillamos, que se habían ido huyendo de miedo aquel propio día, desque nos vieron subir a sus casas.

Y estando en lo más alto de la fortaleza, en una plaza junto a donde tenían los cúes y casas grandes de sus ídolos, vimos estar quince indios con buenas mantas, y cada uno un brasero de barro, y en ellos, su incienso. Y vinieron donde Cortés estaba y lo sahumaron, y a los soldados que cerca de ellos estábamos, y con grandes reverencias le dicen que les perdone porque no han salido a nos recibir, y que fuésemos bienvenidos, y que reposásemos, y que de miedo se habían ausentado, hasta ver qué cosas éramos, porque tenían miedo de nosotros y de los caballos, y que aquella noche les mandarían poblar todo el pueblo.

Y Cortés les mostró mucho amor y les dijo muchas cosas tocantes a nuestra santa fe, como siempre lo teníamos de costumbre a doquiera que llegábamos, y que éramos vasallos de nuestro gran emperador don Carlos. Y les dio unas cuentas verdes y otras cosillas de Castilla, y ellos trajeron luego gallinas y pan de maíz.

Y estando en estas pláticas, vinieron luego a decir a Cortés que venía el Cacique Gordo de Cempoal en andas y a cuestas de muchos indios principales. Y desque llegó el cacique, estuvo hablando con Cortés juntamente con el cacique y otros principales de aquel pueblo, dando tantas quejas de Montezuma. Y contaba de sus grandes poderes y decíalo con lágrimas y suspiros, que Cortés y los que estábamos presentes tuvimos mancilla.

Y demás de contar por qué vía les había sujetado, que cada año les demandaban muchos hijos e hijas para sacrificar, y otros para servir en sus casas y sementeras. Y otras muchas quejas, que fueron tantas, que ya no se me acuerda; y que los recaudadores de Montezuma les tomaban sus mujeres e hijas, si eran hermosas, y las forzaban, y que otro tanto hacían en toda aquella tierra de la lengua totonaca, que eran más de treinta pueblos.

Y Cortés los consolaba con nuestras lenguas cuanto podía, y que los favorecería en todo lo que pudiese y quitaría aquellos robos y agravios, y que para eso lo envió a estas partes el emperador nuestro señor, y que no tuviesen pena ninguna, y que presto verían lo que sobre ello hacíamos. Y con estas palabras recibieron algún contento, mas no se les aseguraba el corazón, con el gran temor que tenían a los mexicanos.

Y estando en estas pláticas, vinieron unos indios del mismo pueblo muy de prisa a decir a todos los caciques que allí estaban hablando con Cortés cómo venían cinco mexicanos, que eran los recaudadores de Montezuma; y desque lo oyeron, se les perdió el color y temblaban de miedo. Y dejan solo a Cortés y los salen a recibir, y de presto les enraman una sala y les guisan de comer gallinas y les hacen mucho cacao, que es la mejor cosa que entre ellos beben.

Y cuando entraron por el pueblo los cinco indios, vinieron por donde estábamos, porque allí estaban las casas del cacique y nuestros aposentos, y pasaron con tanta continencia y presunción, que, sin hablar a Cortés ni a ninguno de nosotros, se fueron delante. Y traían ricas mantas labradas, y los bragueros de la misma manera (que entonces bragueros se ponían), y el cabello lucio y alzado, como atado en la cabeza, y cada uno con unas rosas, oliéndolas, y mosqueadores que les traían otros indios como criados, y cada uno un bordón como garabato en la mano, y muy acompañados de principales de otros pueblos de la lengua totonaca.

Y hasta que los llevaron a aposentar y les dieron de comer muy altamente, no los dejaron de acompañar. Y después que hubieron comido, mandaron llamar al Cacique Gordo y a todos los más principales y les riñeron que por qué nos habían hospedado en sus pueblos y qué tenían ahora que hablar y ver con nosotros, y que su señor Montezuma no será servido de aquello, porque sin su licencia y mandado no nos habían de recoger ni dar joyas de oro. Y sobre ello al Cacique Gordo y a los demás principales les dijeron muchas amenazas, y que luego les diesen veinte indios e indias para aplacar a sus dioses por el maleficio que habían hecho.

Y estando en esto, Cortés preguntó a doña Marina y a Jerónimo de Aguilar, nuestras lenguas, que de qué estaban alborotados los caciques desque vinieron aquellos indios, y quién eran. Y doña Marina, que muy bien lo entendió, se lo contó lo que pasaba.

Y luego Cortés mandó llamar al Cacique Gordo y a todos los más principales, y les dijo que quién eran aquellos indios que les hacían tanta fiesta. Y dijeron que los recaudadores del gran Montezuma, y que vienen a ver por qué causa nos habían recibido sin licencia de su señor, y que les demandaban ahora veinte indios e indias para sacrificar a su dios Huichilobos, para que le dé victoria contra nosotros, porque han dicho que dice Montezuma que los quiere tomar para que sean sus esclavos.

Y Cortés los consoló, y que no hubiesen miedo, que él estaba allí con todos nosotros, y que los castigaría. Y pasemos adelante a otro capítulo, y lo que sobre ello se hizo.

Como Cortés entendió lo que los caciques le decían, les dijo que ya les había dicho otras veces que el rey nuestro señor le mandó que viniese a castigar los malhechores y que no consintiese sacrificios ni robos. Y pues aquellos recaudadores venían con aquella demanda, les mandó que luego los aprisionasen y los tuviesen presos, hasta que su señor Montezuma sepa la causa cómo vienen a robar y a llevar por esclavos sus hijos y mujeres y hacer otras fuerzas. Y cuando los caciques lo oyeron, estaban espantados de tal osadía: mandar que los mensajeros del gran Montezuma fuesen maltratados, y temían y no osaban hacerlo.

Y todavía Cortés les convocó que luego los echasen en prisiones, y ansí lo hicieron. Y de tal manera, que en unas varas largas y con collares, según entre ellos se usa, los pusieron, de arte que no se les podían ir, y uno de ellos, porque no se dejaba atar, le dieron de palos. Y demás desto mandó Cortés a todos los caciques que no diesen más tributo ni obediencia a Montezuma, y que ansí lo publicasen en todos los pueblos sus aliados y amigos. Y que si otros recaudadores hubiese en otros pueblos como aquellos, que se lo hiciesen saber, que él enviaría por ellos.

Y como aquella nueva se supo en toda aquella provincia, porque luego envió mensajeros el Cacique Gordo haciéndoselo saber, y también lo publicaron los principales que habían traído en su compañía aquellos recaudadores, que como los vieron presos luego se desgarraron y fueron cada uno a su pueblo, a dar mandado y a contar todo lo acaecido. Y viendo cosas tan maravillosas y de tanto peso para ellos, dijeron que no osaron hacer aquello hombres humanos, sino teules, que ansí llamaban a sus ídolos en que adoraban. Y a esta causa, desde allí adelante nos llamaron teules, que es, como he dicho, o dioses o demonios; y cuando dijere en esta relación teules en cosas que han de ser mentadas nuestras personas, sepan que se dice por nosotros.

Volvamos a decir de los prisioneros, que los querían sacrificar por consejo de todos los caciques, porque no se les fuese alguno de ellos a dar mandado a México. Y como Cortés lo entendió, les mandó que no los matasen, que él los quería guardar, y puso de nuestros soldados que los velasen; y a medianoche mandó llamar Cortés a los mismos nuestros soldados que los guardaban, y les dijo: "Mirá que soltéis dos de ellos, los más diligentes que os parecieren, de manera que no lo sientan los indios de estos pueblos", y que se los llevasen a su aposento.

Y después que los tuvo delante, les preguntó con nuestras lenguas que por qué estaban presos y de qué tierra eran, como haciendo que no los conocía. Y respondieron que los caciques de Cempoal y de aquel pueblo, con su favor y el nuestro, los prendieron. Y Cortés respondió que él no sabía nada, y que le pesa de ello. Y les mandó dar de comer y les dijo palabras de muchos halagos y que se fuesen luego a decir a su señor Montezuma cómo éramos todos nosotros sus grandes amigos y servidores, y porque no pasasen más mal les quitó las prisiones, y que riñó con los caciques que los tenían presos; y que todo lo que hubieren menester para su servicio, que lo hará de muy buena voluntad; y que los tres indios sus compañeros que tienen en prisiones que él los mandará soltar y guardar, y que vayan muy prestos, no los tornen a prender ni los maten.

Y los dos prisioneros respondieron que se lo tenían en merced y que tenían miedo que los tornarían a las manos, porque por fuerza han de pasar por sus tierras. Y luego mandó Cortés a seis hombres de la mar que esa noche los llevasen en un batel obra de cuatro leguas de allí, hasta sacarlos a tierra segura fuera de los términos de Cempoal. Y como amaneció y los caciques de aquel pueblo y el Cacique Gordo hallaron menos a los dos prisioneros, querían muy de hecho sacrificar a los otros tres que quedaban, si Cortés no se los quitara de poder; e hizo del enojado, porque se habían huido los otros dos. Y mandó traer una cadena del navío y los echó en ella, y luego los mandó llevar a los navíos y dijo que él los quería guardar, pues tan mal cobro pusieron en los demás. Y desque lo hubieron llevado, les mandó quitar las cadenas, y con buenas palabras les dijo que presto los enviaría a México.

Dejémoslo ansí, que luego que esto fue hecho, todos los caciques de Cempoal y de aquel pueblo y de otros que se habían allí juntado de la lengua totonaca, dijeron a Cortés que qué harían, que ciertamente vendrían sobre ellos los poderes de México, del gran Montezuma, y que no podrían escapar de ser muertos y destruidos. Y dijo Cortés con semblante muy alegre que él y sus hermanos que allí estábamos los defenderíamos y mataríamos a quien enojarlos quisiese. Entonces prometieron todos aquellos pueblos y caciques a una que serían con nosotros en todo lo que les quisiésemos mandar, y juntarían sus poderes contra Montezuma y todos sus aliados. Y aquí dieron la obediencia a Su Majestad por ante un Diego de Godoy, el escribano, y todo lo que pasó lo enviaron a decir a los más pueblos de aquella provincia. Como ya no daban tributo ninguno y los recogedores no parecían, no cabían de gozo haber quitado aquel dominio.

Y dejemos esto, y diré cómo acordamos de nos bajar a lo llano a unos prados, donde comenzamos a hacer una fortaleza. Esto es lo que pasa, y no la relación que sobre ello dieron al coronista Gómara.

CAPÍTULO VI. "ESTAS MUJERES SON PARA SUS CAPITANES"

Después que hubimos hecho liga y amistad con más de treinta pueblos de las sierras, que se decían los totonaques, que entonces se rebelaron al gran Montezuma y dieron la obediencia a Su Majestad y se ofrecieron de nos servir con aquella ayuda tan presta, acordamos de fundar la Villa Rica de la Veracruz en unos llanos, media legua del pueblo que estaba como en fortaleza, que se dice Quiaviztlán, y trazada iglesia y plaza y atarazanas y todas las cosas que convenían para ser villa, e hicimos una fortaleza desde los cimientos, y en acabarla de tener alta para enmaderar y hechas troneras y cubos y barbacanas, dimos tanta prisa, que desde Cortés, que comenzó el primero a sacar tierra a cuestas y piedra, y ahondar los cimientos, como todos los capitanes y soldados, a la continua entendíamos en ello.

Y trabajábamos por acabarla de presto: los unos en los cimientos y otros en hacer las tapias y otros en acarrear agua y en las caleras, en hacer ladrillos y tejas y en buscar comida; otros en la madera, los herreros en la clavazón (porque teníamos dos herreros), y de esta manera trabajamos en ello a la continua, desde el mayor hasta el menor, y los indios que nos ayudaban; de manera que ya estaba hecha iglesia y casas y casi la fortaleza.

Estando en esto, parece ser que el gran Montezuma tuvo noticia en México de cómo le habían preso sus recaudadores y que le habían quitado la obediencia y cómo estaban rebelados los pueblos totonaques. Mostró tener mucho enojo de Cortés y de todos nosotros, y tenía ya mandado a un su gran ejército de guerra que viniesen a dar guerra a los pueblos que se le rebelaron, y que no quedase ninguno de ellos a vida, y para contra nosotros aparejaba de venir con gran pujanza de capitanías. Y en aquel instante van los dos indios prisioneros que Cortés mandó soltar, según he dicho en el capítulo pasado. Y desque Montezuma entendió que Cortés les quitó las prisiones y los envió a México y las palabras de ofrecimientos que le envió a decir, quiso Nuestro Señor Dios que amansó su ira y acordó de enviar a saber de nosotros qué voluntad teníamos.

Y para ello vinieron dos mancebos, sobrinos suyos, con cuatro viejos, grandes caciques, que los traían a cargo, y con ellos envió un presente de oro y mantas y a dar las gracias a Cortés porque le soltó a sus criados.

Y por otra parte se envió a quejar mucho, diciendo que con nuestro favor se habían atrevido aquellos pueblos a hacerle tan gran traición y que no le diesen tributo y quitarle la obediencia, y que ahora, teniendo respeto a que tiene por cierto que somos los que sus antepasados les han dicho que habían de venir a sus tierras y que debemos de ser de su linaje, y porque estábamos en casas de los traidores, no les envió luego a destruir, mas que, el tiempo andando, no se alabarán de aquellas traiciones.

Y Cortés recibió el oro y la ropa, que valía sobre dos mil pesos, les abrazó y dio por disculpa que él y todos nosotros éramos muy amigos de su señor Montezuma, y como tal servidor, le tiene guardados sus tres recaudadores. Y luego los mandó traer de los navíos, y con buenas mantas y bien tratados se los entregó.

Y también Cortés se quejó mucho del Montezuma y dijo cómo su gobernador Pitalpitoque se fue una noche del real sin les hablar, y que no fue bien hecho, y que cree y tiene por cierto que no se lo mandaría el señor Montezuma que hiciesen tal villanía. Y que por aquella causa nos venimos a aquellos pueblos donde estábamos, y que hemos recibido de ellos honra, y que les pide por merced que les perdone el desacato que contra él han tenido; y que en cuanto a lo que dice que no le acuden con el tributo, que no pueden servir a dos señores, que en aquellos días que hemos estado, nos han servido en nombre de nuestro rey y señor; y porque el Cortés y todos sus hermanos iríamos presto a le ver y servir, y desque allá estemos, se dará orden en todo lo que mandare.

Y después de estas pláticas y otras muchas que pasaron, mandó dar a aquellos mancebos, que eran grandes caciques, y a los cuatro viejos que los traían a cargo, que eran hombres principales, diamantes azules y cuentas verdes, y se les hizo honra. Y allí delante de ellos, porque había buenos prados, mandó Cortés que corriesen y escaramuceasen Pedro de Alvarado, que tenía muy buena yegua alazana, que era muy revuelta, y otros caballeros, de lo cual se holgaron de los haber visto correr. Y despedidos y muy contentos de Cortés y de todos nosotros, se fueron a su México.

En aquella sazón se le murió el caballo a Cortés, y compró o le dieron otro que se decía el Arriero, que era castaño oscuro, que fue de Ortiz el Músico y un Bartolomé García el Minero, y fue uno de los mejores caballos que vinieron en la armada.

Dejemos de hablar en esto. Y diré que como aquellos pueblos de la sierra, nuestros amigos, y el pueblo de Cempoal solían estar de antes muy temerosos de los mexicanos, creyendo que el gran Montezuma los había de enviar a destruir con sus grandes ejércitos de guerreros, y desque vieron a aquellos parientes del gran Montezuma que venían con el presente por mí memorado y a darse por servidores de Cortés y de todos nosotros, estaban espantados, y decían unos caciques a otros que ciertamente éramos teules, pues que Montezuma nos había miedo, pues enviaba oro en presentes. Y si de antes teníamos mucha reputación de esforzados, de allí en adelante nos tuvieron en mucho más.

Y quédese aquí, y diré lo que hizo el Cacique Gordo y otros sus amigos.

Después de despedidos los mensajeros mexicanos, vino el Cacique Gordo con otros muchos principales, nuestros amigos, a decir a Cortés que luego fuese a un pueblo que se dice Cingapacinga, que estaría de Cempoal dos días de andadura, que serían ocho o nueve leguas, porque decían que estaban en él juntos muchos indios de guerra de los culúas, que se entiende por los mexicanos, y que les venían a destruir sus sementeras y estancias, y les salteaban sus vasallos y les hacían otros muchos malos tratamientos. Y Cortés lo creyó, según se lo decían afetuadamente. Y viendo aquellas quejas y con tantas importunaciones, y habiéndoles prometido que les ayudaría y mataría a los culúas o a otros indios que les quisiesen enojar, a esta causa no sabía qué decir, salvo que iría de buena voluntad o enviaría algunos soldados de nosotros para echarlos de allí.

Y estuvo pensando en ello y dijo, riendo, a ciertos compañeros que estábamos acompañándole: "Sabéis, señores, que me parece que en todas estas tierras ya tenemos fama de esforzados, y por lo que han visto estas gentes por los recaudadores de Montezuma, nos tienen por dioses o por cosas como sus ídolos. He pensado que para que crean que uno de nosotros basta para desbaratar a aquellos indios guerreros que dicen que están en el pueblo de la fortaleza, sus enemigos, enviemos a Heredia el Viejo", que era vizcaíno y tenía mala catadura en la cara, y la barba grande y la cara medio acuchillada y un ojo tuerto y cojo de una pierna, y era escopetero.

El cual le mandó llamar, y le dijo: "Id con estos caciques hasta el río (que estaba de allí un cuarto de legua), y cuando allá llegáredes, haced que os paráis a beber y lavar las manos, y tirad un tiro con vuestra escopeta, que yo os enviaré a llamar. Que esto hago porque crean que somos dioses, o de aquel nombre y reputación que nos tienen puesto, y como vos sois mal agestado, creerán que sois ídolo".

Y el Heredia lo hizo según y de la manera que le fue mandado, porque era hombre que había sido soldado en Italia. Y luego envió Cortés a llamar al Cacique y dijo: "Allá envío con vosotros ese mi hermano, para que mate y eche todos los culúas de ese pueblo y me traiga presos a los que no se quisieren ir". Y los caciques estaban enlevados desde que lo oyeron, y no sabían si creerlo o no, y miraban a Cortés si hacía algún mudamiento en el rostro, que creyeron que era verdad lo que les decía.

Y luego el viejo Heredia, que iba con ellos, cargó su escopeta e iba tirando tiros al aire por los montes, para que lo oyesen y viesen los indios. Y los caciques enviaron a dar mandado a otros pueblos cómo llevaban a un teule para matar a los mexicanos que estaban en Cingapacinga.

Y esto pongo aquí por cosa de risa, porque vean las mañas que tenía Cortés. Y desde que entendió que habría llegado el Heredia al río que le había dicho, mandó de presto que le fuesen a llamar. Y vueltos los caciques y el viejo Heredia, les tornó a decir Cortés a los caciques que, por la buena voluntad que les tenía, que el propio Cortés en persona, con algunos de sus hermanos, quería ir a hacerles aquel socorro y a ver aquellas tierras y fortalezas, y que luego le trajesen cien hombres tamemes para llevar los tepuzques, que son los tiros, y vinieron otro día por la mañana. Y habíamos de partir aquel mismo día con cuatrocientos soldados y catorce de caballo, y ballesteros y escopeteros, que estaban apercibidos.

Y ciertos soldados que eran de la parcialidad de Diego Velázquez dijeron que no querían ir, y que se fuese Cortés con los que quisiese, que ellos a Cuba se querían volver.

Y lo que sobre ello se hizo diré adelante.

Ya me habrán oído decir en el capítulo antes deste que Cortés había de ir a un pueblo que se dice Cingapacinga, y había de llevar consigo cuatrocientos soldados y catorce de caballo, y ballesteros y escopeteros, y tenían puestos en la memoria para ir con nosotros a ciertos soldados de la parcialidad de Diego Velázquez. E yendo los cuadrilleros a apercibirlos que saliesen luego con sus armas y caballos, los que los tenían, respondieron soberbiamente que no querían ir a ninguna entrada, sino volverse a sus estancias y haciendas que dejaban en Cuba, que bastaba lo que habían perdido por sacarlos Cortés de sus casas, y que les había prometido en el arenal que cualquiera persona que se quisiese ir, que le daría licencia y navío y matalotaje, y a esta causa estaban siete soldados apercibidos para se volver a Cuba.

Y como Cortés lo supo, los envió a llamar, y preguntado por qué hacían aquella cosa tan fea, respondieron algo alterados y dijeron que se maravillaban de querer poblar adonde había tanta fama de millares de indios y grandes poblazones con tan pocos soldados como éramos, y que ellos estaban dolientes y hartos de andar de una parte a otra, y que se querían ir a Cuba, a sus casas y haciendas; que les diese luego licencia, como se lo había prometido. Y Cortés les respondió mansamente que es verdad que se la prometió, mas que no hacían lo que debían en dejar la bandera de su capitán desamparada, y luego les mandó que sin detenimiento ninguno se fuesen a embarcar, y les señaló navío y les mandó dar cazabi y una botija de aceite y otras legumbres de bastimentos de lo que teníamos. Y uno de aquellos soldados, que se decía Hulano Morón, vecino de la villa del Bayamo, tenía un buen caballo overo, labrado de las manos; lo vendió luego bien vendido a un Juan Ruano a trueque de otras haciendas que el Juan Ruano dejaba en Cuba.

Y ya que se querían hacer a la vela, fuimos todos los compañeros, alcaldes y regidores de nuestra Villa Rica, a requerir a Cortés que por vía ninguna no diese licencia a ninguna persona para salir de la tierra, porque así convenía al servicio de Dios Nuestro Señor y de Su Majestad, y que la persona que tal licencia pidiese, se tuviese por hombre que merecía pena de muerte, conforme a las leyes de lo militar, pues quieren dejar su capitán y bandera desamparada en la guerra y peligro, en especial habiendo tanta multitud de pueblos de indios guerreros, como ellos han dicho.

Y Cortés hizo como que les quería dar la licencia, mas a la postre se la revocó, y se quedaron burlados y aun avergonzados, y el Morón, su caballo vendido, y el Juan Ruano, que lo hubo, no se lo quiso volver.

Y todo esto fue mañeado por Cortés, y fuimos nuestra entrada a Cingapacinga.

Como ya los siete hombres que se querían volver a Cuba estaban pacíficos, luego partimos con los soldados y caballeros e infantería, ya por mí memorados, y fuimos a dormir al pueblo de Cempoal, y tenían aparejado para salir con nosotros dos mil indios de guerra en cuatro capitanías. Y el primer día caminamos cinco leguas con buen concierto, y otro día, a poco más de vísperas, llegamos a las estancias que estaban junto al pueblo de Cingapacinga, y los naturales de él tuvieron noticia de cómo íbamos. Y ya que comenzábamos a subir por la fortaleza y casas, que estaban entre grandes riscos y peñascos, salieron de paz a nosotros ocho indios principales y papas, y dicen a Cortés, llorando de los ojos, que por qué les quiere matar y destruir, no habiendo hecho por qué.

Y que tenemos fama de que a todos hacíamos bien y desagraviábamos a los que estaban robados y habíamos prendido a los recaudadores de Montezuma, y que aquellos indios de guerra de Cempoal que allí iban con nosotros estaban mal con ellos de enemistades viejas que habían tenido sobre tierras y términos, y que con nuestro favor les venían a matar y robar. Y que es verdad que mexicanos solían estar en guarnición en aquel pueblo y que pocos días había se habían ido a sus tierras, desde que supieron que habíamos preso a otros recaudadores; y que le ruegan que no pase más adelante la cosa y les favorezca.

Y desde que Cortés lo hubo muy bien entendido con nuestras lenguas, doña Marina y Aguilar, luego con mucha brevedad mandó al capitán Pedro de Alvarado y al maestre de campo, que era Cristóbal de Olid, y a todos nosotros, los compañeros que con él íbamos, que detuviésemos a los indios de Cempoal, que no pasasen más adelante, y así lo hicimos. Y por presto que fuimos a detenerlos, ya estaban robando en las estancias, de lo cual hubo Cortés gran enojo y mandó que viniesen luego los capitanes que traían a cargo aquellos guerreros de Cempoal. Y con palabras de muy enojado y de grandes amenazas les dijo que luego le trajesen los indios e indias, y mantas y gallinas que han robado en las estancias, y que no entre ninguno de ellos en aquel pueblo; y que porque le habían mentido y venían a sacrificar y robar a sus vecinos con nuestro favor, eran dignos de muerte. Y que nuestro rey y señor, cuyos vasallos abriesen bien los ojos, no les aconteciese otra como aquella, porque no quedaría hombre de ellos con vida. Y luego los caciques y capitanes de Cempoal trajeron a Cortés todo lo que han robado, así indios como indias y gallinas, y se les entregó a los dueños cuyo era. Y con semblante muy furioso los tornó a mandar que se saliesen a dormir al campo, y así lo hicieron.

Y desde que los caciques y papas de aquel pueblo y otros comarcanos vieron que tan justificados éramos, y las palabras amorosas que Cortés les decía con nuestras lenguas, y también las cosas tocantes a nuestra santa fe, como lo teníamos de costumbre, y dejasen el sacrificio y de robarse unos a otros y las suciedades de sodomías, y que no adorasen sus malditos ídolos, y se les dijo otras muchas cosas buenas, tomáronnos tan buena voluntad, que luego fueron a llamar a otros pueblos comarcanos y todos dieron la obediencia a Su Majestad. Y allí luego dieron muchas quejas de Montezuma, como las pasadas que habían dado los de Cempoal, cuando estábamos en el pueblo de Quiauiztlán.

Y otro día por la mañana, Cortés mandó llamar a los capitanes y caciques de Cempoal, que estaban en el campo aguardando para ver lo que les mandábamos, y aun muy temerosos de Cortés por lo que habían hecho en haberle mentido. Y venidos delante, hizo amistades entre ellos y los de aquel pueblo, que nunca faltó por ninguno de ellos.

Y luego partimos para Cempoal por otro camino y pasamos por dos pueblos amigos de los de Cingapacinga. Y estábamos descansando, porque hacía recio sol y veníamos muy cansados con las armas a cuestas, y un soldado que se decía Hulano de Mora, natural de Ciudad Rodrigo, tomó dos gallinas de una casa de indios de aquel pueblo, y Cortés, que lo acertó a ver, hubo tanto enojo de lo que delante de él se hizo por aquel soldado en los pueblos de paz al tomar gallinas, que luego le mandó echar una soga al cuello. Y le tenían ya ahorcado, si Pedro de Alvarado, que se halló junto a Cortés, no le corta la soga con la espada, y medio muerto quedó el pobre soldado. He querido traer esto aquí a la memoria para que vean los curiosos lectores, y aun los sacerdotes que ahora tienen cargo de administrar los santos sacramentos y doctrina a los naturales de estas partes, que, porque aquel soldado tomó dos gallinas en pueblo de paz, aína le costara la vida, y para que vean ahora ellos de qué manera se han de haber con los indios y no tomarles sus haciendas. Después murió este soldado en una guerra, en la provincia de Guatemala, sobre un peñol.

Volvamos a nuestra relación. Que como salimos de aquellos pueblos que dejamos de paz, yendo para Cempoal, estaban el Cacique Gordo con otros principales aguardándonos en unas chozas con comida; que, aunque son indios, vieron y entendieron que la justicia es santa y buena, y que las palabras que Cortés les había dicho, que veníamos a desagraviar y quitar tiranías, conformaban con lo que pasó en aquella entrada, y tuviéronnos en mucho más que de antes. Y allí dormimos en aquellas chozas, y todos los caciques nos llevaron acompañando hasta los aposentos de su pueblo; y verdaderamente quisieran que no saliéramos de su tierra, porque se temían de Montezuma, no enviase su gente de guerra contra ellos.

Y dijeron a Cortés que, pues éramos ya sus amigos, que nos quieren tener por hermanos, que será bien que tomásemos de sus hijas y parientas para hacer generación. Y para que más fijas sean las amistades, trajeron ocho indias, todas hijas de caciques, y dieron a Cortés una de aquellas cacicas, y era sobrina del mismo Cacique Gordo; y otra dieron a Alonso Hernández Puertocarrero, y era hija de otro gran cacique que se decía Cuesco en su lengua. Y traíanlas vestidas a todas ocho con ricas camisas de la tierra y bien ataviadas a su usanza, y cada una de ellas un collar de oro al cuello, y en las orejas zarcillos de oro; y venían acompañadas de otras indias para servirse de ellas.

Y cuando el Cacique Gordo las presentó, dijo a Cortés: "Tecle" (que quiere decir en su lengua 'señor'), "estas mujeres son para los capitanes que tienes, y esta, que es mi sobrina, es para ti, que es señora de pueblos y vasallos". Cortés la recibió con alegre semblante y les dijo que se lo tenían en merced, mas para tomarlas, como dice, y que seamos hermanos, que hay necesidad de que no tengan aquellos ídolos en que creen y adoran, que los traen engañados, y que no les sacrifiquen más ánimas; y que como él vea aquellas cosas malísimas en el suelo y que no sacrifican, que luego tendrán con nosotros mucho más fija la hermandad. Y que aquellas mujeres, que se volverán cristianas primero que las recibamos; y que también habían de ser limpios de sodomías, porque tenían muchachos vestidos en hábitos de mujeres que andaban a ganar en aquel maldito oficio. Y cada día sacrificaban delante de nosotros tres o cuatro o cinco indios, y los corazones ofrecían a sus ídolos, y la sangre pegaban por las paredes, y cortábanles las piernas y los brazos y muslos, y lo comían como vaca que se trae de las carnicerías en nuestra tierra. Y aun tengo creído que lo vendían por menudo en los tianguis, que son mercados.

Y que como estas maldades se quiten, y que no lo usen, que no solamente les seremos amigos, mas que les hará que sean señores de otras provincias. Y todos los caciques, papas y principales respondieron que no les estaba bien dejar sus ídolos y sacrificios, y que aquellos sus dioses les daban salud y buenas sementeras y todo lo que habían menester; y que en cuanto a lo de las sodomías, que pondrán resistencia en ello, para que no se use más.

Y como Cortés y todos nosotros vimos aquella respuesta tan desacatada, y habíamos visto tantas crueldades y torpezas, ya por mí otra vez dichas, no las pudimos sufrir. Entonces nos habló Cortés sobre ello y nos trajo a la memoria unas buenas y muy santas doctrinas, y que ¿cómo podíamos hacer ninguna cosa buena si no volvíamos por la honra de Dios y en quitar los sacrificios que hacían a los ídolos? Y que estuviésemos muy apercibidos para pelear: si nos viniesen a defender, que no se los derrocaríamos, y que aunque nos costase las vidas, en aquel día habían de venir al suelo.

Y puesto que estábamos todos muy a punto con nuestras armas, como lo teníamos de costumbre para pelear, les dijo Cortés a los caciques que los habían de derrocar. Y desde que aquello vieron, luego mandó el Cacique Gordo a otros sus capitanes que se apercibiesen muchos guerreros en defensa de sus ídolos. Y desde que queríamos subir en un alto cu, que es su adoratorio, que estaba alto y había muchas gradas, que ya no se me acuerda cuántas eran, vino el Cacique Gordo con otros principales, muy alborotados y sañudos. Y dijeron a Cortés que por qué les queríamos destruir, y que si les hacíamos deshonor a sus dioses o se los quitábamos, que todos ellos perecerían, y aun nosotros con ellos.

Y Cortés les respondió muy enojado que otras veces les ha dicho que no sacrifiquen a aquellas malas figuras, porque no los traigan más engañados, y que a esta causa los veníamos a quitar de allí. Y que luego, a la hora, los quitasen ellos, si no que los echaríamos a rodar por las gradas abajo; y les dijo que no los teníamos por amigos, sino por enemigos mortales, pues que les da buen consejo y no lo quieren creer. Y porque ha visto que han venido sus capitanías, puestos en armas de guerreros, que está enojado de ellos y que se lo pagarán con quitarles las vidas.

Y desde que vieron a Cortés que les decía aquellas amenazas, y nuestra lengua doña Marina que se lo sabía muy bien dar a entender, y aun les amenazaba con los poderes de Montezuma, que cada día los aguardaba, por temor de esto dijeron que ellos no eran dignos de llegar a sus dioses; y que si nosotros los queríamos derrocar, que no era con su consentimiento, que se los derrocásemos o hiciésemos lo que quisiésemos. Y no lo hubo bien dicho cuando subimos sobre cincuenta soldados y los derrocamos, y vienen rodando aquellos sus ídolos hechos pedazos.

Y eran de manera de dragones espantables, tan grandes como becerros, y otras figuras de manera de medio hombre y de perros grandes, y de malas semejanzas. Y cuando así los vieron hechos pedazos, los caciques y papas que con ellos estaban lloraban y taparon los ojos, y en su lengua totonaca les decían que les perdonasen y que no era más en su mano ni tenían culpa, sino esos teules que os derruecan, y que por temor de los mexicanos no nos daban guerra.

Y cuando aquello pasó, comenzaban las capitanías de los indios guerreros que he dicho que venían a darnos guerra, a querer flechar. Y desde que aquello vimos, echamos mano al Cacique Gordo y a seis papas y a otros principales; y les dijo Cortés que si hacían algún descomedimiento de guerra, que habían de morir todos ellos. Y luego el Cacique Gordo mandó a sus gentes que se fuesen de delante de nosotros y que no hiciesen guerra. Y desde que Cortés los vio sosegados, les hizo un parlamento, lo cual diré adelante; y así se apaciguó todo.

Y esta de Cingapacinga fue la primera entrada que hizo Cortés en la Nueva España, y fue de harto provecho; y no como dice el coronista Gómara, que matamos y prendimos y asolamos tantos millares de hombres en lo de Cingapacinga. Y miren los curiosos que esto leyeren cuánto va de lo uno a lo otro, por muy buen estilo que lo dice en su crónica, pues en todo lo que escribe no pasa como dice.

Como ya callaban los caciques y papas y todos los más principales, mandó Cortés que a los ídolos que derrocamos, hechos pedazos, que los llevasen adonde no pareciesen más y los quemasen. Y luego salieron de un aposento ocho papas, que tenían cargo de ellos, y tomaron sus ídolos y los llevaron a la misma casa de donde salieron, y los quemaron.

El hábito que traían aquellos papas eran unas mantas prietas, a manera de sotanas, y lobas largas hasta los pies, y unos como capillos que querían parecer a los que traen los canónigos, y otros capillos traían más chicos, como los que traen los dominicos. Y traían el cabello muy largo hasta la cintura, y aun algunos hasta los pies, llenos de sangre pegada y muy enredados, que no se podían esparcir, y las orejas hechas pedazos, sacrificadas de ellas, y hedían como azufre, y tenían otro muy mal olor, como de carne muerta.

Y según decían y alcanzamos a saber, aquellos papas eran hijos de principales y no tenían mujeres, mas tenían el maldito oficio de sodomías, y ayunaban ciertos días. Y lo que yo les veía comer eran unos meollos o pepitas del algodón cuando lo desmotan, salvo si ellos no comían otras cosas que yo no se las pudiese ver.

Dejemos a los papas y volvamos a Cortés, que les hizo un muy buen razonamiento con nuestras lenguas, doña Marina y Jerónimo de Aguilar, y les dijo que ahora los teníamos como a hermanos y que les favorecería en todo lo que pudiese contra Montezuma y sus mexicanos, porque ya envió a mandar que no les diesen guerra ni les llevasen tributo. Y que pues en aquellos sus altos cúes no habían de tener más ídolos, que él les quiere dejar una gran señora, que es madre de Nuestro Señor Jesucristo, en quien creemos y adoramos, para que ellos también la tengan por señora y abogada.

Y sobre ello y otras cosas de pláticas que pasaron, se les hizo un muy buen razonamiento, y tan bien propuesto para según el tiempo, que no había más que decir; y se les declaró muchas cosas tocantes a nuestra fe, tan bien dichas como ahora los religiosos se lo dan a entender, de manera que lo oían de buena voluntad.

Y luego mandó llamar a todos los indios albañiles que había en aquel pueblo y traer mucha cal para que lo aderezasen, y mandó que quitasen las costras de sangre que estaban en aquellos cúes y que lo aderezasen muy bien. Y luego otro día se encaló y se hizo un altar con buenas mantas; y mandó traer muchas rosas de las naturales que había en la tierra, que eran bien olorosas, y muchos ramos; y lo mandó enramar y que lo tuviesen limpio y barrido a la continua.

Y para que tuviesen cargo de ello, apercibió a cuatro papas que se trasquilasen el cabello, que lo traían largo, como otra vez he dicho, y que vistiesen mantas blancas y se quitasen las que traían, y que siempre anduviesen limpios, y que sirviesen aquella santa imagen de Nuestra Señora en barrer y enramar. Y para que tuviesen más cargo de ello, puso a un nuestro soldado cojo y viejo, que se decía Juan de Torres, de Córdoba, que estuviese allí por ermitaño y que mirase que se hiciese cada día así como lo mandaba a los papas. Y mandó a nuestros carpinteros, otras veces por mí nombrados, que hiciesen una cruz y la pusiesen en un pilar que teníamos ya nuevamente hecho y muy bien encalado.

Y otro día de mañana se dijo misa en el altar, la cual dijo el padre fray Bartolomé de Olmedo; y entonces a la misa se dio orden cómo con el incienso de la tierra se incensasen la santa imagen de Nuestra Señora y a la santa cruz; y también se les mostró a hacer candelas de la cera de la tierra. Y se les mandó que con aquellas candelas siempre tuviesen ardiendo delante del altar, porque hasta entonces no sabían aprovecharse de la cera.

Y a la misa estuvieron los más principales caciques de aquel pueblo y de otros que se habían juntado. Y asimismo se trajeron las ocho indias para volver cristianas, que todavía estaban en poder de sus padres y tíos. Y se les dio a entender que no habían más de sacrificar ni adorar ídolos, salvo que habían de creer en Nuestro Señor Dios; y se les amonestó muchas cosas tocantes a nuestra santa fe.

Y se bautizaron, y se llamó a la sobrina del Cacique Gordo doña Catalina, y era muy fea; aquella dieron a Cortés por la mano, y él la recibió con buen semblante. A la hija de Cuesco, que era un gran cacique, se le puso nombre doña Francisca; esta era muy hermosa para ser india, y la dio Cortés a Alonso Hernández Puertocarrero; las otras seis ya no me acuerdo el nombre de todas, mas sé que Cortés las repartió entre soldados.

Y después de hecho esto, nos despedimos de todos los caciques y principales. Y de allí en adelante siempre nos tuvieron muy buena voluntad, especialmente desde que vieron que recibió Cortés sus hijas y las llevamos con nosotros. Y con grandes ofrecimientos que Cortés les hizo de que les ayudaría, nos fuimos a nuestra Villa Rica.

Y lo que allí se hizo lo diré adelante. Esto es lo que pasó en este pueblo de Cempoal, y no otra cosa, que sobre ello hayan escrito el Gómara ni los demás coronistas, que todo es burla y trampas.

Después que hubimos hecho aquella jornada y quedaron amigos los de Cingapacinga con los de Cempoal, y otros pueblos comarcanos dieron obediencia a Su Majestad, y se derrocaron los ídolos y se puso la imagen de Nuestra Señora y la santa cruz, y se puso por ermitaño el viejo soldado y todo lo por mí memorado, nos fuimos a la villa, y llevábamos con nosotros ciertos principales de Cempoal.

Y hallamos que aquel día había venido de la isla de Cuba un navío, y por capitán de él un Francisco de Saucedo, que llamábamos el Polido, y pusímosle aquel nombre porque en demasía se preciaba de galán y pulido; y decían que había sido maestresala del almirante de Castilla, y era natural de Medina de Ruiseco. Y vino entonces Luis Marín, capitán que fue en lo de México, persona que valió mucho, y vinieron diez soldados. Y traía el Saucedo un caballo y Luis Marín, una yegua, y nuevas de Cuba: que le habían llegado de Castilla a Diego Velázquez las provisiones para poder rescatar y poblar. Y los amigos de Diego Velázquez se regocijaron mucho, además de que supieron que le trajeron provisión para ser adelantado de Cuba.

Y estando en aquella villa sin tener en qué entender más que en acabar de hacer la fortaleza, que todavía se trabajaba en ella, dijimos a Cortés todos los más soldados que se quedase aquello que estaba hecho en ella para memoria, pues estaba ya para enmaderar. Y que había ya más de tres meses que estábamos en aquella tierra, y que sería bueno ir a ver qué cosa era el gran Montezuma, y buscar la vida y nuestra ventura; y que antes que nos metiésemos en camino, enviásemos a besar los pies a Su Majestad y a darle cuenta y relación de todo lo acaecido desde que salimos de la isla de Cuba.

Y también se puso en plática que enviásemos a Su Majestad todo el oro que se había habido, así rescatado como los presentes que nos envió Montezuma. Y respondió Cortés que era muy bien acordado, y que ya lo había él puesto en plática con ciertos caballeros. Y porque en lo del oro por ventura habría algunos soldados que querrían sus partes, y si se partiese, sería poco lo que se podría enviar, por esta causa dio cargo a Diego de Ordás y a Francisco de Montejo, que eran personas de negocios, que fuesen de soldado en soldado, de los que se tuviese sospecha que demandarían las partes del oro.

Y les decían estas palabras:

"Señores, ya veis que queremos hacer un presente a Su Majestad del oro que aquí hemos habido, y para ser el primero que enviamos de estas tierras había de ser mucho más; parécenos que todos le sirvamos con las partes que nos caben. Los caballeros y soldados que aquí estamos, estos tenemos firmado cómo no queremos parte ninguna de ello, sino que servimos a Su Majestad con ello porque nos haga mercedes. El que quisiere su parte, no se le negará; el que no la quisiere, haga lo que todos hemos hecho: fírmelo aquí".

Y de esta manera, todos a una, lo firmaron.

Y esto hecho, luego se nombraron para procuradores que fuesen a Castilla a Alonso Hernández Puertocarrero y a Francisco de Montejo, porque ya Cortés le había dado sobre dos mil pesos por tenerle de su parte. Y se mandó apercibir el mejor navío de toda la flota y con dos pilotos, que fue uno Antón de Alaminos, que sabía cómo habían de desembocar por la canal de Bahama, porque él fue el primero que navegó por aquella canal. Y también apercibimos quince marineros, y se les dio todo recaudo de matalotaje.

Y esto apercibido, acordamos de escribir y hacer saber a Su Majestad todo lo acaecido. Y Cortés escribió por sí, según él nos dijo, con recta relación, mas no vimos su carta; y el cabildo escribió juntamente con diez soldados de los que fuimos en que se poblase la tierra, y le alzamos a Cortés por general. Y con toda verdad, que no faltó cosa ninguna en la carta; iba yo firmado en ella.

Y además de estas cartas y relaciones, todos los capitanes y soldados juntamente escribimos otra carta y relación. Y lo que se contenía en la carta que escribimos es lo siguiente.

Después de poner en el principio aquel muy debido acato que somos obligados a tan gran majestad del Emperador nuestro señor, que fue así: S. C. C. R. M., y poner otras cosas que se convenían decir, la relación y cuenta de nuestra vida y viaje, cada capítulo por sí, fue esto que aquí diré en suma breve:

Cómo salimos desde la isla de Cuba con Fernando Cortés; los pregones que se dieron cómo veníamos a poblar, y que Diego Velázquez secretamente enviaba a rescatar, y no a poblar; cómo Cortés se quería volver con cierto oro rescatado, conforme a las instrucciones que de Diego Velázquez traía, de las cuales hicimos presentación; cómo hicimos a Cortés que poblase y le nombramos por capitán general y justicia mayor, hasta que otra cosa Su Majestad fuese servido mandar; cómo le prometimos el quinto de lo que se hubiese, después de sacado su real quinto; cómo llegamos a Cozumel y por qué ventura se halló Jerónimo de Aguilar en la punta de Cotoche, y de la manera que decía que allí aportó él y un Gonzalo Guerrero, que quedó con los indios por estar casado y tener hijos y estar ya hecho indio; cómo llegamos a Tabasco, y de las guerras que nos dieron y batalla que con ellos tuvimos; cómo los atrajimos de paz; cómo, a doquiera que llegamos, se les hacen buenos razonamientos para que dejen sus ídolos y se les declara las cosas tocantes a nuestra santa fe; cómo dieron la obediencia a Su Real Majestad, y son los primeros vasallos que tiene en estas partes.

Cómo trajeron un presente de mujeres, y en él una cacica, para india, de mucho ser, que sabe la lengua de México, que es la que se usa en toda la tierra, y que con ella y con el Aguilar tenemos verdaderas lenguas; cómo desembarcamos en San Juan de Ulúa; y de las pláticas de los embajadores del gran Montezuma, y quién era el Montezuma y lo que se decía de sus grandezas, y del presente que trajeron; y cómo fuimos a Cempoal, que es un pueblo grande, y desde allí a otro pueblo que se dice Quiaviztlán, que estaba en fortaleza; y cómo se hizo liga y confederación con nosotros y quitaron la obediencia a Montezuma en aquel pueblo, además de treinta pueblos, que todos le dieron la obediencia y están en su real patrimonio; la ida de Cingapacinga; cómo hicimos la fortaleza, y que ahora estamos en camino para ir la tierra adentro hasta vernos con el Montezuma; cómo esta tierra es muy grande y de muchas ciudades y muy pobladísimas, y los naturales, grandes guerreros; cómo entre ellos hay muchas diversidades de lenguas y tienen guerra unos con otros; cómo son idólatras, y se sacrifican y matan en sacrificios muchos hombres y niños y mujeres, y comen carne humana y usan otras torpezas.

Cómo el primer descubridor fue un Francisco Hernández de Córdoba, y luego cómo vino Juan de Grijalva. Y que ahora al presente le servimos con el oro que hemos habido, que es el sol de oro y la luna de plata, y un casco de oro en granos, como se coge de las minas, muchas diversidades y géneros de piezas de oro hechas de muchas maneras, y mantas de algodón muy labradas de plumas y primas, y otras muchas piezas de oro, que fueron mosqueadores, rodelas y otras cosas que ya no se me acuerdan, como ha ya tantos años que pasó.

También enviamos cuatro indios que quitamos de Cempoal, que tenían a engordar en unas jaulas de madera, para, después de gordos, sacrificarlos y comérselos.

Y después de hecha esta relación y otras cosas, dimos cuenta y relación de cómo quedamos en estos sus reinos cuatrocientos y cincuenta soldados en muy gran peligro entre tanta multitud de pueblos y gentes belicosas y grandes guerreros, para servir a Dios y a su real corona. Y le suplicamos que en todo lo que se nos ofreciese nos haga mercedes, y que no hiciese merced de la gobernación de estas tierras ni de ningunos oficios reales a persona ninguna, porque son tales y ricas y de grandes pueblos y ciudades, que convienen para un infante o gran señor.

Y tenemos pensado que como don Juan Rodríguez de Fonseca, obispo de Burgos y arzobispo de Rosano, es su presidente y manda a todas las Indias, que lo dará a algún su deudo o amigo, especialmente a un Diego Velázquez, que está por gobernador en la isla de Cuba. Y la causa es porque se le dará la gobernación u otro cualquier cargo, que siempre le sirve con presentes de oro, y le ha dejado en la misma isla pueblos de indios, que le sacan oro de las minas; de lo cual había primeramente de dar los mejores pueblos para su real corona. Y no le dejó ninguno, que solamente por esto es digno de que no se le hagan mercedes.

Y que como en todo somos muy leales servidores y hasta fenecer nuestras vidas le hemos de servir, se lo hacemos saber para que tenga noticia de todo. Y que estamos determinados que, hasta que sea servido que nuestros procuradores, que allá enviamos, besen sus reales pies y vea nuestras cartas y nosotros veamos su real firma, que entonces, los pechos por tierra, para obedecer sus reales mandos.

Y que si el obispo de Burgos, por su mandado, nos envía a cualquier persona a gobernar o a ser capitán, que primero que se obedezca se lo haremos saber a su real persona a doquiera que estuviere; y lo que fuere servido mandar, que lo obedeceremos, como mandato de nuestro rey y señor, como somos obligados. Y además de estas relaciones, le suplicamos que, entretanto que otra cosa sea servido mandar, que le hiciese merced de la gobernación a Hernando Cortés; y dimos tantos loores de él, y tan gran servidor suyo, hasta ponerle en las nubes.

Y después de haber escrito todas estas relaciones, con todo el mayor acato y humildad que pudimos y convenía, y cada capítulo por sí, declarando cada cosa cómo y cuándo y de qué arte pasaron, como carta para nuestro rey y señor, y no del arte que va aquí en esta mi relación. Y la firmamos todos los capitanes y soldados que éramos de la parte de Cortés, y fueron dos cartas duplicadas. Y nos rogó que se las mostrásemos; y como vio la relación tan verdadera y los grandes loores que de él dábamos, hubo mucho placer, y dijo que nos lo tenía en merced, con grandes ofrecimientos que nos hizo.

Empero, no quisiera que en ella dijéramos ni mentáramos del quinto del oro que le prometimos, ni que declaráramos quién fueron los primeros descubridores, porque, según entendimos, no hacía en su carta relación de Francisco Hernández de Córdoba ni del Grijalva, sino de él solo, a quien atribuía el descubrimiento, la honra y honor de todo. Y dijo que ahora al presente que aquello estuviera mejor por escribir, y no dar relación de ello a Su Majestad. Y no faltó quien le dijo que a nuestro rey y señor no se le ha de dejar de decir todo lo que pasa.

Pues ya escritas estas cartas y dadas a nuestros procuradores, les encomendamos mucho que por vía ninguna no entrasen en La Habana, ni fuesen a una estancia que tenía allí el Francisco de Montejo, que se decía el Marién, que era puerto para navíos, para que no alcanzase a saber Diego Velázquez lo que pasaba; y no lo hicieron así, como adelante diré.

Pues ya puesto todo a punto para se ir a embarcar, dijo misa el padre de la Merced, y encomendándoles al Espíritu Santo que los guiase. Y en veinte y seis días del mes de julio de mil quinientos diez y nueve años, partieron a San Juan de Ulúa y con buen tiempo llegaron a La Habana. Y el Francisco de Montejo, con grandes importunaciones, convocó y atrajo al piloto Alaminos a que guiase a su estancia, diciendo que iba a tomar bastimento de puercos y cazabe, hasta que le hizo hacer lo que quiso. Y fue a surgir a su estancia, porque el Puertocarrero iba muy malo y no hizo cuenta de él.

Y la noche que allí llegaron, desde la nao echaron un marinero en tierra con cartas y avisos para Diego Velázquez, y supimos que el Montejo le mandó que fuese con las cartas. Y en posta fue el marinero por la isla de Cuba, de pueblo en pueblo, publicando todo lo por mí aquí dicho, hasta que Diego Velázquez lo supo. Y lo que sobre ello hizo, adelante lo diré.

Como Diego Velázquez, gobernador de Cuba, supo las nuevas, así por las cartas que le escribieron y enviaron secretas, y dijeron que el Montejo, como del marinero que se halló presente en todo lo que por mí dicho en el capítulo pasado, que se había echado a nado para llevarle las cartas. Y desde que entendió del gran presente de oro que enviábamos a Su Majestad y supo quién eran los embajadores y procuradores, le tomaban trasudores de muerte, y decía palabras muy lastimosas y maldiciones contra Cortés y su secretario Duero y contra el contador Amador de Lares, que le aconsejaron en hacer general a Cortés.

Y de presto mandó armar dos navíos de poco porte, grandes veleros, con toda la artillería y soldados que pudo haber y con dos capitanes que fueron en ellos, que se decían Gabriel de Rojas y el otro capitán se decía Fulano de Guzmán. Y les mandó que fuesen hasta La Habana, y desde allí, a la canal de Bahama, y que en todo caso le trajesen presa la nao en que iban nuestros procuradores, y todo el oro que llevaban.

Y de presto, así como lo mandó, llegaron en ciertos días de navegación a la canal de Bahama, y preguntaban a los barcos que andaban por la mar de acarreo que si habían visto ir una nao de mucho porte; y todos daban noticia de ella, y que ya sería desembocada por la canal de Bahama, porque siempre tuvieron buen tiempo. Y después de andar barloventeando con aquellos dos navíos, entre la canal y La Habana, y no hallaron recaudo de lo que venían a buscar, se volvieron a Santiago de Cuba.

Y si triste estaba Diego Velázquez de antes que enviase los navíos, mucho más se acongojó desde que los vio volver de aquel arte. Y luego le aconsejaron sus amigos que se enviase a quejar a España al obispo de Burgos, que estaba por presidente de Indias y hacía mucho por él. Y también envió a dar sus quejas a las islas de Santo Domingo, a la Audiencia Real que en ella residía, y a los frailes jerónimos que estaban por gobernadores en ella, que se decían fray Luis de Figueroa, fray Alonso de Santo Domingo y fray Bernardino de Manzanedo, los cuales religiosos solían estar y residir en el monasterio de la Mejorada, que es dos leguas de Medina del Campo; y envió en posta un navío a darles muchas quejas de Cortés y de todos nosotros.

Y como alcanzaron a saber nuestros grandes servicios, la respuesta que le dieron los frailes jerónimos fue que Cortés y los que con él andábamos en las guerras no se nos podía poner culpa, pues sobre todas cosas ocurríamos a nuestro rey y señor, y le enviamos tan gran presente, que otro como él no se ha visto de muchos tiempos pasados en nuestra España. Y esto dijeron porque en aquel tiempo y sazón no había Perú ni memoria de él; y también le enviaron a decir que antes éramos dignos de que Su Majestad nos hiciese muchas mercedes.

Y entonces le enviaron a Diego Velázquez a Cuba a un licenciado que se decía Zuazo, para que le tomase residencia, o al de menos había pocos meses que había llegado a la isla, y el mismo licenciado dio relación a los frailes jerónimos.

Y como aquella respuesta le trajeron a Diego Velázquez, se acongojó mucho más, y como de antes era muy gordo, se puso flaco en aquellos días. Y luego con gran diligencia mandó buscar todos los navíos que pudo haber en la isla de Cuba, y apercibir soldados y capitanes; y procuró enviar una recia armada para prender a Cortés y a todos nosotros. Y tanta diligencia puso, que él mismo en persona andaba de villa en villa y en unas estancias y en otras, y escribía a todas las partes de la isla donde él no podía ir a rogar a sus amigos fuesen en aquella jornada.

De manera que en obra de once meses, o un año, allegó dieciocho velas, grandes y chicas, y sobre mil y trescientos soldados, entre capitanes y marineros, porque, como le veían tan apasionado y corrido, todos los más principales vecinos de Cuba, así sus parientes como los que tenían indios, se aparejaron para servirle. Y también envió por capitán general de toda la armada a un hidalgo que se decía Pánfilo de Narváez, hombre alto de cuerpo y membrudo, y hablaba algo entonado, como medio de bóveda, y era natural de Valladolid y casado en la isla de Cuba con una dueña ya viuda que se llamaba María de Valenzuela; y tenía buenos pueblos de indios y era muy rico.

Donde lo dejaré ahora haciendo y aderezando su armada, y volveré a decir de nuestros procuradores y su buen viaje. Y porque en una sazón acontecían tres y cuatro cosas, no puedo seguir la relación y materia de lo que voy hablando por dejar de decir lo que más viene al propósito, y a esta causa no me culpen porque salgo y me aparto de la orden por decir lo que más adelante pasa.

Ya he dicho que partieron nuestros procuradores del puerto de San Juan de Ulúa en seis días del mes de julio de mil quinientos y diecinueve años, y con buen viaje llegaron a La Habana, y luego desembocaron la canal. Y dicen que aquella fue la primera vez que por allí navegaron, y en poco tiempo llegaron a las islas de la Tercera, y desde allí a Sevilla. Y fueron en posta a la corte, que estaba en Valladolid, y por presidente del Real Consejo de Indias, don Juan Rodríguez de Fonseca, que era obispo de Burgos y se nombraba arzobispo de Rosano, y mandaba toda la corte, porque el Emperador nuestro señor estaba en Flandes.

Y como nuestros procuradores le fueron a besar las manos al presidente muy ufanos, creyendo que les hiciera mercedes, y a darle nuestras cartas y relaciones y a presentar todo el oro y joyas, le suplicaron que luego hiciese mensajero a Su Majestad y que enviase aquel presente y cartas, y que ellos mismos irían con ello a besar los reales pies. Y porque se lo dijeron, les mostró tan mala cara y peor voluntad, y aun les dijo palabras mal miradas, que nuestros embajadores estuvieron por responderle. De manera que se reportaron y dijeron que mirase Su Señoría los grandes servicios que Cortés y sus compañeros hacíamos a Su Majestad, y que le suplicaban otra vez que todas aquellas joyas de oro, cartas y relaciones las enviase luego a Su Majestad, para que supiese lo que hay, y que ellos irían con él.

Y les volvió a responder muy soberbiamente, y aun los mandó que no tuviesen ellos cargo de ello, que él escribiría lo que pasaba, y no lo que le decían, pues se habían levantado contra Diego Velázquez; y pasaron otras muchas palabras ásperas.

Y en esta sazón llegó a la corte Benito Martín, capellán de Diego Velázquez, otra vez por mí nombrado, dando muchas quejas de Cortés y de todos nosotros, de que el obispo se airó mucho más contra nosotros. Y como Alonso Hernández Puertocarrero, como era caballero, primo del conde de Medellín, y el Montejo se estaba a la mira y no osaba desagradar al presidente, decía al obispo que le suplicaba muy ahincadamente que sin pasión fuesen oídos y que no dijese las palabras como decía, y que luego enviase aquellos recaudos, así como los traían, a Su Majestad, y que éramos muy buenos servidores de la real corona y dignos de mercedes, y no de ser por palabras afrentados.

Y desde que aquello oyó el obispo, mandó echarlo preso, porque le informaron que había sacado de Medellín, tres años había, a una mujer y la llevó a las Indias. De manera que todos nuestros servicios y presentes de oro estaban del arte que aquí he dicho. Y acordaron nuestros embajadores de callar hasta su tiempo y lugar.

Y el obispo escribió a Su Majestad a Flandes en favor de su privado y amigo Diego Velázquez y muy malas palabras contra Cortés y contra todos nosotros, y no hizo relación de las cartas que le enviamos, salvo que se había alzado Hernando Cortés al Diego Velázquez, y otras cosas que dejo.

Volvamos a decir de Alonso Hernández Puertocarrero y de Francisco de Montejo, y aun de Martín Cortés, padre del mismo Cortés, y de un licenciado Núñez, relator del Real Consejo de Su Majestad y cercano pariente de Cortés, que hacían por él. Acordaron enviar mensajeros a Flandes con otras cartas como las que dieron al obispo, porque venían duplicadas las que enviamos con los procuradores. Y escribieron a Su Majestad todo lo que pasaba, y la memoria de las joyas de oro del presente, y dando quejas del obispo y descubriendo los tratos que tenía con Diego Velázquez.

Y aun otros caballeros les favorecieron, que no estaban muy bien con don Juan Rodríguez de Fonseca, porque, según decían, era malquisto por muchas demasías y soberbias que mostraba con los grandes cargos que tenía. Y como nuestros grandes servicios son por Dios Nuestro Señor y por Su Majestad, y siempre poníamos nuestras fuerzas en ello, quiso Dios que Su Majestad lo alcanzó a saber muy claramente; y desde que lo vio y entendió, fue tanto el contentamiento que mostró, y los duques y marqueses y condes y otros caballeros que estaban en su real corte, que en otra cosa no hablaban por algunos días sino de Cortés y de todos nosotros, los que le ayudamos en las conquistas y las riquezas que de estas partes le enviamos.

Y así, por las cartas glosadas que sobre ello le escribió el obispo de Burgos, desde que vio Su Majestad que todo era al contrario de la verdad, desde allí adelante le tuvo mala voluntad al obispo, especialmente porque no envió todas las piezas de oro, y se quedó con gran parte de ellas. Todo lo cual alcanzó a saber el mismo obispo, que se lo escribieron desde Flandes, de lo cual recibió muy grande enojo.

Y si de antes que fuesen nuestras cartas ante Su Majestad el obispo decía muchos males de Cortés y de todos nosotros, desde allí adelante a boca llena nos llamaba traidores. Mas quiso Dios que perdió la furia y braveza, que desde ahí a dos años fue recusado y aun quedó corrido y afrentado, y nosotros quedamos por muy leales servidores, como adelante diré, cuando venga a coyuntura. Y escribió Su Majestad que presto vería a Castilla y entendería en lo que nos conviniese y nos haría mercedes.

Y porque adelante lo diré muy por extenso cómo y de qué manera pasó, se quedará aquí, así que nuestros procuradores aguardaban la venida de Su Majestad.

Y antes que más pase adelante, quiero decir, por lo que me han preguntado ciertos caballeros muy curiosos, y aun tienen razón de lo saber, que cómo puedo yo escribir en esta relación lo que no vi, pues estaba en aquella sazón en las conquistas de la Nueva España, cuando nuestros procuradores dieron las cartas y recaudos y presentes de oro que llevaban para Su Majestad y tuvieron aquellas contiendas con el obispo de Burgos.

A esto digo que nuestros procuradores nos escribían a los verdaderos conquistadores lo que pasaba, así lo del obispo de Burgos como lo que Su Majestad fue servido mandar en nuestro favor, letra por letra en capítulos, y de qué manera pasaba. Y Cortés nos enviaba otras cartas que recibía de nuestros procuradores a las villas donde vivíamos en aquella sazón, para que viésemos cuán bien negociaban con Su Majestad y cuán contrario teníamos al obispo.

Y esto doy por descargo de lo que me preguntaban. Dejemos esto y digamos en otro capítulo lo que en nuestro real pasó.

Desde cuatro días después que partieron nuestros procuradores para ir ante el Emperador nuestro señor, como dicho habemos, y como los corazones de los hombres son de muchas calidades y pensamientos, parece ser que unos amigos y criados de Diego Velázquez, que se decían Pedro Escudero, un Juan Cermeño, un Gonzalo de Umbría, piloto, un Bernaldino de Coria —vecino que fue después de Chiapa, padre de un Fulano Centeno—, y un clérigo que se decía Juan Díaz, y ciertos hombres de la mar que se decían Peñates, naturales de Gibraleón, estaban mal con Cortés. Unos, porque no les dio licencia para volverse a Cuba, cuando se la había prometido; otros, porque no les dio parte del oro que enviamos a Castilla; los Peñates, porque les azotó en Cozumel, como otra vez he dicho en el capítulo cuando hurtaron los tocinos a un Barrio.

Acordaron todos tomar un navío de poco porte e irse con él a Cuba, a dar mandado a Diego Velázquez, para avisarle cómo en La Habana podían tomar, en la estancia de Francisco de Montejo, a nuestros procuradores con el oro y recaudos. Que, según pareció, de otras personas que estaban en nuestro real fueron aconsejados que fuesen a aquella estancia, y aun escribieron para que Diego Velázquez tuviese tiempo de haberlos a las manos. De manera que las personas que he dicho ya tenían metido matalotaje, que era pan cazabe, aceite, pescado, agua y otras pobrezas de lo que podían haber.

Y ya que se iban a embarcar, y era a más de medianoche, el uno de ellos, que era Bernaldino de Coria, parece ser que se arrepintió de volverse a Cuba; lo fue a hacer saber a Cortés. Y como lo supo, y de qué manera y cuántos y por qué causas se querían ir, y quiénes fueron en los consejos y tramas para ello, mandó luego sacar las velas, aguja y timón del navío, y los mandó echar presos. Y les tomó sus confesiones, y confesaron la verdad y denunciaron a otros que estaban con nosotros, que se disimuló por el tiempo, que no permitía otra cosa.

Y por sentencia que dio, mandó ahorcar a Pedro Escudero y a Juan Cermeño, y cortar los pies al ---- y al piloto Gonzalo de Umbría, y azotar a los marineros Peñates, a cada uno doscientos azotes. Al padre Juan Díaz, si no fuera de misa, también le habrían castigado, pero le metió harto temor.

Acuérdome que cuando Cortés firmó aquella sentencia dijo con grandes suspiros y sentimientos:

—¡Oh, quién no supiera escribir, por no firmar muertes de hombres!

Y paréceme que aqueste dicho es muy común entre jueces que sentencian algunas personas a muerte, que lo tomaron de aquel cruel Nerón en el tiempo que dio muestras de buen emperador.

Y así como se hubo ejecutado la sentencia, se fue Cortés luego a matacaballo a Cempoal, que son cinco leguas de la villa, y nos mandó que luego fuésemos tras él doscientos soldados y todos los de a caballo. Y acuérdome que Pedro de Alvarado, que había tres días que le había enviado Cortés con otros doscientos soldados por los pueblos de la sierra para que tuviesen qué comer, porque en nuestra villa pasábamos mucha necesidad de bastimentos, y le mandó que se fuese a Cempoal, para que allí daríamos orden de nuestro viaje para México.

De manera que Pedro de Alvarado no se halló presente cuando se hizo la justicia que dicho tengo. Y desde que nos vimos todos juntos en Cempoal, la orden que se dio en todo la diré adelante.

Estando en Cempoal, como dicho tengo, platicando con Cortés en las cosas de la guerra y camino que teníamos por delante, de plática en plática le aconsejamos los que éramos sus amigos —y otros hubo contrarios— que no dejase navío ninguno en el puerto, sino que luego diese al través con todos, y no quedasen embarazos, porque entretanto que estábamos tierra adentro, no se alzasen otras personas como los pasados.

Y además de esto, que tendríamos mucha ayuda de los maestres, pilotos y marineros, que serían al pie de cien personas, y que mejor nos ayudarían a velar y a guerrear que no estar en el puerto. Y según entendí, esta plática de dar con los navíos al través, que allí le propusimos, el mismo Cortés lo tenía ya concertado, sino que quiso que saliese de nosotros, porque si algo le demandasen que pagase los navíos, fuese por nuestro consejo, y todos fuésemos en los pagar.

Y luego mandó a un Juan de Escalante, que era alguacil mayor y persona de mucho valor, gran amigo de Cortés y enemigo de Diego Velázquez —porque en la isla de Cuba no le dio buenos indios—, que luego fuese a la villa, y que de todos los navíos se sacasen todas las anclas, cables, velas y lo que dentro tenían de que se pudiese aprovechar, y que diese con todos ellos al través, que no quedasen más de los bateles; y que los pilotos y maestres viejos y marineros que no eran para ir a la guerra que se quedasen en la villa, y con dos chinchorros que tuviesen cargo de pescar, que en aquel puerto siempre había pescado, aunque no mucho.

Y Juan de Escalante lo hizo según y de la manera que le fue mandado, y luego se vino a Cempoal con una capitanía de hombres de la mar, que fueron de los que sacó de los navíos, y salieron algunos de ellos muy buenos soldados.

Pues hecho esto, mandó Cortés llamar a todos los caciques de la serranía de los pueblos, nuestros confederados y rebelados al gran Montezuma, y les dijo cómo habían de servir a los que quedaban en la Villa Rica, y acabar de hacer la iglesia, la fortaleza y las casas. Y allí delante de ellos tomó Cortés por la mano a Juan de Escalante y les dijo:

—Este es mi hermano. Y lo que él os mandare, que lo hagáis; y si hubiere menester favor y ayuda contra algunos indios mexicanos, que a él ocurriesen, que él iría en persona a ayudarles.

Y todos los caciques se ofrecieron de buena voluntad a hacer lo que se les mandase. Acuérdome que luego sahumaron a Juan de Escalante con sus inciensos, aunque no quiso. Ya he dicho que era persona muy capaz para cualquier cargo, y amigo de Cortés; en aquella confianza le puso en aquella villa y puerto por capitán, para que si algo enviase Diego Velázquez, hubiese resistencia. Y déjole aquí, y diré lo que pasó.

Aquí es donde dice el coronista Gómara que cuando mandó Cortés barrenar los navíos, que no lo osaba publicar a los soldados que quería ir a México en busca del gran Montezuma. No pasa como dice, pues ¿de qué condición somos los españoles para no ir adelante, y estarnos en partes donde no tengamos provecho ni guerras?

También dice el mismo Gómara que Pedro de Ircio quedó por capitán en la Veracruz. No le informaron bien, que digo que Juan de Escalante fue el que quedó por capitán y alguacil mayor de la Nueva España, que aun a Pedro de Ircio no le habían dado cargo ninguno, ni aun de cuadrillero. Y había de ver lo que escribió, y debiera tener empacho de hacer crónica contraria a la verdad, pues es la dicha cosa sagrada: la verdad.

Después de haber dado con los navíos al través a ojos vistas —y no como lo dice el coronista Gómara—, una mañana, después de haber oído misa, estando todos los capitanes y soldados juntos, hablando con Cortés en cosas de lo militar, dijo que nos pedía por merced que le oyésemos, y propuso un razonamiento de esta manera:

Que ya habíamos entendido la jornada que íbamos, y que, mediante Nuestro Señor Jesucristo, habíamos de vencer todas las batallas y reencuentros; y que habíamos de estar prestos para ello como convenía, porque en cualquier parte donde fuésemos desbaratados —lo cual Dios no permitiese— no podríamos alzar cabeza, por ser muy pocos, y que no teníamos otro socorro ni ayuda sino el de Dios, porque ya no teníamos navíos para ir a Cuba, salvo nuestro buen pelear y corazones fuertes.

Y sobre ello dijo otras muchas comparaciones de hechos heroicos de los romanos. Y todos a una le respondimos que haríamos lo que ordenase, que echada estaba la suerte de la buena ventura, como dijo Julio César sobre el Rubicón, pues eran todos nuestros servicios para servir a Dios y a Su Majestad.

Y después de este razonamiento, que fue muy bueno (cierto con otras palabras más melosas y elocuencia que no yo aquí las digo), luego mandó llamar al Cacique Gordo —que así le decían— y le tornó a traer a la memoria que tuviesen muy reverenciada y limpia la iglesia y cruz. Y además de esto, le dijo que él se quería partir luego para México a mandar a Montezuma que no robe ni sacrifique, y que ha de menester doscientos indios tamemes para llevar la artillería —que ya he dicho otra vez que llevan dos arrobas a cuestas y andan con ellas cinco leguas—; y también le demandó cincuenta principales hombres de guerra que fuesen con nosotros.

Estando de esta manera para partir, vino de la Villa Rica un soldado con una carta de Juan de Escalante, que ya le había mandado

Cortés que fuese a la villa para que le enviase otros soldados. Y lo que en la carta decía Escalante era que andaba un navío por la costa, y que le había hecho ahumadas y otras grandes señas; y había puesto unas mantas blancas por banderas, y que cabalgó a caballo con una capa de grana colocada, para que le viesen los del navío, y que le pareció a él que bien vieron las señas y banderas, y el caballo y la capa, y no quisieron venir al puerto.

Y que luego envió españoles a ver en qué paraje iba el navío, y que le trajeron respuesta que tres leguas de allí estaba surto, cerca de un río, y que se lo hace saber para ver lo que manda.

Y como Cortés vio la carta, mandó luego a Pedro de Alvarado que tuviese cargo de todo el ejército que estaba allí en Cempoal, y juntamente con él, a Gonzalo de Sandoval, que ya daba muestras de varón muy esforzado, como siempre lo fue. Y este fue el primer cargo que tuvo Sandoval; y aun por haberle dado aquel cargo, y se le dejó de dar a Alonso de Ávila, tuvieron ciertas cosquillas el Alonso de Ávila y el Sandoval.

Y luego Cortés cabalgó con cuatro de a caballo que le acompañaron, y mandó que le siguiésemos cincuenta soldados de los más sueltos, que Cortés allí nos nombró los que habíamos de ir con él, y aquella noche llegamos a la Villa Rica. Y lo que allí pasamos se dirá adelante.

CAPÍTULO VII: MONTEZUMA, EL TRAIDOR

Así como llegamos a la Villa Rica, como dicho tengo, vino Juan de Escalante a hablar con Cortés y le dijo que sería bien ir luego aquella noche al navío, por ventura no alzase velas y se fuese; y que reposase el Cortés, que él iría con veinte soldados. Y Cortés dijo que no podía reposar, "que cabra coja no tenga siesta"; que él quería ir en persona con los soldados que consigo traía. Y antes que bocado comiésemos, comenzamos a caminar la costa adelante, y topamos en el camino a cuatro españoles, que venían a tomar posesión en aquella tierra por Francisco de Garay, gobernador de Jamaica, los cuales enviaba un capitán que estaba poblado en el río de Pánuco, que se llamaba Alonso Álvarez Pineda o Pinedo.

Y los cuatro españoles que tomamos se decían Guillén de la Loa —éste venía por escribano—, y los testigos que traía para tomar la posesión se decían Andrés Núñez —y era carpintero de ribera—, y el otro se decía maestre Pedro el de la Arpa, y era valenciano; el otro no me acuerdo del nombre. Y desde que Cortés hubo bien entendido cómo venían a tomar posesión en nombre de Francisco de Garay y supo que quedaba en Jamaica y enviaba capitanes, preguntóles Cortés que por qué título o por qué vía venían aquellos capitanes.

Y respondieron los cuatro hombres que en el año de mil quinientos y dieciocho, como había fama en todas las islas de las tierras que descubrimos cuando lo de Francisco Hernández de Córdoba y Juan de Grijalva, y llevamos a Cuba los veinte mil pesos de oro a Diego Velázquez, que entonces tuvo relación Garay del piloto Antón de Alaminos y de otro piloto que habíamos traído con nosotros, que podía pedir a Su Majestad desde el río de San Pedro y San Pablo, por la banda del Norte, todo lo que descubriese. Y como Garay tenía en la corte quien le favoreciese —que era el obispo de Burgos y el licenciado Zapata y el secretario Conchillos—, con el favor que esperaba envió un su mayordomo que se decía Torralba a lo negociar; y trajo provisiones para que fuese adelantado y gobernador desde el río de San Pedro y San Pablo, y de todo lo que descubriese.

Y por aquellas provisiones envió luego tres navíos con hasta doscientos setenta soldados con bastimentos y caballos, con el capitán por mí memorado, que se decía Alonso Álvarez Pineda o Pinedo, y que estaba poblado en un río que se dice Pánuco, obra de setenta leguas de allí; y que ellos hicieron lo que su capitán les mandó, y que no tienen culpa.

Y desde que lo hubo entendido Cortés, con palabras amorosas les halagó y dijo que si podríamos tomar aquel navío. Y el Guillén de la Loa, que era el más principal de los cuatro hombres, dijo que capearían y harían lo que pudiesen; y por bien que los llamaron y capearon, ni por señas que les hicieron, no quisieron venir, porque, según dijeron aquellos hombres, su capitán les mandó que mirasen que los soldados de Cortés no topasen con ellos, porque tenían noticia que estábamos en aquella tierra.

Y desde que vimos que no venía el batel, bien entendimos que desde el navío nos habían visto venir por la costa adelante, y que si no era con maña, no volverían con el batel a aquella tierra. Y rogóles

Cortés que se desnudasen aquellos cuatro hombres sus vestidos, para que se vistiesen otros cuatro de los nuestros, y así lo hicieron.

Y luego nos volvimos por la costa adelante, por donde habíamos venido, para que nos viesen volver y creyesen los del navío que de hecho nos volvimos. Y quedaban los cuatro de nuestros soldados vestidos con las ropas de los otros cuatro. Y estuvimos con Cortés en el monte escondidos hasta más de medianoche, que se puso la luna e hizo oscuro para volvernos enfrente del riachuelo, como nos volvimos, y muy escondidos, que no parecíamos otros sino los cuatro soldados nuestros que he dicho.

Y desde que amaneció, comenzaron a capear los cuatro soldados; y luego vinieron en el batel seis marineros, y dos saltaron en tierra a henchir dos botijas de agua. Y entonces aguardamos los que estábamos con Cortés escondidos que saltasen los demás, y no quisieron saltar en tierra. Y los cuatro de los nuestros que tenían vestidos las ropas de los otros de Garay hacían que se estaban lavando las manos, y escondiendo las caras y rostros. Y decían los del batel: "Veníos a embarcar. ¿Qué hacéis? ¿Por qué no venís?" Y entonces respondió uno de los nuestros: "Saltá en tierra y veréis aquí un poco". Y como desconocieron en la voz, se vuelven con su batel; y por más que les llamaron, no quisieron responder. Y queríamos tirarles con las escopetas y ballestas, y Cortés dijo que no se hiciese tal, que se fuesen con Dios a dar mandado a su capitán.

Por manera que se hubieron de aquel navío seis soldados: los cuatro que hubimos primero y dos marineros que saltaron en tierra. Y así nos volvimos a la Villa Rica; y todo esto sin comer cosa ninguna. Y esto es lo que se hizo, y no como lo escribe el coronista Gómara, porque dice que vino Garay en aquel tiempo, y no fue así, que primero que viniese envió tres capitanes con navíos, lo cual diré adelante en qué tiempo vinieron y qué se hizo de ellos, y también en el tiempo en que vino Garay. Y pasemos adelante, y diré cómo acordamos de ir a México.

Después de bien considerada la partida para México, tomamos consejo sobre el camino que habíamos de llevar, y fue acordado por los principales de Cempoal que el mejor y más conveniente camino era por la provincia de Tascala, porque eran sus amigos y mortales enemigos de mexicanos. Y ya tenían aparejados cuarenta principales, y todos hombres de guerra, que fueron con nosotros y nos ayudaron mucho en aquella jornada; y más: nos dieron docientos tamemes para llevar el artillería, que para nosotros los pobres soldados no habíamos menester ninguno, porque en aquel tiempo no teníamos qué llevar. Porque nuestras armas, ansi lanzas como escopetas y ballestas y rodelas y todo otro género dellas, con ellas dormíamos y caminábamos, y calzados nuestros alpargates, que era nuestro calzado; y como he dicho, siempre muy apercebidos para pelear.

Y partimos de Cempoal demediado el mes de agosto de mil e quinientos y diez y nueve años, y siempre con muy buena orden, y los corredores del campo y ciertos soldados muy sueltos delante.

Y la primer jornada fuimos a un pueblo que se dice Jalapa, y desde allí a Socochima, y estaba bien fuerte y mala entrada, y en él había muchas parras de uva de la tierra. Y en estos pueblos se les dijo, con doña Marina y Jerónimo de Aguilar, nuestras lenguas, todas las cosas tocantes a nuestra santa fe y cómo éramos vasallos del emperador don Carlos, y que nos envió para quitar que no haya más sacrificios de hombres, ni se robasen unos a otros, y se les declaró muchas cosas que se convenían decir. Y como eran amigos de los de Cempoal y no tributaban a Montezuma, hallábamos en ellos buena voluntad y nos daban de comer.

Y se puso en cada pueblo una cruz y se les declaró lo que significaba, y que la tuviesen en mucha reverencia. Y desde Socochima pasamos unas altas sierras y puerto, y llegamos a otro pueblo que se dice Texutla; e también hallamos en ellos buena voluntad, porque tampoco daban tributo a México, como los demás.

Y desde aquel pueblo acabamos de subir todas las sierras, y entramos en el despoblado, donde hacía muy gran frío y granizó y llovió; aquella noche tuvimos falta de comida. Y venía un viento de la sierra nevada, que estaba a un lado, que nos hacía temblar de frío. Porque como habíamos venido de la isla de Cuba y de la Villa Rica, y toda aquella costa es muy calurosa, y entramos en tierra fría y no teníamos con qué nos abrigar, sino con nuestras armas, sentíamos las heladas, como éramos acostumbrados a diferente temple.

Y desde allí pasamos a otro puerto, donde hallamos unas caserías y grandes adoratorios de ídolos, que ya he dicho que se dicen cúes, y tenían grandes remeros de leña para el servicio de los ídolos que estaban en aquellos adoratorios. Y tampoco tuvimos qué comer, y hacía recio frío. Y desde allí entramos en tierra de un pueblo que se dice Zocotlán, y enviamos dos indios de Cempoal a decirle al cacique cómo íbamos, que tuviese por bien nuestra llegada a sus casas; y era sujeto de México.

Y siempre caminábamos muy apercebidos y con gran concierto, porque veíamos que ya era otra manera de tierra. Y desde que vimos blanquear muchas azoteas y las casas del cacique y los cúes y adoratorios, que eran muy altos y encalados, parecían muy bien como algunos pueblos de nuestra España. Y pusímosle nombre Castilblanco, porque dijeron unos soldados portugueses que parecía a la villa de Castelblanco de Portugal, y ansí se llama ahora.

Y como supieron en aquel pueblo, por los mensajeros que enviamos, cómo íbamos, salió el cacique a recibirnos con otros principales, junto a sus casas; el cual cacique se llamaba Olintecle. Y nos llevaron a unos aposentos y nos dieron de comer poca cosa y de mala voluntad.

Y desde que hubimos comido, Cortés les preguntó con nuestras lenguas de las cosas de su señor Montezuma, y dijo de sus grandes poderes de guerreros que tenía en todas las provincias sus sujetas, sin otros muchos ejércitos que tenían en las fronteras y provincias comarcanas. Y luego dijo de la gran fortaleza de México, y cómo estaban fundadas las casas sobre agua, y que de una casa a otra no se podía pasar sino por puentes que tenían hechos y en canoas. Y las casas todas de azoteas, y en cada azotea, si querían poner mamparos, eran fortalezas.

Y que para entrar dentro en su ciudad, que había tres calzadas, y en cada calzada, cuatro o cinco aberturas, por donde pasaba el agua de una parte a la otra; en cada una de aquella abertura había una puente; y con alzar cualquiera de ellas, que son hechas de madera, no pueden entrar en México.

Y luego dijo del mucho oro y plata y piedras chalchiuis y riquezas que tenía Montezuma, que nunca acababa de decir otras muchas cosas de cuán gran señor era, que Cortés y todos nosotros estábamos admirados de lo oír.

Y con todo cuanto contaban su gran fortaleza y puentes, como somos de tal calidad los soldados españoles, quisiéramos ya estar probando ventura; y aunque nos parecía cosa imposible, según lo señalaba y decía el Olintecle. Y verdaderamente era México muy fuerte y tenía mayores pertrechos de albarradas que todo lo que decía, porque una cosa es haberlo visto, la manera y fuerzas que tenía, que no como lo escribo.

Y dijo que era tan gran señor Montezuma, que todo lo que quería señoreaba, y que no sabía si sería contento desque supiese nuestra estada allí en aquel pueblo, por nos haber aposentado y dado de comer sin su licencia.

Y Cortés le dijo con nuestras lenguas: "Pues hagoos saber que nosotros venimos de lejos tierras por mandado de nuestro rey y señor, que es el emperador don Carlos, de quien son vasallos muchos y grandes señores, y envía a mandar a ese vuestro gran Montezuma que no sacrifique ni mate ningunos indios, ni robe sus vasallos ni tome ningunas tierras, y para que dé la obidiencia a nuestro rey y señor. Y ahora lo digo ansimismo a vos, Olintecle, y a todos los más caciques que aquí estáis, que dejéis vuestros sacrificios y no comáis carnes de vuestros prójimos, ni hagáis sodomías ni las cosas feas que soléis hacer, porque ansi lo manda Nuestro Señor Dios, que es el que adoramos y creemos, y nos da la vida y la muerte, y nos ha de llevar a los cielos".

Y se les declaró otras muchas cosas tocantes a nuestra santa fe. Y ellos a todo callaban.

Y dijo Cortés a los soldados que allí nos hallamos: "Parésceme, señores, que ya que no podemos hacer otra cosa sino que se ponga una cruz"

Y respondió el padre fray Bartolomé de Olmedo: "Parésceme, señor, que en estos pueblos no es tiempo para dejalles cruz en su poder, porque son desvergonzados y sin temor, y como son vasallos de Montezuma, no la quemen o hagan alguna cosa mala. Y esto que se les ha dicho basta hasta que tengan más conocimiento de nuestra santa fe".

Y ansi se quedó sin poner la cruz.

Cómo se determinó que fuésemos por Tascala, y les enviábamos mensajeros para que tuviesen por bien nuestra ida por su tierra, y cómo prendieron a los mensajeros y lo que más se hizo

Como salimos de Castiblanco y fuimos por nuestro camino, los corredores del campo siempre adelante, y muy apercebidos y gran concierto, los escopeteros y ballesteros como convenía, y los de a caballo mucho mejor, y siempre nuestras armas vestidas, como lo teníamos de costumbre. Dejemos desto, que no sé para qué gasto más palabras sobre ello, sino que estábamos tan apercebidos, ansí de día como de noche, que si diesen al arma diez veces en aquel punto, nos hallaran muy prestos.

Y con aquesta orden llegamos a un poblezuelo de Xalacingo, y allí nos dieron un collar de oro y unas mantas y dos indias.

Y desde aquel pueblo enviamos dos mensajeros principales de los de Cempoal a Tascala con una carta y con un chapeo vedejudo de Flandes colorado, que se usaban entonces. Y puesto que la carta bien entendimos que no la sabrían leer, sino que como viesen el papel diferenciado de lo suyo, conocerían que era de mensajería. Y lo que les enviamos a decir era que íbamos a su pueblo, que lo tuviesen por bien, que no les íbamos a hacer enojo, sino tenerles por amigos.

Y esto fue porque en aquel poblezuelo nos certificaron que toda Tascala estaba puesta en armas contra nosotros, porque, según pareció, ya tenían noticia cómo íbamos y llevábamos en nuestra compañía muchos amigos, ansí de Cempoal como los de Zocotlán y de otros pueblos por donde habíamos pasado, y todos solían dar tributo a Montezuma, tuvieron por cierto que íbamos contra ellos. Y como otras veces, con mañas y cautelas, les entraban en la tierra y se la saqueaban, pensaron queríamos hacer lo mismo ahora.

Por manera que luego que llegaron los dos nuestros mensajeros, con la carta y el chapeo, y comenzaron a decir su embajada, los mandaron prender, sin ser más oídos. Y estuvimos aguardando respuesta aquel día y otro. Y desque no venían, después de haber hablado Cortés a los principales de aquel pueblo y dicho las cosas que se convenían decir acerca de nuestra santa fe, y cómo éramos vasallos de nuestro rey y señor, que nos envió a estas partes para quitar que no sacrifiquen ni maten hombres ni coman carne humana ni hagan las torpezas que suelen hacer, se les dijo otras muchas cosas que en los más pueblos por donde pasábamos les solíamos decir.

Y después de muchos ofrecimientos que les hizo, que les ayudaría, les demandó veinte indios principales de guerra que fuesen con nosotros, y ellos nos los dieron de buena voluntad. Y con la buena ventura, encomendándonos a Dios, partimos otro día para Tascala.

Y yendo por nuestro camino, vienen nuestros dos mensajeros que tenían presos, que parece ser que, como andaban revueltos en la guerra, los indios que los tenían a cargo y guarda se descuidaron y los soltaron de las prisiones. Y vinieron tan medrosos de lo que habían visto y oído, que no lo acertaban a decir, porque, según dijeron, cuando estaban presos, los amenazaban y les decían: "Ahora hemos de matar a esos que llamáis teules y comer sus carnes, y veremos si son tan esforzados como publicáis; y también comeremos vuestras carnes, pues venís con traiciones y con embustes de aquel traidor de Montezuma". Y por más que les decían los mensajeros que éramos contra los mexicanos y que a todos los tascaltecas los queríamos tener por hermanos, no aprovechaban nada sus razones. Y luego que Cortés y todos nosotros entendimos aquellas soberbias palabras y cómo estaban de guerra, puesto que nos dio bien qué pensar en ello, dijimos: "Pues que así es, adelante en buena hora". Y encomendándonos a Dios, y nuestra bandera tendida, que la llevaba el alférez Corral. Porque ciertamente nos certificaron los indios del poblezuelo donde dormimos que habían de salir al camino a defender la entrada; y asimismo nos lo dijeron los de Cempoal, como dicho tengo.

Pues yendo de esta manera, siempre íbamos hablando de cómo habían de entrar y salir los de a caballo a media rienda, y las lanzas algo terciadas, y de tres en tres, para que se ayudasen. Y que cuando rompiésemos por los escuadrones, que llevasen las lanzas por las caras, y no parasen a dar lanzadas, para que no les echasen mano de ellas; y que si aconteciese que les echasen mano, que con toda fuerza la tuviesen y, debajo del brazo, se ayudasen; y poniendo espuelas, con la furia del caballo se la tornarían a sacar o llevaría al indio arrastrando.

Dirán ahora que para qué tanta diligencia sin ver contrarios guerreros que nos acometiesen. A esto respondo y digo que decía Cortés: "Mirad, señores compañeros, ya veis que somos pocos; hemos de estar siempre tan apercibidos y avisados como si ahora viésemos venir los contrarios a pelear; y no solamente verlos venir, sino hacer cuenta que ya estamos en la batalla con ellos. Y como acontece muchas veces que echan mano de la lanza, por esto hemos de estar avisados para tal menester, así de ello como de otras cosas que convienen en lo militar. Que ya bien he entendido que en el pelear no tenemos necesidad de avisos, porque he conocido que, por bien que yo lo quiera decir, lo hacéis muy más animosamente".

Y de esta manera caminamos obra de dos leguas y hallamos una fuerza bien fuerte hecha de calicanto y de otro betún, tan recio, que con picos de hierro era mala de deshacer; y hecha de tal manera, que para defensa y ofensa era harto recia de tomar. Y nos paramos a mirar en ella, y preguntó Cortés a los indios de Zocotlán que a qué fin tenían aquella fuerza y hecha de aquella manera. Y dijeron que como entre su señor Montezuma y los de Tascala tenían guerras a la continua, que los tascaltecas, para defender sus pueblos, la habían hecho tan fuerte, porque ya aquella es su tierra. Y reparamos un rato, y nos dio bien qué pensar en ello y en la fortaleza. Y Cortés dijo: "Señores, sigamos nuestra bandera, que es la señal de la santa cruz, que con ella venceremos". Y todos a una le respondimos que vamos mucho en buena hora, que Dios es la fuerza verdadera.

Y así comenzamos a caminar con el concierto que he dicho. Y no muy lejos vieron nuestros corredores del campo hasta treinta indios, que estaban por espías, y tenían espadas de dos manos y rodelas y lanzas y penachos, y las espadas son de pedernales, que cortan más que navajas, puestas de arte que no se pueden quebrar ni quitar las navajas, y son largas como montantes; y tenían sus divisas y penachos, como he dicho. Y vistos por nuestros corredores del campo, volvieron a dar mandado. Y Cortés mandó a los mismos que corriesen tras ellos y que procurasen tomar alguno sin heridas; y luego envió otros cinco de a caballo, porque si hubiese alguna celada, se ayudasen. Y con todo nuestro ejército dimos prisa, y el paso largo y con gran concierto, porque los amigos que traíamos nos dijeron que ciertamente tenían gran copia de guerreros en celadas.

Y luego que los treinta indios que estaban por espías vieron que los de a caballo iban hacia ellos y los llamaban con la mano, no quisieron aguardar hasta que los alcanzasen, y quisieron tomar alguno de ellos; mas se defendieron muy bien, que con los montantes y sus lanzas hirieron los caballos. Y luego que los nuestros los vieron tan bravosamente pelear y sus caballos heridos, procuraron hacer lo que eran obligados y mataron cinco de ellos.

Y estando en esto, viene muy de presto y con furia un escuadrón de tascaltecas, que estaban en celada, de más de tres mil de ellos, y comenzaron a flechar en todos los nuestros de a caballo, que ya estábamos juntos todos, y dan una buena refriega de flechas y varas tostadas, y con sus montantes hacían maravillas. Y en este instante llegamos con nuestra artillería y escopetas y ballestas. Y poco a poco comenzaron a volver las espaldas, puesto que se detuvieron buen rato peleando con buen concierto. Y en aquel reencuentro hirieron a cuatro de los nuestros. Y paréceme que desde ahí a pocos días murió uno de las heridas.

Y como era tarde, se fueron recogiendo, y no los seguimos, y quedaron muertos hasta diez y siete de ellos, sin contar muchos heridos. Y donde aquellas rencillas pasamos era llano, y había muchas casas y labranzas de maíz y magueyales, que es donde hacen el vino. Y dormimos cabe un arroyo. Y con el unto de un indio gordo de los que allí matamos, que se abrió, se curaron los heridos, que aceite no lo había. Y tuvimos muy buen cenar de unos perrillos que ellos crían, puesto que estaban todas las casas despobladas y alzado el hato, y aunque a los perrillos los llevaban consigo, de noche se volvían a sus casas; y allí los apañábamos, que era harto buen mantenimiento.

Y estuvimos toda la noche muy a punto con escuchas y buenas rondas y corredores del campo, y los caballos ensillados y enfrenados, por temor de que no diesen sobre nosotros. Y quedarse ha aquí, y diré de las guerras que nos dieron.

Otro día, después de nos encomendar a Dios, partimos de allí muy concertados nuestros escuadrones, y los de caballo muy avisados cómo habían de entrar rompiendo y salir, y en todo caso procurar que no nos rompiesen ni nos apartásemos unos de otros. E yendo así, viénense a encontrar con nosotros dos escuadrones de guerreros, que habría seis mil, con grandes gritas y atambores y trompetillas, y flechando y tirando varas y haciendo como fuertes guerreros.

Cortés mandó que estuviéramos quedos, y con tres prisioneros que les habíamos tomado el día antes, les enviamos a decir y a requerir no diesen guerra, que les queremos tener por hermanos. Y dijo a uno de nuestros soldados, que se decía Diego de Godoy, que era escribano de Su Majestad, que mirase lo que pasaba y diese testimonio de ello si se hubiese menester, porque en algún tiempo no nos demandasen las muertes y daños que se recresciesen, pues les requeríamos con la paz.

Y como les hablaron los tres prisioneros que les enviamos, mostraronse muy más recios, y nos daban tanta guerra, que no les podíamos sufrir. Entonces dijo Cortés: "¡Santiago, y a ellos!". Y de hecho arremetimos de manera que les matamos y herimos muchas de sus gentes con los tiros, y entre ellos, tres capitanes. Y vanse retrayendo hacia unos arcabuesos, donde estaban en celada sobre más de cuarenta mil guerreros con su capitán general, que se decía Xicotenga, y con sus devisas de blanco y colorado, porque aquella devisa y librea era la de aquel Xicotenga.

Y como había allí unas quebradas, no nos podíamos aprovechar de los caballos. Y con mucho concierto las pasamos, y al pasar, tuvimos muy gran peligro, porque se aprovechaban de su buen flechar, y con sus lanzas y montantes nos hacían mala obra, y aun las ondas y piedras como granizos eran harto malas.

Y desde que nos vimos en lo llano con los caballos y artillería, nos lo pagaban; mas no osamos deshacer nuestro escuadrón, porque el soldado que en algo se desmandaba para seguir algunos de los montantes o capitanes, luego era herido y corría gran peligro.

Y andando en estas batallas, nos cercan por todas partes, que no nos podíamos valer poco ni mucho, que no osábamos arremeter a ellos sino era todos juntos, porque no nos desconcertasen y rompiesen; y si arremetíamos, hallábamos sobre veinte escuadrones sobre nosotros, que nos resistían. Y estaban nuestras vidas en mucho peligro, porque eran tantos guerreros, que a puñadas de tierra nos cegaran, sino que la gran misericordia de Dios socorría y nos guardaba.

Y andando en estas priesas entre aquellos grandes guerreros y sus temerosos montantes, parece ser que acordaron de se juntar muchos de ellos de mayores fuerzas para tomar a manos algún caballo. Y lo pusieron por obra arremetiendo, y echan mano a una muy buena yegua y bien revuelta de juego y de carrera, y el caballero que en ella iba, buen jinete, que se decía Pedro de Morón. Y como entró rompiendo con otros tres de a caballo entre los escuadrones de los contrarios, porque así les era mandado para que se ayudasen unos a otros, échanle mano de la lanza, que no la pudo sacar, y otros le dan de cuchilladas con los montantes, y le hirieron malamente.

Y entonces dieron una cuchillada a la yegua, que le cortaron el pescuezo redondo y, colgada del pellejo, allí quedó muerta. Y si de presto no socorrieran sus compañeros de a caballo al Pedro Morón, también le acabaran de matar.

Pues ¿quizá podíamos con todo nuestro escuadrón ayudalle? Digo otra vez que, por temor de que no nos acabasen de desbaratar, no podíamos ir a una parte ni a otra, que harto teníamos que sustentar para que no nos llevasen de vencida, que estábamos muy en peligro. Y todavía acudimos a la priesa de la yegua y tuvimos lugar de salvar al Morón y quitárseles de poder, que ya le llevaban medio muerto, y cortamos la cincha de la yegua para que no se quedase allí la silla; y allí en aquel socorro hirieron a diez de los nuestros.

Y tengo para mí que matamos entonces a cuatro capitanes, porque andábamos juntos, pie con pie, y con las espadas les hacíamos mucho daño; porque, como aquello pasó, se comenzaron a retirar y llevaron la yegua, la cual hicieron pedazos para mostrar en todos los pueblos de Tascala. Y después supimos que habían ofrecido a sus ídolos las herraduras, el chapeo de Flandes y las dos cartas que les enviamos para que viniesen en paz.

La yegua que mataron era de un Juan Sedeño, y porque en aquella sazón estaba herido el Sedeño de tres heridas del día antes, por esta causa se la dio al Morón, que era muy buen jinete. Y murió el Morón entonces, o de ahí a dos días de las heridas, porque no me acuerdo verle más.

Y volvamos a nuestra batalla. Que como había una hora que estábamos en las rencillas peleando, y los tiros les debieran hacer mucho mal, porque como eran muchos, andaban tan juntos, y por fuerza les habían de llevar copia de ellos. Pues los de caballo, y escopetas, y ballestas, y espadas, y rodelas, y lanzas, todos a una peleábamos como varones por salvar nuestras vidas y hacer lo que éramos obligados, porque ciertamente las teníamos en gran peligro, cual nunca estuvieron.

Y a lo que después nos dijeron, en aquella batalla les matamos muchos indios, y entre ellos ocho capitanes muy principales, e hijos de los viejos caciques que estaban en el pueblo cabecera mayor. Y a esta causa se retrujeron con muy buen concierto, y a nosotros que no nos pesó de ello; y no los seguimos porque no nos podíamos tener en los pies de cansados.

Allí nos quedamos en aquel poblezuelo, que todos aquellos campos estaban muy poblados, y aun tenían hechas otras cosas debajo de tierra, como cuevas, en que vivían muchos indios. Y llamábase donde pasó esta batalla Tehuacingo o Tehuacacingo, y fue dada en dos días de septiembre de mil quinientos y diez y nueve años.

Y desde que nos vimos con victoria, dimos muchas gracias a Dios, que nos libró de tan grandes peligros. Y desde allí nos retrujimos luego con todo nuestro real a unos cúes que estaban buenos y altos, como en fortaleza. Y con el unto del indio que ya he dicho otras veces se curaron nuestros soldados, que fueron quince, y murieron cinco de las heridas, y también se curaron cuatro caballos que estaban heridos.

Y reposamos y cenamos muy bien aquella noche, porque teníamos muchas gallinas y perrillos que habíamos hallado en aquellas casas. Y con muy buen recaudo de escuchas y rondas, y los corredores del campo, descansamos hasta otro día por la mañana.

En aquesta batalla prendimos quince indios, y dos de ellos principales. Una cosa tenían los tascaltecas en esta batalla y en todas las demás: que en hiriéndoles cualquiera indio, luego los llevaban, y no podíamos ver los muertos.

Como nos sentimos muy trabajados de las batallas pasadas y estaban muchos soldados y caballos heridos, sin los que allí murieron, y teníamos necesidad de adobar las ballestas y alistar de saetas, estuvimos un día sin hacer cosa que de contar sea. Y otro día por la mañana, dijo Cortés que sería bueno ir a correr el campo con los de caballo que estaban buenos para ello, porque no pensasen los tascaltecas que dejábamos de guerrear por la batalla pasada, y porque viesen que siempre los habíamos de seguir. Y el día pasado habíamos estado sin salir a los buscar, y que era mejor irles nosotros a acometer que ellos a nosotros, porque no sintiesen nuestra flaqueza, y porque aquel campo es muy llano y muy poblado.

Por manera que con siete de a caballo y pocos ballesteros y escopeteros y obra de doscientos soldados y con nuestros amigos, salimos y dejamos en el real buen recaudo, según nuestra posibilidad. Y por las casas y pueblos por donde íbamos, prendimos hasta veinte indios e indias, sin hacerles ningún mal. Y los amigos, como son crueles, quemaron muchas casas y trajeron bien de comer, y gallinas y perrillos. Y luego nos volvimos al real, que era cerca.

Y acordó Cortés se soltasen los prisioneros, y se les dio primero de comer. Y doña Marina y Aguilar les halagaron y dieron cuentas, y les dijeron que no fuesen más locos y que viniesen de paz, que nosotros les queremos ayudar y tener por hermanos. Y entonces también soltamos los dos prisioneros primeros, que eran principales, y se les dio otra carta para que fuesen a decir a los caciques mayores, que estaban en el pueblo cabecera de todos los de aquella provincia, que no les venimos a hacer mal ni enojo, sino para pasar por su tierra e ir a México a hablar a Montezuma.

Y los dos mensajeros fueron al real de Xicotenga, que estaba de allí obra de dos leguas, en unos pueblos y casas que me parece que se llamaban Tecuacinpacingo. Y como les dieron la carta y dijeron nuestra embajada, la respuesta que les dio Xicotenga fue que fuésemos a su pueblo, adonde está su padre, y que allá harán las paces con hartarse de nuestras carnes y honrar sus dioses con nuestros corazones y sangre, y que para otro día de mañana veríamos su respuesta.

Y desde que Cortés y todos nosotros oímos aquellas tan soberbias palabras, como estábamos hostigados de las pasadas batallas y reencuentros, verdaderamente no lo tuvimos por bueno. Y a aquellos mensajeros los halagó Cortés con blandas palabras, porque le pareció que habían perdido el miedo, y les mandó dar unos sartalejos de cuentas, y esto para tornarlos a enviar por mensajeros sobre la paz.

Entonces se informó muy por extenso cómo y de qué manera estaba el capitán Xicotenga y qué poderes tenía consigo. Y le dijeron que tenía muy más gente que la otra vez cuando nos dio guerra, porque traía cinco capitanes consigo, y que cada capitanía traía diez mil guerreros.

Y fue de esta manera que lo contaban: que de la parcialidad de Xicotenga, que ya no veía de viejo, padre del mismo capitán, venían diez mil; y de la parte de otro gran cacique, que se decía Maseescaci, otros diez mil; y de otro gran principal, que se decía Chichimecatecle, otros tantos; y de la parte de otro cacique, señor de Topeyanco, que se decía Tecapacaneca, otros diez mil; y de otro cacique, que se decía Guaxobcin, otros diez mil. Por manera que eran, a la cuenta, cincuenta mil, y que habían de sacar su bandera y seña, que era un ave blanca con las alas tendidas como que quería volar, que parece como avestruz; y cada capitanía con su divisa y librea, porque cada cacique así las tenía diferenciadas, como en nuestra Castilla tienen los duques y condes.

Y todo esto que aquí he dicho, tuvímoslo por muy cierto, porque ciertos indios de los que tuvimos presos y soltamos aquel día lo decían muy claramente, aunque no eran creídos por entonces. Desde que aquello vimos, como somos hombres y temíamos la muerte, muchos de nosotros, y aun todos los demás, nos confesamos con el padre de la Merced y con el clérigo Juan Díaz, que toda la noche estuvieron en oír de penitencia, y nos encomendamos a Dios que nos librase y no fuésemos vencidos; y de esta manera pasamos hasta otro día. Y la batalla que nos dieron aquí lo diré.

Otro día de mañana, que fueron cinco de septiembre de mil quinientos y diecinueve años, pusimos los caballos en concierto, que no quedó ninguno de los heridos que allí no saliesen para hacer cuerpo y ayudasen los que pudiesen; y apercibidos los ballesteros para que con gran concierto gastasen el almacén, unos armando, otros soltando, y los escopeteros por el consiguiente, y los de espada y rodela que la estocada o cuchillada que diésemos pasasen las entrañas, para que no se osasen juntar tanto como la otra vez; la artillería bien apercibida iba. Y como ya tenían aviso los de a caballo que se ayudasen unos a otros, y las lanzas terciadas, sin pararse a lancear sino por las caras y ojos, entrando y saliendo a media rienda, y que ningún soldado saliese del escuadrón, y con nuestra bandera tendida y cuatro compañeros aguardando al alférez Corral, así salimos de nuestro real.

Y no habíamos andado medio cuarto de legua cuando vimos asomar los campos llenos de guerreros con grandes penachos y sus devisas, y mucho ruido de trompetillas y bocinas. Aquí había bien que escribir y ponerlo en relación, lo que en esta peligrosa y dudosa batalla pasamos, porque nos cercaron por todas partes tantos guerreros, que se podría comparar como si hubiese unos grandes prados de dos leguas de ancho y otras tantas de largo, y en medio de ellos, cuatrocientos hombres. Así era: todos los campos llenos de ellos, y nosotros obra de cuatrocientos, muchos heridos y dolientes.

Y supimos cierto que esta vez venían con pensamiento de que no habían de dejar ninguno de nosotros con vida, que no había de ser sacrificado a sus ídolos. Volvamos a la batalla. Pues como comenzaron a romper con nosotros, ¡qué granizo de piedra de los honderos! Pues los flecheros, todo el suelo hecho parva de varas tostadas de a dos gajos, que pasan cualquiera arma y las entrañas adonde no hay defensa. Y los de espada y rodela, y de otras mayores que espadas, como montantes y lanzas, ¡qué priesa nos daban y con qué braveza se juntaban con nosotros y con qué grandísimas gritas y alaridos!

Puesto que nos ayudábamos con tan gran concierto con nuestra artillería y escopetas y ballestas, que les hacíamos harto daño. A los que se nos llegaban con sus espadas y montantes les dábamos buenas estocadas, que les hacíamos apartar, y no se juntaban tanto como la otra vez pasada. Los de a caballo estaban tan diestros y hacíanlo tan varonilmente, que, después de Dios, que es el que nos guardaba, ellos fueron fortaleza.

Yo vi entonces medio desbaratado nuestro escuadrón, que no aprovechaban voces de Cortés ni de otros capitanes para que tornásemos a cerrar. Tanto número de indios cargó entonces sobre nosotros, que milagrosamente, a puras estocadas, les hicimos que nos diesen lugar, con lo cual volvimos a ponernos en concierto.

Una cosa nos daba la vida, y era que, como eran muchos y estaban amontonados, los tiros les hacían mucho mal. Y además de esto, no se sabían capitanear, porque no podían llegar todos los capitanes con sus gentes. Y a lo que supimos desde la otra batalla pasada, habían tenido pendencias y rencillas entre el capitán Xicotenga con otro capitán, hijo de Chichimecatecle, sobre que decía el un capitán al otro que no había hecho bien en la batalla pasada; y el hijo de Chichimecatecle respondió que muy mejor que él, y que se lo haría conocer de su persona a la de Xicotenga.

Por manera que en esta batalla no quiso ayudar con su gente el Chichimecatecle al Xicotenga; antes supimos muy ciertamente que convocó a la capitanía de Guaxolcingo para que no peleasen. Y además de esto, desde la batalla pasada temían los caballos y tiros y espadas y ballestas, y nuestro buen pelear y, sobre todo, la gran misericordia de Dios, que nos daba esfuerzo para nos sustentar.

Y como el Xicotenga no era obedecido de dos capitanes, y nosotros les hacíamos gran daño, que les matábamos muchos de sus gentes —las cuales encubrían, porque, como eran muchos, en hiriéndolos a cualquiera de los suyos luego lo apañaban y lo llevaban a cuestas, así en esta batalla como en la pasada—, no podíamos ver ningún muerto. Y como ya peleaban de mala gana y sintieron que las capitanías de los dos capitanes por mí memorados no les acudían, comenzaron a aflojar; y porque, según pareció, en aquella batalla matamos a un capitán muy principal —que de los otros no los cuento—, comenzaron a retraerse con buen concierto, y los de a caballo a media rienda, siguiéndoles poco trecho, porque no se podían ya tener de cansados.

Y desde que nos vimos libres de aquella multitud de guerreros, dimos muchas gracias a Dios. Allí nos mataron un soldado e hirieron a más de sesenta, y también hirieron a todos los caballos. A mí me dieron dos heridas, la una en la cabeza, de pedrada, y otra en el muslo, de un flechazo, mas no eran para dejar de pelear y velar y ayudar a nuestros soldados. Y asimismo lo hacían todos los soldados que estaban heridos: que si no eran muy peligrosas las heridas, habíamos de pelear y velar con ellas, porque de otra manera pocos quedaran que estuviesen sin heridas.

Y luego nos fuimos a nuestro real muy contentos y dando muchas gracias a Dios, y enterramos al muerto en una de aquellas casas que tenían hechas en los soterráneos, para que no lo viesen los indios, que éramos mortales, sino que creyesen que éramos teules, como ellos decían. Y derrocamos mucha tierra encima de la casa para que no oliesen los cuerpos, y se curaron todos los heridos con el unto del indio que otras veces he dicho.

¡Oh, qué mal refrigerio teníamos, que aun aceite para curar heridos ni sal había! Otra falta teníamos, y grande, que era ropa para nos abrigar, que venía un viento tan frío de la sierra nevada, que nos hacía ateritar, porque las lanzas y escopetas y ballestas mal nos cobijaban.

Aquella noche dormimos con más sosiego que la pasada, puesto que teníamos mucho recaudo de corredores y espías y velas y rondas. Y dejadlo he aquí, y diré lo que otro día hicimos. En esta batalla prendimos tres indios principales.

Despúes de pasada la batalla por mí memorada y prendidos en ella los tres indios principales, envióos luego nuestro capitán Cortés juntamente con los dos que estaban en nuestro real, que habían ido otras veces por mensajeros, y les mandó que dijesen a los caciques de Tascala que les rogábamos que luego viniesen de paz y que nos diesen pasada por su tierra para ir a México, como otras veces les hemos enviado a decir; y que si ahora no venían, que les mataríamos todas sus gentes. Y porque les queremos mucho y tener por hermanos, no les quisiéramos enojar si ellos no hubiesen dado causa a ello. Y se les dijo muchos halagos para traerlos a nuestra amistad.

Y aquellos mensajeros fueron luego de buena gana a la cabecera de Tascala y dijeron su embajada a todos los caciques por mí ya nombrados. Los cuales hallaron juntos con otros muchos viejos y papas, y estaban muy tristes, así del mal suceso de la guerra como de la muerte de los capitanes, parientes o hijos suyos, que en las batallas murieron, y dicen que no los quisieron escuchar de buena gana.

Y lo que sobre ello acordaron fue que luego mandaron llamar a todos los adivinos y papas y otros que echaban suertes, que llaman tacalnaguas, que son como hechiceros. Y dijeron que mirasen por sus adivinanzas y hechizos y suertes qué gente éramos, y si podríamos ser vencidos dándonos guerra de día y de noche a la continua, y también para saber si éramos teules, así como les decían los de Cempoal (que ya he dicho otras veces que son cosas malas como demonios), y qué cosas comíamos, y que mirasen todo esto con mucha diligencia.

Y después que se juntaron los adivinos y hechiceros y muchos papas, y hechas sus adivinanzas y echadas sus suertes, y todo lo que solían hacer, parece ser que dijeron que en las suertes hallaron que éramos hombres de hueso y de carne, y que comíamos gallinas y perros y pan y fruta cuando lo teníamos, y que no comíamos carnes de indios ni corazones de los que matábamos. Porque, según pareció, los indios amigos que traíamos de Cempoal les hicieron en creencia que éramos teules y que comíamos corazones de los indios, y que las lombardas echaban rayos como caen del cielo, y que el lebrel era tigre o león, y que los caballos eran para alcanzar a los indios cuando los queríamos matar; y les dijeron otras muchas niñerías.

Y lo peor de todo lo que les dijeron sus papas y adivinos fue que de día no podíamos ser vencidos, sino de noche, porque, como anochecía, se nos quitaban las fuerzas. Y más les dijeron los hechiceros: que éramos esforzados y que todas estas virtudes teníamos de día hasta que se ponía el sol, y desde que anochecía, no teníamos fuerza ninguna.

Y desde que aquello entendieron los caciques, y lo tuvieron por muy cierto, se lo enviaron a decir a su capitán general Xicotenga, para que luego, con brevedad, viniese una noche con grandes poderes a darnos guerra. El cual, desde que lo supo, juntó obra de diez mil indios, los más esforzados que tenían, y vino a nuestro real, y por tres partes comenzó a dar una mano de flecha y tirar varas con sus tiraderas de un gajo, y los de espadas y macanas y montantes por otra parte, por manera que de repente tuvieron por cierto que llevarían algunos de nosotros para sacrificar.

Y mejor lo hizo Nuestro Señor Dios, que, por muy secretamente que ellos venían, nos hallaron muy apercibidos. Porque como sintieron su gran ruido que traían, a matacaballo vinieron nuestros corredores del campo y las espías a dar alarma; y como estábamos tan acostumbrados a dormir calzados y las armas vestidas, y los caballos ensillados y enfrenados, y todo género de armas muy a punto, les resistimos con las escopetas y ballestas y a estocadas.

De presto vuelven las espaldas, y como era el campo llano y hacia luna, los de a caballo los siguieron un poco, donde por la mañana hallamos tendidos, muertos y heridos hasta veinte de ellos; por manera que se volvieron con gran pérdida y muy arrepentidos de la venida de noche. Y aun oí decir que, como no les sucedió bien lo que los papas y las suertes y los hechiceros les dijeron, sacrificaron a dos de ellos.

Aquella noche mataron un indio de nuestros amigos de Cempoal, e hirieron a dos soldados y un caballo, y allí prendimos a cuatro de ellos.

Y desde que nos vimos libres de aquella arrebatada refriega, dimos gracias a Dios y enterramos al amigo de Cempoal, y curamos a los heridos y al caballo, y dormimos lo que quedó de la noche con grande recaudo en el real, así como lo teníamos de costumbre. Y desde que amaneció y nos vimos todos heridos, a dos y a tres heridas, y muy cansados, y otros dolientes y entrapajados, y Xicotenga que siempre nos seguía, y faltaban ya sobre cuarenta y cinco soldados que se habían muerto en las batallas, y dolencias, y fríos; y estaban dolientes otros doce, y asimismo nuestro capitán Cortés también tenía calenturas, y aun el padre de la Merced, que con los trabajos y peso de las armas que siempre traíamos a cuestas, y otras malas venturas de fríos y falta de sal —que no la comíamos ni la hallábamos—.

Y demás de esto, nos dábamos qué pensar qué fin habríamos en estas guerras. Y ya que allí se acabasen, qué sería de nosotros, adónde habíamos de ir, porque entrar en México teníamoslo por cosa recia a causa de sus grandes fuerzas. Y decíamos que cuando aquellos de Tascala nos han puesto en aquel punto, y nos hicieron en creencia nuestros amigos los de Cempoal que estaban de paz, que cuando nos viésemos en la guerra con los grandes poderes de Montezuma, que qué podríamos hacer.

Y además de esto, no sabíamos de los que quedaron poblados en la Villa Rica, ni ellos de nosotros. Y como entre todos nosotros había caballeros y soldados, tan excelentes varones y tan esforzados y de buen consejo, que Cortés ninguna cosa decía ni hacía sin primero tomar sobre ello muy maduro consejo y acuerdo con nosotros —puesto que el coronista Gómara diga "hizo Cortés esto, fue allá, vino de acullá", y dice otras tantas cosas que no llevan camino—.

Y aunque Cortés fuera de hierro, según lo cuenta Gómara en su historia, no podía acudir a todas partes; bastaba que dijera que lo hacía como buen capitán. Y esto digo porque después de las grandes mercedes que Nuestro Señor nos hacía, en todos nuestros hechos y en las victorias pasadas y en todo lo demás, parece ser que a los soldados nos daba Dios gracia y buen consejo para aconsejar que Cortés hiciese todas las cosas muy bien hechas.

Dejemos de loar y hablar en las pasadas, pues no hacen mucho a nuestra historia. Y digamos cómo todos a una esforzábamos a Cortés, y le dijimos que curase su persona, que ya allí estábamos, y con la ayuda de Dios, que, pues habíamos escapado de tan peligrosas batallas, que para algún buen fin era Nuestro Señor Jesucristo servido guardarnos; y que luego soltase los prisioneros y que los enviase a los caciques mayores —otra vez por mí memorados—, que vengan de paz, y que se les perdonará todo lo hecho y la muerte de la yegua.

Dejemos esto. Y digamos cómo doña Marina, con ser mujer de la tierra, qué esfuerzo tan varonil tenía, que, con oír cada día que nos habían de matar y comer nuestras carnes con ají, y habernos visto cercados en las batallas pasadas, y que ahora todos estábamos heridos y dolientes, jamás vimos flaqueza en ella, sino muy mayor esfuerzo que de mujer.

Y a los mensajeros que ahora enviábamos les habló la doña Marina y Jerónimo de Aguilar: que vengan luego de paz, que si no vienen dentro de dos días, les iremos a matar y destruir sus tierras, e iremos a buscarlos a su ciudad. Y con estas bravosas palabras fueron a la cabecera donde estaba Xicotenga el Viejo y Maseescaci.

Dejemos esto. Y diré otra cosa que he visto: que el coronista Gómara no escribe en su historia ni hace mención si nos mataban o estábamos heridos ni pasábamos trabajo ni adolecíamos, sino que todo lo que escribe es como quien va a bodas y lo hallábamos hecho. ¡Oh, cuán mal le informaron los que tal le aconsejaron que lo pusiese así en su historia! Y a todos los conquistadores nos ha dado qué pensar en lo que ha escrito, no siendo así, y debía de considerar que desde que viésemos su historia, habíamos de decir la verdad.

Olvidemos a Gómara. Y digamos cómo nuestros mensajeros fueron a la cabecera de Tascala con nuestro mensaje, y paréceme que llevaron una carta que, aunque sabíamos que no la habían de entender, se tenía por cosa de mandamiento, y con ella una saeta. Y hallaron a los dos caciques mayores que estaban hablando con otros principales, y lo que sobre ello respondieron, adelante lo diré.

Como llegaron a Tascala los mensajeros que enviamos a tratar de las paces, hallaron que estaban en consulta los dos más principales caciques, que se decían Maseescaci y Xicotenga el Viejo, padre del capitán general, que también se decía Xicotenga, otras muchas veces por mí memorado. Y desde que les oyeron su embajada, estuvieron suspensos un rato, que no hablaron, y quiso Dios que inspiró en sus pensamientos que hiciesen paces con nosotros.

Y luego enviaron a llamar a todos los más caciques y capitanes que había en sus poblaciones y a los de una provincia que está junto con ellos, que se dice Huexocingo, que eran sus amigos y confederados. Y todos juntos en aquel pueblo en que estaban —que era cabecera—, les hizo Maseescaci y el viejo Xicotenga, que eran bien entendidos, un razonamiento, casi que fue de esta manera, según después se entendió, aunque no las palabras formales:

"Hermanos y amigos nuestros, ya habéis visto cuántas veces esos teules que están en el campo esperando guerras nos han enviado mensajeros a demandar paz, y dicen que nos vienen a ayudar y tener en lugar de hermanos; y asimismo habéis visto cuántas veces han llevado presos muchos de nuestros vasallos, que no les hacen mal, y luego los sueltan.

Bien veis cómo les hemos dado guerra tres veces con todos nuestros poderes, así de día como de noche, y no han sido vencidos, y ellos nos han muerto en los combates que les hemos dado muchas de nuestras gentes e hijos y parientes y capitanes. Ahora de nuevo vuelven a demandar paz.

Y los de Cempoal, que traen en su compañía, dicen que son contrarios de Montezuma y sus mexicanos, y que les han mandado que no le den tributo los pueblos de la sierra, totonaques ni los de Cempoal. Pues bien se os acordará que los mexicanos nos dan guerra cada año, de más de cien años a esta parte, y bien veis que estamos en estas nuestras tierras como acorralados, que no osamos salir a buscar sal, ni aun la comemos, ni aun algodón, que pocas mantas de ello traemos.

Pues si salen o han salido algunos de los nuestros a la buscar, pocos vuelven con las vidas, que estos traidores mexicanos y sus confederados nos los matan o hacen esclavos. Ya nuestros tacalnaguas y adivinos y papas nos han dicho lo que sienten de las personas de estos teules, y que son esforzados. Lo que me parece es que procuremos tener amistad con ellos, y si no fueren hombres, sino teules, de una manera o de otra les hagamos buena compañía.

Y luego vayan cuatro de nuestros principales y les lleven muy bien de comer; y mostrémosles amor y paz, para que nos ayuden y defiendan de nuestros enemigos, y traigámoslos aquí luego con nosotros y démosles mujeres para que de su generación tengamos parientes, pues, según dicen los embajadores que nos envían a tratar las paces, que traen mujeres entre ellos".

Y desde que oyeron este razonamiento todos los caciques y principales, les pareció bien y dijeron que era cosa acertada, y que luego vayan a entender en las paces y que se le envíe a hacer saber a su capitán Xicotenga y a los demás capitanes que consigo tiene, para que luego se vengan sin dar más guerras, y les digan que ya tenemos hechas las paces. Y enviaron luego mensajeros sobre ello.

Y el capitán Xicotenga el Mozo no quiso escuchar a los cuatro principales, y mostró tener enojo y los trató mal de palabras, y dijo que no estaba por las paces. Y dijo que ya había muerto muchos teules y la yegua, y que él quería dar otra noche sobre nosotros y acabarnos de vencer y matar.

La cual respuesta, desde que la oyó su padre, Xicotenga el Viejo, y Maseescaci y los demás caciques, se enojaron de manera que luego enviaron a mandar a los capitanes y a todo su ejército que no fuesen con el Xicotenga a darnos guerra, ni en tal caso le obedeciesen en cosa que les mandase, si no fuese para hacer paces. Y tampoco lo quiso obedecer.

Y desde que vieron la desobediencia de su capitán, luego enviaron los cuatro principales que otra vez les habían mandado, que viniesen a nuestro real y trajesen bastimento, y para tratar las paces en nombre de toda Tascala y Guaxocingo. Y los cuatro viejos, por temor de Xicotenga el Mozo, no vinieron en aquella sazón.

Y porque en un instante acaecían dos y tres cosas, así en nuestro real como en este tratar de paces, y por fuerza tengo de tomar entre manos lo que más viene al propósito, dejaré de hablar en los cuatro indios principales que enviaban a tratar las paces, que aún no han venido por temor de Xicotenga. En este tiempo fuimos con Cortés a un pueblo junto a nuestro real, y lo que pasó diré adelante.

Como había dos días que estábamos sin hacer cosa que de contar sea, fue acordado, y aun aconsejamos a Cortés, que un pueblo que estaba obra de una legua de nuestro real, al cual habíamos enviado a llamar de paz y no venía, que fuésemos una noche y diésemos sobre él, no para hacerles mal —digo, matarlos, ni herirlos ni traerlos presos—, sino para traer comida y atemorizarlos o hablarles de paz, según viésemos lo que ellos hacían.

Y díjose este pueblo Zumpancingo, y era cabecera de muchos pueblos chicos, y era su sujeto el pueblo donde estábamos, allí donde teníamos nuestro real, que se dice Tecoadzumpancingo, que todo alrededor estaba muy poblado. Por manera que una noche, al cuarto de la modorra, madrugamos para ir a aquel pueblo con seis de a caballo de los mejores, y con los más sanos soldados, y con diez ballesteros y ocho escopeteros, y Cortés por nuestro capitán, puesto que tenía calenturas o tercianas, y dejamos el mejor recaudo que pudimos en el real.

Antes que amaneciese con dos horas, comenzamos a caminar, y hacía un viento tan frío aquella mañana, que venía de la sierra nevada, que nos hacía temblar y tiritar; y bien lo sintieron los caballos que llevábamos, porque dos de ellos se atorzonaron y estaban temblando, de lo cual nos pesó, creyendo que se muriesen. Y Cortés mandó que se volviesen al real los caballeros dueños de aquellos caballos para curarlos; y como estaba cerca el pueblo, llegamos antes que fuese de día.

Y desde que nos sintieron los naturales de él, se fueron huyendo de sus casas, dando voces unos a otros que se guardasen de los teules, que les íbamos a matar, que no se aguardaban padres a hijos. Y desde que aquello vimos, hicimos alto en un patio hasta que fue de día, y no se les hizo ningún daño. Y desde que unos papas que estaban en unos cúes y otros viejos principales vieron que estábamos allí sin hacerles enojo alguno, vienen a Cortés y le dicen que les perdone porque no han ido a nuestro real de paz ni llevado comida cuando los enviamos a llamar, y que la causa ha sido que el capitán Xicotenga, que está de allí muy cerca, se lo ha enviado a decir que no la den, y porque de aquel pueblo y otros muchos le abastecen su real, y que tiene consigo los hombres de guerra vecinos de aquel pueblo y de toda la tierra de Tascala.

Y Cortés les dijo con nuestras lenguas, doña Marina y Aguilar (que siempre iban con nosotros a cualquiera entrada que hiciéramos, aunque fuese de noche), que no tuviesen miedo y que luego fuesen a decir a sus caciques en la cabecera que vengan de paz, porque la guerra es mala para ellos. Y envió a estos papas, porque de los otros mensajeros que habíamos enviado aún no teníamos respuesta ninguna de lo que por mí fue memorado, sobre que enviamos a tratar las paces a los caciques de Tascala con los cuatro principales, que no habían venido en aquella sazón.

Y aquellos papas de aquel pueblo buscaron de presto sobre cuarenta gallinas y gallos y dos indias para moler tortillas, y las trajeron. Y Cortés se lo agradeció y mandó que luego lo llevasen veinte indios de aquel pueblo a nuestro real, y sin temor ninguno fueron con el bastimento y se estuvieron en el real hasta la tarde, y se les dio cuentas, con que volvieron muy contentos a su casa.

Y a todas aquellas caserías, nuestros vecinos decían que éramos buenos, que no les enojábamos. Y aquellos papas y viejos se lo hicieron saber al capitán Xicotenga cómo habían dado la comida y las indias, y riñó mucho con ellos, y fueron luego a la cabecera a hacerlo saber a los caciques viejos. Y desde que lo supieron —que no les hacíamos mal ninguno, y aunque pudiéramos matarlos aquella noche a muchos de su gente, y les enviamos a demandar paces— se holgaron, y les mandaron que cada día nos trajesen todo lo que hubiésemos menester.

Y tornaron otra vez a mandar a los cuatro principales, que otras veces les encargaron las paces, que luego en aquel instante fuesen a nuestro real y llevasen toda la comida que les mandaban. Y así nos volvimos luego a nuestro real con el bastimento e indias, y muy contentos. Y quédese aquí, y diré lo que pasó en el real entre tanto que habíamos ido a aquel pueblo.

Vueltos de Zumpancingo —que así se dice— con los bastimentos, y muy contentos en dejarlos de paz, hallamos en el real corrillos y pláticas sobre los grandísimos peligros en que cada día estábamos en aquella guerra; y desde que hubimos llegado, avivaron más la plática.

Y los que más en ello hablaban y asistían eran los que en la isla de Cuba dejaban sus casas y repartimientos de indios. Y juntáronse hasta siete de ellos, que aquí no quiero nombrar por su honor, y fueron al rancho y aposento de Cortés; y uno de ellos, que habló por todos —que tenía buena expresiva, y aun tenía bien en la memoria lo que había de proponer— dijo, como a manera de aconsejar a Cortés:

Que mirase cuál andábamos: malamente heridos y flacos, y corridos, y los grandes trabajos que teníamos, así de noche, con velas y con espías y rondas y corredores del campo, como de día y de noche peleando, y que por la cuenta que han echado, que desde que salimos de Cuba faltaban ya sobre cincuenta y cinco compañeros, y que no sabemos de los de la Villa Rica que dejamos poblados.

Y que, pues Dios nos había dado victoria en las batallas y reencuentros desde que vinimos de Cuba, y en aquella provincia habíamos habido, y con su gran misericordia nos sostenía, que no le debíamos tentar tantas veces; y que no quisiera ser peor que Pedro Carbonero, que nos había metido en parte que no se esperaba sino que un día u otro habíamos de ser sacrificados a los ídolos —lo cual plega a Dios tal no permita.

Y que sería bien volver a nuestra villa y que en la fortaleza que hicimos y entre los pueblos de los totonaques, nuestros amigos, nos estuviésemos hasta que hiciésemos un navío que fuese a dar mandado a Diego Velázquez y a otras partes e islas, para que nos enviasen socorros y ayudas; y que ahora fueran buenos los navíos, que dimos con todos al través, o que se quedaran siquiera dos para necesidad, si se ocurriese.

Y que sin darles parte de ello ni de cosa ninguna —por consejo de quien no sabe considerar las cosas de fortuna— mandó dar con todos al través. Y que plega a Dios que él ni los que tal consejo le dieron no se arrepientan de ello. Y que ya no podíamos sufrir la carga, cuanto más muchas sobrecargas, y que andábamos peores que bestias. Porque a las bestias, desde que han hecho sus jornadas, les quitan las albardas y les dan de comer y reposan, y que nosotros, de día y de noche, siempre andábamos cargados de armas y calzados.

Y más le dijeron: que mirase en todas las historias, así de romanos como las de Alejandro, ni de otros capitanes de los muy nombrados que en el mundo ha habido, ninguno se atrevió a dar con los navíos al través y con tan poca gente meterse en tan grandes poblaciones y de muchos guerreros, como él ha hecho; y que parece que es hombrecillo de su muerte y de todos nosotros, y que quiera conservar su vida y las nuestras, y que luego nos volviésemos a la Villa Rica, pues estaba de paz la tierra.

Y que no se lo habían dicho hasta entonces porque no habían visto tiempo para ello por los muchos guerreros que teníamos cada día por delante y en los lados. Y pues ya no tornaban de nuevo —lo cual creían que se volverían—, pues Xicotenga, con su gran poder, no nos ha venido a buscar aquellos tres días pasados, que debe de estar allegando gente, y que no deberíamos aguardar otras como las pasadas; y le dijeron otras cosas sobre el caso.

Y viendo Cortés que se lo decían algo como soberbios, puesto que iba a manera de consejo, les respondió muy mansamente y dijo que bien conocido tenía muchas cosas de las que habían dicho, y que, a lo que ha visto y tiene creído, que en el universo no hubiese otros españoles más fuertes ni con tanto ánimo hayan peleado y pasado tan excesivos trabajos como éramos nosotros; y que andar con las armas a la continua a cuestas, y velas y rondas y fríos, que si así no lo hubiéramos hecho, ya fuéramos perdidos; y que por salvar nuestras vidas, aquellos trabajos y otros mayores habíamos de tomar.

Y dijo:

—¿Para qué es, señores, contar en esto cosas de valentías, si verdaderamente Nuestro Señor es servido ayudarnos? Que cuando se me acuerda vernos cercados de tantas capitanías de contrarios, y verles esgrimir sus montantes y andar tan junto de nosotros, ahora me pone grima, especialmente cuando nos mataron la yegua de una cuchillada, cuán perdidos y desbaratados estábamos; y entonces conocí vuestro muy grandísimo ánimo más que nunca. Y pues Dios nos libró de tan gran peligro, qué esperanza tenía que así había de ser de allí adelante.

Y más dijo:

—Pues en todos estos peligros no me conoceríais tener pereza, que en ellos me hallaba con vosotros.

Tuvo razón en decirlo, porque ciertamente en todas las batallas se hallaba de los primeros.

—He querido, señores, traeros esto a la memoria, que, pues Nuestro Señor fue servido guardarnos, tuviésemos esperanza que así había de ser adelante, pues, desde que entramos en la tierra, en todos los pueblos les predicamos la santa doctrina lo mejor que podemos y les procuramos deshacer sus ídolos. Y pues que ya vemos que el capitán Xicotenga ni sus capitanías no aparecen, y que de miedo no debe osar volver, porque les debimos de hacer mala obra en las batallas pasadas, y que no podría ya juntar sus gentes, habiendo sido ya desbaratado tres veces.

Y por esta causa tenía confianza en Dios y en su abogado señor San Pedro, que ruega por nosotros, que era fenecida la guerra de aquella provincia, y ahora, como habéis visto, traen de comer los de Cimpancingo y quedan en paz, y estos nuestros vecinos que están por aquí poblados en sus casas.

Y que en cuanto a dar con los navíos al través, fue muy bien aconsejado, y que si no llamó a alguno de ellos al consejo, como a otros caballeros, por lo que sintió en el arenal, que no lo quisiera traer ahora a la memoria, y que el acuerdo y consejo que ahora le dan es todo de una manera como el que le podrían haber dado entonces.

Y que miren que hay otros muchos caballeros en el real que serán muy contrarios de lo que ahora piden y aconsejan, y que encaminemos siempre todas las cosas a Dios, y seguirlas en su santo servicio será mejor.

Y a lo que, señores, decís, que jamás capitán romano de los muy nombrados ha acometido tan grandes hechos como nosotros, dicen verdad; y ahora y adelante, mediante Dios, dirán en las historias que de esto harán memoria mucho más que de los antepasados, pues, como he dicho, todas nuestras cosas son en servicio de Dios y de nuestro gran emperador don Carlos.

Y aun debajo de su recta justicia y cristiandad, somos ayudados de la misericordia de Dios Nuestro Señor, y nos sostendrá, que vamos de bien en mejor. Así que, señores, no es cosa bien acertada volver un paso atrás, que si nos viesen volver estas gentes y los que dejamos de paz, las piedras se levantarían contra nosotros.

Y como ahora nos tienen por dioses o ídolos —que así nos llaman—, nos juzgarían por muy cobardes y de pocas fuerzas.

Y a lo que decís de estar entre los amigos totonaques, nuestros aliados, si nos viesen que damos vuelta sin ir a México, se levantarían contra nosotros. Y la causa de ello sería que, como les quitamos que no diesen tributo a Montezuma, él enviaría sus poderes mexicanos contra ellos para que le tornasen a tributar, y sobre ello darles guerra, y aun les mandara que nos la diesen a nosotros.

Y ellos, por no ser destruidos —porque le temen en gran manera— lo pondrían por obra; así que, donde pensábamos tener amigos, serían enemigos.

Pues desde que lo supiese el gran Montezuma que nos habíamos vuelto, ¿qué diría? ¿En qué tendría nuestras palabras ni lo que le enviamos a decir? Que todo era cosa de burla o juego de niños.

Así que, señores, mal allá y peor acullá, más vale que estemos aquí donde estamos, que es bien llano y todo bien poblado, y este nuestro real bien abastecido, unas veces gallinas y otras perros; gracias a Dios, no nos falta de comer; si tuviésemos sal, que es la mayor falta que al presente tenemos, y ropa para guarecernos del frío.

Y a lo que decís, señores, que se han muerto desde que salimos de la isla de Cuba cincuenta y cinco soldados, de heridas y hambres y fríos y dolencias y trabajos, y que somos pocos, y todos los más heridos y dolientes, Dios nos da esfuerzo por muchos. Porque vista cosa es que en las guerras se gastan hombres y caballos, y que unas veces comemos bien, y que no venimos al presente para descansar, sino para pelear cuando se ofreciere.

Por tanto, os pido, señores, por merced, que, pues sois caballeros y personas que antes habíades de esforzar a quien viésedes mostrar flaqueza, que de aquí adelante se os quite del pensamiento la isla de Cuba y lo que allá dejáis. Y procuremos hacer lo que siempre habéis hecho como buenos soldados, que, después de Dios —que es nuestro socorro y ayuda—, han de ser nuestros valerosos brazos.

Y como Cortés hubo dado esta respuesta, volvieron aquellos soldados a repetir en la misma plática, y dijeron que todo lo que decía estaba bien dicho, mas que cuando salimos de la villa que dejábamos poblada, nuestro intento era, y aun ahora es, ir a México, pues hay tan gran fama de tan fuerte ciudad y tanta multitud de guerreros. Y que aquellos tascaltecas —decían los de Cempoal— que eran pacíficos y no había fama de ellos como de los de México.

Y que habíamos estado tan a riesgo nuestras vidas, que si otro día nos dieran otra batalla como alguna de las pasadas, ya no nos podíamos tener de cansados; y ya que no nos diesen más guerras, que la ida a México les parecía muy terrible cosa, y que mirase lo que decía y ordenaba.

Y Cortés les respondió medio enojado que valía más morir por buenos, como dicen los cantares, que vivir deshonrados. Y además de esto que Cortés les dijo, todos los más soldados que le fuimos en alzar por capitán y dimos consejo sobre el dar al través con los navíos, dijimos en alta voz que no curase de corrillos ni de oír semejantes pláticas, sino que, con la ayuda de Dios, con buen concierto estemos apercibidos para hacer lo que convenga; y así cesaron todas las pláticas.

Verdad es que murmuraban de Cortés y le maldecían, y aun de nosotros, que le aconsejábamos, y de los de Cempoal, que por tal camino nos trajeron; y decían otras cosas no bien dichas, mas en tales tiempos se disimulaban. En fin, todos obedecieron muy bien.

Y dejaré de hablar en esto y diré cómo los caciques viejos de la cabecera de Tascala —por mí memorados— enviaron otra vez mensajeros de nuevo a su capitán general Xicotenga que, en todo caso, que luego vaya de paz a nos ver y llevar de comer, porque así está ordenado por todos los caciques y principales de aquella tierra y de Guaxalcingo. Y también enviaron a mandar a los capitanes que tenía en su compañía que, si no fuese para tratar paces, que en cosa ninguna le obedeciesen.

Y esto le tornaron a enviar a decir tres veces, porque sabían cierto que no les querían obedecer, y tenía determinado el Xicotenga que una noche había de dar otra vez en nuestro real, porque para ello tenía juntos veinte mil hombres. Y como era soberbio y muy porfiado, así ahora como las otras veces no quiso obedecer.

Y lo que sobre ello hizo, diré adelante.

Como Maseescaci y Xicotenga el Viejo y todos los caciques de la cabecera de Tascala enviaron cuatro veces a decir a su capitán que no nos diese guerra, sino que nos fuese a hablar de paz, pues estaba cerca de nuestro real, y mandaron a los demás capitanes que con él estaban que no le siguiesen si no fuese para acompañarlo si nos iba a ver de paz. Y como Xicotenga era de mala condición y porfiado y soberbio, acordó en enviarnos cuarenta indios con comida de gallinas y pan y fruta, y cuatro mujeres indias viejas y de ruin manera, y mucho copal y plumas de papagayos.

Y los indios que lo traían, al parecer, creímos que venían de paz. Y llegados a nuestro real, sahumaron a Cortés y, sin hacer acato como suelen entre ellos, dijeron:

—Esto os envía el capitán Xicotenga: que comáis. Si sois teules bravos, como dicen los de Cempoal, y queréis sacrificios, tomad esas cuatro mujeres y sacrificadlas, y podéis comer de sus carnes y corazones; y porque no sabemos de qué manera lo hacéis, por eso no las hemos sacrificado ahora delante de vosotros. Y si sois hombres, comed de esas gallinas y pan y fruta; y si sois teules mansos, ahí os traemos copal —que ya he dicho que es como incienso— y plumas de papagayos; haced vuestro sacrificio con ello.

Y Cortés respondió, con nuestras lenguas, que ya les había enviado a decir que quería paz, y que no venía a dar guerra, y que les venía a rogar y manifestar, de parte de Nuestro Señor Jesucristo —en quien creemos y adoramos— y del emperador don Carlos, cuyos vasallos somos, que no maten ni sacrifiquen a ninguna persona, como lo suelen hacer. Y que todos nosotros somos hombres de hueso y carne como ellos, y no teules, sino cristianos; y que no tenemos por costumbre matar a ningunos, que si matar quisiéramos, que todas las veces que nos dieron guerra, de día y de noche, había en ellos hartos en quienes pudiéramos hacer crueldades; y que por aquella comida que allí traen se les agradece, y que no sean más locos de lo que han sido, y vengan de paz.

Y parece ser que aquellos indios que envió Xicotenga con la comida eran espías para mirar nuestras chozas y ranchos, y caballos, y artillería, y cuántos estábamos en cada choza, y entradas y salidas, y todo lo que en nuestro real había. Y estuvieron aquel día y la noche, y se iban unos con mensajes a su Xicotenga y venían otros; y los amigos que traíamos de Cempoal miraron y cayeron en ello, que no era cosa acostumbrada estar de día y de noche nuestros enemigos en el real sin propósito ninguno, y que ciertamente eran espías.

Y tomaron de ello más sospecha porque, cuando fuimos al poblezuelo de Zumpancingo, dijeron dos viejos de aquel pueblo a los de Cempoal que estaba apercibido Xicotenga con muchos guerreros para dar en nuestro real de noche, de manera que no fuesen sentidos; y los de Cempoal entonces lo tuvieron por burla y cosa de fieros, y por no saberlo muy de cierto, no se lo habían dicho a Cortés.

Y súpolo luego doña Marina, y ella lo dijo a Cortés. Y para saber la verdad, mandó apartar a dos de los tascaltecas que parecían más hombres de bien, y confesaron que eran espías. Y tomáronse otros dos y dijeron que eran asimismo espías de Xicotenga, y todo a la fin que venían. Y Cortés los mandó soltar. Y tomáronse otra vez otros dos, ni más ni menos; y más dijeron que estaba su capitán Xicotenga aguardando la respuesta para dar aquella noche con todas sus capitanías en nosotros.

Y como Cortés lo hubo entendido, lo hizo saber en todo el real para que estuviésemos muy alerta, creyendo que habían de venir como lo tenían concertado. Y luego mandó prender hasta diecisiete indios de aquellos espías, y a algunos se les cortaron las manos y a otros los dedos pulgares, y los enviamos a su Xicotenga. Y se les dijo que por el atrevimiento de venir de aquella manera se les ha hecho ahora aquel castigo; y díganle que venga cuando quiera, de día o de noche, que allí le aguardaremos dos días. Y que si dentro de los dos días no viniese, que le iríamos a buscar a su real; y que ya habríamos ido a darle guerra y matarlos, sino porque les queremos mucho, y que no sean más locos y vengan de paz.

Y como fueron aquellos indios de las manos y dedos cortados, en aquel instante, dicen que ya Xicotenga quería salir de su real con todos sus poderes para dar sobre nosotros de noche, como lo tenía concertado. Y como vio ir a sus espías de aquella manera, se maravilló y preguntó la causa de ello, y le contaron todo lo acaecido, y desde entonces perdió el brío y soberbia.

Y además de esto, ya se le había ido del real un capitán con toda su gente, con quien había tenido contienda y bandos en las batallas pasadas.

Y pasemos adelante.

CAPÍTULO VIII: MISA CON VINO Y HOSTIAS

Estando en nuestro real sin saber que habían de venir de paz —puesto que la deseábamos en gran manera— estábamos entendiendo en aderezar armas y en hacer saetas, y cada uno en lo que había menester para las cosas de la guerra. En este instante vino uno de nuestros corredores del campo a gran prisa y dice que por el camino principal de Tascala vienen muchos indios e indias con cargas, y que, sin torcer por el camino, vienen hacia nuestro real, y que el otro su compañero de a caballo, corredor del campo, está atalayando para ver a qué parte van.

Y estando en esto, llegó el otro su compañero de a caballo y dijo que allí muy cerca venían derechos adonde estábamos, y que de rato en rato hacían paradillas. Y Cortés y todos nosotros nos alegramos con aquellas nuevas, porque creímos ser de paz, como lo fueron. Y mandó Cortés que no se hiciese alboroto ni sentimiento, y que, disimulados, nos estuviésemos en nuestras chozas.

Y luego, de todas aquellas gentes que venían con las cargas, se adelantaron cuatro principales, que traían el cargo de entender en las paces, como les fue mandado por los caciques viejos; y, haciendo señas de paz —que era abajar la cabeza— se vinieron derecho a la choza y aposento de Cortés, y pusieron la mano en el suelo y besaron la tierra, e hicieron tres reverencias y quemaron sus copales. Y dijeron que todos los caciques de Tascala, y sus vasallos y aliados, amigos y confederados suyos, se vienen a meter debajo de la amistad y paces de Cortés y de todos sus hermanos los teules que con él estábamos, y que les perdone porque no han salido de paz ni por la guerra que nos han dado, porque creyeron y tuvieron por cierto que éramos amigos de Montezuma y sus mexicanos —los cuales son sus enemigos mortales de tiempos muy antiguos—, porque vieron que venían con nosotros, en nuestra compañía, muchos de sus vasallos que le dan tributos, y que con engaños y traiciones les querían entrar en su tierra, como lo tenía de costumbre, para llevar robados hijos y mujeres.

Y que por esta causa no creían a los mensajeros que les enviamos. Y demás de esto, dijeron que los primeros indios que nos salieron a dar guerra así como entramos en sus tierras, que no fue por su mandado y consejo, sino por los chontales y otomíes, que son gentes como monteses y sin razón, que, como vieron que éramos tan pocos, creyeron de tomarnos a manos y llevarnos presos a sus señores y ganar gracias con ellos. Y que ahora vienen a demandar perdón de su atrevimiento, y que allí traen aquel bastimento, y que cada día traerán más, y que lo recibamos con el amor que lo envían, y que de ahí a dos días vendrá el capitán Xicotenga con otros caciques y dará más relación de la buena voluntad que toda Tascala tiene de nuestra buena amistad.

Y desque hubieron acabado su razonamiento, abajaron sus cabezas y pusieron las manos en el suelo y besaron la tierra. Y luego Cortés les habló, con nuestras lenguas, con gravedad, e hizo del enojado, y dijo que, puesto que había causas para no los oír ni tener amistad con ellos —porque desde que entramos por su tierra les enviamos a demandar paces y les envió a decir que les quería favorecer contra sus enemigos los de México—, no lo quisieron creer y quisieron matar nuestros embajadores. Y no contentos con aquello, nos dieron guerra tres veces, de día y de noche, y que tenían espías y acechanzas sobre nosotros. Y que en las guerras que nos daban les pudiéramos matar muchos de sus vasallos, y no quiso, y que los que murieron, le pesa por ello, y que ellos dieron causa a ello. Y que tenía determinado ir adonde están los caciques viejos a darles guerra, que, pues ahora vienen de paz de parte de aquella provincia, que él lo recibe en nombre de nuestro rey y señor, y les agradece el bastimento que traen.

Y les mandó que luego vayan a sus señores a decirles que vengan o envíen a tratar las paces con más certificación, y que, si no vienen, que iríamos a su pueblo a darles guerra. Y les mandó dar cuentas azules para que diesen a los caciques en señal de paz, y se les amonestó que cuando viniesen a nuestro real fuese de día, y no de noche, porque les mataríamos.

Y luego se fueron aquellos cuatro mensajeros y dejaron en unas casas de indios algo apartadas de nuestro real las indias que traían para hacer pan, y gallinas, y todo servicio, y veinte indios que les traían agua y leña; y desde allí adelante nos traían muy bien de comer. Y cuando aquello vimos y nos pareció que eran verdaderas las paces, dimos muchas gracias a Dios por ello. Y vinieron en tiempo que ya estábamos tan flacos y trabajados y descontentos con las guerras, sin saber el fin que habría de ellas, cual se puede colegir.

Y en los capítulos pasados dice el coronista Gómara, lo uno, que Cortés se subió en unos peñascos y que vio el pueblo de Cimpancingo. Digo que estaba tan junto a nuestro real, que harto ciego era el soldado que le quería ver que no le veía muy claro. También dice que se le querían amotinar y rebelar los soldados, y dice otras cosas que yo no las quiero escribir, porque es gastar palabras. Digo que nunca capitán fue obedecido en el mundo con tanto acato y puntualidad, según adelante verán, y que tal ni por pensamiento pasó a ningún soldado desde que entramos en la tierra adentro, sino fue cuando lo de los arenales. Y las palabras que le decían en el capítulo pasado eran por vía de aconsejarle y porque les parecía que eran bien dichas, y no por otra vía, porque siempre le siguieron muy bien y lealmente.

Y quien viere su historia, lo que dice, creerá que es verdad, según lo relata con tanta elocuencia, siendo muy contrario de lo que pasó. Y dejadlo aquí, y diré lo que más adelante nos avino con unos mensajeros que envió el gran Montezuma.

Como Nuestro Señor Dios, por su gran misericordia, fue servido darnos victoria de aquellas batallas de Tascala, voló nuestra fama por todas aquellas comarcas y fue a oídos del gran Montezuma a la gran ciudad de México. Y si de antes nos tenían por teules, que son como sus ídolos, de ahí adelante nos tenían en muy mayor reputación y por fuertes guerreros. Y puso espanto en toda la tierra cómo, siendo nosotros tan pocos y los tascaltecas de muy grandes poderes, los vencimos, y ahora enviarnos a demandar paz.

Por manera que Montezuma, gran señor de México, de muy bueno que era, temió nuestra ida a su ciudad, despachó cinco principales, hombres de mucha cuenta, a Tascala y a nuestro real para darnos la bienvenida y a decir que se había holgado mucho de la gran victoria que hubimos contra tantos escuadrones de contrarios.

Y envió en presente obra de mil pesos de oro en joyas muy ricas y de muchas maneras labradas, y veinte cargas de ropa fina de algodón, y envió a decir que quería ser vasallo de nuestro gran Emperador. Y que se holgaba porque estábamos ya cerca de su ciudad, por la buena voluntad que tenía a Cortés y a todos los teules, sus hermanos, que con él estábamos —que así nos llamaban—, y que viese cuánto quería de tributo cada año para nuestro gran Emperador, que lo daría en oro y plata y ropa y piedras de chalchiuis, con tal que no fuésemos a México.

Y esto no lo hacía porque de muy buena voluntad no nos acogería, sino por ser la tierra estéril y fragosa, y que le pesaría de nuestro trabajo, si nos lo viese pasar; y que, por ventura, él no lo podría remediar tan bien como querría.

Cortés les respondió, y dijo que le tenía en gran merced la voluntad que mostraba y el presente que envió, y el ofrecimiento de dar a Su Majestad el tributo que decía, y rogó a los mensajeros que no se fuesen hasta ir a la cabecera de Tascala, y que allí los despacharía, porque viesen en lo que paraba aquello de la guerra. Y no les quiso dar luego la respuesta, porque estaba purgado del día antes, y purgose con unas manzanillas que hay en las islas de Cuba, y son muy buenas para quien sabe cómo se han de tomar.

Dejaré esta materia y diré lo que más en nuestro real pasó.

Estando platicando Cortés con los embajadores de Montezuma, como dicho habemos, y quería reposar porque estaba malo de calenturas y purgado del otro día antes, viénenle a decir que venía el capitán Xicotenga con muchos caciques y capitanes y que traen cubiertas mantas blancas y coloradas. Digo, la mitad de las mantas blancas y la otra mitad coloradas, que era su divisa y librea, y muy de paz, y traía consigo hasta cincuenta hombres principales que le acompañaban.

Y llegado al aposento de Cortés, le hizo muy gran acato en sus reverencias, y mandó quemar mucho copal, y Cortés, con gran amor, le mandó sentar cabe sí. Y dijo el Xicotenga que él venía de parte de su padre y de Maseescasi y de todos los caciques y república de Tascala a rogarle que les admitiese a nuestra amistad, y que venía a dar la obediencia a nuestro rey y señor y a demandar perdón por haber tomado armas y habernos dado guerras; y que si lo hicieron, que fue por no saber quién éramos, porque tuvieron por cierto que veníamos de la parte de su enemigo Montezuma, que, como muchas veces suele tener astucias y mañas para entrar en sus tierras y robarles y saquearles, que así creyeron que les quería hacer ahora.

Y que por esta causa, defender sus personas y patria fue forzado pelear. Y que ellos eran muy pobres, que no alcanzan oro ni plata ni piedras ricas ni ropa de algodón, ni aun sal para comer, porque Montezuma no les da lugar a ello para salirla a buscar. Y que si sus antepasados tenían algún oro y piedras de valor, que a Montezuma se lo habían dado cuando algunas veces hacían paces y treguas, para que no les destruyese, y esto en tiempos muy atrás pasados; y porque al presente no tienen qué dar, que les perdonen, que su pobreza da causa a ello, y no la buena voluntad.

Y dio muchas quejas de Montezuma y de sus aliados, que todos eran contra ellos y les daban guerra, puesto que se habían defendido muy bien; y que ahora quisiera hacer lo mismo contra nosotros, y no pudieron, y aunque se habían juntado tres veces con todos sus guerreros, que éramos invencibles. Y que como conocieron esto de nuestras personas, que quieren ser nuestros amigos y vasallos del gran señor emperador don Carlos, porque tenían por cierto que con nuestra compañía serán guardadas y amparadas sus personas y mujeres e hijos, y no estarán siempre con sobresalto de los traidores mexicanos.

Y dijo otras muchas palabras de ofrecimientos de sus personas y ciudad. Era este Xicotenga alto de cuerpo y de grandes espaldas y bien hecho, y la cara tenía larga y como oyosa y robusta; y era de hasta treinta y cinco años, y en el parecer mostraba en su persona gravedad.

Y Cortés le dio las gracias muy cumplidas con halagos que le mostró, y dijo que él los recibía por tales vasallos de nuestro rey y señor, y amigos nuestros. Y luego dijo el Xicotenga que nos rogaba fuésemos a su ciudad, porque estaban todos los caciques y viejos y papas aguardándonos con mucho regocijo. Y Cortés le respondió que él iría presto, y que luego fuera si no porque estaba entendiendo en negocios del gran Montezuma, y como haya despachado aquellos mensajeros, que él será allá.

Y tornó Cortés a decir, algo más áspero y con gravedad, de las guerras que nos habían dado de día y de noche, y que, pues ya no puede haber enmienda en ello, que se lo perdona, y que miren que las paces que ahora les damos que sean firmes y no haya mudamiento, porque si otra cosa hacen, que los matará y destruirá su ciudad, y que no aguardasen otras palabras de paces, sino de guerra.

Y como aquello oyó el Xicotenga y todos los principales que con él venían, respondieron a una que serían firmes y verdaderas, y que para ello quedarían todos en rehenes. Y pasaron otras pláticas de Cortés a Xicotenga y de todos los más principales, y se les dieron unas cuentas verdes y azules para su padre y para él y para los demás caciques, y le mandó que dijesen que Cortés iría presto a su ciudad.

Y a todas estas pláticas y ofrecimientos estaban presentes los embajadores mexicanos, de lo cual les pesó en gran manera de las paces, porque bien entendieron que por ellas no les había de venir bien ninguno.

Y desque se hubo despedido el Xicotenga, dijeron a Cortés los embajadores de Montezuma, medio riendo, que si creía algo de aquellos ofrecimientos que habían hecho de parte de toda Tascala, que todo era burla y que no les creyese, que eran palabras muy de traidores y engañosas, que lo hacían para que, desque nos tuviesen en su ciudad, en parte donde nos pudiesen tomar a su salvo, darnos guerra y matarnos. Y que tuviésemos en la memoria cuántas veces nos habían venido con todos sus poderes a matar, y, como no pudieron y fueron de ellos muchos muertos y otros heridos, que se querrían ahora vengar con demandar paz fingida.

Y Cortés respondió con semblante de muy esforzado, y dijo que no se le daba nada porque tuviesen tal pensamiento como decían, y, ya que todo fuese verdad, que él holgara de ello para castigarles con quitarles las vidas. Y que eso se le da que den guerra de día que de noche, ni que sea en el campo que en la ciudad, que en tanto tenía lo uno como lo otro, y para ver si es verdad, que por esta causa determina de ir allá.

Y viendo aquellos embajadores su determinación, rogáronle que aguardásemos allí en nuestro real seis días, porque querían enviar dos de sus compañeros a su señor Montezuma, y que vendrían dentro de los seis días con respuesta. Y Cortés se lo prometió; lo uno, porque, como he dicho, estaba con calenturas; y lo otro, como aquellos embajadores le dijeron aquellas palabras, puesto que hizo semblante de no hacer caso de ellas, miró que si por ventura serían verdad hasta ver más certinidad en las paces, porque eran tales que había que pensar en ellas.

Y como en aquella sazón vio que habían venido de paz, y en todo el camino por donde venimos de nuestra Villa Rica de la Veracruz eran los pueblos nuestros amigos y confederados, escribió Cortés a Juan de Escalante, que ya he dicho que quedó en la villa para acabar de hacer la fortaleza y por capitán de obra de sesenta soldados viejos y dolientes que allí quedaron. En las cuales cartas les hizo saber las grandes mercedes que Nuestro Señor Jesucristo nos había hecho en las victorias que hubimos en las batallas y reencuentros desde que entramos en la provincia de Tascala, donde ahora han venido de paz. Y que todos diesen gracias a Dios por ello y que mirasen que siempre favoreciese a los pueblos totonaques, nuestros amigos, y que le enviase luego en posta dos botijas de vino que había dejado soterradas en cierta parte señalada de su aposento, y asimismo trujesen hostias de las que habíamos traído de la isla de Cuba, porque las que trujimos de aquella entrada ya se habían acabado.

Con las cuales cartas dizque hubieron mucho placer, y Escalante escribió lo que allá había sucedido, y todo vino muy presto. Y en aquellos días en nuestro real pusimos una cruz muy suntuosa y alta, y mandó Cortés a los indios de Cinpancingo y a los de las casas que estaban juntas de nuestro real que la encalasen y estuviese bien aderezada.

Dejemos de escribir desto. Y volvamos a nuestros nuevos amigos, los caciques de Tascala, que desque vieron que no íbamos a su pueblo, ellos venían a nuestro real con gallinas y tunas, que era tiempo de ellas, y cada uno traía del bastimento que tenía en su casa, y con buena voluntad nos lo daban, sin que quisiesen por ello cosa ninguna, y siempre rogando a Cortés que se fuese luego con ellos a su ciudad. Y como estábamos aguardando a los mexicanos los seis días, como les prometió, con palabras blandas les detenía.

Y cumplido el plazo que habían dicho, vinieron de México seis principales, hombres de mucha estima, y trujeron un rico presente que envió el gran Montezuma, que fueron más de tres mil pesos de oro en ricas joyas de diversas maneras y docientas piezas de ropa de mantas muy ricas de pluma y de otras labores. Y dijeron a Cortés, cuando lo presentaron, que su señor Montezuma se huelga de nuestra buena andanza, y que le ruega muy ahincadamente que en bueno ni malo no fuese con los de Tascala a su pueblo ni se confiase de ellos, que le querían llevar allá para robarle oro y ropa, porque son muy pobres, que una manta buena de algodón no alcanzan, y que por saber que Montezuma nos tiene por amigos y nos envía aquel oro y joyas y mantas, lo procurarán de robar muy mejor.

Y Cortés recibió con alegría aquel presente y dijo que se lo tenía en merced, y que él lo pagaría al señor Montezuma en buenas obras; y que si sintiese que los tascaltecas les pasase por el pensamiento lo que Montezuma les envía avisar, que se lo pagarían con quitarles a todos las vidas, y que él sabe muy cierto que no harán villanía ninguna y que todavía quiere ir a ver lo que hacen.

Y estando en estas razones, vienen otros muchos mensajeros de Tascala a decir a Cortés cómo vienen cerca de allí todos los caciques viejos de la cabecera de toda la provincia a nuestros ranchos y chozas a ver a Cortés y a todos nosotros para llevarnos a su ciudad. Y como Cortés lo supo, rogó a los embajadores mexicanos que aguardasen tres días por los despachos para su señor, porque tenía al presente que hablar y despachar sobre la guerra pasada y las paces que ahora tratan, y ellos dijeron que aguardarían. Y lo que los caciques viejos dijeron a Cortés diré adelante.

Desque los caciques viejos de toda Tascala vieron que no íbamos a su ciudad, acordaron de venir en andas, y otros en hamacas e a cuestas, y otros a pie; los cuales eran los por mí ya nombrados, que se decían Maseescasi, Xicotenga el Viejo e Guaxolocín, Chichimecatle, Tecanpaneca de Topeyanco, los cuales llegaron a nuestro real con otra gran compaña de principales y, con gran acato, hicieron a Cortés y a todos nosotros tres reverencias y quemaron copal y tocaron las manos en el suelo y besaron la tierra.

Y el Xicotenga el Viejo comenzó de hablar a Cortés desta manera, y dijo:

"Malinchi, Malinchi: muchas veces te hemos enviado a rogar que nos perdones porque salimos de guerra, e ya te enviamos a dar nuestro descargo, que fue por defendernos del malo de Montezuma y sus grandes poderes, porque creímos que érades de su bando y confederados. Y si supiéramos lo que ahora sabemos, no digo yo saliros a recibir a los caminos con muchos bastimentos, sino tenéroslos barridos, y aun fuéramos por vosotros a la mar adonde teníades vuestros acales (que son navíos). E pues ya nos habéis perdonado, lo que ahora os venimos a rogar yo y todos estos caciques es que vais luego con nosotros a nuestra ciudad, y allí os daremos de lo que tuviéremos y os serviremos con nuestras personas y haciendas. Y mira, Malinchi, no hagas otra cosa, sino luego nos vamos, y porque tememos que por ventura te habrán dicho esos mexicanos alguna cosa de falsedades y mentiras de las que suelen decir de nosotros, no los creas ni los oigas, que en todo son falsos, y tenemos entendido que por causa dellos no has querido ir a nuestra ciudad".

Y Cortés respondió con alegre semblante y dijo que bien sabía desde muchos años antes pasados, y primero que a estas sus tierras viniésemos, cómo eran buenos, y que desto se maravilló cuando nos salieron de guerra, e que los mexicanos que allí estaban aguardaban respuesta para su señor Montezuma. E a lo que decían que fuésemos luego a su ciudad y por el bastimento que siempre traían e otros cumplimientos, que se lo agradecía mucho y lo pagará en buenas obras, e que ya se hubiera ido si tuviésemos quien nos llevase los tepuzques (que son las lombardas).

Y desque oyeron aquella palabra, sintieron tanto placer, que en los rostros se conosció, y dijeron:

"¿Pues cómo, por eso has estado y no lo has dicho?".

Y en menos de media hora traen sobre quinientos indios de carga. Y otro día, muy de mañana, comenzamos a marchar camino de la cabecera de Tascala con mucho concierto, ansí artillería como de caballo y escopetas y ballesteros y todos los demás, según lo teníamos de costumbre.

Ya había rogado Cortés a los mensajeros de Montezuma que se fuesen con nosotros para ver en qué paraba lo de Tascala, y desde allí los despacharía, y que en su aposento estarían porque no recibiesen ningún deshonor, porque, según dijeron, temíanse de los tascaltecas.

Antes que más pase adelante quiero decir cómo en todos los pueblos por donde pasamos e en otros donde tenían noticia de nosotros llamaban a Cortés Malinchi, y ansí lo nombraré de aquí adelante, Malinche, en todas las pláticas que tuviéremos con cualesquier indios, ansí desta provincia como de la ciudad de México, y no le nombraré Cortés sino en parte que convenga.

Y la causa de haberle puesto aqueste nombre es que, como doña Marina, nuestra lengua, estaba siempre en su compañía, especial cuando venían embajadores o pláticas de caciques, y ella lo declaraba en la lengua mexicana, por esta causa llamaban a Cortés el capitán de Marina y, para más breve, le llamaron Malinche.

Y también se le quedó este nombre a un Juan Pérez de Artiaga, vecino de la Puebla, por causa que siempre andaba con doña Marina y con Jerónimo de Aguilar deprendiendo la lengua, y a esta causa le llamaban Juan Pérez Malinche, que renombre de Artiaga, de obra de dos años a esta parte lo sabemos.

He querido traer algo desto a la memoria, aunque no había para qué, porque se entienda el nombre de Cortés de aquí adelante, que se dice Malinche.

Y también quiero decir que desque entramos en tierra de Tascala hasta que fuimos a su ciudad se pasaron veinte y cuatro días, y entramos en ella a veinte y tres de setiembre de mil e quinientos y diez y nueve años.

Y vamos a otro capítulo y diré lo que allí nos avino.

Cómo fuimos a la ciudad de Tascala y lo que los caciques viejos hicieron, de un presente que nos dieron y cómo trujeron sus hijas y sobrinas, y lo que más pasó

Como los caciques vieron que comenzaba a ir nuestro fardaje camino de su ciudad, luego se fueron adelante para mandar que todo estuviese muy aparejado para nos recibir y para tener los aposentos muy enramados. E ya que llegábamos a un cuarto de legua de la ciudad, sálennos a recibir los mismos caciques que se habían adelantado y traen consigo sus hijos y sobrinos y muchos principales, cada parentela y bando y parcialidad por sí, porque en Tascala había cuatro parcialidades, sin la de Tecapaneca, señor de Topeyanco, que eran cinco.

Y también vinieron de todos los lugares sus sujetos, y traían sus libreas diferenciadas, que, aunque eran de henequén, eran muy primas y de buenas labores y pinturas, porque algodón no lo alcanzaban. Y luego vinieron los papas de toda la provincia, que había muchos, por los grandes adoratorios que tenían, que ya he dicho que entre ellos se dicen cúes, que son donde tienen sus ídolos y sacrifican. Y traían aquellos papas braseros con ascuas de brasas, y con sus encensos sahumando a todos nosotros; y traían vestidos algunos dellos ropas muy largas, a manera de sobrepellices, y eran blancas y traían capillas en ellos, querían parecer como a las de los que traen los canónigos, como ya lo tengo dicho; y los cabellos muy largos y engreñados, que no se pueden desparcir si no se cortan, y llenos de sangre, que les salía de las orejas, que en aquel día se habían sacrificado, y abajaban las cabezas como a manera de humildad cuando nos vieron, y traían las uñas de los dedos de las manos muy largas. E oímos decir que aquellos papas tenían por religiosos y de buena vida.

Y junto a Cortés se allegaron muchos principales, acompañándole; y desque entramos en lo poblado, no cabían por las calles y azoteas de tantos indios e indias que nos salían a ver con rostros muy alegres. Y trujeron obra de veinte piñas, hechas de muchas rosas de la tierra, diferenciadas las colores, y de buenos olores, y las dan a Cortés y a los demás soldados que les parecían capitanes, especial a los de caballo.

Y desque llegamos a unos buenos patios, adonde estaban los aposentos, tomaron luego por la mano a Cortés y Xicotenga el Viejo y Maseescasi e les meten en los aposentos, y allí tenían aparejado para cada uno de nosotros, a su usanza, unas camillas de esteras y mantas de henequén, y también se aposentaron los amigos que traíamos de Cempoal y de Zocotlán cerca de nosotros. Mandó Cortés que los mensajeros del gran Montezuma se aposentasen junto con su aposento.

Y puesto que estábamos en tierra que veíamos claramente que estaban de buenas voluntades y muy de paz, no nos descuidábamos de estar muy apercebidos, según lo teníamos de costumbre. Y parece ser que un capitán, a quien cabía el cuarto de poner corredores del campo y espías y velas, dijo a Cortés:

—"Parece, señor, que están muy de paz; no habemos menester tanta guarda ni estar tan recatados como solemos2.

Y Cortés dijo:

—"Mirad, señores, bien veo lo que decís; mas, por la buena costumbre, hemos de estar apercebidos, que aunque sean muy buenos, no habemos de creer en su paz, sino como si nos quisiesen dar guerra y los viésemos venir a encontrar con nosotros, que muchos capitanes por se confiar y descuido fueron desbaratados; especialmente nosotros, como somos tan pocos, y habiéndonos enviado avisar el gran Montezuma, puesto que sea fingido y no verdad, hemos de estar muy alerta".

Dejemos de hablar de tantos cumplimientos e orden como teníamos en nuestras velas y guardas. Y volvamos a decir cómo Xicotenga el Viejo y Maseescasi, que eran grandes caciques, se enojaron mucho con Cortés y le dijeron con nuestras lenguas:

—"Malinche, o tú nos tienes por enemigos o no muestras tus obras en lo que te vemos hacer, que no tienes confianza de nuestras personas y en las paces que nos has dado y nosotros a ti. Y esto te decimos porque vemos que ansí os veláis y venís por los caminos apercebidos, como cuando veníades a encontrar con nuestros escuadrones; y esto, Malinche, creemos que lo haces por las traiciones y maldades que los mexicanos te han dicho en secreto para que estés mal con nosotros. Mira, no los creas, que ya aquí estás y te daremos todo lo que quisieres, hasta nuestras personas e hijos, y moriremos por vosotros. Por eso, demanda en rehenes lo que fuere tu voluntad".

Y Cortés y todos nosotros estábamos espantados de la gracia y amor con que lo decían. Y Cortés les respondió que ansí lo tiene creído, y que no ha menester rehenes, sino ver sus muy buenas voluntades. E que en cuanto a venir apercebidos, que siempre lo teníamos de costumbre, y que no lo tuviese a mal; y por todos los ofrecimientos se lo tenía en merced y lo pagará el tiempo andando.

Y pasadas estas pláticas, vienen otros principales con muy gran aparato de gallinas y pan de maíz y tunas y otras cosas de legumbres que había en la tierra, y abastecen el real muy cumplidamente, que en veinte días que allí estuvimos siempre lo hubo muy sobrado.

Y entramos en esta ciudad, como dicho es, en veinte y tres días del mes de setiembre de mil e quinientos y diez y nueve años. E quedarse ha aquí y diré lo que más pasó.

Otro día de mañana, mandó Cortés que se pusiese un altar para que se dijese misa, porque ya teníamos vino e hostias. La cual misa dijo el clérigo Juan Díaz, porque el padre de la Merced estaba con calenturas y muy flaco, y estaban presentes Maseescaci y el viejo Xicotenga y otros caciques.

Y acabada la misa, Cortés se entró en su aposento y con él parte de los soldados que le solíamos acompañar, y también los dos caciques viejos, y díjole el Xicotenga que le querían traer un presente. Y Cortés les mostraba mucho amor y les dijo que cuando quisiesen. Y luego tendieron unas esteras y una manta encima, y trujeron seis o siete pecezuelas de oro y piedras de poco valor y ciertas cargas de ropa de henequén, que todo era muy pobre, que no valía veinte pesos.

Y cuando lo daban, dijeron aquellos caciques, riendo:

—"Malinche, bien creemos que, como es poco eso que te damos, no lo recibirás con buena voluntad. Ya te hemos enviado a decir que somos pobres y que no tenemos oro ni ningunas riquezas, y la causa dello es que esos traidores y malos de los mexicanos y Montezuma, que ahora es señor, nos lo han sacado todo cuanto solíamos tener, por paces y treguas que les demandábamos porque no nos diesen guerra. Y no mires que es de poco valor, sino recíbelo con buena voluntad, como cosa de amigos y servidores que te seremos".

Y entonces también trujeron apartadamente mucho bastimento. Cortés lo recibió con alegría y les dijo que en más tenía aquello, por ser de su mano y con la voluntad que se lo daban, que si les trujesen otros una casa llena de oro en granos, y que ansí lo recibe, y les mostró mucho amor.

Y parece ser tenían concertado entre todos los caciques darnos sus hijas y sobrinas, las más hermosas que tenían, que fuesen doncellas por casar. Y dijo el viejo Xicotenga:

—"Malinche, porque más claramente conozcáis el bien que os queremos y deseamos en todo contentaros, nosotros os queremos dar nuestras hijas para que sean vuestras mujeres y hagáis generación, porque queremos teneros por hermanos, pues sois tan buenos y esforzados. Yo tengo una hija muy hermosa y no ha sido casada, y quiérola para vos".

Y ansimismo Maseescaci y todos los más caciques dijeron que traerían sus hijas, y que las recibiésemos por mujeres, y dijeron otras muchas palabras y ofrecimientos. Y en todo el día no se quitaban, ansí el Maseescaci como el Xicotenga, de cabe Cortés, y como era ciego de viejo el Xicotenga, con la mano tentaba a Cortés en la cabeza y en las barbas y rostro y por todo el cuerpo.

Y Cortés les respondió a lo de las mujeres que él y todos nosotros se lo teníamos en merced y que en buenas obras se lo pagaríamos el tiempo andando.

Y estaba allí presente el padre de la Merced, y Cortés le dijo:

—"Señor padre, paréceme que será ahora bien que demos un tiento a estos caciques para que dejen sus ídolos y no sacrifiquen, porque cualquier cosa harán que les mandáremos por causa del gran temor que tienen a los mexicanos".

Y el fraile dijo:

—"Señor, bien es, y dejémoslo hasta que traigan las hijas, y entonces habrá materia para ello. Y hará vuesa merced que nos las quiere recibir hasta que prometan de no sacrificar; si aprovechare, bien; si no, haremos lo que somos obligados".

Y ansí se quedó para otro día. Y lo que se hizo se dirá adelante.

Otro día vinieron los mismos caciques viejos y trujeron cinco indias, hermosas doncellas y mozas, y, para ser indias, eran de buen parecer y bien ataviadas, y traían para cada india otra india moza para su servicio, y todas eran hijas de caciques.

Y dijo Xicotenga a Cortés:

—"Malinche, ésta es mi hija, y no ha sido casada, que es doncella, y tomalda para vos".

La cual le dio por la mano, y las demás, que las diese a los capitanes. Y Cortés se lo agradeció y, con buen semblante que mostró, dijo que él las recibía y tomaba por suyas, y que ahora al presente que las tuviesen en poder sus padres.

Y preguntaron los mesmos caciques que por qué causa no las tomábamos ahora, y Cortés respondió que quiere hacer primero lo que manda Dios Nuestro Señor, que es en el que creemos y adoramos, y a lo que le envió el rey, nuestro señor, que es que quiten sus ídolos y que no sacrifiquen ni maten más hombres ni hagan otras torpezas malas que suelen hacer, y crean en lo que nosotros creemos, que es un solo Dios verdadero.

Y se les dijo otras muchas cosas tocantes a nuestra santa fe, y verdaderamente fueron muy bien declaradas, porque doña Marina y Aguilar, nuestras lenguas, estaban ya tan expertos en ello, que se lo daban a entender muy bien.

Y se les mostró una imagen de Nuestra Señora con su hijo precioso en los brazos y se les dio a entender cómo aquella imagen es figura como Nuestra Señora, que se dice Santa María, que está en los altos cielos y es la madre de Nuestro Señor, que es aquel niño Jesús que tiene en los brazos, y que le concibió por gracia del Espíritu Santo, quedando virgen antes del parto, en el parto y después del parto. Y aquesta gran señora ruega por nosotros a su hijo precioso, que es Nuestro Dios y Señor.

Y se les dijo otras muchas cosas que se le convenían decir sobre nuestra santa fe, y que si quieren ser nuestros hermanos y tener amistad verdadera con nosotros, y para que con mejor voluntad tomásemos aquellas sus hijas para tenerlas, como dicen, por mujeres, que luego dejen sus malos ídolos y crean y adoren en Nuestro Señor Dios, que es en el que nosotros creemos y adoramos. Y verán cuánto bien les irá, porque, demás de tener salud y buenos temporales, sus cosas se les harán prósperamente, y cuando se mueran irán sus ánimas a los cielos a gozar de la gloria perdurable; y que si hacen los sacrificios que suelen hacer a aquellos sus ídolos, que son diablos, les llevarán a los infiernos, donde para siempre arderán en vivas llamas.

Y porque en otros razonamientos se les había dicho otras cosas acerca de que dejen los ídolos, en esta plática no se les dijo más.

Y lo que respondieron a todo es que dijeron:

—"Malinche, ya te hemos entendido antes de ahora, y bien creemos que ese vuestro Dios y esa gran señora que son muy buenos. Mas mira, ahora veniste a estas nuestras casas; el tiempo andando, entenderemos muy más claramente vuestras cosas y veremos cómo son y haremos lo que sea bueno. ¿Cómo quieres que dejemos nuestros teules, que, desde muchos años, nuestros antepasados tienen por dioses y les han adorado y sacrificado? Ya que nosotros, que somos viejos, por te complacer lo quisiésemos hacer, ¿qué dirán todos nuestros papas y todos los vecinos y mozos y niños de esta provincia, sino levantarse contra nosotros? Especialmente que los papas han ya hablado con nuestro teul el mayor, y les respondieron que no los olvidásemos en sacrificios de hombres y en todo lo que de antes solíamos hacer; si no, que toda esta provincia destruirán con hambres, pestilencias y guerras".

Ansí que dijeron y dieron por respuesta que no curásemos más de les hablar en aquella cosa, porque no los habían de dejar de sacrificar, aunque les matasen.

Y desque vimos aquella respuesta, que la daban tan de veras y sin temor, dijo el padre de la Merced, que era hombre entendido y teólogo:

—"Señor, no cure vuestra merced de más les importunar sobre esto, que no es justo que por fuerza les hagamos ser cristianos, y aun lo que hicimos en Cempoal de derrocalle sus ídolos no quisiera yo que se hiciera hasta que tengan conocimiento de nuestra santa fe. ¿Qué aprovecha quitalles ahora sus ídolos de un cu y adoratorio, si los pasan luego a otros? Bien es que vayan sintiendo nuestras amonestaciones, que son santas y buenas, para que conozcan adelante los buenos consejos que les damos".

Y también le hablaron a Cortés tres caballeros, que fueron Juan Velázquez de León y Francisco de Lugo, y dijeron a Cortés:

—"Muy bien dice el padre, y vuestra merced con lo que ha hecho cumple, y no se toque más a estos caciques sobre el caso".

Y ansí se hizo. Lo que les mandamos con ruegos fue que luego desembarazasen un cu que estaba allí cerca y era nuevamente hecho, y quitasen unos ídolos y lo encalasen y limpiasen, para poner en ellos una cruz y la imagen de Nuestra Señora, lo cual luego hicieron. Y en él se dijo misa y se bautizaron aquellas cacicas, y se puso nombre a la hija del Xicotenga el Ciego, doña Luisa. Y Cortés la tomó por la mano y se la dio a Pedro de Alvarado; y dijo al Xicotenga que aquel a quien le daba era su hermano y su capitán, y que lo hubiese por bien, porque sería de él muy bien tratada; y el Xicotenga recibió contentamiento dello.

Y a la hija o sobrina de Maseescaci se puso nombre doña Elvira, y era muy hermosa; y paréceme que la dio a Juan Velázquez de León. Y a las demás se les pusieron sus nombres de pila y todas con dones, y Cortés las dio a Gonzalo de Sandoval, a Cristóbal de Olí y a Alonso de Ávila.

Y después desto hecho, se les declaró a qué fin se pusieron dos cruces, y que era porque tienen temor dellas sus ídolos, y que a doquiera que estamos de asiento o dormimos se ponen en los caminos; y a todo estaban muy contentos.

Antes que más pase adelante quiero decir cómo de aquella cacica, hija de Xicotenga, que se llamó doña Luisa, que se dio a Pedro de Alvarado, que, ansí como se la dieron, toda la mayor parte de Tascala la acataban y daban presentes y la tenían por su señora. Y della hubo el Pedro de Alvarado, siendo soltero, un hijo, que se dijo don Pedro, y una hija, que se dice doña Leonor, mujer que ahora es de don Francisco de la Cueva, buen caballero, primo del duque de Alburquerque, y ha habido en ella cuatro o cinco hijos, muy buenos caballeros.

Y aquesta señora doña Leonor es tan excelente señora, en fin, como hija de tal padre, que fue comendador de Santiago, adelantado y gobernador de Guatemala, y es el que fue al Perú con grande armada, y por la parte del Xicotenga, gran señor de Tascala.

Dejemos destas relaciones y volvamos a Cortés, que se informó de aquestos caciques y les preguntó muy por entero de las cosas de México. Y lo que sobre ello dijeron es esto que diré.

Luego Cortés apartó a aquellos caciques y les preguntó muy extenso las cosas de México, y Xicotenga, como era más avisado y gran señor, tomó la mano a hablar, y de cuando en cuando le ayudaba Maseescaci, que también era gran señor. Y dijo que tenía Montezuma tan grandes poderes de gente de guerra, que cuando quería tomar un gran pueblo o hacer un salto en una provincia, que ponía en campo cient mil hombres, y que esto lo tenía bien experimentado por las guerras y enemistades pasadas que con ellos tienen de más de cien años.

Y Cortés les dijo:

—"Pues con tanto guerrero que decís que venían sobre vosotros, ¿cómo nunca os acabaron de vencer?".

Y respondieron que, puesto que algunas veces los desbarataban y les mataban y llevaban muchos de sus vasallos para sacrificar, que también de los contrarios quedaban en el campo muchos muertos y otros presos, y que no venían tan encubiertos que dello no tuviesen noticia. Y cuando lo sabían, que se apercibían con todos sus poderes, y con ayuda de los de Guaxocingo se defendían y ofendían; y que, como todas las provincias y pueblos que ha robado Montezuma y puesto debajo de su dominio están muy mal con los mexicanos y traían dellos por fuerza a la guerra, no peleaban de buena voluntad, antes de los mismos tenían avisos.

Y que a esta causa les defendían sus tierras lo mejor que podían, y que donde más mal les ha venido a la continua es de una ciudad muy grande que está de allí un día de andadura, que se dice Cholula, que son grandes traidores. Y que allí metía Montezuma secretamente sus capitanías, y como estaban cerca, de noche hacían salto.

Y más dijo Maseescaci: que tenía Montezuma en todas las provincias puestas guarniciones de muchos guerreros, sin los muchos que saca de la ciudad, y que todas aquellas provincias le tributaban oro y plata y plumas y piedras y ropa de mantas y algodón, e indios e indias para sacrificar y otros para servir. Y que es tan gran señor, que todo lo que quiere tiene, y que en las casas que vive tiene llenas de riquezas y piedras y chalchihuis que ha robado y tomado por fuerza a quien no se lo da de grado, y que todas las riquezas de la tierra están en su poder.

Y luego contaron del gran servicio de su casa, que era para nunca acabar si lo hubiese aquí de decir. Pues de las muchas mujeres que tenía y cómo casaba a algunas dellas, de todo daban relación. Y luego dijeron de la gran fortaleza de su ciudad, de la manera que es la laguna y la hondura del agua, y de las calzadas que hay por donde han de entrar en la ciudad y las puentes de madera que tienen en cada calzada, y cómo entra y sale por el trecho de abertura que hay en cada puente, y cómo, en alzando cualquiera de ellas, se pueden quedar aislados entre puente y puente sin entrar en su ciudad.

Y cómo está toda la mayor parte de la ciudad poblada dentro de la laguna y no se puede pasar de casa en casa si no es por una puente levadiza, y tienen hechas canoas. Y todas las casas son de azoteas, y en las azoteas tienen hechos a manera de mamparos, y pueden pelear desde encima dellas.

Y la manera cómo se provee la ciudad de agua dulce desde una fuente que se dice Chapultepeque, que está de la ciudad obra de media legua: va el agua por unos edificios y llega en parte que con canoas la llevan a vender por las calles.

Y luego contaron de la manera de las armas, que eran varas de a dos gajos que tiraban con tiraderas que pasan cualesquier armas; y muchos buenos flecheros, y otros con lanzas de pedernales, que tienen una braza de cuchilla, hechas de arte que cortan más que navajas; y rodelas, y armas de algodón; y muchos honderos con piedras rollizas, y otras lanzas muy largas y grandes, y espadas de a dos manos de navajas.

Y trajeron pintadas en unos grandes paños de henequén las batallas que con ellos habían habido y la manera de pelear. Y como nuestro capitán y todos nosotros estábamos ya informados de antes de todo lo que decían aquellos caciques, estorbó la plática y metióles en otra más honda, y fue que cómo habían ellos venido a poblar aquella tierra y de qué parte vinieron, que tan diferentes y enemigos eran de los mexicanos, siendo unas tierras tan cerca de otras.

Y dijeron que les habían dicho sus antepasados que en los tiempos pasados había allí entre ellos poblados hombres y mujeres muy altos de cuerpo y de grandes huesos, que, porque eran muy malos y de malas maneras, los mataron peleando con ellos, y otros que dellos quedaban se murieron. Y para que viésemos qué tamaños y altos cuerpos tenían, trajeron un hueso o zancarrón de uno dellos, y era muy grueso: el alto tamaño como un hombre de razonable estatura, y aquel zancarrón era desde la rodilla hasta la cadera. Yo me medí con él y tenía tan gran alto como yo, puesto que soy de razonable cuerpo; y trajeron otros pedazos de huesos como el primero, mas estaban ya comidos y deshechos de la tierra, y todos nos espantamos de ver aquellos zancarrones, y tuvimos por cierto haber habido gigantes en esta tierra.

Y nuestro capitán Cortés nos dijo que sería bien enviar aquel gran hueso a Castilla, para que lo viese Su Majestad, y ansí lo enviamos con los primeros procuradores que fueron.

También dijeron aquellos mismos caciques que sabían de sus antecesores que les había dicho un su ídolo, en quien ellos tenían mucha devoción, que vendrían hombres de las partes de donde sale el sol y de lejas tierras a sojuzgarlos y señorearlos; que si somos nosotros, que holgaran dello, pues tan esforzados y buenos somos. Y cuando trataron las paces, se les acordó desto que les habían dicho sus ídolos y que por aquella causa nos dan sus hijas, para tener parientes que los defiendan de los mexicanos.

Y desque acabaron su razonamiento, todos quedamos espantados y decíamos si por ventura decían verdad. Y luego nuestro capitán Cortés les replicó y dijo que ciertamente veníamos de hacia donde sale el sol, y que por esta causa nos envió el rey, nuestro señor, a tenerlos por hermanos, porque tiene noticia dellos, y que plega a Dios que nos dé gracia para que por nuestras manos e intercesión se salven.

Y dijimos todos: Amén.

Hartos estarán ya los caballeros que esto leyeren de oír razonamientos y pláticas de nosotros a los tascaltecas y ellos a nosotros; querría acabar ya, y por fuerza me he de detener en otras cosas que con ellos pasamos. Y es que el volcán que está cabe Guaxocingo echaba en aquella sazón que estábamos en Tascala mucho fuego, más que otras veces solía echar, de lo cual nuestro capitán Cortés y todos nosotros, como no habíamos visto tal, nos admiramos dello.

Y un capitán de los nuestros que se decía Diego de Ordás, tómole codicia de ir a ver qué cosa era, y demandó licencia a nuestro general para subir en él, la cual licencia le dio, y aun de hecho se lo mandó, y llevó consigo dos de nuestros soldados y ciertos indios principales de Guaxocingo. Y los principales que consigo llevaba poníanle temor con decirle que desque estuviese a medio camino de Popocatepeque, que ansí llaman aquel volcán, no podría sufrir el temblor de la tierra ni llamas y piedras ni ceniza que dél sale, y que ellos no se atreverían a subir más de adonde tienen unos cúes de ídolos que llaman los teules de Popocatepeque.

Y todavía el Diego de Ordás, con sus dos compañeros, fue su camino hasta llegar arriba, y los indios que iban en su compañía se le quedaron en lo bajo, que no se atrevieron a subir. Y parece ser, según dijo después el Ordás y los dos soldados, que al subir, que comenzó el volcán de echar grandes llamaradas de fuego y piedras medio quemadas y livianas y mucha ceniza, y que temblaba toda aquella sierra y montaña adonde está el volcán, y que estuvieron quedos sin dar más paso adelante hasta de ahí a una hora, que sintieron que había pasado aquella llamarada y no echaba tanta ceniza ni humo, y que subieron hasta la boca, que era muy redonda y ancha, y que habría en el ancho un cuarto de legua, y que desde allí se parecía la gran ciudad de México y toda la laguna y todos los pueblos que están en ella poblados.

Y está este volcán de México obra de doce o trece leguas. Y después de bien visto, muy gozoso el Ordás e admirado de haber visto a México y sus ciudades, volvió a Tascala con sus compañeros. Y los indios de Guaxocingo y los de Tascala se lo tuvieron a mucho atrevimiento. Y cuando lo contaban al capitán Cortés y a todos nosotros, como en aquella sazón no lo habíamos visto ni oído como ahora, que sabemos lo que es y han subido encima de la boca muchos españoles y aun frailes franciscos, nos admiramos entonces dello.

Y cuando fue Diego de Ordás a Castilla lo demandó por armas a Su Majestad, y ansí las tiene ahora un su sobrino Ordás, que vive en la Puebla. Después acá, desque estamos en esta tierra, no le habemos visto echar tanto fuego ni con tanto ruido como al principio. Y aun estuvo ciertos años que no echaba fuego, hasta el año de mil e quinientos y treinta y nueve, que echó muy grandes llamas y piedra y ceniza.

Dejemos de contar del volcán, que ahora que sabemos qué cosa es y habemos visto otros volcanes, como son los de Nicaragua y los de Guatemala, se podían haber callado los de Guaxocingo sin poner en relación.

Y diré cómo hallamos en este pueblo de Tascala casas de madera hechas de redes y llenas de indios e indias que tenían dentro encarcelados y a cebo hasta que estuviesen gordos para comer y sacrificar. Las cuales cárceles les quebramos y deshicimos, para que se fuesen los presos que en ellas estaban, y los tristes indios no osaban ir a cabo ninguno, sino estarse allí con nosotros, y ansí escaparon las vidas.

Y dende en adelante, en todos los pueblos que entrábamos, lo primero que mandaba nuestro capitán era quebrarles las tales cárceles y echar fuera los prisioneros, y comúnmente en todas estas tierras los tenían. Y como Cortés y todos nosotros vimos aquella gran crueldad, mostró tener mucho enojo de los caciques de Tascala y se lo riñó bien enojado, y prometieron que desde allí adelante no matarían ni comerían de aquella manera más indios.

Digo yo: ¿qué aprovechaba todos aquellos prometimientos, que en volviendo la cabeza hacían las mismas crueldades? Y dejémoslo ansí. Y digamos cómo ordenamos de ir a México.

Viendo nuestro capitán que había ya diez y siete días que estábamos holgando en Tascala y oíamos decir de las grandes riquezas de Montezuma y su próspera ciudad, acordó tomar consejo con todos nuestros capitanes y soldados en quien sentía que le tenían buena voluntad para ir adelante, y fue acordado que con brevedad fuese nuestra partida.

Y sobre este camino hubo en el real muchas pláticas de desconformidad, porque decían unos soldados que era cosa muy temerosa irnos a meter en tan fuerte ciudad, siendo nosotros tan pocos, y decían de los grandes poderes del Montezuma. Y el capitán Cortés respondía que ya no podíamos hacer otra cosa, porque siempre nuestra demanda y apellido fue ver al Montezuma, y que por demás eran ya otros consejos. Y viendo que tan determinadamente lo decía, y sintieron los del contrario parecer que muchos de los soldados le ayudamos a Cortés de buena voluntad con decir "¡adelante en buena hora!", no hubo más contradicción.

Y los que andaban en estas pláticas contrarias eran de los que tenían en Cuba haciendas, que yo y otros pobres soldados ofrecido teníamos siempre nuestras ánimas a Dios, que las crió, y los cuerpos a heridas y trabajos hasta morir en servicio de Nuestro Señor Dios y de Su Majestad.

Pues viendo Xicotenga y Maseescaci, señores de Tlascala, que de hecho queríamos ir a México, pesábales en el alma, y siempre estaban con Cortés avisándole que no curase de ir aquel camino, y que no se confiase poco ni mucho de Montezuma ni de ningún mexicano. Y que no se creyese de sus grandes reverencias, ni de sus palabras tan humildes y llenas de cortesías, ni aun de cuantos presentes le ha enviado ni de otros ningunos ofrecimientos, que todos eran de atraidores, que en una hora se lo tornarían a tomar cuanto le habían dado, y que de noche y de día se guardase muy bien de ellos, porque tienen bien entendido que cuando más descuidados estuviésemos, nos darían guerra, y que cuando peleásemos con ellos, que los que pudiésemos matar, que no quedasen con las vidas: al mancebo, porque no tome armas; al viejo, porque no dé consejo. Y le dijeron otros muchos avisos.

Y nuestro capitán les dijo que se lo agradecía el buen consejo y les mostró mucho amor con ofrecimientos y dádivas que luego los dio al viejo Xicotenga y al Maseescaci y a todos los más caciques, y les envió mucha parte de la ropa fina de mantas que había presentado Montezuma y les dijo que sería bueno tratar paces entre ellos y los mexicanos, para que tuviesen amistad y trujesen sal y algodón y otras mercaderías. Y el Xicotenga respondió que eran por demás las paces y que su enemistad tienen siempre en los corazones arraigada, y que son tales los mexicanos, que, so color de las paces, les harán mayores traiciones, porque jamás mantienen verdad en cosa ninguna que prometen, y que no curase de hablar en ellas, sino que le tornaban a rogar que se guardase muy bien de no caer en manos de tan malas gentes.

Y estando platicando sobre el camino que habíamos de llevar para México, porque los embajadores de Montezuma que estaban con nosotros, que iban por guías, decían que el mejor camino y más llano era por la ciudad de Cholula, por ser vasallos del gran Montezuma, donde recibiríamos servicio, y a todos nosotros nos pareció bien que fuésemos a aquella ciudad.

Y como los caciques de Tascala entendieron que queríamos ir por donde nos encaminaban los mexicanos, se entristecieron y tornaron a decir que, en todo caso, fuésemos por Guaxocingo, que eran sus parientes y nuestros amigos, y no por Cholula, porque en Cholula siempre tiene Montezuma sus tratos dobles encubiertos. Y por más que nos dijeron y aconsejaron que no entrásemos en aquella ciudad, siempre nuestro capitán, con nuestro consejo muy bien platicado, acordamos de ir por Cholula: lo uno, porque decían todos que era grande poblazón y muy bien torreada y de altos y grandes cúes y en un buen llano asentada, que verdaderamente de lejos parecía en aquella sazón a nuestro Valladolid de Castilla la Vieja; y lo otro, porque estaba en parte cercana de grandes poblazones y tener muchos bastimentos y tan a la mano a nuestros amigos los de Tascala. Y con intención de estarnos allí hasta ver de qué manera podríamos ir a México sin tener guerra, porque era de temer el gran poder de mexicanos, si Dios Nuestro Señor primeramente no ponía su divina mano y misericordia, con que siempre nos ayudaba y daba esfuerzo, no podíamos entrar de otra manera.

Y después de muchas pláticas y acuerdos, nuestro camino fue por Cholula. Y luego Cortés mandó que fuesen mensajeros a les decir que cómo, estando tan cerca de nosotros, no nos envían a visitar y hacer aquel acato que son obligados a mensajeros como somos de tan gran rey y señor como es el que nos envió a notificar su salvación. Y que le ruega que luego viniesen todos los caciques y papas de aquella ciudad a nos ver y dar la obediencia a nuestro rey y señor; si no, que los tendría por de malas intenciones.

Y estando diciendo esto y otras cosas que convenía enviarles a decir sobre este caso, vinieron a hacer saber a Cortés cómo el gran Montezuma enviaba cuatro embajadores con presentes de oro, porque jamás, a lo que habíamos visto, envió mensaje sin presente de oro y mantas, porque lo tenían por afrenta enviar mensajes si no enviaban con ellos dádivas. Y lo que dijeron aquellos mensajeros diré adelante.

Estando platicando Cortés con todos nosotros y con los caciques de Tascala sobre nuestra partida y en las cosas de la guerra, vinieron a decirle que llegaron a aquel pueblo cuatro embajadores de Montezuma, todos principales, y traían presentes. Y Cortés les mandó llamar, y desque llegaron donde estaba, hiciéronle grande acato y a todos los soldados que allí nos hallamos. Y presentando su presente de ricas joyas de oro y de muchos géneros de hechuras, que valía bien dos mil pesos, y diez cargas de mantas de buenas labores de pluma, Cortés lo recibió con buen semblante.

Y luego dijeron aquellos embajadores por parte de su señor Montezuma que se maravillaba mucho de nosotros estar tantos días entre aquellas gentes pobres y sin policía, que aun para esclavos no son buenos, por ser tan malos y traidores y robadores, que cuando más descuidados estuviésemos, de día o de noche, nos matarían por robarnos. Y que nos rogaba que fuésemos luego a su ciudad y que nos daría de lo que tuviese, y aunque no tan cumplido como nosotros merecíamos y él deseaba, y que, puesto que todas las vituallas le entran en su ciudad de acarreto, que mandaría proveernos lo mejor que él pudiese.

Aquesto hacía Montezuma por sacarnos de Tascala, porque supo que habíamos hecho las amistades que dicho tengo en el capítulo que dello habla, y, para ser perfectas, habían dado sus hijas a Malinche, porque bien tuvieron entendido que no les podía venir bien ninguno de nuestras confederaciones. A esta causa nos cebaba con oro y presentes para que fuésemos a sus tierras, al de menos porque saliésemos de Tascala.

Volvamos a decir de los embajadores, que los conocieron bien los de Tascala, y dijeron a nuestro capitán que todos eran señores de pueblos y vasallos con quien Montezuma enviaba a tratar cosas de mucha importancia. Cortés les dio muchas gracias a los mensajeros con grandes caricias y señales de amor que les mostró, y les dio por respuesta que él iría muy presto a ver al señor Montezuma y les rogó que estuviesen algunos días allí con nosotros.

En aquella sazón acordó Cortés que fuesen dos de nuestros capitanes, personas señaladas, a ver y hablar al gran Montezuma y ver la gran ciudad de México y sus grandes fuerzas y fortalezas. E iban ya camino Pedro de Alvarado y Bernaldino Vázquez de Tapia, y quedaron en rehenes cuatro de aquellos embajadores que habían traído el presente; y otros embajadores del gran Montezuma de los que solían estar con nosotros fueron en su compañía.

Y porque en aquel tiempo Cortés había enviado así a la ventura aquellos caballeros, se lo retrujimos. Y dijimos que cómo enviaba a México no más de para ver la ciudad y sus fuerzas, que no era buen acuerdo, y que luego los fuesen a llamar y que no pasen más adelante. Y les escribió que se volviesen luego. Además desto, el Bernaldino Vázquez de Tapia ya había adolecido en el camino de calenturas. Y desque vieron las cartas, se volvieron.

Y los embajadores con quien iban dieron relación dello a su Montezuma, y les preguntó que qué manera de rostros y proporciones de cuerpos llevaban los dos teules que iban a México, y si eran capitanes. Y parece ser que les dijeron que el Pedro de Alvarado era de muy linda gracia, así en el rostro como en su persona, y que parecía como al sol, y que era capitán; y además desto, se le llevaron figurado muy al natural su dibujo y cara. Y desde entonces, le pusieron nombre el Tonatio, que quiere decir el sol o el hijo del sol, y así le llamaron de allí adelante.

Y el Bernaldino Vázquez de Tapia dijeron que era hombre robusto y de muy buena disposición, que también era capitán. Y a Montezuma le pesó porque se habían vuelto del camino. Y aquellos embajadores tuvieron razón de compararlos, así en los rostros como en el aspecto de las personas y cuerpos, como lo significaron a su señor Montezuma, porque el Pedro de Alvarado era de muy buen cuerpo y ligero, y facciones y presencia, así en el rostro como en el hablar, en todo era agraciado, que parecía que se estaba riendo; y el Bernaldino Vázquez de Tapia era algo robusto, puesto que tenía buena presencia.

Y de que volvieron a nuestro real, nos holgamos con ellos y les decíamos que no era cosa acertada lo que Cortés les mandaba. Y dejemos esta materia, pues no hace mucho a nuestra relación, y diré de los mensajeros que Cortés envió a Cholula, la respuesta que enviaron.

CAPÍTULO IX: GRAN RECIBIMIENTO EN CHOLULA

Ya he dicho en el capítulo pasado cómo envió nuestro capitán mensajeros a Cholula para que nos viniesen a ver a Tascala. Y los caciques de aquella ciudad, desque entendieron lo que Cortés les mandaba, parecióles que sería bien enviar cuatro indios de poca valía a desculparse y a decir que por estar malos no venían, y no trajeron bastimento ni otra cosa, sino ansí secamente dijeron aquella respuesta.

Y cuando vinieron estos mensajeros, estaban presentes los caciques de Tascala, y dijeron a nuestro capitán que, para hacer burla dél y de todos nosotros, enviaban los de Cholula aquellos indios, y que eran maceguales y de poca calidad. Por manera que Cortés los tornó a enviar luego con otros cuatro indios de Cempoal, avisándoles que viniesen dentro de tres días hombres principales, pues estaban cinco leguas de allí, y que si no venían, los tendría por rebeldes. Y que desque vengan, les quiere decir cosas que les convienen para salvación de sus ánimas y policía para su buen vivir, y tenerlos por amigos y hermanos, como son los de Tascala, sus vecinos. Y que si otra cosa acordaren y no quieren nuestra amistad, que nosotros procuraríamos descomplacerles y enojarles.

Y desque oyeron aquella embajada, respondieron que no habían de venir a Tascala, porque son sus enemigos, porque saben que han dicho dellos y de su señor Montezuma muchos males, y que vamos a su ciudad y salgamos de los términos de Tascala; y si no hicieren lo que deben, que los tengamos por tales como les enviamos a decir.

Y viendo nuestro capitán que la excusa que decían era muy justa, acordamos de ir allá.

Y desque los caciques de Tascala vieron que determinadamente nuestra ida era por Cholula, dijeron a Cortés: "Pues que ansí quieres creer a los mexicanos y no a nosotros, que somos tus amigos, ya te hemos dicho muchas veces que te guardes de los de Cholula y del poder de México. Para que mejor te puedas ayudar de nosotros, tenémoste aparejados diez mil hombres de guerra que vayan en tu compañía".

Y Cortés les dio muchas gracias por ello y consultó con todos nosotros que no sería bien que llevásemos tantos guerreros a tierra que habíamos de procurar amistades, y que sería bien que llevásemos mil, y estos les demandó, y que los demás se quedasen en sus casas.

Y dejemos esta plática y diré de nuestro camino.

Una mañana comenzamos a marchar por nuestro camino para la ciudad de Cholula, e íbamos con el mayor concierto que podíamos, porque, como otras veces he dicho, adonde esperábamos haber revueltas o guerras, nos apercebíamos muy mejor. Aquel día fuimos a dormir a un río que pasa obra de una legua chica de Cholula, adonde está ahora hecha una puente de piedra, e allí nos hicieron unas chozas e ranchos.

E esta misma noche enviaron los caciques de Cholula mensajeros, hombres principales, a darnos el parabienvenidos a su tierra, e trajeron bastimentos de gallinas y pan de su maíz, e dijeron que en la mañana vernan todos los caciques y papas a nos rescibir, e que les perdonemos, porque no habían salido luego. Y Cortés les dijo, con nuestras lenguas doña Marina e Jerónimo de Aguilar, que se lo agradescía, ansí por el bastimento que traían como por la buena voluntad que mostraban.

E allí dormimos aquella noche con buenas velas e escuchas e corredores del campo, y desque amanesció, comenzamos a caminar hacia la ciudad. E yendo por nuestro camino, ya cerca de la poblazón, nos salieron a rescebir los caciques e papas e otros muchos indios, e todos los más traían vestidas unas ropas de algodón de hechuras de marlotas como las traen los indios zapotecas. Y esto digo a quien las ha visto e ha estado en aquella provincia, porque en aquella ciudad ansí se usaban.

E venían muy de paz e de buena voluntad, y los papas traían braseros con ensencio con que sahumaron a nuestro capitán e los soldados que cerca dél nos hallamos. Parece ser que aquellos papas y principales, como vieron los indios tascaltecas que con nosotros venían, dijéronselo a doña Marina que se lo dijese al general, que no era bien que de aquella manera entrasen sus enemigos con armas en su ciudad.

Y como nuestro capitán lo entendió, mandó a los capitanes e soldados y el fardaje que parásemos, y desque nos vio juntos e que no caminaba ninguno, dijo:

—Paréceme, señores, que antes que entremos en Cholula, que demos un tiento con buenas palabras a estos caciques e papas y veamos qué es su voluntad, porque vienen murmurando destos nuestros amigos tascaltecas, y tienen mucha razón en lo que dicen, e con buenas palabras les quiero dar entender la causa por que venimos a su ciudad. Y porque ya, señores, habéis entendido lo que nos han dicho los tascaltecas, que son bulliciosos, será bien que por bien den la obidiencia a Su Majestad. Y esto me parece que conviene.

Y luego mandó a doña Marina que llamase a los caciques y papas allí donde estaba a caballo e todos nosotros juntos con Cortés. Y luego vinieron tres principales y dos papas, y dijeron:

—Malinche, perdónanos porque no fuemos a Tascala a te ver e llevar comida, y no por falta de voluntad, sino porque nuestros enemigos Maseescaci e Xicotenga e toda Tascala han dicho muchos males de nosotros e del gran Montezuma, nuestro señor, y que no basta lo que han dicho, sino que ahora tengan atrevimiento, con vuestro favor, de venir con armas a nuestra ciudad. Y que te piden por merced que les mandes volver a sus tierras o, al de menos, que se queden en el campo e que no entren de aquella manera en su ciudad, e que nosotros que vamos mucho en buen hora.

E como el capitán vio la razón que tenían, mandó luego a Pedro de Alvarado e al maestre de campo, que era Cristóbal de Olí, que rogasen a los tascaltecas que allí en el campo hiciesen sus ranchos e chozas, e que no entrasen con nosotros sino los que llevaban la artillería y nuestros amigos los de Cempoal, y les dijesen que la causa por que se lo mandaba era porque todos aquellos caciques e papas se temen dellos, e que cuando hubiéremos de pasar de Cholula para México, que los enviará llamar, e que no lo hayan por enojo.

Y desque los de Cholula vieron que Cortés lo mandó, parecía que estaban más sosegados. Y les comenzó Cortés a hacer un parlamento, diciendo que nuestro rey y señor, cuyos vasallos somos, tiene tan grandes poderes y tiene debajo de su mando a muchos grandes príncipes y caciques, y que nos envió a estas tierras a les notificar y mandar que no adoren ídolos ni sacrifiquen hombres ni coman de sus carnes ni hagan sodomías ni otras torpedades. Y que por ser el camino por allí para México, adonde vamos a hablar al gran Montezuma, y por no haber otro más cercano, venimos por su ciudad, y también para tenelles por hermanos, e que, pues otros grandes caciques han dado la obidiencia a Su Majestad, que será bien que ellos la den como los demás.

E respondieron que aún no habemos entrado en su tierra e ya les mandábamos dejar sus teules, que ansí llamaban a sus ídolos, que no lo pueden hacer; y que dar la obidiencia a ese vuestro rey que decís les place, y ansí la dieron de palabra, e no ante escribano.

Y esto hecho, luego comenzamos a marchar para la ciudad. E era tanta la gente que nos salía a ver, que las calles e azoteas estaban llenas; e no me maravillo dello, porque no habían visto hombres como nosotros ni caballos. Y nos llevaron a aposentar a unas grandes salas, en que estuvimos todos e nuestros amigos los de Cempoal y los tascaltecas que llevaron el fardaje. Y nos dieron de comer aquel día e otro muy bien e abastadamente.

E quédese aquí, y diré lo que más pasamos.

Habiéndonos recibido tan solemnemente como dicho tengo, y ciertamente de buena voluntad, sino que después pareció, envió a mandar Montezuma a sus embajadores que con nosotros estaban que tratasen con los de Cholula que, con un escuadrón de veinte mil hombres que envió Montezuma, que tenía apercibidos, para que, en entrando en aquella ciudad, todos nos diesen guerra, de noche o de día nos acapillasen, y los que pudiesen llevar atados de nosotros a

México, que se los llevasen (y con grandes prometimientos que les mandó y muchas joyas y ropa que entonces les envió y un atambor de oro), y a los papas de aquella ciudad, que habían de tomar veinte de nosotros para hacer sacrificios a sus ídolos.

Pues ya todo concertado, y los guerreros que Montezuma luego envió estaban en unos ranchos e arcabuesos, obra de media legua de Cholula, y otros estaban ya dentro en las casas, y todos puestos a punto con sus armas, y hechos mamparos en las azoteas, y en las calles hoyos y albarradas para que no pudiesen correr los caballos, y aun tenían en unas casas llenas de varas largas y colleras y cueros y cordeles con que nos habían de atar y llevarnos a México. Mejor lo hizo Nuestro Señor Dios, que todo se les volvió al revés; y dejémoslo ahora.

Y volvamos a decir que, ansí como nos aposentaron, como dicho he, nos dieron muy bien de comer los dos días primeros, y puesto que los veíamos que estaban muy de paz, no dejábamos siempre de estar muy apercebidos, por la buena costumbre que en ello teníamos.

Y al tercero día, ni nos daban de comer ni parecía cacique ni papa; y si algunos indios nos venían a ver, estaban apartados, que no se llegaban a nosotros, y riéndose, como cosa de burla.

Y desque aquello vio nuestro capitán, dijo a doña Marina y Aguilar, nuestras lenguas, que dijesen a los embajadores del gran Montezuma que allí estaban que mandasen a los caciques traer de comer, y lo que traían era agua y leña; y unos viejos que lo traían decían que no tenían maíz.

Y en aquel mismo día vinieron otros embajadores de Montezuma y se juntaron con los que estaban con nosotros, y dijeron a Cortés muy desvergonzadamente que su señor les enviaba a decir que no fuésemos a su ciudad, porque no tenía qué nos dar de comer, y que luego se querían volver a México con la respuesta.

Y desque aquello vio Cortés, le pareció mal su plática.

Con palabras blandas dijo a los embajadores que se maravillaba de tan gran señor como es Montezuma tener tantos acuerdos, y que les rogaba que no se fuesen a México, porque otro día se quería partir para velle y hacer lo que mandase, y aun me parece que les dio unos sartalejos de cuentas. Y los embajadores dijeron que sí aguardarían.

Y hecho esto, nuestro capitán nos mandó juntar, y nos dijo: "Muy desconcertada veo esta gente; estemos muy alerta, que alguna maldad hay entre ellos". Y luego envió a llamar al cacique principal, que ya no se me acuerda cómo se llamaba, o que enviase algunos principales. Y respondió que estaba malo y que no podía venir.

Y desque aquello vio nuestro capitán, mandó que de un gran cu que estaba junto de nuestros aposentos le trujésemos dos papas con buenas razones, porque había muchos en él. Trujimos dos dellos sin les hacer deshonor, y Cortés les mandó dar a cada uno un chalchui, que son muy estimados entre ellos, como esmeraldas. Y les dijo con palabras amorosas que por qué causa el cacique y principales y todos los más papas están amedrentados, que los ha enviado a llamar y no han querido venir.

Y parece ser que el uno de aquellos papas era hombre muy principal entre ellos y tenía cargo o mando en todos los demás cúes de aquella ciudad, que debía de ser a manera de obispo entre ellos y le tenían gran acato. Y dijo que ellos, que son papas, que no tenían temor de nosotros; que si el cacique y principales no han querido venir, que él irá a los llamar, y que como él les hable, que tiene creído que no harán otra cosa y que verán.

Y luego Cortés dijo que fuese y quedase su compañero allí aguardando hasta que viniese. Y fue aquel papa y llamó al cacique y principales, y luego vinieron juntamente con él al aposento de Cortés. Y les preguntó con nuestras lenguas que por qué habían miedo y que por qué causa no nos daban de comer, y que si reciben pena de nuestra estada en su ciudad, que otro día por la mañana nos queríamos partir para México a ver y hablar al señor Montezuma; y que le tengan aparejados tamemes para llevar el fardaje y tepuzques, que son las lombardas, y también que luego traigan comida.

Y el cacique estaba tan cortado, que no acertaba a hablar, y dijo que la comida la buscarían, mas que su señor Montezuma les ha enviado a mandar que no la diesen ni quería que pasásemos de allí adelante.

Y estando en estas pláticas, vinieron tres indios de los de Cempoal, nuestros amigos, y secretamente dijeron a Cortés que han hallado, junto adonde estábamos aposentados, hechos hoyos en las calles, encubiertos con madera y tierra encima, que, si no miran mucho en ello, no se podría ver, y que quitaron la tierra de encima de un hoyo y estaba lleno de estacas muy agudas, para matar los caballos; y que las azoteas las tienen llenas de piedras y mamparos de adobes, y que ciertamente no estaban de buen arte, porque también hallaron albarradas de maderos gruesos en otra calle.

Y en aquel instante, vinieron ocho indios tascaltecas, de los que dejamos en el campo, que no entraron en Cholula, y dijeron a Cortés: "Mirá, Malinche, que esta ciudad está de mala manera, porque sabemos que esta noche han sacrificado a su ídolo, que es el de la guerra, siete personas, y los cinco dellos son niños, porque les dé vitoria contra vosotros, y también habemos visto que sacan todo el fardaje y mujeres y niños".

Desque aquello oyó Cortés, luego les despachó para que fuesen a sus capitanes los tascaltecas, que estuviesen muy aparejados si les enviásemos a llamar.

Y tornó a hablar al cacique y papas y principales de Cholula que no tuviesen miedo ni anduviesen alterados, y que mirasen la obediencia que dieron, que no la quebrantasen, que les castigaría por ello; que ya les ha dicho que nos queremos ir por la mañana, que ha menester dos mil hombres de guerra de aquella ciudad que vayan con nosotros, como nos han dado los de Tascala, porque en los caminos los habrá menester.

Y dijéronle que sí darían, y demandaron licencia para irse luego a los apercebir. Y muy contentos se fueron, porque creyeron que con los guerreros que nos habían de dar y con las capitanías de Montezuma que estaban en los arcabuesos y barrancas, que allí, de muertos o presos, no podríamos escapar por causa que no podrían correr los caballos, y por ciertos mamparos y albarradas, que dieron luego por aviso a los que estaban en guarnición que hiciesen a manera de callejón que no pudiésemos pasar. Y les avisaron que otro día habíamos de partir y que estuviesen muy a punto todos, porque ellos nos darían dos mil hombres de guerra, y que, como fuésemos descuidados, que allí harían su presa los unos y los otros y nos podían atar. Y que esto lo tuviesen por cierto, porque ya habían hecho sacrificios a sus ídolos de la guerra y les han prometido la vitoria.

Y dejemos de hablar en ello, que pensaban sería cierto.

Y volvamos a nuestro capitán, que quiso saber muy por extenso todo el concierto y lo que pasaba, y dijo a doña Marina que llevase más chalchiuis a los dos papas que había hablado primero, pues no tenían miedo, y con palabras amorosas les dijese que los quería tornar a hablar Malinche, y que los trujese consigo. Y la doña Marina fue y les habló de tal manera, que lo sabía muy bien hacer, y con dádivas vinieron luego con ella.

Y Cortés les dijo que dijesen la verdad de lo que supiesen, pues eran sacerdotes de ídolos y principales, que no habían de mentir, y que lo que le dijesen no sería descubierto por vía ninguna, pues que otro día nos habíamos de partir, y que les daría mucha ropa.

Y dijeron que la verdad es que su señor Montezuma supo que íbamos a aquella ciudad; y que cada día estaba en muchos acuerdos y que no determinaba bien la cosa, y que unas veces les enviaba a mandar que si allá fuésemos, que nos hiciesen mucha honra y nos encaminasen a su ciudad, y otras veces les enviaba a decir que ya no era su voluntad que fuésemos a México. Y que ahora nuevamente le han aconsejado su Tescatepuca y su Hichilobos, en quien ellos tienen gran devoción, que allí en Cholula nos matasen o llevasen atados a México.

Y que había enviado el día antes veinte mil hombres de guerra, y que la mitad están ya aquí dentro desta ciudad, y la otra mitad están cerca de aquí, entre unas quebradas, y que ya tienen aviso cómo habéis de ir mañana; y de las albarradas que les mandaron hacer y de los dos mil guerreros que os habemos de dar; y cómo tenían ya hecho conciertos que habían de quedar veinte de nosotros para sacrificar a los ídolos de Cholula.

Cortés les mandó dar mantas muy labradas y les rogó que no lo dijesen, porque si lo descubrían, que a la vuelta que volviésemos de México los matarían; y que se quería ir muy de mañana, y que hiciesen venir todos los caciques para hablalles, como dicho les tiene.

Y luego aquella noche tomó consejo Cortés de lo que habíamos de hacer, porque tenía muy estremados varones y de buenos consejos. Y como en tales casos suele acaecer, unos decían que sería bien torcer el camino e irnos por Guaxocingo; otros decían que procurásemos haber paz por cualquier vía que pudiésemos y que nos volviésemos a

Tascala; otros dimos parecer que si aquellas traiciones dejábamos pasar sin castigo, que en cualquiera parte nos tratarían otras peores.

Y pues que estábamos allí en aquel pueblo y había hartos bastimentos, les diésemos guerra, porque más la sentirían en sus casas que no en el campo, y que luego apercibiésemos a los tascaltecas que se hallasen en ello. Y a todos pareció bien este postrer acuerdo.

Y fue desta manera: que ya que les había dicho Cortés que nos habíamos de partir para otro día, que hiciésemos que liábamos nuestro hato, que era harto poco, y que en unos grandes patios que había donde posábamos, que estaban con altas cercas, que diésemos en los indios de guerra, pues aquello era su merecido; y que con los embajadores de Montezuma disimulásemos y les dijésemos que los malos chulultecas han querido hacer una traición y echar la culpa della a su señor Montezuma y a ellos mismos, como sus embajadores, lo cual no creímos que tal mandase hacer, y que les rogábamos que se estuviesen en el aposento y no tuviesen más plática con los de aquella ciudad, porque no nos den que pensar que andan juntamente con ellos en las traiciones, y para que se vayan con nosotros a México por guías.

Y respondieron que ellos ni su señor Montezuma no saben cosa ninguna de lo que les dicen. Y aunque no quisieron, les pusimos guardas, porque no se fuesen sin licencia y porque no supiese Montezuma que nosotros sabíamos que él era quien lo había mandado hacer.

Y aquella noche estuvimos muy apercebidos y armados, y los caballos ensillados y enfrenados, con grandes velas y rondas, que esto siempre lo teníamos de costumbre, porque tuvimos por cierto que todas las capitanías, así de mexicanos como de cholultecas, aquella noche habían de dar sobre nosotros.

Y una india vieja, mujer de un cacique, como sabía el concierto y trama que tenían ordenado, vino secretamente a doña Marina, nuestra lengua. Como la vio moza y de buen parecer y rica, le dijo y aconsejó que se fuese con ella a su casa, si quería escapar la vida, porque ciertamente aquella noche o al otro día nos habían de matar a todos, porque ya estaba así mandado y concertado por el gran Montezuma, para que entre los de aquella ciudad y los mexicanos se juntasen y no quedase ninguno de nosotros a vida, o nos llevasen atados a México.

Y que, porque sabe esto y por mancilla que tenía de la doña Marina, se lo venía a decir, y que tomase todo su hato y se fuese con ella a su casa, y que allí la casaría con su hijo, hermano de otro mozo que traía la vieja, que la acompañaba.

Y como la entendió la doña Marina, y en todo era muy avisada, le dijo:

"¡Oh madre, cuánto tengo que agradeceros eso que me decís! Yo me fuera ahora con vos, sino que no tengo aquí de quien me fiar para llevar mis mantas y joyas de oro, que es mucho. Por vuestra vida, madre, que aguardéis un poco vos y vuestro hijo, y esta noche nos iremos, que ahora ya veis que estos teules están velando y sentirnos han".

Y la vieja creyó lo que le decía y quedóse con ella platicando. Y le preguntó que de qué manera nos habían de matar, y cómo, y cuándo, y adónde se hizo el concierto. Y la vieja se lo dijo ni más ni menos que lo habían dicho los dos papas.

Y respondió la doña Marina:

"Pues ¿cómo, siendo tan secreto ese negocio, lo alcanzastes vos a saber?".

Dijo que su marido se lo había dicho, que es capitán de una parcialidad de aquella ciudad y, como tal capitán, está ahora con la gente de guerra que tiene a cargo, dando orden para que se junten en las barracas con los escuadrones del gran Montezuma, y que cree que estarán juntos esperando para cuando fuésemos, y que allí nos matarían.

Y que esto del concierto lo sabe tres días ha, porque de México enviaron a su marido un atambor dorado, y a otros tres capitanes también les envió ricas mantas y joyas de oro, porque nos llevasen atados a su señor Montezuma.

Y la doña Marina, como lo oyó, disimuló con la vieja y dijo:

"¡Oh, cuánto me huelgo en saber que vuestro hijo, con quien me queréis casar, es persona principal! Mucho hemos estado hablando; no querría que nos sintiesen. Por eso, madre, aguardad aquí; comenzaré a traer mi hacienda, porque no lo podré sacar todo junto, y vos y vuestro hijo, mi hermano, lo guardaréis, y luego nos podremos ir".

Y la vieja todo se lo creía. Y sentóse de reposo la vieja y su hijo. Y la doña Marina entra de presto donde estaba el capitán y le dice todo lo que pasó con la india, la cual luego la mandó traer ante él y la tornó a preguntar sobre las traiciones y conciertos. Y le dijo ni más ni menos que los papas. Y la pusieron guardas porque no se fuese.

Y desque amaneció, qué cosa era ver la priesa que traían los caciques y papas con los indios de guerra, con muchas risadas y muy contentos, como si ya nos tuvieran metidos en el garlito y redes. Y trujeron más indios de guerra que les demandamos, que no cupieron en los patios, por muy grandes que son, que aun todavía están sin deshacer por memoria de lo pasado.

Y por bien de mañana que vinieron los cholultecas con la gente de guerra, ya todos nosotros estábamos muy a punto para lo que se había de hacer, y los soldados de espada y rodela puestos a la puerta del gran patio, para no dejar salir ningún indio de los que estaban con armas, y nuestro capitán también estaba a caballo, acompañado de muchos soldados para su guarda.

Y desque vio que tan de mañana habían venido los caciques y papas y gente de guerra, dijo:

"¡Qué voluntad tienen estos traidores de vernos entre las barrancas para hartarse de nuestras carnes! ¡Mejor lo hará Nuestro Señor!".

Y preguntó por los dos papas que habían descubierto el secreto y le dijeron que estaban a la puerta del patio con otros caciques que querían entrar. Y mandó Cortés a Aguilar, nuestra lengua, que les dijese que se fuesen a sus casas, y que ahora no tenía necesidad dellos. Y esto fue por causa que, pues nos hicieron buena obra, no recibiesen mal por ella, para que no los matásemos.

Y como Cortés estaba a caballo y doña Marina junto a él, comenzó a decir a los caciques que, sin hacelles enojo ninguno, a qué causa nos querían matar la noche pasada, y que si les hemos hecho o dicho cosa para que nos tratasen con aquellas traiciones, más de amonestalles las cosas que a todos los más pueblos por donde hemos venido les decimos: que no sean malos, ni sacrifiquen hombres, ni adoren sus ídolos, ni coman las carnes de sus prójimos; que no sean sométicos y que tengan buena manera en su vivir, y decirles las cosas tocantes a nuestra santa fe, y esto sin apremialles en cosa ninguna.

Y a qué fin tienen ahora nuevamente aparejadas muchas varas largas y recias, con colleras y muchos cordeles en una casa junto al gran cu, y por qué han hecho de tres días acá albarradas en las calles y hoyos y pertrechos en las azoteas, y por qué han sacado de su ciudad sus hijos y mujeres y hacienda. Y que bien se ha parecido su mala voluntad y las traiciones, que no las pudieron encubrir, que aun de comer no nos daban, que por burla traían agua y leña y decían que no había maíz.

Y que bien sabe que tienen cerca de allí, en unas barrancas, muchas capitanías de guerreros esperándonos, creyendo que habíamos de ir por aquel camino a México, para hacer la traición que tienen acordada con otra mucha gente de guerra que esta noche se ha juntado con ellos.

Que pues como en pago de que veníamos a tenerlos por hermanos y decilles lo que Dios Nuestro Señor y el Rey manda, nos querían matar y comer nuestras carnes, que ya tenían aparejadas las ollas, con sal y ají y tomates. Que si esto querían hacer, que fuera mejor que nos dieran guerra, como esforzados y buenos guerreros, en los campos, como hicieron sus vecinos los tascaltecas.

Y que sabe por muy cierto que tenían concertado que en aquella ciudad, y aun prometido a su ídolo, abogado de la guerra, que le habían de sacrificar veinte de nosotros delante del ídolo; y tres noches antes ya pasadas, que le sacrificaron siete indios porque les diese victoria, lo cual les prometió. Y como es malo y falso, no tiene ni tuvo poder contra nosotros, y que todas estas maldades y traiciones que han tratado y puesto por la obra ha de caer sobre ellos.

Y esta razón se lo decía doña Marina, y se lo daba muy bien a entender. Y desque lo oyeron los papas y caciques y capitanes, dijeron que así es verdad lo que les dice, y que dello no tienen culpa, porque los embajadores de Montezuma lo ordenaron por mandado de su señor.

Entonces les dijo Cortés que tales traiciones como aquellas mandan las leyes reales que no queden sin castigo, y que por su delito han de morir. Y luego mandó soltar una escopeta, que era la señal que teníamos apercibida para aquel efecto, y se les dio una mano que se les acordará para siempre, porque matamos muchos dellos, que no les aprovechó las promesas de sus falsos ídolos.

Y no tardaron dos horas cuando llegaron allí nuestros amigos los tascaltecas que dejamos en el campo, como ya he dicho otra vez, y pelean muy fuertemente en las calles, donde los chulultecas tenían otras capitanías defendiéndolas para que no les entrásemos, y de presto fueron desbaratadas.

Iban por la ciudad robando y cautivando, que no les podíamos detener. Y otro día vinieron otras capitanías de las poblazones de Tlascala y les hacen grandes daños, porque estaban muy mal con los de Cholula. Y desque aquello vimos, ansí Cortés como los demás capitanes y soldados, por mancilla que hubimos dellos, detuvimos a los tascaltecas, que no hiciesen más mal.

Y Cortés mandó a Cristóbal de Olí que le trujese todos los capitanes de Tascala para les hablar, y no tardaron en venir, y les mandó que recogiesen toda su gente y que se estuviesen en el campo, y ansí lo hicieron, que no quedaron con nosotros sino los de Cempoal.

Y en aqueste instante vinieron ciertos caciques y papas chulultecas que eran de otros barrios, que no se hallaron en las traiciones, según ellos decían (que como es gran ciudad, era bando y parcialidad por sí), y rogaron a Cortés y a todos nosotros que perdonásemos el enojo de las traiciones que nos tenían ordenado, pues los traidores habían pagado con las vidas.

Y luego vinieron los dos papas amigos nuestros que nos descubrieron el secreto, y la vieja mujer del capitán que quería ser suegra de doña Marina, como ya he dicho otra vez, y todos rogaron a Cortés fuesen perdonados.

Y Cortés, cuando se lo decían, mostró tener gran enojo y mandó llamar a los embajadores de Montezuma, que estaban detenidos en nuestra compañía, y dijo que, puesto que toda aquella ciudad merecía ser asolada, que, teniendo respeto a su señor Montezuma, cuyos vasallos son, los perdona, y que de ahí en adelante sean buenos y no les acontezca otra como la pasada, que morirán por ello.

Y luego mandó llamar a los caciques de Tascala que estaban en el campo y les dijo que volviesen los hombres y mujeres que habían cautivado, que bastaban los males que habían hecho. Y puesto que se les hacía de mal devolverlos, y decían que de muchos más daños eran merecedores por las traiciones que siempre de aquella ciudad han recibido, y que, por mandallo Cortés, volvieron muchas personas;

mas ellos quedaron desta vez ricos, ansí de oro y mantas y algodón y sal y esclavos.

Y demás desto, Cortés los hizo amigos con los de Cholula, que, a lo que yo después vi y entendí, jamás quebraron las amistades. Y más, les mandó a todos los papas y caciques cholultecas que poblasen su ciudad y que hiciesen tianguez y mercados, y que no hubiesen temor, que no se les haría enojo ninguno.

Respondieron que dentro de cinco días harían poblar toda la ciudad, porque en aquella sazón todos los más vecinos estaban remontados, y dijeron que tenían necesidad de que Cortés les nombrase cacique, porque el que solía mandar fue uno de los que murieron en el patio. Y luego preguntó que a quién le venía el cacicazgo. Y dijeron que a un su hermano, el cual luego les señaló por gobernador hasta que otra cosa les fuese mandado.

Y demás desto, desque vio la ciudad poblada y que estaban seguros en sus mercados, mandó que se juntasen los papas y capitanes con los demás principales de aquella ciudad, y se les dio a entender muy claramente todas las cosas tocantes a nuestra santa fe: que dejasen de adorar ídolos, y no sacrificasen ni comiesen carne humana, ni se robasen unos a otros, ni usasen las torpezas que solían usar. Y que mirasen que sus ídolos los traen engañados, y que son malos y no dicen verdad; y que tuviesen memoria que cinco días había de las mentiras que les prometió, que les daría victoria cuando le sacrificaron las siete personas, y cómo todo cuanto dicen a los papas y a ellos es todo maldad.

Y que les rogaba que luego los derrocasen y hiciesen pedazos. Y si ellos no querían, que nosotros los quitaríamos, y que hiciesen encalar uno como humilladero para donde pusimos una cruz. Lo de la cruz luego lo hicieron, y respondieron que quitarían los ídolos, y, puesto que se les mandó muchas veces que los quitasen, lo dilataban.

Y entonces dijo el padre de la Merced a Cortés que era por demás, a los principios, quitarles sus ídolos hasta que vayan entendiendo más las cosas y ver en qué paraba nuestra entrada en México; y que el tiempo nos diría lo que habíamos de hacer, que al presente bastaba las amonestaciones que se les han hecho y ponerles la cruz.

Dejaré de hablar desto y diré cómo aquella ciudad está asentada en un llano y en parte y sitio donde están muchas poblazones cercanas, que son Tepeaca, Tascala, Chalco, Tecamachalco, Guaxocingo y otros muchos pueblos que, por ser tantos, aquí no los nombro. Y es tierra de mucho maíz y otras legumbres, y de mucho ají, y toda llena de magueyales, que es donde hacen el vino.

Hacen en ella muy buena loza de barro colorado y prieto y blanco, de diversas pinturas, y se bastece della México y todas las provincias comarcanas; digamos ahora como en Castilla lo de Talavera o Plasencia.

Tenía aquella ciudad en aquel tiempo ciento y tantas torres muy altas, que eran cúes y adoratorios donde estaban sus ídolos; especial el cu mayor: era de más altor que el de México (puesto que era muy suntuoso y alto el cu mexicano), y tenía otros patios para servicio de los cúes.

Según entendimos, había allí un ídolo muy grande, el nombre dél no me acuerdo, mas entre ellos se tenía gran devoción, y venían de muchas partes a le sacrificar y a tener como a manera de novenas, y le presentaban de las haciendas que tenían.

Acuérdome, cuando en aquella ciudad entramos, que desque vimos tan altas torres y blanquear, nos pareció al propio Valladolid.

Dejemos de hablar desta ciudad y de todo lo acaescido en ella. Y digamos cómo los escuadrones que había enviado el gran Montezuma, que estaban ya puestos entre los arcabuesos que están cabe Cholula, y tenían hechos mamparos y callejones para que no pudiesen correr los caballos, como lo tenían concertado, como ya otra vez lo he dicho, desque supieron lo acaescido, se vuelven más que de paso para México y dan relación a su Montezuma según y de la manera que todo pasó.

Y por presto que fueron, ya tenía la nueva de dos principales que con nosotros estaban, que fueron en posta. Y supimos muy de cierto que, cuando lo supo Montezuma, sintió gran dolor y enojo, y que luego sacrificó ciertos indios a su ídolo Huichilobos, que le tenían por dios de la guerra, porque dijese en lo que había de parar nuestra ida a México, o si nos dejaría entrar en su ciudad.

Y aun supimos que estuvo encerrado en sus devociones y sacrificios dos días, juntamente con diez papas, los más principales, y que hubo respuesta de aquellos ídolos, y fue que le aconsejaron que nos enviase mensajeros a desculparse de lo de Cholula y que, con muestras de paz, nos deje entrar en México. Y que estando dentro, con quitarnos la comida y el agua, o alzarnos cualquiera de los puentes, nos matarían, y que en un día, si nos daba guerra, no quedaría ninguno de nosotros a vida.

Y que allí podría hacer sus sacrificios, ansí al Huichilobos, que le dio esta respuesta, como a Tescatepuca, que tenían por dios del infierno. Y tendrían hartazgas de nuestros muslos y piernas y brazos, y las tripas y el cuerpo y todo lo demás hartarían las culebras y sierpes y tigres que tenían en unas casas de madera, como adelante diré en su tiempo y lugar.

Dejemos de hablar de lo que Montezuma sintió. Y digamos cómo esta cosa o castigo de Cholula fue sabido en todas las provincias de la Nueva España. Si de antes teníamos fama de esforzados y habían sabido de las guerras de Potonchán y Tabasco y de Cigapacinga y lo de Tascala, y nos llamaban teules, que es nombre como sus dioses o cosas malas, desde ahí adelante nos tenían por adivinos y decían que no se nos podría encubrir cosa ninguna mala que contra nosotros tratasen que no lo supiésemos, y a esta causa nos mostraban buena voluntad.

Ya creo que estarán hartos los curiosos lectores de oír esta relación de Cholula; ya quisiera habella acabado de escrebir, y no puedo dejar de traer aquí a la memoria las redes de maderos gruesos que en ella hallamos, que estaban llenas de indios y muchachos a cebo, para sacrificar y comer sus carnes, las cuales redes quebramos, y a los indios que en ellas estaban presos les mandó Cortés que se fuesen a donde eran naturales, y con amenazas mandó a los caciques y capitanes y papas de aquella ciudad que no tuviesen más indios de aquella manera ni comiesen carne humana, y ansí lo prometieron; mas ¡qué aprovechaban aquellos prometimientos, que no lo cumplían!

Pasemos ya adelante y digamos que aquéstas fueron las grandes crueldades que escribe y nunca acaba de decir el obispo de Chiapa, fray Bartolomé de las Casas, porque afirma que sin causa ninguna, sino por nuestro pasatiempo y porque se nos antojó, se hizo aquel castigo, y aun dícelo de arte en su libro a quien no lo vio ni lo sabe, que les hará creer que es ansí aquello y otras crueldades que escribe, siendo todo al revés, y no pasó como lo escribe.

Miren los religiosos de la orden de señor Santo Domingo lo que leen en lo que ha escrito, y hallarán ser muy contrario lo uno de lo otro. Y también quiero decir que unos buenos religiosos franciscos, que fueron los primeros frailes que Su Majestad envió a esta Nueva España después de ganado México, según adelante diré, fueron a Cholula para saber e inquirir cómo y de qué manera pasó aquel castigo y por qué causa, y la pesquisa que hicieron fue con los mesmos papas y viejos de aquella ciudad; y después de bien informados dellos mismos, hallaron ser ni más ni menos que en esta mi relación escribo, y no como lo dice el obispo.

Y si por ventura no se hiciera aquel castigo, nuestras vidas estaban en mucho peligro, según los escuadrones y capitanías que tenían de guerreros mexicanos y de Cholula, y albarradas y pertrechos. Y que si allí por nuestra desdicha nos mataran, esta Nueva España no se ganara tan presto ni se atreviera a venir otra armada; y ya que viniera, fuera con gran trabajo, porque les defendieran los puertos y se estuvieran siempre en sus idolatrías.

Yo he oído decir a un fraile francisco de buena vida, que se decía fray Toribio Motolinía, que si se pudiera excusar aquel castigo y ellos no dieran causa a que se hiciese, que mejor fuera; mas, ya que se hizo, que fue bueno para que todos los indios de las provincias de la Nueva España viesen y conociesen que aquellos ídolos y todos los demás son malos y mentirosos. Y que viendo lo que les había prometido, salió al revés, y que perdieron la devoción que antes tenían con ellos, y que desde allí en adelante no los sacrificaban ni venían como en romería de otras partes como solían. Y desde entonces no curaron más dél y le quitaron del alto cu donde estaba, o le escondieron o quebraron, que no pareció más, y en su lugar habían puesto otro ídolo.

Dejémoslo ya, y diré lo que más adelante hicimos.

Como habían ya pasado catorce días que estábamos en Cholula y no teníamos más en qué entender, y vimos que quedaba aquella ciudad muy poblada y hacían mercados, y habíamos hecho amistades entre ellos y los de Tascala, y les teníamos puesta una cruz y amonestado las cosas tocantes a nuestra santa fe, y veíamos que el gran Montezuma enviaba a nuestro real espías encubiertamente a saber e inquirir cuál era nuestra voluntad y si habíamos de pasar adelante para ir a su ciudad —porque todo lo alcanzaba a saber muy enteramente por dos embajadores que estaban en nuestra compañía—acordó nuestro capitán entrar en consejo con ciertos capitanes y algunos soldados que sabía que le tenían buena voluntad, porque, demás de ser muy esforzados, eran de buen consejo. Porque ninguna cosa hacía sin primero tomar sobre ello nuestro parecer.

Y fue acordado que, blanda y amorosamente, enviásemos a decir al gran Montezuma que, para cumplir lo que nuestro rey y señor nos envió a estas partes —y hemos pasado muchos mares y remotas tierras solamente para le ver y decirle cosas que le serán muy provechosas desque las haya entendido—, que viniendo como veníamos camino de su ciudad, porque sus embajadores nos encaminaron por Cholula, que dijeron que eran sus vasallos, y que los dos días primeros que en ella entramos nos recibieron muy bien, y que para otro día tenían ordenada una traición con pensamiento de nos matar.

Y porque somos hombres que tenemos tal calidad que no se nos puede encubrir cosa de trato ni traición ni maldad que contra nosotros quieran hacer, que luego no lo sabemos, y que por esta causa castigamos algunos que querían ponerlo por obra. Y que, porque supo que eran sus súbditos, teniendo respeto a su persona y a nuestra gran amistad, dejamos de asolar y matar a todos los que fueron en pensar en la traición. Y lo peor de todo es que dijeron los papas y caciques que, por consejo y mandado dél y de sus embajadores, lo querían hacer. Lo cual nunca creímos que tan gran señor como él tal mandase, especialmente habiéndose dado por nuestro amigo. Y tenemos colegido de su persona que, ya que tan mal pensamiento sus ídolos le pusieron de darnos guerra, que sería en el campo; mas en tanto teníamos que pelease en campo que en poblado, que de día que de noche, porque les mataríamos a quien tal pensase hacer.

Mas como le tenemos por gran amigo y le deseamos ver y hablar, luego nos partimos para su ciudad, a darle cuenta muy por entero de lo que el Rey nuestro señor nos mandó.

Y como Montezuma oyó esta embajada y entendió que por lo de Cholula no le poníamos toda la culpa, oímos decir que tornó a entrar con sus papas en ayunos y sacrificios que hicieron a sus ídolos, para que se tornase a rectificar si nos dejaría entrar en su ciudad o no, y si se lo tornaba a mandar como le había dicho otra vez. Y la respuesta que les tornó a dar fue como la primera: que de hecho nos deje entrar, y que dentro nos mataría a su voluntad.

Y más le aconsejaron sus capitanes y papas que, si ponía estorbo en la entrada, que le haríamos guerra en los pueblos sus súbditos, teniendo como teníamos por amigos a los tascaltecas y todos los totonaques de la sierra y a otros pueblos que habían tomado nuestra amistad; y por excusar estos males, que mejor y más sano consejo era el que les había dado su Huichilobos.

Dejemos de más decir de lo que Montezuma tenía acordado, y diré lo que sobre ello hizo, y cómo acordamos de ir camino de México, y estando de partida, llegaron mensajeros de Montezuma con un presente y lo que envió a decir.

CAPÍTULO X: EL GRAN RECIMIENTO DE MONTEZUMA

Como el gran Montezuma hubo tomado otra vez consejo con su Huichilobos y papas y capitanes, y todos le aconsejaron que nos dejase entrar en su ciudad y que allí nos mataría a su salvo. Y después que oyó las palabras que le enviamos a decir acerca de nuestra amistad y también otras razones bravosas —cómo somos hombres que no se nos encubre traición que contra nosotros se trate que no lo sepamos, y que en lo de la guerra, que eso se nos da que sea en el campo o en poblado, que de noche o de día o de otra cualquier manera—, y como había entendido las guerras de Tascala, y había sabido lo de Potonchán y Tabasco y Cingapacinga y ahora lo de Cholula, estaba asombrado y aun temeroso.

Y después de muchos acuerdos que tuvo, envió seis principales con un presente de oro y joyas de mucha diversidad de hechuras, que valdría, a lo que juzgaban, sobre dos mil pesos; y también envió ciertas cargas de mantas muy ricas y de primas labores.

Y cuando aquellos principales llegaron ante Cortés con el presente, besaron la tierra con la mano y, con gran acato, como entre ellos se usa, dijeron:

"Malinche, nuestro señor, el gran Montezuma, te envía este presente y dice que lo recibas con el amor que te tiene, y a todos vuestros hermanos. Y que le pesa del enojo que le dieron los de Cholula, y que quisiera que los castigaras más en sus personas, porque son malos y mentirosos; que las maldades que ellos querían hacer le echaban a él la culpa y a sus embajadores. Y que tengamos por muy cierto que es nuestro amigo y que vamos a su ciudad cuando quisiéremos; que, puesto que él nos quiere hacer mucha honra, como a personas tan esforzadas y mensajeros de tan alto rey como decís que es, y porque no tiene qué nos dar de comer, que la ciudad se lleva todo el bastimento de acarreto, por estar en la laguna poblados, no lo podrá hacer tan cumplidamente. Mas que él procurará de hacernos toda la más honra que pudiere, y que por los pueblos por donde habíamos de pasar, que él ha mandado que nos den lo que hubiésemos menester".

Y como Cortés lo entendió por nuestras lenguas, recibió aquel presente con muestras de amor y abrazó a los mensajeros, y les mandó dar ciertos diamantes torcidos. Y todos nuestros capitanes y soldados nos alegramos con tan buenas nuevas, en mandarnos que vamos a su ciudad, porque de día en día lo estábamos deseando todos los más soldados, especial los que no dejábamos en la isla de Cuba bienes ningunos y habíamos venido dos veces a descubrir primero que Cortés.

Dejemos esto y digamos cómo el capitán les dio buena respuesta y muy amorosa, y mandó que se quedasen tres mensajeros de los que vinieron con el presente para que fuesen con nosotros por guías, y los otros tres volvieron con la respuesta a su señor y le avisan que ya íbamos camino.

Y cuando aquella nuestra partida entendieron los caciques mayores de Tascala, que se decían Xicotenga el Viejo, y ciego, y Maseescace, los cuales he nombrado otras veces, les pesó en el alma y enviaron a decir a Cortés que ya le habían dicho muchas veces que mirase lo que hacía y se guardase de entrar en tan recia ciudad, donde había tantas fuerzas y tanta multitud de guerreros, porque un día o otro nos darían guerra y temían que no podríamos salir con las vidas. Y que, por la buena voluntad que nos tienen, que ellos quieren enviar diez mil hombres con capitanes esforzados que vayan con nosotros con bastimento para el camino.

Cortés les agradeció mucho su buena voluntad y les dijo que no es justo entrar en México con tanta copia de guerreros, especialmente siendo tan contrarios los unos de los otros, que solamente había menester mil hombres para llevar los tepuzques y fardaje, y para adobar algunos caminos. Ya he dicho otra vez que tepuzques en estas partes dicen por los tiros, que son de hierro, que llevábamos.

Y luego despacharon los mil indios muy apercibidos. Y ya que estábamos a punto para caminar, vinieron ante Cortés los caciques y todos los más principales guerreros que sacamos de Cempoal, que andaban en nuestra compañía y nos sirvieron muy bien y lealmente. Y dijeron que se querían volver a Cempoal, y que no pasarían de Cholula adelante para ir a México, porque cierto tenían que si allá iban, que habían de morir ellos y nosotros; y que el gran Montezuma les mandaría matar, porque eran personas muy principales de los de Cempoal, que fueron en quitarle la obediencia y en que no se le diese tributo, y en aprisionar a sus recaudadores cuando hubo la rebelión ya por mí otra vez escrita en esta relación.

Y desque Cortés los vio que con tanta voluntad le demandaban aquella licencia, les respondió, con doña Marina y Aguilar, que no hubiesen temor ninguno de que recibirían mal ni daño, y que pues iban en nuestra compañía, que ¿quién había de ser osado a enojarles a ellos ni a nosotros? Y que les rogaba que mudasen su voluntad y que se quedasen con nosotros, y les prometió que les haría ricos.

Y por más que se lo rogó Cortés y doña Marina se lo decía muy afetuosamente, nunca quisieron quedar, sino que se querían volver. Y desque aquello vio Cortés, dijo:

"Nunca Dios quiera que nosotros llevemos por fuerza a estos indios que tan bien nos han servido".

Y mandó traer muchas cargas de mantas ricas y se las repartió entre todos, y también envió al Cacique Gordo, nuestro amigo, señor de Cempoal, dos cargas de mantas para él y para su sobrino Cuesco, que ansí se llama otro gran cacique.

Y escribió al teniente Juan de Escalante, que dejábamos por capitán, y era en aquella sazón alguacil mayor, todo lo que nos había acaescido, y cómo íbamos camino de México, y que mirase muy bien por todos los vecinos y se velase, y que siempre estuviese, de día y de noche, con gran cuidado, y que acabase de hacer la fortaleza, y que a los naturales de aquellos pueblos los favoreciese contra mexicanos, y no se les hiciese agravio por ningún soldado de los que con él estaban.

Y escrita esta carta y partidos los de Cempoal, comenzamos de ir nuestro camino muy apercebidos. Y pasaré adelante y diré adónde fuimos a dormir y otras cosas que sucedieron.

Ansí como salimos de Cholula con gran concierto, como lo teníamos de costumbre, los corredores de campo a caballo, descubriendo la tierra, y peones muy sueltos juntamente con ellos, para que si algún mal paso o embarazo hubiese, se ayudasen los unos a los otros. Y nuestros tiros muy a punto, y escopeteros y ballesteros, y los de a caballo de tres en tres, para que se ayudasen, y todos los más soldados en gran concierto.

No sé yo para qué lo traigo tanto a la memoria, sino que en las cosas de la guerra por fuerza hemos de hacer relación dello, para que se vea cuál andábamos, la barba siempre sobre el hombro.

Y ansí caminando, llegamos aquel día a unos ranchos que están en una como serrezuela, que es poblazón de Guaxocingo, que me parece que se dicen los ranchos de Iscalpán, cuatro leguas de Cholula. Y allí vinieron luego los caciques y papas de los pueblos de Guaxocingo, que estaba cerca y eran amigos y confederados de los tascaltecas, y también vinieron otros poblezuelos que están poblados a las haldas del volcán que confinan con ellos, y trajeron bastimento y un presente de joyas de oro de poca valía, y dijeron a Cortés que recibiese aquello y no mirase a lo poco que era, sino a la voluntad con que se lo daban.

Y le aconsejaron que no fuese a México, que era una ciudad muy fuerte y de muchos guerreros, y que correríamos mucho peligro. Y que mirase que, ya que íbamos, que, subido aquel puerto, había dos caminos muy anchos: uno iba a un pueblo que se dice Chalco y el otro a Tamanalco, que era otro pueblo, y ambos entraban sujetos a México. Y que el un camino estaba muy barrido y limpio para que fuésemos por él, y que el otro camino le tenían ciego y cortados muchos árboles muy gruesos y grandes pinos, porque no pudiesen ir caballos ni pudiésemos pasar adelante.

Y que, bajando un poco de la sierra por el camino que tenían limpio, creyendo que habíamos de ir por él, tenían cortado un pedazo de la sierra y había allí mamparos y albarradas, y que han estado en el paso ciertos escuadrones de mexicanos para nos matar.

Y que nos aconsejaban que no fuésemos por el que estaba limpio, sino por donde estaban los árboles atravesados, y que ellos nos darían mucha gente que lo desembarace. Y, pues que iban con nosotros los tascaltecas, que todos quitarían los árboles, y que aquel camino salía a Tamanalco.

Y Cortés les recibió el presente con mucho amor y les dijo que les agradecía el aviso que le daban, y que, con el ayuda de Dios, no dejaría de seguir su camino y que iría por donde le aconsejaban.

Y luego otro día, bien de mañana, comenzamos a caminar, y ya era cerca de mediodía cuando llegamos en lo alto de la sierra, donde hallamos los caminos ni más ni menos que como los de Guaxocingo dijeron. Y allí reparamos un poco, y aun nos dio qué pensar en lo de los escuadrones mexicanos y en la sierra cortada donde estaban las albarradas de que nos avisaron.

Y Cortés mandó llamar a los embajadores del gran Montezuma que iban en nuestra compañía, y les preguntó que cómo estaban aquellos dos caminos de aquella manera: el uno muy limpio y barrido, y el otro lleno de árboles cortados nuevamente. Y respondieron que porque vamos por el limpio, que sale a una ciudad que se dice Chalco, donde nos harán buen recibimiento, que es de su señor Montezuma; y que el otro camino, que le pusieron aquellos árboles y lo cegaron porque no fuésemos por él, que hay malos pasos y se rodea algo para ir a México, que sale a otro pueblo que no es tan grande como Chalco.

Entonces dijo Cortés que quería ir por el que estaba embarazado. Y comenzamos a subir la sierra puestos en gran concierto, y nuestros amigos apartando los árboles muy grandes y muy gruesos, por donde pasamos con gran trabajo, y hasta hoy en día están algunos dellos fuera del camino.

Y subiendo a lo más alto, comenzó a nevar y se cuajó de nieve la tierra, y caminamos la sierra abajo y fuimos a dormir a unas caserías que eran como a manera de aposentos o mesones donde posaban indios mercaderes, y tuvimos bien de cenar y con gran frío, y pusimos nuestras velas y rondas y escuchas, y aun corredores del campo.

Y otro día comenzamos a caminar, y a hora de misas mayores llegamos a un pueblo que ya he dicho que se dice Tamanalco. Y nos recibieron bien, y de comer no faltó. Y como supieron en otros pueblos de nuestra llegada, luego vinieron los de Chalco y se juntaron con los de Tamanalco, Chimaloacán, Mecameca, Acacingo (donde están las canoas, que es puerto dellos), y otros poblezuelos que ya no se me acuerda el nombre dellos.

Y todos juntos trajeron un presente de oro y dos cargas de mantas, y ocho indias, que valdría el oro sobre ciento y cincuenta pesos. Y dijeron:

"Malinche, recibe estos presentes que te damos y tenenos de aquí adelante por tus amigos".

Y Cortés lo recibió con grande amor, y se les ofreció que en todo lo que hubiesen menester, les ayudaría. Y desque los vio juntos, dijo al padre de la Merced que les amonestase las cosas tocantes a nuestra santa fe y dejasen sus ídolos. Y se les dijo todo lo que solíamos decir en todos los más pueblos por donde habíamos venido, y a todo respondieron que bien dicho estaba y que lo verían adelante.

También se les dio a entender el gran poder del emperador nuestro señor, y que veníamos a deshacer agravios y robos, y que para ello nos envió a estas partes.

Y como aquello oyeron todos aquellos pueblos que dicho tengo, secretamente —que no lo sintieron los embajadores mexicanos— dan tantas quejas de Montezuma y de sus recaudadores: que les robaban cuanto tenían; y las mujeres e hijas, si eran hermosas, las forzaban delante de ellos y de sus maridos, y se las tomaban; y que les hacían trabajar como si fueran esclavos, que les hacían llevar en canoas y por tierra madera de pinos, y piedra, y leña, y maíz; y otros muchos servicios, como sembrar maizales; y les tomaban sus tierras para servicio de sus ídolos; y otras muchas quejas que, como ha ya muchos años que pasó, no me acuerdo.

Y Cortés los consoló con palabras amorosas —que se las sabía muy bien decir con doña Marina—, y les dijo que ahora al presente no podía entender en hacerles justicia, y que se sufriesen, que él les quitaría aquel dominio.

Y secretamente mandó que fuesen dos principales con otros cuatro de nuestros amigos de Tascala a ver el camino barrido que nos hubieron dicho los de Guaxocingo que no fuésemos por él, para que viesen qué albarradas y mamparos tenían, y si estaban allí algunos escuadrones de guerra.

Y los caciques respondieron:

"Malinche, no hay necesidad de irlo a ver, porque todo está ahora muy llano y aderezado, y has de saber que hará seis días que estaban a un mal paso, que tenían cortada la sierra para que no pudieses pasar, con mucha gente de guerra. Del gran Montezuma hemos sabido que su Huichilobos —que es el dios que tienen de la guerra— les aconsejó que os dejen pasar, y desque entréis en México, que allí os matarán. Por tanto, lo que nos parece es que os estéis aquí con nosotros y os daremos de lo que tuviéremos, y no vayáis a México, que sabemos cierto que, según es fuerte y de muchos guerreros, no os dejarán con las vidas".

Y Cortés les dijo con buen semblante que no tenían los mexicanos ni otras ningunas naciones poder de nos matar, salvo Nuestro Señor Dios, en quien creemos. Y que, porque vean que al mismo Montezuma y a todos sus caciques y papas les vamos a dar a entender lo que nuestro Dios manda, que luego se quería partir, y que le diesen veinte hombres principales que vayan en nuestra compañía, y que haría mucho por ello y les haría justicia desque haya entrado en México, para que Montezuma ni sus recaudadores no les hagan las demasías ni fuerzas que han dicho que les hacen.

Y con alegre rostro, todos los de aquellos pueblos por mí ya nombrados dieron buenas respuestas, y nos trajeron los veinte indios. Y ya que estábamos para partir, vinieron mensajeros del gran Montezuma, y lo que dijeron diré adelante.

Ya que estábamos de partida para ir nuestro camino a México, vinieron ante Cortés cuatro principales mexicanos que envió Montezuma, y trajeron un presente de oro y mantas. Y después de hecho su acato, como lo tenían de costumbre, dijeron:

"Malinche, este presente te envía nuestro señor, el gran Montezuma, y dice que le pesa mucho por el trabajo que habéis pasado en venir de tan lejas tierras a le ver, y que ya te ha enviado a decir otra vez que te dará mucho oro y plata y chalchihuis en tributo para vuestro emperador y para vos y los demás teules que traéis, y que no vengas a México. Y ahora nuevamente te pide por merced que no pases de aquí adelante, sino que te vuelvas por donde viniste, que él te promete de enviarte al puerto mucha cantidad de oro y plata y ricas piedras para ese vuestro rey, y para ti te dará cuatro cargas de oro, y para cada uno de tus hermanos una carga, porque ir a México es escusada tu entrada dentro, que todos sus vasallos están puestos en armas para no os dejar entrar. Y demás desto, que no tiene camino, sino muy angosto, ni bastimentos que comiésemos".

Y dijo otras muchas razones de inconvenientes para que no pasásemos de allí. Y Cortés, con mucho amor, abrazó a los mensajeros, puesto que le pesó de la embajada, y recibió el presente, que ya no se me acuerda qué tanto valía. Y, a lo que yo vi y entendí, jamás dejó de enviar Montezuma oro, poco o mucho, cuando enviaba mensajeros, como otra vez he dicho.

Y volviendo a nuestra relación, Cortés les respondió que se maravillaba del señor Montezuma, habiéndose dado por nuestro amigo y siendo tan gran señor, tener tantas mudanzas, que unas veces dice una cosa y otras veces envía a mandar lo contrario. Y que en cuanto a lo que dice que dará el oro para nuestro señor el Emperador y para nosotros, que se lo tiene en merced; y por aquello que ahora le envía, que en buenas obras se lo pagará el tiempo andando.

Y que si le pareciera bien que, estando tan cerca de su ciudad, sería bueno volvernos del camino sin hacer aquello que nuestro señor nos manda, que si el señor Montezuma hubiese enviado sus mensajeros y embajadores a algún gran señor como él es, ya que llegasen cerca de su casa aquellos mensajeros que enviaba, ¿se volverían sin le hablar y decirle a lo que iban, y desque volviesen ante su presencia con aquel recaudo, qué mercedes les haría, sino tenerles por cobardes y de poca calidad? Que ansí haría nuestro señor el Emperador con nosotros.

Y que, de una manera o de otra, habíamos de entrar en su ciudad. Y que desde allí adelante no le envíe más excusas sobre aquel caso, porque le ha de ver y hablar, y dar razón de todo el recaudo a que hemos venido, y ha de ser a su sola persona. Y desque lo haya entendido, si no le estuviese bien nuestra estada en su ciudad, que nos volveremos por donde vinimos.

Y cuanto a lo que dice que no tiene comida, sino muy poca, y que no nos podremos sustentar, que somos hombres que con poca cosa que comemos nos pasamos. Y que ya vamos camino de su ciudad, que haya por bien nuestra ida.

Y luego, en despachando los mensajeros, comenzamos a caminar para México. Y como nos habían dicho y avisado los de Guaxocingo y los de Chalco que Montezuma había tenido pláticas con sus ídolos y papas sobre si nos dejaría entrar en México o si nos daría guerra, y todos sus papas le respondieron que decía su Huichilobos que nos dejase entrar, que allí nos podría matar —según dicho tengo otras veces en el capítulo que dello habla—, y como somos hombres y temíamos la muerte, no dejábamos de pensar en ello.

Y como aquella tierra es muy poblada, íbamos siempre caminando muy chicas jornadas y encomendándonos a Dios y a su bendita madre, Nuestra Señora, y platicando cómo y de qué manera podríamos entrar, y pusimos en nuestros corazones, con buena esperanza, que pues Nuestro Señor Jesucristo fue servido guardarnos de los peligros pasados, también nos guardaría del poder de México.

Y fuimos a dormir a un pueblo que se dice Iztapalatengo, que está la mitad de las casas en el agua y la mitad en tierra firme, donde está una serrezuela y ahora está una venta, y allí tuvimos bien de cenar.

Dejemos esto y volvamos al gran Montezuma. Que como llegaron sus mensajeros y oyó la respuesta que Cortés le envió, luego acordó de enviar a un su sobrino que se decía Cacamatzin, señor de Tezcuco, con muy gran fausto, a dar el bienvenido a Cortés y a todos nosotros.

Y como siempre teníamos de costumbre de tener velas y corredores del campo, vino uno de nuestros corredores a avisar que venía por el camino muy gran copia de mexicanos de paz, y que al parecer venían de ricas mantas vestidos. Y entonces, cuando esto pasó, era muy de mañana, y queríamos caminar, y Cortés nos dijo que reparásemos en nuestras posadas hasta ver qué cosa era.

Y en aquel instante vinieron cuatro principales y hacen a Cortés gran reverencia y le dicen que allí viene Cacamatzin, gran señor de Tezcuco, sobrino del gran Montezuma, y que nos pide por merced que aguardemos hasta que venga. Y no tardó mucho, porque luego llegó con el mayor fausto y grandeza que ningún señor de los mexicanos habíamos visto traer, porque venía en andas muy ricas, labradas de plumas verdes y mucha argentería y otras ricas pedrerías engastadas en arboledas de oro que en ellas traía hechas de oro muy fino.

Y traían las andas a cuestas ocho principales, y todos, según decían, eran señores de pueblos. Ya que llegaron cerca del aposento donde estaba Cortés, le ayudaron a salir de las andas y le barrieron el suelo y le quitaban las pajas por donde había de pasar.

Y desque llegaron ante nuestro capitán, le hicieron grande acato, y el Cacamatzin le dijo:

"Malinche, aquí venimos yo y estos señores a te servir y hacerte dar todo lo que hubieres menester para ti y tus compañeros, y meteros en vuestras casas, que es nuestra ciudad, porque así nos es mandado por nuestro señor, el gran Montezuma, y dice que le perdones porque él mismo no viene a lo que nosotros venimos, y porque está mal dispuesto lo deja, y no por falta de muy buena voluntad que os tiene".

Y cuando nuestro capitán y todos nosotros vimos tanto aparato y majestad como traían aquellos caciques, especialmente el sobrino de Montezuma, lo tuvimos por gran cosa, y platicamos entre nosotros que, cuando aquel cacique traía tanto triunfo, qué haría el gran Montezuma.

Y como el Cacamatzin hubo dicho su razonamiento, Cortés le abrazó y le hizo muchas caricias a él y a todos los más principales, y le dio tres piedras que se llaman margajitas, que tienen dentro de sí muchas pinturas de diversos colores; y a los demás principales se les dio diamantes azules, y les dijo que se lo tenía en merced, y que cuándo pagaría al señor Montezuma las mercedes que cada día nos hace.

Y acabada la plática, luego nos partimos. Y como habían venido aquellos caciques que dicho tengo, traían mucha gente consigo y de otros muchos pueblos que están en aquella comarca, que salían a vernos, todos los caminos estaban llenos de ellos.

Y otro día por la mañana llegamos a la calzada ancha y vamos camino de Estapalapa. Y desque vimos tantas ciudades y villas pobladas en el agua, y en tierra firme otras grandes poblazones, y aquella calzada tan derecha y por nivel como iba a México, nos quedamos admirados, y decíamos que parecía a las cosas de encantamiento que cuentan en el libro de Amadís, por las grandes torres y cúes y edificios que tenían dentro en el agua, y todos de calicanto.

Y aun algunos de nuestros soldados decían que si aquello que veían era entre sueños. Y no es de maravillar que yo lo escriba aquí desta manera, porque hay mucho que ponderar en ello que no sé cómo lo cuente: ¡ver cosas nunca oídas ni vistas, ni aun soñadas, como veíamos!

Pues desque llegamos cerca de Estapalapa, ver la grandeza de otros caciques que nos salieron a recibir, que fue el señor de aquel pueblo que se decía Coadlavaca y el señor de Culuacán, que entrambos eran deudos muy cercanos de Montezuma.

Y desque entramos en aquella ciudad de Istapalapa, de la manera de los palacios donde nos aposentaron, de cuán grandes y bien labrados eran, de cantería muy prima, y la madera de cedros y de otros buenos árboles olorosos, con grandes patios y cuartos, cosas muy de ver, y entoldados con paramentos de algodón.

Después de bien visto todo aquello, fuimos a la huerta y jardín, que fue cosa muy admirable verlo y pasearlo, que no me hartaba de mirar la diversidad de árboles y los olores que cada uno tenía, y andenes llenos de rosas y flores, y muchos frutales y rosales de la tierra, y un estanque de agua dulce.

Y otra cosa de ver: que podían entrar en el vergel grandes canoas desde la laguna por una abertura que tenían hecha, sin saltar en tierra, y todo muy encalado y lucido, de muchas maneras de piedras y pinturas en ellas, que había harto que ponderar.

Y de las aves de muchas diversidades y raleas que entraban en el estanque. Digo otra vez que lo estuve mirando, que creí que en el mundo hubiese otras tierras descubiertas como estas, porque en aquel tiempo no había Perú ni memoria de él.

Ahora todo está por el suelo, perdido, que no hay cosa.

Pasemos adelante. Y diré cómo trajeron un presente de oro los caciques de aquella ciudad y los de Cuyuacán, que valía sobre dos mil pesos. Y Cortés les dio muchas gracias por ello y les mostró grande amor, y se les dijo, con nuestras lenguas, las cosas tocantes a nuestra santa fe, y se les declaró el gran poder de nuestro señor el Emperador.

Y porque hubo otras muchas pláticas, lo dejaré de decir. Y diré que en aquella sazón era muy gran pueblo, y que estaba poblada la mitad de las casas en tierra y la otra mitad en el agua; y ahora en esta sazón está todo seco, y siembran donde solía ser laguna. Está de otra manera mudado, que si no lo hubiera visto antes, diría que no era posible que aquello que estaba lleno de agua esté ahora sembrado de maizales.

Dejémoslo aquí. Y diré del solenísimo recibimiento que nos hizo Montezuma a Cortés y a todos nosotros en la entrada de la gran ciudad de México.

Luego otro día de mañana partimos de Estapalapa, muy acompañados de aquellos grandes caciques que atrás he dicho. Íbamos por nuestra calzada adelante, la cual es ancha de ocho pasos, y va tan derecha a la ciudad de México que me parece que no se torcía poco ni mucho. Y aunque es bien ancha, toda iba llena de aquellas gentes, que no cabían: unos que entraban en México y otros que salían, y los que nos venían a ver, que no nos podíamos rodear de tantos como vinieron, porque estaban llenas las torres y cúes, y en las canoas y de todas partes de la laguna; y no era cosa de maravillar, porque jamás habían visto caballos ni hombres como nosotros.

Y de que vimos cosas tan admirables, no sabíamos qué decir, o si era verdad lo que por delante parecía, que, por una parte, en tierra había grandes ciudades, y en la laguna, otras muchas; y veíamos todo lleno de canoas, y en la calzada muchas puentes de trecho en trecho, y por delante estaba la gran ciudad de México. Y nosotros aún no llegábamos a cuatrocientos soldados, y teníamos muy bien en la memoria las pláticas y avisos que nos dijeron los de Guaxocingo y Tascala y de Tamanalco, y otros muchos avisos que nos habían dado para que nos guardásemos de entrar en México, que nos habían de matar desde que dentro nos tuviesen.

Miren los curiosos lectores si esto que escribo había bien que ponderar en ello: ¿qué hombres ha habido en el universo que tal atrevimiento tuviesen?

Pasemos adelante y vamos por nuestra calzada. Ya que llegamos donde se aparta otra calzadilla que iba a Cuyuacán, que es otra ciudad, adonde estaban unas como torres que eran sus adoratorios, vinieron muchos principales y caciques con muy ricas mantas sobre sí, con galanía de libreas diferenciadas las de los unos caciques de los otros, y las calzadas llenas de ellos.

Y aquellos grandes caciques los enviaba el gran Montezuma adelante a recibirnos, y así como llegaban ante Cortés, decían en su lengua que fuésemos bienvenidos, y en señal de paz tocaban con la mano en el suelo y besaban la tierra con la misma mano. Así que estuvimos parados un buen rato, y desde allí se adelantaron el

Cacamatzin, señor de Tezcuco, y el señor de Iztapalapa, y el señor de Tacuba, y el señor de Cuyuacán a encontrarse con el gran Montezuma, que venía cerca, en ricas andas, acompañado de otros grandes señores y caciques que tenían vasallos.

Ya que llegábamos cerca de México, adonde estaban otras torrecillas, se apeó el gran Montezuma de las andas, y le traían del brazo aquellos grandes caciques, debajo de un palio riquísimo a maravilla, de color de plumas verdes con grandes labores de oro, con mucha argentería y perlas y piedras chalchihuis que colgaban de unas como bordaduras, que hubo mucho que mirar en ello.

Y el gran Montezuma venía muy ricamente ataviado, según su usanza, y traía calzados unos como cotaras —que así se dice lo que se calzan—, las suelas de oro y muy preciada pedrería por encima de ellas. Y los cuatro señores que le traían del brazo venían con rica manera de vestidos a su usanza, que parece ser se los tenían aparejados en el camino para entrar con su señor, pues no traían los vestidos con los que nos fueron a recibir. Y venían, sin aquellos cuatro señores, otros cuatro grandes caciques que traían el palio sobre sus cabezas, y otros muchos señores que venían delante del gran Montezuma barriendo el suelo por donde había de pisar, y le ponían mantas para que no pisase la tierra. Todos estos señores ni por pensamiento le miraban en la cara, sino los ojos bajos y con mucho acato, excepto aquellos cuatro deudos y sobrinos suyos que le llevaban del brazo.

Y como Cortés vio y entendió, y le dijeron que venía el gran Montezuma, se apeó del caballo; y desque llegó cerca de Montezuma, a una se hicieron grandes acatos. El Montezuma le dio el bienvenido, y nuestro Cortés le respondió con doña Marina que él fuese el muy bienestado. Y paréceme que Cortés, con la lengua doña Marina, que iba junto a él, le daba la mano derecha, y el Montezuma no la quiso y se la dio a Cortés. Y entonces sacó Cortés un collar —que traía muy a mano— de unas piedras de vidrio, que ya he dicho que se dicen margajitas, que tienen dentro de sí muchas labores y diversidad de colores, y venía ensartado en unos cordones de oro con almizcle, porque diesen buen olor, y se le echó al cuello al gran Montezuma.

Y cuando se lo puso, le iba a abrazar, y aquellos grandes señores que iban con Montezuma detuvieron el brazo a Cortés, para que no le abrazase, porque lo tenían por menosprecio. Y luego Cortés, con la lengua doña Marina, le dijo que holgaba ahora su corazón en haber visto un tan gran príncipe, y que le tenía en gran merced la venida de su persona a recibirle, y las mercedes que le hace a la continua. Entonces el Montezuma le dijo otras palabras de buen comedimiento, y mandó a dos de sus sobrinos —de los que le traían del brazo, que eran el señor de Tezcuco y el señor de Cuyuacán— que se fuesen con nosotros hasta aposentarnos. Y el Montezuma, con los otros dos sus parientes, Cuedlavaca y el señor de Tacuba, que le acompañaban, se volvió a la ciudad. Y también se volvieron con él todas aquellas grandes compañías de caciques y principales que le habían venido a acompañar.

Cuando se volvían con su señor, los estábamos mirando cómo iban todos los ojos puestos en tierra, sin mirarle, y muy arrimados a la pared, y con gran acato le acompañaban. Y así tuvimos lugar nosotros de entrar por las calles de México sin tener tanto embarazo.

Quiero ahora decir la multitud de hombres y mujeres y muchachos que estaban en las calles y azoteas y en canoas en aquellas acequias que nos salían a mirar. Era cosa de notar, que ahora que lo estoy escribiendo se me representa todo delante de mis ojos, como si ayer fuera cuando esto pasó. Y considerada la cosa, y la gran merced que Nuestro Señor Jesucristo fue servido darnos, gracia y esfuerzo para osar entrar en tal ciudad, y me haber guardado de muchos peligros de muerte —como adelante verán—, doy muchas gracias por ello, que a tal tiempo me ha traído para podello escribir, aunque no tan cumplidamente como convenía y se requiere.

Y dejemos palabras, pues las obras son buen testigo de lo que digo en alguna desta parte. Y volvamos a nuestra entrada en México, que nos llevaron a aposentar a unas grandes casas donde había aposentos para todos nosotros, que habían sido de su padre del gran Montezuma, que se decía Axayaca, adonde en aquella sazón tenía Montezuma sus grandes adoratorios de ídolos. Y tenía una recámara muy secreta de piezas y joyas de oro, que era como tesoro de lo que había heredado de su padre Axayaca, que no tocaba en ello. Y ansimismo nos llevaron a aposentar en aquella casa por causa que, como nos llamaban teules, y por tales nos tenían, que estuviésemos entre sus ídolos como teules que allí tenía.

Sea de una manera o sea de otra, allí nos llevaron, donde tenían hechos grandes estrados y salas muy entoldadas de paramentos de la tierra para nuestro capitán, y para cada uno de nosotros otras camas de esteras, y unos toldillos encima, que no se da más cama por muy gran señor que sea, porque no las usan. Y todos aquellos palacios, muy lucidos y encalados y barridos y enramados.

Y como llegamos y entramos en un gran patio, luego tomó por la mano el gran Montezuma a nuestro capitán, que allí le estuvo esperando, y le metió en el aposento y sala adonde había de posar, que le tenía muy ricamente aderezada, para según su usanza. Y tenía aparejado un muy rico collar de oro de hechura de camarones, obra muy maravillosa, y el mismo Montezuma se lo echó al cuello a nuestro capitán Cortés, que tuvieron bien que mirar sus capitanes del gran favor que le dio. Y desque se lo hubo puesto, Cortés le dio las gracias con nuestras lenguas. Y dijo Montezuma: "Malinche, en vuestra casa estáis vos y vuestros hermanos. Descansá".

Y luego se fue a sus palacios, que no estaban lejos, y nosotros repartimos nuestros aposentos por capitanías, y nuestra artillería asestada en parte conveniente y muy bien platicada la orden que en todo habíamos de tener, y estar muy apercebidos, ansí los de a caballo como todos nuestros soldados. Y nos tenían aparejada una comida muy suntuosa, a su uso y costumbre, que luego comimos.

Y fue esta nuestra venturosa y atrevida entrada en la gran ciudad de Tenustitán, México, a ocho días del mes de noviembre, año de Nuestro Salvador Jesucristo de mil y quinientos y diez y nueve años. Gracias a Nuestro Señor Jesucristo por todo. Y puesto que no vaya expresado otras cosas que había que decir, perdónenme sus mercedes, que no lo sé mejor decir por ahora, hasta su tiempo. Y dejemos de más pláticas, y volvamos a nuestra relación de lo que más nos avino, lo cual diré adelante.

Como el gran Montezuma hubo comido y supo que nuestro capitán y todos nosotros ansimismo habíamos buen rato que habíamos hecho lo mismo, vino a nuestro aposento con gran copia de principales, y todos deudos suyos, y con gran pompa. Y como a Cortés le dijeron que venía, le salió a mitad de la sala a recibir, y el Montezuma le tomó por la mano. Y trajeron unos como asentadores hechos a su usanza y muy ricos y labrados de muchas maneras con oro. Y el Montezuma dijo a nuestro capitán que se asentase, y se asentaron entrambos, cada uno en el suyo.

Y luego comenzó el Montezuma un muy buen parlamento, y dijo que en gran manera se holgaba de tener en su casa y reino unos caballeros tan esforzados como era el capitán Cortés y todos nosotros. Y que había dos años que tuvo noticia de otro capitán que vino a lo de Champotón, y también el año pasado le trajeron nuevas de otro capitán que vino con cuatro navíos. Y que siempre los deseó ver, y que ahora, que nos tiene ya consigo, es para servirnos y darnos de todo lo que tuviese, y que verdaderamente debe de ser cierto que somos los que sus antecesores, muchos tiempos pasados, habían dicho que vendrían hombres de donde sale el sol a señorear aquestes tierras. Y que debemos ser nosotros, pues tan valientemente peleamos en lo de Potonchán y Tabasco y con los tascaltecas, porque todas las batallas se las trajeron pintadas al natural.

Y Cortés le respondió, con nuestras lenguas (que consigo siempre estaban, especial la doña Marina), y le dijo que no sabe con qué pagar él ni todos nosotros las grandes mercedes recibidas de cada día. Y que ciertamente veníamos de donde sale el sol, y somos vasallos y criados de un gran señor que se dice el emperador don Carlos, que tiene sujetos a sí muchos y grandes príncipes. Y que, teniendo noticia de él y de cuán gran señor es, nos envió a estas partes a verle y a rogar que sean cristianos como es nuestro emperador y todos nosotros, y que salvarán sus ánimas él y todos sus vasallos, y que adelante le declarará más cómo y de qué manera ha de ser, y cómo adoramos a un solo Dios verdadero y quién es, y otras muchas buenas cosas que oirá, como les había dicho a sus embajadores Tendile y Pitalpitoque y Quintalvor cuando estábamos en los arenales.

Y acabado este parlamento, tenía apercebido el gran Montezuma muy ricas joyas de oro y de muchas hechuras, que dio a nuestro capitán, y ansimismo a cada uno de nuestros capitanes dio cositas de oro y tres cargas de mantas de labores ricas de plumas. Y entre todos los soldados también nos dio a cada uno dos cargas de mantas, con una alegría, y en todo bien parecía gran señor.

Y desque lo hubo repartido, preguntó a Cortés si éramos todos hermanos y vasallos de nuestro gran emperador. Y dijo que sí, que éramos hermanos en el amor y amistad, y personas muy principales y criados de nuestro gran rey y señor. Y porque pasaron otras práticas de buenos comedimientos entre Montezuma y Cortés, y por ser esta la primera vez que nos venía a visitar, y por no le ser pesado, cesaron los razonamientos.

Y había mandado el Montezuma a sus mayordomos, que, a nuestro modo y usanza, de todo estuviésemos proveídos, que es maíz y piedras y indias para hacer pan, y gallinas y fruta y mucha yerba para los caballos.

Y el Montezuma se despidió con gran cortesía de nuestro capitán y de todos nosotros, y salimos con él hasta la calle. Y Cortés nos mandó que al presente no fuésemos muy lejos de los aposentos hasta entender más lo que conviniese.

Y quedarse ha aquí, y diré lo que adelante pasó.

Otro día acordó Cortés de ir a los palacios de Montezuma, y primero envió a saber qué hacía y supiese cómo íbamos. Y llevó consigo cuatro capitanes, que fueron Pedro de Alvarado, Juan Velázquez de León, Diego de Ordás y Gonzalo de Sandoval, y también fuimos cinco soldados. Y como el Montezuma lo supo, salió a nos recibir a mitad de la sala, muy acompañado de sus sobrinos, porque otros señores no entraban ni comunicaban adonde el Montezuma estaba, si no eran en negocios importantes.

Y con gran acato que hizo a Cortés, y Cortés a él: se tomaron por las manos, y adonde estaba su estrado le hizo sentar a la mano derecha, y asimismo nos mandó asentar a todos nosotros en asientos que allí mandó traer. Y Cortés les comenzó a hacer un razonamiento con nuestras lenguas, doña Marina y Aguilar, y dijo que ahora que había venido a ver y hablar a un tan gran señor como era, estaba descansado, y todos nosotros, pues se ha cumplido el viaje y mandado que nuestro gran rey y señor le mandó. Y a lo que más le viene a decir, de parte de Nuestro Señor Dios, es que ya su merced habrá entendido de sus embajadores Tendile, Pitalpitoque y Quintalvor, cuando nos hizo las mercedes de enviarnos la luna y el sol de oro al arenal, cómo les dijimos que éramos cristianos y adoramos a un solo Dios verdadero, que se dice Jesucristo, el cual padeció muerte y pasión por nos salvar.

Y les dijimos que una cruz, que nos preguntaron por qué la adorábamos, que fue señal de otra donde Nuestro Señor Dios fue crucificado por nuestra salvación, y que aquesta muerte y pasión que permitió que ansí fuese, fue por salvar por ella todo el linaje humano, que estaba perdido. Y que aqueste nuestro Dios resucitó al tercer día y está en los cielos, y es el que hizo el cielo, la tierra y la mar y las arenas, y crió todas las cosas que hay en el mundo, y da las aguas y rocíos, y ninguna cosa se hace en el mundo sin su santa voluntad, y que en Él creemos y adoramos.

Y que aquellos que ellos tienen por dioses, que no lo son, sino diablos, que son cosas muy malas, y, cuales tienen las figuras, peores tienen los hechos. Y que mirasen cuán malos son y de poca valía, que, adonde tenemos puestas cruces como las que vieron sus embajadores, con temor dellas no osan parecer delante, y que, el tiempo andando, lo verían. Y lo que ahora le pide por merced, es que esté atento a las palabras que le quiere decir.

Y luego le dijo, muy bien dado a entender, de la creación del mundo, y cómo todos somos hermanos, hijos de un padre y de una madre, que se decían Adán y Eva. Y como a tal hermano, nuestro gran Emperador, doliéndose de la perdición de las ánimas, que son muchas las que aquellos sus ídolos llevan al infierno, donde arden a vivas llamas, nos envió para que esto que haya oído lo remedie, y no adorar aquellos ídolos ni les sacrifiquen más indios ni indias, pues todos somos hermanos, ni consienta sodomías ni robos.

Y más les dijo: que, el tiempo andando, enviaría nuestro rey y señor unos hombres que entre nosotros viven muy santamente, mejores que nosotros, para que se lo den a entender, porque al presente no venimos más de a se lo notificar, y ansí se lo pide por merced que lo haga y cumpla.

E porque pareció que el Montezuma quería responder, cesó Cortés la práctica y dijo a todos nosotros que con él fuimos:

—Con esto cumplimos, por ser el primer toque.

Y el Montezuma respondió:

—Señor Malinche, muy bien tengo entendido vuestras pláticas y razonamientos antes de ahora, que a mis criados, antes de esto, les dijisteis en el arenal eso de tres Dioses y de la cruz, y todas las cosas que en los pueblos por donde habéis venido habéis predicado. No os hemos respondido a cosa ninguna de ellas porque desde ab inicio acá adoramos nuestros dioses y los tenemos por buenos. Así deben de ser los vuestros, y no curéis más al presente de nos hablar de ellos. Y en eso de la creación del mundo, así lo tenemos nosotros creído muchos tiempos ha pasados, y a esta causa tenemos por cierto que sois los que nuestros antecesores nos dijeron que vendrían de donde sale el sol. Y a ese vuestro gran rey yo le soy en cargo y le daré de lo que tuviere, porque, como dicho tengo otra vez, bien ha dos años que tengo noticia de capitanes que vinieron con navíos por donde vosotros vinisteis y decían que eran criados de ese vuestro gran rey. Querría saber si sois todos unos.

Y Cortés le dijo que sí, que todos éramos hermanos y criados de nuestro emperador, y que aquellos vinieron a ver el camino y mares y puertos, para saberlo muy bien y venir nosotros, como vinimos. Y decíalo el Montezuma por lo de Francisco Hernández de Córdoba y Grijalva, cuando venimos a descubrir la primera vez. Y dijo que desde entonces tuvo pensamiento de haber algunos de aquellos hombres que venían, para tenerlos en sus reinos y ciudades para les honrar, y que pues sus dioses le habían cumplido sus buenos deseos y ya estábamos en su casa, las cuales se pueden llamar nuestras, que holgásemos y tuviésemos descanso, que allí seríamos servidos. Y que si algunas veces nos enviaba a decir que no entrásemos en su ciudad, que no era de su voluntad, sino porque sus vasallos tenían temor, que les decían que echábamos rayos y relámpagos, y que con los caballos matábamos muchos indios y que éramos teules bravos y otras cosas de niñerías. Y que ahora que ha visto nuestras personas y que somos de hueso y carne y de mucha razón, y sabe que somos muy esforzados, por estas causas nos tiene en mucha más estima que le habían dicho, y que nos daría de lo que tuviese.

Y Cortés y todos nosotros respondimos que se lo teníamos en gran merced tan sobrada voluntad. Y luego el Montezuma dijo riendo, porque en todo era muy regocijado en su hablar de gran señor:

—Malinche, bien sé que te han dicho esos de Tascala, con quien tanta amistad habéis tomado, que yo soy como dios o teul, y que cuanto hay en mis casas es todo oro y plata y piedras ricas. Bien tengo conocido que, como sois entendidos, no lo creeríades y lo terníades por burla; lo que ahora, señor Malinche, veis: mi cuerpo de hueso y de carne como los vuestros; mis casas y palacios de piedra y madera y cal; de ser yo gran rey, sí soy; y tener riquezas de mis antecesores, sí tengo, mas no las locuras y mentiras que de mí os han dicho, así que también lo ternéis por burla, como yo tengo de vuestros truenos y relámpagos.

Y Cortés le respondió, también riendo, y dijo que los contrarios enemigos siempre dicen cosas malas y sin verdad de los que quieren mal, y que bien ha conocido que otro señor, en estas partes, más magnífico no le espera ver, y que no sin causa es tan nombrado delante de nuestro emperador.

Y estando en estas prácticas, mandó secretamente Montezuma a un gran cacique, sobrino suyo, de los que estaban en su compañía, que mandase a sus mayordomos que trajesen ciertas piezas de oro, que parece ser debían de estar apartadas, para dar a Cortés, y diez cargas de ropa fina, lo cual repartió: el oro y mantas entre Cortés, y a los cuatro capitanes y a nosotros los soldados nos dio a cada uno dos collares de oro, que valdría cada collar quince pesos, y dos cargas de mantas. Valía todo el oro que entonces dio sobre mil pesos, y esto daba con una alegría y semblante de grande y valeroso señor.

Y porque pasaba la hora más de mediodía y por no serle más importuno, le dijo Cortés:

—Señor Montezuma, siempre tiene por costumbre de echarnos un cargo sobre otro en hacernos cada día mercedes; ya es hora que vuestra merced coma.

Y el Montezuma respondió que antes, por haberle ido a visitar, le hicimos merced. Y así nos despedimos con grandes cortesías de él y nos fuimos a nuestros aposentos. E íbamos platicando de la buena manera y crianza que en todo tenía, y que nosotros en todo le tuviésemos mucho acato y con las gorras de armas colchadas quitadas cuando delante de él pasásemos, y así lo hacíamos.

Y dejémoslo aquí y pasemos adelante.

CAPÍTULO X: ASÍ ERA MONTEZUMA

Era el gran Montezuma de edad de hasta cuarenta años, y de buena estatura y bien proporcionado, y cenceño y pocas carnes, y la color ni muy moreno, sino propia color y matiz de indio, y traía los cabellos no muy largos, sino cuanto le cubrían las orejas, y pocas barbas, prietas y bien puestas y ralas, y el rostro algo largo y alegre, y los ojos de buena manera. Y mostraba en su persona, en el mirar, por un cabo amor, y cuando era menester, gravedad.

Era muy pulido y limpio; bañábase cada día una vez, a la tarde. Tenía muchas mujeres por amigas, hijas de señores, puesto que tenía dos grandes cacicas por sus legítimas mujeres, que cuando usaba con ellas, era tan secretamente, que no lo alcanzaban a saber sino alguno de los que le servían. Era muy limpio de sodomías. Las mantas y ropas que se ponía un día no se las ponía sino después de tres o cuatro días.

Tenía sobre docientos principales de su guarda en otras salas junto a la suya, y estos no para que hablasen todos con él, sino cual y cual; y cuando le iban a hablar, se habían de quitar las mantas ricas y ponerse otras de poca valía, mas habían de ser limpias, y habían de entrar descalzos y los ojos bajos, puestos en tierra, y no mirarle a la cara, y con tres reverencias que le hacían, y le decían en ellas: "Señor, mi señor, mi gran señor", primero que a él llegasen; y desque le daban relación a lo que iban, con pocas palabras les despachaba; no le volvían las espaldas al despedirse de él, sino la cara y ojos bajos, en tierra, hacia donde estaba, y no vueltas las espaldas hasta que salían de la sala.

Y otra cosa vi: que cuando otros grandes señores venían de tierras lejanas a pleitos o negocios, cuando llegaban a los aposentos del gran Montezuma habían de venir descalzos y con pobres mantas, y no habían de entrar derecho en los palacios, sino rodear un poco por un lado de la puerta del palacio, que entrar de rota batida teníanlo por desacato.

En el comer, le tenían sus cocineros sobre treinta maneras de guisados, hechos a su manera y usanza, y teníanlos puestos en braseros de barro chicos debajo, porque no se enfriasen, y de aquello que el gran Montezuma había de comer guisaban más de trescientos platos, sin más de mil para la gente de guarda. Y cuando había de comer, salíase el Montezuma algunas veces con sus principales y mayordomos, y le señalaban cuál guisado era mejor, y de qué aves y cosas estaba guisado; y de lo que le decían, de aquello había de comer; y cuando salía a verlo, eran pocas veces y como por pasatiempo.

Oí decir que le solían guisar carnes de muchachos de poca edad; y como tenía tantas diversidades de guisados y de tantas cosas, no lo echábamos de ver si era de carne humana o de otras cosas, porque cotidianamente le guisaban gallinas, gallos de papada, faisanes, perdices de la tierra, codornices, patos mansos y bravos, venado, puerco de la tierra, pajaritos de caña, y palomas y liebres y conejos y muchas maneras de aves y cosas que se crían en estas tierras, que son tantas que no las acabaré de nombrar tan presto.

Y así no miramos en ello; mas sé que, ciertamente, desque nuestro capitán le reprendía el sacrificio y comer de carne humana, que desde entonces mandó que no le guisaran tal manjar.

Dejemos de hablar en esto. Y volvamos a la manera que tenía en su servicio al tiempo del comer. Y es desta manera: que si hacía frío, teníanle hecha mucha lumbre de ascuas de una leña de cortezas de árboles que no hacían humo; el olor de las cortezas de que hacían aquellas ascuas era muy oloroso; y porque no le diesen más calor de lo que él quería, ponían delante una como tabla labrada con oro y otras figuras de ídolos, y él sentado en un asentadero bajo, rico y blando, y la mesa también baja, hecha de la misma manera de los asentaderos.

Y allí le ponían sus manteles de mantas blancas y unos pañizuelos algo largos de lo mismo, y cuatro mujeres muy hermosas y limpias le daban agua a manos en unos como a manera de aguamaniles hondos, que llaman jícales; le ponían debajo, para recoger el agua, otros a manera de platos, y le daban sus toallas, y otras dos mujeres le traían el pan de tortillas.

Y ya que comenzaba a comer, echábanle delante una como puerta de madera muy pintada de oro, porque no le viesen comer, y estaban apartadas las cuatro mujeres aparte; y allí se le ponían a sus lados cuatro grandes señores viejos y de edad, en pie, con quienes el Montezuma de cuando en cuando platicaba y preguntaba cosas. Y por mucho favor, daba a cada uno de estos viejos un plato de lo que a él más le sabía, y decían que aquellos viejos eran sus deudos muy cercanos y consejeros y jueces de pleitos; y el plato y manjar que les daba el Montezuma comían en pie y con mucho acato, y todo sin mirarle a la cara.

Servíase con barro de Cholula, uno colorado y otro prieto. Mientras que comía, ni por pensamiento habían de hacer alboroto ni hablar alto los de su guarda, que estaban en las salas, cerca de la del Montezuma. Traíanle fruta de todas cuantas había en la tierra, mas no comía sino muy poca. De cuando en cuando, traían en unas como a manera de copas de oro fino cierta bebida hecha del mismo cacao; decían que era para tener acceso con mujeres, y entonces no mirábamos en ello; mas lo que yo vi, que traían sobre cincuenta jarros grandes, hechos de buen cacao, con su espuma, y de aquello bebía, y las mujeres le servían al beber con gran acato.

Y algunas veces, al tiempo de comer, estaban unos indios corcovados, muy feos, porque eran chicos de cuerpo y quebrados por medio los cuerpos, que entre ellos eran chocarreros; y otros indios que debían ser truhanes, que decían gracias; y otros que le cantaban y bailaban, porque el Montezuma era aficionado a placeres y cantares. Y a aquellos mandaba dar los relieves y jarros del cacao, y las mismas cuatro mujeres alzaban los manteles y le tornaban a dar aguamanos, con mucho acato que le hacían. Y hablaba el Montezuma a aquellos cuatro principales viejos en cosas que le convenían, y se despedían de él con gran reverencia que le tenían, y él se quedaba reposando.

Y desque el gran Montezuma había comido, luego comían todos los de su guarda y otros muchos de sus serviciales de casa; y me parece que sacaban sobre mil platos de aquellos manjares que dicho tengo; pues jarros de cacao con su espuma, como entre mexicanos se hace, más de dos mil, y fruta infinita. Pues para sus mujeres, y criadas, y panaderas, y cacahuateras, qué gran costa tendría.

Dejemos de hablar de la costa y comida de su casa, y digamos de los mayordomos y tesoreros y despensas y botillería, y de los que tenían cargo de las casas adonde tenían el maíz. Digo que había tanto que escribir cada cosa por sí, que yo no sé por dónde comenzar, sino que estábamos admirados del gran concierto y abasto que en todo tenía.

Y más digo, que se me había olvidado, que es bien tornarlo a recitar, y es que le servían al Montezuma, estando a la mesa cuando comía, como dicho tengo, otras dos mujeres muy agraciadas, de traer tortillas amasadas con huevos y otras cosas sustanciosas, y eran muy blancas las tortillas, y traíanselas en unos platos cobijados con sus paños limpios; y también le traían otra manera de pan, que son como bollos largos hechos y amasados con otra manera de cosas sustanciales, y pan pachol, que en esta tierra así se dice, que es a manera de unas obleas.

También le ponían en la mesa tres cañutos muy pintados y dorados, y dentro tenían liquidámbar revuelto con unas yerbas que se dice tabaco. Y cuando acababa de comer, después que le habían bailado y cantado y alzado la mesa, tomaba el humo de uno de aquellos cañutos, y muy poco, y con ello se adormía.

Dejemos de decir del servicio de su mesa, y volvamos a nuestra relación.

Acuérdome que era en aquel tiempo su mayordomo mayor un gran cacique, que le pusimos por nombre Tapia, y tenía cuenta de todas las rentas que le traían al Montezuma con sus libros, hechos de su papel, que se dice amal, y tenía de estos libros una gran casa de ellos.

Dejemos de hablar de los libros y cuentas, pues va fuera de nuestra relación. Y digamos cómo tenía Montezuma dos casas llenas de todo género de armas, y muchas de ellas ricas, con oro y pedrería, donde eran rodelas grandes y chicas, y unas como macanas y otras a manera de espadas de a dos manos, engastadas en ellas unas navajas de pedernal, que cortan mucho mejor que nuestras espadas, y otras lanzas más largas que las nuestras, con una braza de cuchilla, engastadas en ellas muchas navajas, que, aunque den con ellas en un broquel o rodela, no saltan, y cortan, en fin, como navajas, que se rapan con ellas las cabezas.

Y tenía muy buenos arcos y flechas, y varas de a dos gajos y otras de a uno, con sus tiraderas, y muchas hondas y piedras rollizas hechas a mano, y unas como paveses que son de arte que las pueden arrollar arriba cuando no pelean, para que no les estorbe, y al tiempo de pelear, cuando son menester, las dejan caer y quedan cubiertos sus cuerpos de arriba abajo.

También tenía muchas armas de algodón colchadas y ricamente labradas por de fuera, de plumas de muchos colores, a manera de divisas e invenciones; y tenían otros como capacetes y cascos de madera y de hueso, también muy labrados de pluma por de fuera; y tenían otras armas de otras hechuras, que, por excusar prolijidad, lo dejo de decir; y sus oficiales, que siempre labraban y entendían en ello, y mayordomos que tenían cargo de las armas.

Dejemos esto y vamos a la casa de aves, y por fuerza me he de detener en contar cada género de qué calidad eran. Digo que desde águilas reales y otras águilas más chicas, y otras muchas maneras de aves de grandes cuerpos, hasta pajaritos muy chicos, pintados de diversos colores. También donde hacen aquellos ricos plumajes que labran de plumas verdes, y las aves de estas plumas son el cuerpo de ellas, a manera de las picaces que hay en nuestra España; llámanse en esta tierra quezales. Y otros pájaros que tienen la pluma de cinco colores, que es verde, colorado, blanco, amarillo y azul; estos no sé cómo se llaman. Pues papagayos de otras diferenciadas colores tenía tantos, que no se me acuerda los nombres de ellos. Dejemos patos de buena pluma y otros mayores que les querían parecer. Y de todas estas aves les pelaban las plumas en tiempos que para ello era conveniente, y tornaban a pelechar, y todas las más aves que dicho tengo criaban en aquella casa. Y al tiempo del encoclar, tenían cargo de echarles sus huevos ciertos indios e indias que miraban por todas las aves, y de limpiarles sus nidos y darles de comer, y esto a cada género de aves lo que era su mantenimiento. Y en aquella casa que dicho tengo había un gran estanque de agua dulce, y tenía en él otra manera de aves muy altas de zancas y colorado todo el cuerpo, y alas y cola; no sé el nombre de ellas, mas en la isla de Cuba las llamaban ipiris a otras como ellas. Y también en aquel estanque había otras muchas raleas de aves que siempre estaban en el agua.

Dejemos esto y vamos a otra gran casa donde tenía muchos ídolos, y decían que eran sus dioses bravos; y con ellos, géneros de alimañas, de tigres y leones de dos maneras, unos que son de hechura de lobos, que en esta tierra se llaman adives, y zorros y otras alimañas chicas. Y todas estas carniceras se mantenían con carne, y las más de ellas criaban en aquella casa, y les daban de comer venados, gallinas, perrillos y otras cosas que cazaban; y aun oí decir que cuerpos de indios de los que sacrificaban. Y es de esta manera: que ya me habrán oído decir que cuando sacrificaban algún triste indio, que le aserraban con unos navajones de pedernal por los pechos y, bullendo, le sacaban el corazón y sangre y lo presentaban a sus ídolos, en cuyo nombre hacían aquel sacrificio, y luego les cortaban los muslos y brazos y cabeza. Y aquello comían en fiestas y banquetes, y la cabeza colgaban de unas vigas; y el cuerpo del sacrificado no llegaban a él para comerlo, sino dábanlo a aquellos bravos animales.

Pues más tenían en aquella maldita casa: muchas víboras y culebras emponzoñadas, que traen en la cola uno que suena como cascabeles; estas son las peores víboras de todas, y teníanlas en unas tinajas y en cántaros grandes, y en ellas mucha pluma, y allí ponían sus huevos y criaban sus viboreznos; y les daban de comer de los cuerpos de los indios que sacrificaban y otras carnes de perros de los que ellos solían criar. Y aun tuvimos por cierto que cuando nos echaron de México y nos mataron sobre ochocientos y cincuenta de nuestros soldados, que de los muertos mantuvieron muchos días aquellas fieras alimañas y culebras, según diré en su tiempo y sazón; y estas culebras y alimañas tenían ofrecidas aquellos sus ídolos bravos, para que estuviesen en su compañía.

Digamos ahora las cosas infernales: cuando bramaban los tigres y leones, y aullaban los adives y zorros, y silbaban las sierpes; era grima oírlos y parecía un infierno.

Pasemos adelante y digamos de los grandes oficiales que tenía de cada oficio que entre ellos se usaban. Comencemos por lapidarios y plateros de oro y plata, y todo vaciadizo, que en nuestra España los grandes plateros tienen que mirar en ello, y de estos tenía tantos y tan primos en un pueblo que se dice Escapuzalco, una legua de México. Pues labrar piedras finas y chalchivuis, que son como esmeraldas, otros muchos grandes maestros.

Vamos adelante a los grandes oficiales de labrar y asentar de pluma, y pintores y entalladores muy sublimados, que por lo que ahora hemos visto de la obra que hacen, tenemos consideración en lo que entonces labraban, que tres indios hay ahora en la ciudad de México tan primísimos en su oficio de entalladores y pintores, que se dicen Marcos de Aquino, Juan de la Cruz y el Crespillo, que si fueran en el tiempo de aquel antiguo y afamado Apeles, o de Micael Ángel o Berruguete, que son de nuestros tiempos, también les pusieran en el número de ellos.

Pasemos adelante y vamos a las indias tejedoras o labranderas, que le hacían tanta multitud de ropa fina con muy grandes labores de plumas. De donde más cotidianamente le traían era de unos pueblos y provincia que está en la costa del norte, de cabe la Veracruz, que se decían Cotastán, muy cerca de San Juan de Ulúa, donde desembarcamos cuando venimos con Cortés. Y en su casa del mismo

242

gran Montezuma, todas las hijas de señores, que él tenía por amigas, siempre tejían cosas muy primas, y otras muchas hijas de vecinos mexicanos, que estaban como a manera de recogimiento, que querían parecer monjas, también tejían, y todo de pluma. Estas monjas tenían sus casas cerca del gran cu del Huichilobos, y por devoción suya o de otro ídolo de mujer, que decían que era su abogada para casamientos, las metían sus padres en aquella religión hasta que se casaban, y de allí las sacaban para casarlas.

Pasemos adelante. Y digamos de la gran cantidad que tenía el gran Montezuma de bailadores y danzadores, y otros que traen un palo con los pies, y de otros que vuelan cuando bailan por alto, y de otros que parecen como matachines, y estos eran para darle placer. Digo que tenía un barrio de estos, que no entendían en otra cosa.

Pasemos adelante. Y digamos de los oficiales que tenía de canteros y albañiles, carpinteros, que todos entendían en las obras de sus casas. También digo que tenía tantas cuantas quería. No olvidemos las huertas de flores y árboles olorosos, y de los muchos géneros que de ellos tenía, y el concierto y paseaderos de ellas, y de sus albercas y estanques de agua dulce: cómo viene el agua por un cabo y va por otro; y de los baños que dentro tenía, y de la diversidad de pajaritos chicos que en los árboles criaban, y de qué yerbas medicinales y de provecho que en ellas tenía; era cosa de ver. Y para todo esto muchos hortelanos, y todo labrado de cantería y muy encalado, así baños como paseaderos, y otros retretes y apartamentos como cenaderos, y también adonde bailaban y cantaban. Y había tanto que mirar en esto de las huertas, como en todo lo demás, que no nos hartábamos de ver su gran poder. Y así, por consiguiente, tenía cuantos oficios entre ellos se usaban; de todos gran cantidad de indios maestros de ellos. Y porque yo estoy harto de escribir sobre esta materia, y más lo estarán los curiosos lectores, lo dejaré de decir.

Y diré cómo fue nuestro Cortés con muchos de nuestros capitanes y soldados a ver el Tutelulco, que es la gran plaza de México, y subimos en alto cu en donde estaban sus ídolos Tezcatepuca y su Huichilobos. Y esta fue la primera vez que nuestro capitán salió a ver la ciudad, y lo que en ello más pasó.

Como había ya cuatro días que estábamos en México y no salía el capitán ni ninguno de nosotros de los aposentos, excepto a las casas y huertas, nos dijo Cortés que sería bien ir a la plaza mayor y ver el gran adoratorio de su Huichilobos, y que quería enviarlo a decir al gran Montezuma, que lo tuviese por bien. Y para ello envió por mensajero a Jerónimo de Aguilar y a doña Marina, y con ellos a un pajecillo de nuestro capitán que entendía ya algo la lengua, que se decía Orteguilla.

Y el Montezuma como lo supo, envió a decir que fuésemos mucho en buena hora; y por otra parte temió no le fuésemos a hacer algún deshonor en sus ídolos, y acordó de ir él en persona con muchos de sus principales. Y en sus ricas andas salió de sus palacios hasta la mitad del camino; cabe unos adoratorios se apeó de las andas, porque tenía por gran deshonor de sus ídolos ir hasta su casa y adoratorio de aquella manera, y llevábanle del brazo grandes principales.

Iban adelante de él señores de vasallos, y llevaban delante dos bastones como cetros alzados en alto, que era señal que iba allí el gran Montezuma, y cuando iba en las andas llevaba una varita medio de oro y medio de palo, levantada, como vara de justicia. Y ansí se fue y subió en su gran cu, acompañado de muchos papas, y comenzó a sahumar y hacer otras ceremonias al Huichilobos.

Dejemos al Montezuma, que ya había ido adelante, como dicho tengo. Y volvamos a Cortés y a nuestros capitanes y soldados, que, como siempre teníamos por costumbre de noche y de día estar armados, y así nos veía estar el Montezuma cuando le íbamos a ver, no lo tenía por cosa nueva. Digo esto porque a caballo nuestro capitán, con todos los demás que tenían caballos, y la más parte de nuestros soldados, muy apercibidos, fuimos al Tatelulco. Iban muchos caciques que el Montezuma envió para que nos acompañasen. Y desque llegamos a la gran plaza que se dice el Tatelulco, como no habíamos visto tal cosa, quedamos admirados de la multitud de gente y mercaderías que en ella había y del gran concierto y regimiento que en todo tenían. Y los principales que iban con nosotros nos lo iban mostrando: cada género de mercaderías estaba por sí y tenían situados y señalados sus asientos.

Comencemos por los mercaderes de oro y plata y piedras ricas y plumas y mantas y cosas labradas y otras mercaderías de indios esclavos y esclavas. Digo que traían tantos dellos a vender a aquella gran plaza como traen los portugueses los negros de Guinea, y traíanlos atados en unas varas largas con colleras a los pescuezos, porque no se les huyesen, y otros dejaban sueltos.

Luego estaban otros mercaderes que vendían ropa más basta y algodón y cosas de hilo torcido, y cacahuateros que vendían cacao. Y desta manera estaban cuantos géneros de mercaderías hay en toda la Nueva España, puesto por su concierto de la manera que hay en mi tierra, que es Medina del Campo, donde se hacen las ferias, que en cada calle están sus mercaderías por sí; ansí estaban en esta gran plaza.

Y los que vendían mantas de henequén y sogas y cotaras, que son los zapatos que calzan y hacen del mismo árbol, y raíces muy dulces cocidas y otras rebusterías que sacan del mismo árbol: todo estaba en una parte de la plaza en su lugar señalado. Y cueros de tigres, de leones y de nutrias y de adives y de venados y de otras alimañas, y tejones y gatos monteses, dellos adobados y otros sin adobar, estaban en otra parte, y otros géneros de cosas y mercaderías.

Pasemos adelante. Y digamos de los que vendían frisoles y chía y otras legumbres y yerbas a otra parte. Vamos a los que vendían gallinas, gallos de papada, conejos, liebres, venados y anadones, perrillos y otras cosas deste arte a su parte de la plaza. Digamos de las fruteras, de las que vendían cosas cocidas, mazamorreras y malcocinado, también a su parte.

Pues todo género de loza, hecha de mil maneras, desde tinajas grandes y jarrillos chicos, que estaban por sí aparte. Y también los que vendían miel y melcochas y otras golosinas que hacían, como nuégados. Pues los que vendían madera, tablas, cunas y vigas y tajos y bancos, todo por sí. Vamos a los que vendían leña, ocote y otras cosas desta manera. ¿Qué quieren más que diga? Que, hablando con acato, también vendían muchas canoas llenas de yenda de hombres, que tenían en los esteros cerca de la plaza, y esto era para hacer sal o para curtimiento de cueros, que sin ella dicen que no se hacía buena.

Bien tengo entendido que algunos señores se reirán desto; pues digo que es ansí. Y más digo: que tenían por costumbre que en todos los caminos tenían hechos de cañas o pajas o yerba, porque no los viesen los que pasasen por ellos; allí se metían si tenían gana de purgar los vientres, porque no se les perdiese aquella suciedad.

¿Para qué gasto yo tantas palabras de lo que vendían en aquella gran plaza? Porque es para no acabar tan presto de contar por menudo todas las cosas. Sino que papel, que en esta tierra llaman amal, y unos cañutos de olores con liquidámbar, llenos de tabaco, y otros ungüentos amarillos y cosas deste arte vendían por sí. Y vendían mucha grana debajo de los portales que estaban en aquella gran plaza. Había muchos herbolarios y mercaderías de otra manera. Y tenían allí sus casas adonde juzgaban tres jueces y otros como alguaciles ejecutores que miraban las mercaderías.

Olvidado se me había la sal y los que hacían navajas de pedernal, y de cómo las sacaban de la misma piedra. Pues pescaderas y otros que vendían unos panecillos que hacen de una como lama que cogen de aquella gran laguna, que se cuaja y hacen panes dello, que tienen un sabor a manera de queso. Y vendían hachas de latón y cobre y estaño, y jícaras y unos jarros muy pintados, de madera hechos.

Ya querría haber acabado de decir todas las cosas que allí se vendían, porque eran tantas de diversas calidades, que para que lo acabáramos de ver e inquirir, que como la gran plaza estaba llena de tanta gente y toda cercada de portales, en dos días no se viera todo.

Y fuimos al gran cu, y ya que íbamos cerca de sus grandes patios, y antes de salir de la misma plaza, estaban otros muchos mercaderes, que, según dijeron, eran de los que traían a vender oro en granos como lo sacan de las minas, metido el oro en unos cañutillos delgados de los de ansarones de la tierra, y ansí blancos, porque se pareciese el oro por de fuera: y por el largor y gordor de los cañutillos tenían entre ellos su cuenta qué tantas mantas o qué xiquipiles de cacao valía, o qué esclavos o otra cualquiera cosa a que lo trocaban.

E ansí dejamos la gran plaza, sin más la ver, y llegamos a los grandes patios y cercas donde está el gran cu. Y tenía antes de llegar a él un gran cercuito de patios, que me parece que eran más que la plaza que hay en Salamanca, y con dos cercas alrededor de calicanto, y el mismo patio y sitio todo empedrado de piedras grandes de losas blancas y muy lisas; y adonde no había de aquellas piedras, estaba encalado y bruñido y todo muy limpio, que no hallaran una paja ni polvo en todo él.

Y desque llegamos cerca del gran cu, antes que subiéramos ninguna grada dél, envió el gran Montezuma desde arriba, donde estaba haciendo sacrificios, seis papas y dos principales para que acompañasen a nuestro capitán general. Y al subir de las gradas, que eran ciento y catorce, le iban a tomar de los brazos para le ayudar a subir, creyendo que se cansaría, como ayudaban a su señor Montezuma, y Cortés no quiso que llegasen a él.

Y desque subimos a lo alto del gran cu, en una placeta que arriba se hacía, adonde tenían un espacio como andamios y en ellos puestas unas grandes piedras adonde ponían los tristes indios para sacrificar, y allí había un gran bulto de como dragón y otras malas figuras, y mucha sangre derramada de aquel día.

Y ansí como llegó, salió el Montezuma de un adoratorio adonde estaban sus malditos ídolos, que era en lo alto del gran cu, y vinieron con él dos papas. Y con mucho acato que hicieron a Cortés y a todos nosotros, le dijo: "Cansado estaréis, señor Malinche, de subir a este nuestro gran templo". Y Cortés le dijo con nuestras lenguas que iban con nosotros, que él ni nosotros no nos cansábamos en cosa ninguna.

Y luego le tomó por la mano y le dijo que mirase su gran ciudad y todas las más ciudades que había dentro en el agua, y otros muchos pueblos alrededor de la misma laguna en tierra, y que si no había visto muy bien su gran plaza, que desde allí la podría ver muy mejor. Y ansí lo estuvimos mirando, porque desde aquel grande y maldito templo estaba tan alto, que todo lo señoreaba muy bien.

Y de allí vimos las tres calzadas que entran en México, que es la de Istapalapa, que fue por la que entramos cuatro días había; y la de Tacuba, que fue por donde después salimos huyendo la noche de nuestro gran desbarate, cuando Cuelavaca, nuevo señor, nos echó de la ciudad, como adelante diremos; y la de Tepeaquilla.

Y veíamos el agua dulce que venía de Chapultepeque, de que se proveía la ciudad, y en aquellas tres calzadas, las puentes que tenían hechas de trecho a trecho, por donde entraba y salía el agua de la laguna de una parte a otra. Y veíamos en aquella gran laguna tanta multitud de canoas, unas venían con bastimentos y otras que volvían con cargas y mercaderías.

E ansi viamos que cada casa de aquella gran ciudad y de todas las mas ciudades que estaban pobladas en el agua, de casa a casa no se pasaba sino por unas puentes levadizas que tenian hechas de madera o en canoas. Y viamos en aquellas ciudades cues y adoratorios a manera de torres e fortalezas, y todas blanqueando, que era cosa de admiracion, y las casas de azoteas; y en las calzadas, otras torrecillas e adoratorios que eran como fortalezas.

Y despues de bien mirado y considerado todo lo que habiamos visto, tornamos a ver la gran plaza y la multitud de gente que en ella habia, unos comprando e otros vendiendo, que solamente el rumor y zumbido de las voces y palabras que alli habia sonaba mas que de una legua. Y entre nosotros hubo soldados que habian estado en muchas partes del mundo, y en Constantinopla y en toda Italia y Roma, y dijeron que plaza tan bien compasada y con tanto concierto y tamaña e llena de tanta gente no la habian visto.

Dejemos esto y volvamos a nuestro capitan, que dijo a fray Bartolome de Olmedo, ya otras veces por mi memorado, que alli se hallo:

—Pareceme, señor padre, que sera bien que demos un tiento a Montezuma sobre que nos deje hacer aqui nuestra iglesia.

Y el padre dijo que sera bien, si aprovechase; mas que le parecia que no era cosa convenible hablar en tal tiempo, que no veia al Montezuma de arte que en tal cosa concediese.

Y luego nuestro Cortes dijo al Montezuma, con doña Marina, la lengua:

—Muy gran señor es vuestra merced y de mucho mas es merecedor. Hemos holgado de ver vuestras ciudades; lo que os pido por merced es que, pues que estamos aqui, en este vuestro templo, que nos mostreis vuestros dioses y teules.

Y el Montezuma dijo que primero hablaria con sus grandes papas. Y luego que con ellos hubo hablado, dijo que entrasemos en una torrecilla e apartamiento a manera de sala, donde estaban dos como altares, con muy ricas tablazones encima del techo.

Y en cada altar estaban dos bultos, como de gigante, de muy altos cuerpos y muy gordos, y el primero, que estaba a mano derecha, decian que era el de Huichilobos, su dios de la guerra, y tenia la cara y rostro muy ancho y los ojos disformes e espantables; en todo el cuerpo tanta de la pedreria y oro y perlas y aljofar pegado con engrudo, que hacen en esta tierra de unas como raices, que todo el cuerpo y cabeza estaba lleno dello, y ceñido el cuerpo unas a manera de grandes culebras hechas de oro y pedreria; y en una mano tenia un arco y en otra unas flechas. Y otro idolo pequeño, que alli cabe el estaba, que decian que era su paje, le tenia una lanza no larga y una rodela muy rica de oro y pedreria.

Y tenia puestos al cuello el Huichilobos unas caras de indios y otros como corazones de los mismos indios; y estos de oro y dellos de plata, con mucha pedreria, azules. Y estaban alli unos braseros con incienso, que es su copal, y con tres corazones de indios que aquel dia habian sacrificado y se quemaban, y con el humo y copal le habian hecho aquel sacrificio.

Y estaban todas las paredes de aquel adoratorio tan bañado y negro de costras de sangre, y ansimismo el suelo, que todo hedia muy malamente. Luego vimos a otra parte, de la mano izquierda, estar el otro gran bulto del altor del Huichilobos, y tenia un rostro como de oso y unos ojos que le relumbraban, hechos de sus espejos, que se dice tezcat, y el cuerpo con ricas piedras pegadas, segun y de la manera del otro su Huichilobos, porque, segun decian, entrambos eran hermanos.

Y este Tezcatepuca era el dios de los infiernos y tenia cargo de las animas de los mexicanos, y tenia ceñido el cuerpo con unas figuras como diablillos chicos, y las colas dellos como sierpes, y tenia en las paredes tantas costras de sangre y el suelo todo bañado dello, como en los mataderos de Castilla no habia tanto hedor. Y alli le tenian presentado cinco corazones de aquel dia sacrificados.

Y en lo mas alto de todo el cu estaba otra concavidad, muy ricamente labrada la madera della, y estaba otro bulto como de medio hombre y medio lagarto, todo lleno de piedras ricas y la mitad del enmantado.

Este decian que el cuerpo del estaba lleno de todas las semillas que habia en toda la tierra, y decian que era el dios de las sementeras y frutas; no se me acuerda el nombre. Todo estaba lleno de sangre, asi paredes como altar, y era tanto el hedor, que no viamos la hora que salirnos afuera. Y alli tenian un atambor muy grande en demasia, que cuando le tañian, el sonido del era tan triste y de tal manera como dicen estrumento de los infiernos, y mas de dos leguas de alli se oia; decian que los cueros de aquel atambor eran de sierpes muy grandes. E en aquella placeta tenian tantas cosas muy diabolicas de ver, de bocinas y trompetillas y navajones, y muchos corazones de indios que habian quemado, con que sahumaron aquellos sus idolos, y todo cuajado de sangre. Tenian tanto, que los doy a la maldicion; y como todo hedia a carneceria, no viamos la hora de quitarnos de tan mal hedor y peor vista.

Y nuestro capitan dijo a Montezuma, con nuestra lengua, como medio riyendo:

—Señor Montezuma, no se yo como un tan gran señor e sabio varon, como vuestra merced es, no haya colegido en su pensamiento como no son estos vuestros idolos dioses, sino cosas malas, que se llaman diablos. Y para que vuestra merced lo conozca y todos sus papas lo vean claro, hacedme una merced: que hayais por bien que en lo alto de esta torre pongamos una cruz e en una parte destos adoratorios, donde estan vuestros Huichilobos e Tezcatepuca, haremos un apartado donde pongamos una imagen de Nuestra Señora (la cual imagen ya el Montezuma la habia visto), y vereis el temor que dello tienen esos idolos que os tienen engañados.

Y el Montezuma respondio medio enojado, y dos papas que con el estaban mostraron malas señales, y dijo:

—Señor Malinche, si tal deshonor como has dicho creyera que habias de decir, no te mostrara mis dioses. Aquestos tenemos por muy buenos, y ellos nos dan salud y aguas y buenas sementeras e temporales y vitorias cuantas queremos, e tenemolos de adorar y sacrificar. Lo que os ruego es que no se diga otras palabras en su deshonor.

Y desque aquello lo oyo nuestro capitan, y tan alterado, no le replico mas en ello, y con cara alegre le dijo:

—Hora es que vuestra merced y nosotros nos vamos.

Y el Montezuma respondio que era bien; e que porque el tenia que rezar e hacer cierto sacrificio en recompensa del gran tatacul, que quiere decir pecado, que habia hecho en dejarnos subir en su gran cuidad e ser causa de que nos dejase ver sus dioses e del deshonor que les hicimos en decir mal dellos, que antes que se fuese, lo habia de rezar e adorar. Y Cortes le dijo:

—Pues que ansi es, perdone, señor.

E luego nos bajamos las gradas abajo, y como eran ciento y catorce, e algunos de nuestros soldados estaban malos de bubas o humores, les dolieron los muslos del abajar.

Y dejare de hablar de su adoratorio y dire lo que me parece del cercuito y manera que tenia, y si no lo dijere tan al natural como era, no se maravillen, porque en aquel tiempo tenia otro pensamiento de entender en lo que traiamos entre manos, que es en lo militar y en lo que mi capitan me mandaba, y no en hacer relaciones.

Volvamos a nuestra materia. Pareceme que el circuito del gran cu seria de seis muy grandes solares de los que dan en esta tierra, y desde abajo hasta arriba, adonde estaba una torrecilla, e alli estaban sus idolos, va estrechando; y en medio del alto cu hasta lo mas alto del, van cinco concavidades a manera de barbacanas y descubiertas, sin mamparos. Y porque hay muchos cues pintados en reposteros de conquistadores e en uno que yo tengo, que cualquiera dellos a quien los han visto podran colegir la manera que tenian por de fuera. Mas lo que yo vi y entendi, e dello hubo fama en aquellos tiempos que fundaron aquel gran cu, en el cimiento del habian ofrecido de todos los vecinos de aquella gran ciudad oro y plata e aljofar e piedras ricas, e que le habian bañado con mucha sangre de indios que sacrificaron, que habian tomado en las guerras, y de toda manera de diversidad de semillas que habia en toda la tierra, porque les diesen sus idolos vitorias e riquezas y muchos frutos.

Diran ahora algunos letores muy curiosos que como pudimos alcanzar a saber que en el cimiento de aquel gran cu echaron oro y plata e piedras de chalchiuis, ricas y semilas, y lo rociaban con sangre humana de indios que sacrificaban, habiendo sobre mil años que se fabrico y se hizo. A esto doy por respuesta que desque ganamos aquella fuerte e gran ciudad y se repartieron los solares, que luego propusimos que en aquel gran cu habiamos de hacer la iglesia de nuestro patron e guiador señor Santiago. E cupo mucha parte de la del solar del alto cu para el solar de la santa iglesia, de aquel cu de Huichilobos, y cuando abrian los cimientos para hacellos mas fijos, hallaron mucho oro y plata e chalchiuis y perlas e aljofar y otras piedras. E ansimismo a un vecino de Mexico, que le cupo otra parte del mismo solar, hallo lo mismo, y los oficiales de la hacienda de Su Majestad lo demandaban por de Su Majestad, que le venia de derecho. Y sobre ello hubo pleito, e no se me acuerda lo que paso, mas que se informaron de los caciques y principales de Mexico y Guatemuz, que entonces era vivo, e dijeron que es verdad, que todos los vecinos de

Mexico de aquel tiempo echaron en los cimientos aquellas joyas y todo lo demas. E que ansi lo tenian por memoria en sus libros y pinturas de cosas antiguas, e por esta causa se quedo aquella riqueza para la obra de la santa iglesia de señor Santiago.

Dejemos desto. Y digamos de los grandes y suntuosos patios que estaban delante del Huichilobos, adonde esta agora señor Santiago, que se dice el Tatelulco, porque ansi se solia llamar. Ya he dicho que tenian dos cercas de calicanto antes de entrar dentro y que era empedrado de piedras blancas como losas, y muy encalado y bruñido y limpio, y seria de tanto compas y tan ancho como la plaza de Salamanca.

Y un poco apartado del gran cu estaba otra torrecilla, que tambien era casa de idolos o puro infierno, porque tenia a la boca de la una puerta una muy espantable boca de las que pintan que dicen que estan en los infiernos, con la boca abierta y grandes colmillos para tragar las animas. E ansimismo estaban unos bultos de diablos y cuerpos de sierpes junto a la puerta, y tenian un poco apartado un sacrificadero, y todo ello muy ensangrentado y negro de humo y costras de sangre, y tenian muchas ollas grandes y cantaros y tinajas dentro en la casa llenas de agua, que era alli donde cocinaban la carne de los tristes indios que sacrificaban, que comian los papas, porque tambien tenian cabe el sacrificadero muchos navajones y unos tajos de madera, como en los que cortan carne en las carnescerias; y ansimismo, detras de aquella maldita casa, bien apartado della, estaban unos grandes rimeros de leña, y no muy lejos, una gran alberca de agua, que se hinchia y vaciaba, que le venia por su caño encubierto de lo que entraba en la ciudad desde Chapultepeque. Yo siempre la llamaba aquella casa el infierno.

Pasemos adelante del patio, y vamos a otro cu, donde era enterramientos de grandes señores mexicanos, que tambien tenia otros muchos idolos, y todo lleno de sangre y humo, y tenia otras puertas y figuras de infierno. Y luego, junto de aquel cu, estaba otro lleno de calavernas y zancarrones, puestos con gran concierto, que se podian ver, mas no se podrian contar, porque eran muchas, y las calavernas por si y los zancarrones en otros rimeros, y alli habia otros idolos.

Y en cada casa o cu y adoratorio que he dicho estaban papas con sus vestiduras largas de mantas prietas y las capillas largas ansimismo, como de dominicos, que tambien tiraban un poco a las de los canonigos, y el cabello muy largo y hecho que no se puede desparcir ni desenredar, y todos los mas, sacrificadas las orejas, y en los mismos cabellos mucha sangre.

Pasemos adelante, que había otros cues apartados un poco de donde estaban las calavernas, que tenian otros idolos y sacrificios de otras malas pinturas, y aquellos decian que eran abogados de los casamientos de los hombres.

No quiero detenerme mas en contar de idolos, sino solamente dire que alrededor de aquel gran patio habia muchas casas, y no altas, y eran adonde posaban y residian los papas y otros indios que tenian cargo de los idolos. Y tambien tenian otra muy mayor alberca o estanque de agua, y muy limpia, a una parte del gran cu; era dedicada solamente para el servicio del Huichilobos y Tezcatepuca, y entraba el agua en aquella alberca por caños encubiertos, que venia de Chapultepeque.

Y alli cerca estaban otros grandes aposentos a manera de monesterio, adonde estaban recogidas muchas hijas de vecinos mexicanos como monjas, hasta que se casaban; y alli estaban dos bultos de idolos de mujeres, que eran abogadas de los casamientos de las mujeres, y aquellas sacrificaban y hacian fiestas para que les diesen buenos maridos.

Mucho me he detenido en contar de este gran cu del Tatelulco y sus patios, pues, digo, era el mayor templo de todo Mexico, porque habia tantos y muy suntuosos, que entre cuatro o cinco perrochas o barrios tenian un adoratorio y sus idolos. Y porque eran muchos y yo no se la cuenta de todos, pasare adelante. Y dire que en Cholula el gran adoratorio que en el tenian era de mayor altor que no el de Mexico, porque tenia ciento y veinte gradas y, segun decian, el idolo de Cholula tenianle por bueno e iban a el en romeria de todas partes de la Nueva España a ganar perdones, y a esta causa le hicieron tan suntuoso cu; mas era de otra hechura que el mexicano, y ansimismo los patios muy grandes y con dos cercas.

Tambien digo que el cu de la ciudad de Tezcuco era muy alto, de ciento y diez y siete gradas, y los patios anchos y buenos y hechos de otra manera que los demas. Y una cosa de reir es que tenian en cada provincia sus idolos, y los de una provincia o ciudad no aprovechaba a los otros, y ansi tenian infinitos idolos y a todos sacrificaban.

Y despues que nuestro capitan y todos nosotros nos cansamos de andar y ver tantas diversidades de idolos y sus sacrificios, nos volvimos a nuestros aposentos, y siempre muy acompañados de principales y caciques que Montezuma enviaba con nosotros.

Como nuestro capitán Cortes y el fraile de la Merced vieron que Montezuma no tenia voluntad que en el cu de Huichilobos pusiesemos la cruz ni ficiesemos iglesia, y porque desde que entramos en aquella ciudad de Mexico, cuando se decia misa haciamos un altar sobre mesas y le tornaban a quitar, acordose que demandasemos a los mayordomos del gran Montezuma albañires para que en nuestro aposento hiciesemos una iglesia. Y los mayordomos dijeron que se lo harian saber al Montezuma. Y nuestro capitan envio a decirselo con doña Marina e Aguilar y con Orteguilla, su paje, que entendia ya algo la lengua, y luego dio licencia y mando dar todo recaudo. E en dos dias teniamos nuestra iglesia hecha y la santa cruz puesta delante de los aposentos.

E alli se decia misa cada dia hasta que se acabo el vino, que, como Cortes y otros capitanes y el fraile estuvieron malos cuando las guerras de Tascala, dieron priesa al vino que teniamos para misas. Y desque se acabo, cada dia estabamos en la iglesia rezando de rodillas delante del altar e imagenes; lo uno, por lo que eramos obligados a cristianos e buena costumbre; y lo otro, porque Montezuma y todos sus capitanes lo viesen y se inclinasen a ello, y porque viesen el adorar e vernos de rodillas delante la cruz, especial cuando tañiamos el Ave Maria.

Pues estando que estabamos en aquellos aposentos, como somos de tal calidad y todo lo trascendemos e queremos saber, cuando mirabamos adonde mejor e mas conveniente parte habiamos de hacer el altar, dos de nuestros soldados, que uno dellos era carpintero de lo blanco, que se decia Alonso Yañez, vio en una pared como señal que habia sido puerta, e estaba cerrada y muy bien encalada e bruñida. Y como habia fama y teniamos relacion que en aquel aposento tenia Montezuma el tesoro de su padre Axayaca, sospechose que estaria en aquella sala que estaba de pocos dias cerrada y encalada. Y el Yañez lo dijo a Juan Velazquez de Leon y a Francisco de Lugo, que eran capitanes, y aun debdos mios, y el Alonso Yañez se allegaba en su compañia como criado; e aquellos capitanes se lo dijeron a Cortes. Y secretamente se abrio la puerta, y desque fue abierta y Cortes con ciertos capitanes entraron primero dentro y vieron tanto numero de joyas de oro e en planchas y tejuelos muchos y piedras de chalchiuis y otras muy grandes riquezas, quedaron enlevados y no supieron que decir de tanta riqueza. Y luego lo supimos entre todos los demas capitanes y soldados y lo entramos a ver muy secretamente. Y desque yo lo vi, digo que me admire; e como en aquel tiempo era mancebo y no habia visto en mi vida riquezas como aque-llas, tuve por cierto que en el mundo no se debieran haber otras tantas.

E acordose por todos nuestros capitanes e soldados que ni por pensamiento se tocase en cosa ninguna dellas, sino que la misma puerta se tornase luego a poner sus piedras y se cerrase y encalase de la manera que la hallamos, y que no se hablase en ello porque no lo alcanzase a saber Montezuma hasta haber otro tiempo.

Dejemos esto desta riqueza y digamos que, como teniamos tan esforzados capitanes y soldados y de muchos buenos consejos y pareceres, y primeramente Nuestro Señor Jesucristo ponia su divina mano en todas nuestras cosas, y ansi lo teniamos por cierto, apartaron a Cortes en la iglesia cuatro de nuestros capitanes, y juntamente doce soldados de quien él se fiaba y comunicaba, e yo era uno dellos, y le dijimos que mirase la red y garlito donde estabamos y la gran fortaleza de aquella ciudad, y mirase las puentes y calzadas y las palabras y avisos que por todos los pueblos por donde hemos venido nos han dado, que habia aconsejado el Huichilobos a Montezuma que nos dejase entrar en su ciudad e que alli nos matarian.

Y que mirase que los corazones de los hombres son muy mudables, en especial en los indios, y que no tuviese confianza de la buena voluntad y amor que Montezuma nos muestra, porque de una hora a otra hora la mudaria, cuando se le antojase darnos guerra, que, con quitarnos la comida o el agua, o alzar cualquiera puente, que no nos podriamos valer. E que mire la gran multitud de indios que tiene de guerra en su guarda, e que qué podriamos nosotros hacer para ofendellos o para defendernos, porque todas las casas tienen en el agua. Pues socorros de nuestros amigos los de Tascala, ¿por donde han de entrar?

Y pues es cosa de ponderar todo esto que le deciamos, que luego sin mas dilacion prendiésemos al Montezuma, si queriamos asegurar nuestras vidas, y que no se aguardase para otro dia. Y que mirase que con todo el oro que nos daba Montezuma ni el que habiamos visto en el tesoro de su padre Axayaca ni con cuanta comida comiamos, que todo se nos hacia rejalgar en el cuerpo, e que de noche ni de dia no dormiamos ni reposabamos con aqueste pensamiento. E que si otra cosa algunos de nuestros soldados menos que esto que le decian sintiesen, que serian como bestias que no tenian sentido, que se estan al dulzor del oro, no viendo la muerte al ojo.

Y desque esto oyó Cortes, dijo:

—No creais, caballeros, que duermo ni estoy sin el mismo cuidado, que bien me lo habreis sentido; mas ¿qué poder tenemos nosotros para hacer tan grande atrevimiento: prender a tan gran señor en sus mesmos palacios, teniendo sus gentes de guarda y de guerra? ¿Qué manera o arte se puede tener en querello poner por efeto que no apellide sus guerreros y luego nos combatan?

Y replicaron nuestros capitanes, que fue Juan Velazquez de Leon y Diego de Ordas y Gonzalo de Sandoval y Pedro de Alvarado, que con buenas palabras sacalle de su sala y traelle a nuestros aposentos y decille que ha de estar preso, que si se altera o diere voces, que lo pagara su persona. Y que si Cortes no lo quiere hacer luego, que les dé licencia, que ellos lo pornan por la obra; y que de dos grandes peligros en que estamos, que el mejor y mas a proposito es prendelle que no aguardar que nos diese guerra, que si la comenzaba, ¿qué remedio podiamos tener?

Tambien le dijeron ciertos soldados que nos parecia que los mayordomos de Montezuma que servian en darnos bastimentos se desvergonzaban y no los traian cumplidamente como los primeros dias, y tambien dos indios tascaltecas, nuestros amigos, dijeron secretamente a Jeronimo de Aguilar, nuestra lengua, que no les parecia bien la voluntad de los mexicanos de dos dias atras.

Por manera que estuvimos platicando en este acuerdo bien una hora si le prenderiamos o no y qué manera terniamos; y a nuestro capitan bien se le encajo este postrer consejo. Y dejabamoslo para otro dia que, en todo caso, le habiamos de prender, y aun toda la noche estuvimos rogando a Dios que lo encaminase para bien.

Despues destas platicas, otro dia por la mañana vinieron dos indios de Tascala y muy secretamente con unas cartas de la Villa Rica. Y lo que se contenia en ellas decia que Juan de Escalante, que quedo por alguacil mayor, era muerto, y seis soldados juntamente con él, en una batalla que le dieron los mexicanos, y tambien le mataron el caballo y a muchos indios totonaques que llevo en su compañia.

Y que todos los pueblos de la sierra y Cempual y su sujeto estan alterados y no les quieren dar comida ni servir en la fortaleza, y que no saben qué se hacer. Y que como de antes los tenian por teules, que agora que han visto aquel desbarate les hacen fieros, asi los totonaquez como los mexicanos, y que no les tienen en nada ni saben qué remedio tomar.

Y desque oimos aquellas nuevas, sabe Dios cuanto pesar tuvimos todos. Aqueste fue el primer desbarate que tuvimos en la Nueva España.

Miren los curiosos letores la adversa fortuna como vuelve rodando: ¡quien nos vio entrar en aquella ciudad con tan solene recibimiento y trunfante, y nos teniamos en posesion de ricos con lo que Montezuma nos daba cada dia, asi al capitan como a nosotros, y haber visto la casa por mi memorada llena de oro, y que nos tenian por teules, que son idolos, y que todas las batallas venciamos; y agora habernos venido tan gran desman, que no nos tuviesen en aquella reputacion que de antes, sino por hombres que podiamos ser vencidos, y haber sentido como se desvergonzaban contra nosotros!

En fin de mas razones, fue acordado que aquel mesmo dia, de una manera o de otra, se prendiese Montezuma o morir todos sobre ello.

Y porque, para que vean los letores de la manera que fue esta batalla de Juan de Escalante y como le mataron a él y los seis soldados y el caballo y los amigos totonaquez que llevaba consigo, lo quiero aqui declarar antes de la prision de Montezuma, por no quedallo atras, porque es menester dallo bien a entender.

CAPÍTULO XI: MONTEZUMA EN PRISIÓN

Y es de esta manera. Que ya me habrán oído decir, en el capítulo que de ello habla, que cuando estábamos en un pueblo que se dice

Quiahuiztlán, se juntaron muchos pueblos, sus confederados, que eran amigos de los de Cempoal, y por consejo y convocación de nuestro capitán, que los atrajo a ello, dejaron de dar tributo a Montezuma y se le rebelaron, y fueron más de treinta pueblos en ello. Y esto fue cuando le prendimos sus recaudadores, según otras veces dicho tengo en el capítulo que de ello habla.

Y cuando partimos de Cempoal para venir a México, quedó en la Villa Rica como capitán y alguacil mayor de la Nueva España un Juan de Escalante, que era persona de mucho ser y amigo de Cortés, y le mandó que en todo lo que aquellos pueblos, nuestros amigos, hubiesen menester, los favoreciese. Y parece ser que, como el gran Montezuma tenía muchas guarniciones y capitanías de gente de guerra en todas las provincias, que siempre estaban junto a la raya de ellos —porque una tenía en lo de Soconusco por guarda de lo de Guatemala y Chiapa, y otra tenía en lo de Guazacualco, y otra capitanía en lo de Mechuacán, y otra a la raya de Pánuco, entre Tuzapán y un pueblo que le pusimos por nombre Almería, que es en la costa del norte—.

Y como aquella guarnición que tenía cerca de Tuzapán pareció ser que demandaron tributos de indios e indias y bastimento para sus gentes a ciertos pueblos que estaban allí cerca o confinaban con ellos, que eran amigos de Cempoal y servían al Juan de Escalante y a los vecinos que quedaron en la Villa Rica y entendían en hacer la fortaleza. Y como les demandaban los mexicanos el tributo y servicio, dijeron que no se lo querían dar, porque Malinche les mandó que no lo diesen y que el gran Montezuma lo ha tenido por bien. Y los capitanes mexicanos respondieron que si no lo daban, que vendrían a destruir sus pueblos y llevarlos cautivos, y que su señor Montezuma se lo había mandado de poco tiempo acá.

Y cuando aquellas amenazas vieron nuestros amigos los totonaques, vinieron al capitán Juan de Escalante y se quejan reciamente que los mexicanos les vienen a robar y destruir sus tierras. Y cuando el Escalante lo entendió, envió mensajeros a los mismos mexicanos para que no hiciesen enojo ni robasen aquellos pueblos, pues su señor Montezuma lo había por bien, que somos todos grandes amigos; si no, que iría contra ellos y les daría guerra.

Los mexicanos no hicieron caso de aquella respuesta ni fieros, y respondieron que en el campo los hallaría. Y el Juan de Escalante, que era hombre muy valiente y de sangre en el ojo, apercibió todos los pueblos nuestros amigos de la sierra para que viniesen con sus armas, que eran arcos, flechas, lanzas, rodelas; y asimismo apercibió los soldados más sueltos y sanos que tenía, porque ya he dicho otra vez que todos los más vecinos que quedaban en la Villa Rica estaban dolientes, y hombres de la mar. Y con dos tiros y un poco de pólvora, y tres ballestas y dos escopetas y cuarenta soldados, y sobre dos mil indios totonaques, fue adonde estaban las guarniciones de los mexicanos, que andaban ya robando un pueblo de nuestros amigos, y en el campo se encontraron al cuarto del alba.

Y como los mexicanos eran el doble que nuestros amigos los totonaques, y como siempre estaban temerosos de ellos en las guerras pasadas, a la primera refriega de flecha y vara y piedras y gritos huyeron, y dejaron al Juan de Escalante peleando con los mexicanos. Y de tal manera, que llegó con sus pobres soldados hasta un pueblo que llaman Almería, y le puso fuego y le quemó las casas. Allí reposó un poco, porque estaba mal herido, y en aquellas refriegas y guerra le llevaron un soldado vivo, que se decía Argüello, que era natural de León y tenía la cabeza muy grande y la barba prieta y crespa, y era muy robusto de gesto y mancebo de muchas fuerzas.

Y le hirieron muy malamente al Escalante y a otros seis soldados, y le mataron el caballo, y se volvió a la Villa Rica y, desde tres días después, murió él y los soldados.

Y de esta manera pasó la que decimos de Almería, y no como lo cuenta el cronista Gómara, que dice en su historia que iba Pedro de Ircio a poblar a Pánuco con ciertos soldados. No sé en qué entendimiento de un tan retórico cronista cabía que había de escribir tal cosa que, aunque con todos los soldados que estábamos con Cortés en México no llegábamos a cuatrocientos, y los más heridos de las batallas de Tascala y Tabasco, que aun para bien velar no teníamos recaudo, ¡cuánto más enviar a poblar a Pánuco!

Y dice que iba por capitán el Pedro de Ircio, y aun en aquel tiempo no era capitán ni aun cuadrillero, ni le daban cargo ni se hacía cuenta de él, y se quedó con nosotros en México. También dice el mismo cronista otras muchas cosas sobre la prisión de Montezuma. Yo no le entiendo su escribir, y había de mirar que, cuando lo escribía en su historia, que había de haber vivos conquistadores de los de aquel tiempo que le dirían cuando lo leyesen: "Esto no pasó así; en eso otro dice lo que quiere". Y dejadlo he aquí, y volvamos a nuestra materia.

Y diré cómo los capitanes mexicanos, después de darle la batalla que dicho tengo al Juan de Escalante, se lo hicieron saber a Montezuma, y aun le llevaron presentada la cabeza del Argüello, que pareció ser que murió en el camino de las heridas, que vivo le llevaban. Y supimos que el Montezuma, cuando se la mostraron, como era robusta y grande y tenía grandes barbas y crespas, hubo pavor y temió de verla, y mandó que no la ofreciesen a ningún cu de México, sino en otros ídolos de otros pueblos.

Y preguntó el Montezuma a sus capitanes que, siendo ellos muchos millares de guerreros, cómo no vencieron a tan pocos teules. Y respondieron que no aprovechaban nada sus varas y flechas ni buen pelear, que no los pudieron hacer retraer, porque una gran tequecihuata de Castilla venía delante de ellos, y que aquella señora ponía a los mexicanos temor y decía palabras a sus teules que los esforzaba. Y el Montezuma entonces creyó que aquella gran señora era Santa María, y la que le habíamos dicho que era nuestra abogada, que de antes dimos al Montezuma con su precioso hijo en los brazos.

Y porque esto yo no lo vi, porque estaba en México, sino lo que dijeron ciertos conquistadores que se hallaron en ello. Y pluguiese a Dios que así fuese. Y ciertamente, todos los soldados que pasamos con Cortés tenemos muy creído, y así es verdad, que la misericordia divina y Nuestra Señora la Virgen María siempre era con nosotros, por lo cual le doy muchas gracias. Y dejadlo he aquí, y diré lo que pasamos en la prisión del gran Montezuma.

Como teníamos acordado el día antes de prender al Montezuma, toda la noche estuvimos en oración rogando a Dios que fuese de tal manera que redundase para su santo servicio, y otro día de mañana fue acordado de la manera que había de ser. Llevó consigo Cortés cinco capitanes, que fueron Gonzalo de Sandoval, Juan Velázquez de León, Francisco de Lugo, Alonso de Ávila y a mí, con nuestras lenguas doña Marina y Aguilar; y a todos nosotros mandó que estuviésemos muy a punto, y los de a caballo ensillados y enfrenados.

En lo de las armas no hay necesidad de ponerlo aquí por memoria, porque siempre, de día y de noche, estábamos armados y calzados nuestros alpargates, que en aquella sazón era nuestro calzado; y cuando solíamos ir a hablar al Montezuma, siempre nos veía armados de aquella manera. Y esto digo, puesto que Cortés, con los que con él íbamos con todas nuestras armas para le prender, no lo tenía el Montezuma por cosa nueva ni se alteraba de ello.

Ya puestos a punto todos, envióle nuestro capitán a hacerle saber que iba a su palacio, porque así lo tenía por costumbre, y no se alterase viéndole ir de sobresalto. Y el Montezuma bien entendió, poco más o menos, que iba enojado por lo de Almería, y no temía, y mandó que fuese mucho en buena hora.

Y como entró Cortés, después de haberle hecho sus acatos acostumbrados, le dijo con nuestras lenguas:

"Señor Montezuma, maravillado de vos estoy, que, siendo tan valeroso príncipe y habiéndose dado por nuestro amigo, mandéis a vuestros capitanes que teníades en la costa cerca de Tuzapán que tomasen armas contra mis españoles, y tener atrevimiento de robar los pueblos que están en guarda y amparo de nuestro rey y señor, y demandarles indios e indias para sacrificar, y matar un español, hermano mío, y un caballo".

No le quiso decir del capitán ni de los seis soldados que murieron luego que llegaron a la Villa Rica, porque el Montezuma no lo alcanzó a saber, ni tampoco lo supieron los indios capitanes que les dieron la guerra. Y más le dijo Cortés:

"Que, teniéndole por tan su amigo, mandé a mis capitanes que, en todo lo que posible fuese, os sirviesen y favoreciesen, y vuestra merced, por el contrario, no lo ha hecho; y asimismo en lo de Cholula tuvieron vuestros capitanes, con gran copia de guerreros, ordenado por vuestro mandado que nos matasen. Helo disimulado lo de entonces por lo mucho que os quiero, y asimismo agora vuestros vasallos y capitanes se han desvergonzado y tienen pláticas secretas que nos queréis mandar matar. Por estas causas no querría comenzar guerra ni destruir aquesta ciudad. Conviene que, para todo se escusar, que luego, callando y sin hacer ningún alboroto, se vaya con nosotros a nuestro aposento, que allí seréis servido y mirado muy bien, como en vuestra propia casa. Y que si alboroto o voces daba, que luego sería muerto de estos mis capitanes, que no los traigo para otro efecto".

Y cuando esto oyó el Montezuma, estuvo muy espantado y sin sentido, y respondió que nunca tal mandó, que tomasen armas contra nosotros, y que enviaría luego a llamar sus capitanes y se sabría la verdad y los castigaría. Y luego, en aquel instante, quitó de su brazo y muñeca el sello y señal de Huichilobos, que aquello era cuando mandaba alguna cosa grave y de peso para que se cumpliese, y luego se cumplía. Y en lo de ir preso y salir de sus palacios contra su voluntad, que no era persona la suya para que tal le mandase y que no era su voluntad salir.

Y Cortés le replicó muy buenas razones, y Montezuma le respondía muy mejores, y que no había de salir de sus casas. Por manera que estuvieron más de media hora en estas pláticas.

Y cuando Juan Velázquez de León y los demás capitanes vieron que se detenía con él y no veían la hora de haberlo sacado de sus casas y tenerlo preso, hablaron a Cortés algo alterados y dijeron:

"¿Qué hace vuestra merced ya con tantas palabras? ¡O le llevamos preso o le hemos de dar estocadas! Por eso, tórnele a decir que si da voces o hace alboroto, le mataremos; porque más vale que desta vez aseguremos nuestras vidas o las perdamos".

Y como Juan Velázquez lo decía con voz algo alta y espantosa —porque así era su hablar— y el Montezuma vio a nuestros capitanes como enojados, preguntó a doña Marina qué decían con aquellas palabras altas. Y como doña Marina era muy entendida, le dijo:

"Señor Montezuma, lo que yo os aconsejo es que vayáis luego con ellos a su aposento sin ruido ninguno, que yo sé que os harán mucha honra, como gran señor que sois; y de otra manera, aquí quedaréis muerto, y en su aposento se sabrá la verdad".

Y entonces el Montezuma dijo a Cortés:

"Señor Malinche, ya que eso queréis que sea, yo tengo un hijo y dos hijas legítimos, tomadlos en rehenes, y a mí no me hagáis esta afrenta. ¿Qué dirán mis principales si me viesen llevar preso?".

Tornó a decir Cortés que su persona había de ir con ellos, y no había de ser otra cosa. Y al fin de muchas más razones que pasaron, dijo que él iría de buena voluntad.

Y entonces Cortés y nuestros capitanes le hicieron muchas caricias y le dijeron que le pedían por merced que no hubiese enojo y que dijese a sus capitanes y a los de su guarda que iba de su voluntad, porque había tenido plática con su ídolo Huichilobos y con los papas que le servían, y que convenía para su salud y guardar su vida estar con nosotros.

Y luego le trajeron sus ricas andas en que solía salir, con todos sus capitanes que le acompañaron. Fue a nuestro aposento, donde le pusimos guardas y velas, y todos cuantos servicios y placeres le podíamos hacer, así Cortés como todos nosotros, tantos le hacíamos. Y no se le echó prisión ninguna.

Y luego le vinieron a ver todos los mayores principales mexicanos y sus sobrinos a hablar con él y a saber la causa de su prisión, y si mandaba que nos diesen guerra. Y el Montezuma les respondió que él holgaba de estar algunos días allí con nosotros, de buena voluntad y no por fuerza, y que cuando él algo quisiese, que se lo diría, y que no se alborotasen ellos ni la ciudad ni tomasen pesar de ello, porque esto que ha pasado de estar allí, que su Huichilobos lo tiene por bien, y se lo han dicho ciertos papas que lo saben, que hablaron con su ídolo sobre ello.

Y de esta manera que he dicho fue la prisión del gran Montezuma; y allí donde estaba, tenía su servicio y mujeres, y baños en que se bañaba, y siempre a la continua estaban en su compañía veinte grandes señores y consejeros y capitanes, y se hizo a estar preso sin mostrar pasión en ello. Y allí venían con pleitos embajadores de tierras lejanas y le traían sus tributos y despachaban negocios de importancia.

Acuérdome que cuando venían ante él grandes caciques de tierras lejanas, sobre términos o pueblos o otras cosas de aquel arte, que, por muy gran señor que fuese, se quitaba las mantas ricas y se ponía otras de henequén y de poca valía, y descalzo había de venir; y cuando llegaba a los aposentos, no entraba derecho, sino por un lado de ellos; y cuando parecía delante del gran Montezuma, los ojos bajos en tierra, y antes que a él llegasen, le hacían tres reverencias y le decían: "Señor, mi señor y mi gran señor".

Entonces le traían pintado y dibujado el pleito o embarazo sobre que venían, en unos paños y mantas de henequén, y con unas varitas muy delgadas y pulidas le señalaban la causa del pleito. Y estaban allí junto al Montezuma dos hombres viejos, grandes caciques, y cuando bien habían entendido el pleito aquellos jueces, le decían al Montezuma la justicia que tenía. Con pocas palabras los despachaba y mandaba quién había de llevar las tierras o pueblos, y sin más replicar en ello, se salían los pleiteantes sin volver las espaldas, y con las tres reverencias se salían hasta la sala. Y cuando se veían fuera de la presencia del Montezuma, se ponían otras mantas ricas y se paseaban por México.

Y dejaré de decir al presente de esta prisión. Y digamos cómo los mensajeros que envió el Montezuma con su señal y sello a llamar a sus capitanes que mataron nuestros soldados, vinieron ante él presos, y lo que con ellos habló yo no lo sé, más que se los envió a Cortés para que hiciese justicia de ellos. Y tomada su confesión, sin estar el Montezuma delante, confesaron ser verdad lo atrás ya por mí dicho: que su señor se lo había mandado, que diesen guerra y cobrasen los tributos, y que si algunos teules fuesen en su defensa, que también les diesen guerra o matasen.

Y vista esta confesión por Cortés, envió a hacer saber al Montezuma cómo le condenaban en aquella cosa, y él se disculpó cuanto pudo. Y nuestro capitán le envió a decir que él así lo creía, que, puesto que merecía castigo conforme a lo que nuestro rey manda —que la persona que manda matar a otros, sin culpa o con culpa, que muera por ello—, mas que le quiere tanto y le desea todo bien, que ya que aquella culpa tuviese, que antes la pagaría el mismo Cortés por su persona que vérsela pasar al Montezuma.

Y con todo esto que le envió a decir, estaba temeroso. Y sin más gastar razones, Cortés sentenció a aquellos capitanes a muerte, y que fuesen quemados delante de los palacios del Montezuma, y así se ejecutó luego la sentencia. Y porque no hubiese algún embarazo entre tanto que se quemaban, mandó echar unos grillos al mismo Montezuma. Y cuando se los echaron, él hacía bramuras; y si de antes estaba temeroso, entonces estuvo mucho más.

Y después de quemados, fue nuestro Cortés con cinco de nuestros capitanes a su aposento, y él mismo le quitó los grillos, y tales palabras le dijo, y tan amorosas, que se le pasó luego el enojo. Porque nuestro Cortés le dijo que no solamente le tenía por hermano, sino mucho más, y que como es señor y rey de tantos pueblos y provincias, que si él podía, andando el tiempo, le haría que fuese señor de más tierras de las que no ha podido conquistar ni le obedecen; y que si quería ir a sus palacios, que le da licencia para ello.

Y decíaselo Cortés con nuestras lenguas, y cuando se lo estaba diciendo Cortés, parecía que se le saltaban las lágrimas de los ojos al Montezuma. Y respondió con gran cortesía que se lo tenía en merced; empero, bien entendió que todo eran palabras, las de Cortés, y que ahora al presente convenía estar allí preso, porque, por ventura, como sus principales son muchos y sus sobrinos y parientes le vienen cada día a decir que será bien darnos guerra y sacarlo de prisión, que cuando lo vean fuera, lo atraerán a ello, y que no quería ver en su ciudad revueltas; y que si no hace su voluntad, por ventura querrán alzar a otro señor. Y que él les quitaba aquellos pensamientos con decirles que su dios Huichilobos se lo ha enviado a decir, que esté preso.

Y a lo que entendimos, y lo más cierto, Cortés había dicho a Aguilar que le dijese en secreto que, aunque Malinche le mandase salir de la prisión, que los demás de nuestros capitanes y soldados no querríamos. Y cuando aquello lo oyó Cortés, le echó los brazos encima y lo abrazó y dijo:

"No en balde, señor Montezuma, os quiero tanto como a mí mismo".

Y luego Montezuma le demandó a Cortés un paje español que le servía, que sabía ya la lengua, que se decía Orteguilla. Y fue harto provechoso, así para el Montezuma como para nosotros, porque de aquel paje inquiría y sabía muchas cosas de las de Castilla el Montezuma, y nosotros de lo que le decían sus capitanes. Y verdaderamente le era tan buen servicial el paje, que lo quería mucho el Montezuma.

Dejemos de hablar de cómo estaba ya el Montezuma algo contento con los grandes halagos, servicios y conversación que con todos nosotros tenía, porque siempre que ante él pasábamos —y aunque fuese Cortés— le quitábamos los bonetes de armas o cascos, que siempre estábamos armados, y él nos hacía gran mesura y honraba a todos.

Y digamos los nombres de aquellos capitanes de Montezuma que se quemaron por justicia. El principal se decía Quetzalpopoca, y los otros se decían: el uno, Coate; el otro, Quiavit; el otro no me acuerdo del nombre, que poco va en saber sus nombres.

Y digamos que, como este castigo se supo en todas las provincias de la Nueva España, temieron, y los pueblos de la costa donde mataron nuestros soldados volvieron a servir muy bien a los vecinos que quedaban en la Villa Rica.

Y han de considerar los curiosos que esto leyeren tan grandes hechos que entonces hicimos: dar con los navíos al través; lo otro, osar entrar en tan fuerte ciudad, teniendo tantos avisos que allí nos habían de matar desde que dentro nos tuviesen; lo otro, tener tanta osadía: osar prender al gran Montezuma, que era rey de aquella tierra, dentro en su gran ciudad y en sus mismos palacios, teniendo tan gran número de guerreros de su guarda; y lo otro, osar quemar sus capitanes delante de sus palacios y echarle grillos entre tanto que se hacía la justicia.

Muchas veces, ahora que soy viejo, me paro a considerar las cosas heroicas que en aquel tiempo pasamos, que me parece las veo presentes, y digo que nuestros hechos no los hacíamos nosotros, sino que venían todos encaminados por Dios. Porque ¿qué hombres ha habido en el mundo que osasen entrar, cuatrocientos soldados —y aun no llegamos a ellos— en una fuerte ciudad como es México, que es mayor que Venecia, estando apartados de nuestra Castilla sobre más de mil y quinientas leguas, prender a un tan gran señor y hacer justicia de sus capitanes delante de él?

Porque hay mucho que ponderar en ello, y no así secamente como yo lo digo. Pasaré adelante y diré cómo Cortés despachó luego otro capitán que estuviese en la Villa Rica como estaba el Juan de Escalante que mataron.

Después de hecha justicia de Quetzalpopoca y sus capitanes, y amansado el gran Montezuma, acordó nuestro capitán enviar a la Villa Rica por teniente de ella a un soldado que se decía Alonso de Grado, porque era hombre muy entendido y de buena plática y presencia, y músico y gran escribano.

Este Alonso de Grado era uno de los que siempre fue contrario de nuestro Cortés para que no fuésemos a México y nos volviésemos a la Villa Rica, cuando hubo en lo de Tascala ciertos corrillos, ya por mí dichos en el capítulo que de ello habla. Y el Alonso de Grado era el que lo muñía; y si como era de buenas gracias, fuera hombre de guerra, bien le ayudara todo junto. Y esto digo porque cuando nuestro Cortés le dio el cargo, como conocía su condición, que no era hombre de afrenta —y Cortés era gracioso en lo que decía—, le dijo:

"He aquí, señor Alonso de Grado, vuestros deseos cumplidos: que iréis ahora a la Villa Rica, como lo deseabais, y entenderéis en la fortaleza; y mirad no vayáis a ninguna entrada, como hizo Juan de Escalante, y os maten".

Y cuando se lo estaba diciendo, guiñaba el ojo para que lo viésemos los soldados que allí nos hallamos y sintiésemos a qué fin lo decía, porque conocía de él que, aunque se lo mandara con pena, no fuera.

Pues dadas las provisiones e instrucciones de lo que había de hacer, el Alonso de Grado le suplicó que le hiciese merced de la vara de alguacil mayor como la tenía el Juan de Escalante, que mataron los indios. Y Cortés le dijo que ya la había dado a Gonzalo de Sandoval, y que para él no le faltaría, con el tiempo, otro oficio muy honroso, y que se fuese con Dios. Y le encargó que mirase por los vecinos y los honrase, y que a los indios amigos no se les hiciese ningún agravio ni se les tomase cosa por fuerza, y que a dos herreros que en aquella villa quedaban, y les había enviado a decir y mandar que luego hiciesen dos cadenas gruesas de hierro y anclas que sacaron de los navíos que dimos al través, que con brevedad las enviase, y que diese prisa en la fortaleza, que se acabase de poner y enmaderar la madera y cubrirla de teja.

Y como el Alonso de Grado llegó a la villa, mostró mucha gravedad con los vecinos y quería hacerse servir de ellos como gran señor; y con los pueblos que estaban de paz, que fueron más de treinta, enviaba a demandar joyas de oro e indias hermosas; y en la fortaleza no se le daba nada por entender en ella. En lo que gastaba el tiempo era en bien comer y en jugar; y sobre todo esto, que fue peor que lo pasado, secretamente convocaba a sus amigos y a los que no lo eran, para que si viniese a aquella tierra Diego Velázquez, de Cuba, o cualquier su capitán, de darle la tierra y hacerse con él.

Todo lo cual muy en posta se lo hicieron saber por cartas a Cortés en México. Y como lo supo, hubo enojo consigo mismo por haber enviado al Grado, conociéndole sus malas entrañas y condición dañada. Y como tenía siempre en el pensamiento que Diego Velázquez, gobernador de Cuba, por una parte o por otra había de alcanzar a saber cómo habíamos enviado nuestros procuradores a Su Majestad, y que no le acudiríamos a cosa ninguna, y que por ventura enviaría armada y capitanes contra nosotros, parecióle que sería bien poner hombre de quien fiar el puerto y la villa, y envió a Gonzalo de Sandoval, que ya era alguacil mayor por muerte del Juan de Escalante.

Y llevó en su compañía a Pedro de Ircio, aquel de quien cuenta el cronista Gómara que iba a poblar a Pánuco. Y entonces el Pedro de Ircio fue a la villa, y tomó tanta amistad Gonzalo de Sandoval con él, porque el Pedro de Ircio, como había sido criado en la casa del conde de Urueña y de don Pedro Girón, siempre contaba lo que les había acontecido; y como Gonzalo de Sandoval era de buena voluntad y no nada malicioso, y le contaba aquellos cuentos que le complacían, tomó amistad con él, como dicho tengo, y siempre le hizo subir hasta ser capitán.

Y si en este tiempo de ahora fuera, algunas palabras que no serán de decir, decía el Pedro de Ircio, en lugar de gracias, que se las reprendía harto Gonzalo de Sandoval, le castigarían por ellas por el Santo Oficio.

Dejemos de contar vidas ajenas. Y volvamos a Gonzalo de Sandoval, que llegó a la Villa Rica y luego envió preso a México con indios que lo guardasen al Alonso de Grado, porque así se lo mandó Cortés. Y todos los vecinos querían mucho a Gonzalo de Sandoval, porque a los que halló que estaban dolientes él les proveía lo mejor que podía y les mostraba mucho amor, y a los pueblos de paz tenía en mucha justicia y les favorecía en todo lo que podía, y en la fortaleza comenzó a enmaderar y tejar.

Y hacía todas las cosas como conviene hacer: todo lo que los buenos capitanes son obligados a hacer; y fue harto provechoso a Cortés y a todos nosotros, como adelante verán en su tiempo y sazón.

Dejemos a Sandoval en la Villa Rica. Y volvamos al Alonso de Grado, que llegó preso a México y quería ir a hablar a Cortés, y no le consintió que pareciese delante de él; antes le mandó echar preso en un cepo de madera que entonces hicieron nuevamente. Acuérdome que olía la madera de aquel cepo como a sabor de ajos o cebollas.

Y estuvo preso dos días. Y como el Alonso de Grado era muy plático y hombre de muchos medios, hizo grandes ofrecimientos a Cortés de que le sería muy servidor y en todo le sería leal. Y tantas muestras de desearle servir le hizo, que le convenció, y luego lo soltó, y aun desde allí adelante vi que siempre privaba con Cortés; mas no para que le diese cargos de cosas de guerra, sino conforme a su condición. Y aun, andando el tiempo, le dio la contaduría que solía tener Alonso de Ávila, porque en aquel tiempo envió al mismo Alonso de Ávila a la isla de Santo Domingo por procurador, según adelante diré en su coyuntura.

No quiero dejar de traer aquí a la memoria cómo, cuando Cortés envió a Gonzalo de Sandoval a la Villa Rica por teniente y capitán y alguacil mayor, le mandó que, así como llegase, le enviase dos herreros con todos sus aparejos de fuelles y herramientas y mucho hierro de lo de los navíos que dimos al través, y las dos cadenas grandes de hierro que estaban ya hechas, y que enviase velas y jarcias y pez y estopa y una aguja de marear y todo otro cualquier aparejo para hacer dos bergantines para andar en la laguna de México, lo cual luego se lo envió Sandoval muy cumplidamente, según y de la manera que lo mandó.

Como nuestro capitán en todo era muy diligente, y vio que el Montezuma estaba preso, y por temor no se congojase con estar encerrado y detenido, procuraba cada día, después de haber rezado (que entonces no teníamos vino para decir misa), de irle a tener palacio. E iban con él cuatro capitanes, especialmente Juan Velázquez de León y Diego de Ordás, y preguntaban al Montezuma con mucho acato qué tal estaba, y que mirase lo que mandaba, que todo se haría, y que no tuviese congoja de su prisión.

Y él respondía que antes se holgaba de estar preso, y esto porque nuestros dioses nos daban poder para ello, o su Huichilobos lo permitía. Y de plática en plática, le dieron a entender más por extenso las cosas de nuestra santa fe y el gran poder del Emperador nuestro señor.

Y aun algunas veces jugaba el Montezuma con Cortés al totoloque, que es un juego que ellos así le llaman, con unos bodoquillos chicos muy lisos que tenían hechos de oro para aquel juego, y tiraban con los bodoquillos algo lejos a unos tejuelos que también eran de oro, y a cinco rayas ganaban o perdían ciertas piezas y joyas ricas que ponían.

Acuérdome que tanteaba a Cortés Pedro de Alvarado, y al gran Montezuma un sobrino suyo, gran señor; y el Pedro de Alvarado siempre tanteaba una raya de más de las que había Cortés. Y el Montezuma, como lo vio, decía, con gracia y risa, que no quería que le tantease a Cortés el Tonatiuh (que así llamaban al Pedro de Alvarado), porque hacía mucho ixoxol en lo que tanteaba, que quiere decir en su lengua que mentía, que echaba siempre una raya de más. Y Cortés y todos nosotros, los soldados que en aquella sazón hacíamos guarda, no podíamos estar de risa por lo que dijo el gran Montezuma.

Dirán ahora que por qué nos reímos de aquella palabra. Es porque el Pedro de Alvarado, puesto que era de gentil cuerpo y buena manera, era vicioso en el hablar demasiado; y como le conocíamos su condición, por contento de esto nos reímos tanto.

Y si ganaba Cortés, daba las joyas a aquellos sobrinos y privados del Montezuma que le servían; y si ganaba Montezuma, nos lo repartía a los soldados que le hacíamos guarda. Y aun no por lo que nos daba del juego dejaba cada día de darnos presentes de oro y ropa, así a nosotros como al capitán de la guarda, que entonces era Juan Velázquez de León, y en todo se mostraba grande su amigo, el Montezuma.

Y también me acuerdo que era de la vela un soldado muy alto de cuerpo y bien dispuesto, y de muy grandes fuerzas, que se decía Fulano de Trujillo, y era hombre de la mar. Y cuando le cabía el cuarto de noche de la vela, era tan mal mirado, que —hablando aquí con acato de los señores leyentes— hacía cosas deshonestas, que lo oyó el Montezuma.

Y como era un rey de estas tierras, tan valeroso, túvolo a mala crianza y desacato que, en parte donde él lo oyese, se hiciese tal cosa y sin crianza de su persona; y preguntó a su paje Orteguilla que quién era aquel malcriado y sucio. Y dijo que era hombre que solía andar en la mar y que no sabe de policía y buena crianza. Y también le dio a entender la calidad de cada uno de los soldados que allí estábamos:

cuál era caballero o cuál no, y le decía a la continua muchas cosas que el Montezuma deseaba saber.

Volvamos a nuestro soldado Trujillo, que cuando fue de día, Montezuma lo mandó llamar y le dijo que por qué era de aquella condición, que, sin tener miramientos a su persona, no tenía aquel acato debido; que le rogaba que otra vez no lo hiciese. Y mandóle dar una joya de oro que pesaba cinco pesos. Y al Trujillo no se le dio nada por lo que le dijo, y otra noche hizo adrede lo mismo, creyendo que le daría otra cosa, y el Montezuma lo hizo saber a Juan Velázquez, capitán de la guarda; y mandó luego el capitán quitar al Trujillo para que no velase más, y con palabras ásperas lo reprendieron.

También aconteció que otro soldado que se decía Pero López, gran ballestero, y era hombre que no se le entendía mucho y era bien dispuesto, y velaba al Montezuma, y sobre si era hora de tomar el cuarto o no de noche, tuvo palabras con un cuadrillero, y dijo:

"¡Oh, pese a tal con este perro, que por velarle a la continua estoy muy malo del estómago, para morirme!".

Y el Montezuma oyó aquella palabra, y le pesó en el alma. Y cuando vino Cortés a tenerle palacio, lo alcanzó a saber, y tomó tanto enojo de ello, que a Pero López, con ser muy buen soldado, le mandó azotar dentro de nuestros aposentos.

Y desde allí adelante, todos los soldados a quienes cabía la vela, con mucho silencio y crianza estaban velando; puesto que no había menester mandarlo a muchos de nosotros, que le velábamos con este buen comedimiento que con este gran cacique habíamos de tener. Y él bien conocía a todos y sabía nuestros nombres y aun calidades, y era tan bueno, que a todos nos daba joyas, a otros mantas e indias hermosas.

Como en aquel tiempo yo era mancebo, y siempre que estaba en su guarda o pasaba delante de él, con muy gran acato le quitaba mi bonete de armas. Y aun le había dicho el paje Orteguilla que vine dos veces a descubrir esta Nueva España primero que Cortés, y yo le había hablado al Orteguilla que le quería demandar a Montezuma que me hiciese merced de una india muy hermosa.

Y como lo supo el Montezuma, me mandó llamar y me dijo:

"Bernal Díaz del Castillo, hanme dicho que tenéis motolínea de ropa y oro, y os mandaré dar hoy una buena moza; tratadla muy bien, que es hija de hombre principal; y también os darán oro y mantas".

Yo le respondí, con mucho acato, que le besaba las manos por tan gran merced, y que Dios Nuestro Señor le prosperase. Y parece ser que preguntó al paje qué había respondido, y le declaró la respuesta; y dice que le dijo el Montezuma:

"De noble condición me parece Bernal Díaz".

Porque a todos nos sabía los nombres, como dicho tengo. Y me mandó dar tres tejuelos de oro y dos cargas de mantas.

Dejemos de hablar de esto. Y digamos cómo por la mañana, después que hacía sus oraciones y sacrificios a los ídolos, o almorzaba poca cosa —que no era carne, sino ají—, estaba ocupado una hora en oír pleitos de muchas partes, de caciques que a él venían de tierras lejanas.

Ya he dicho otra vez, en el capítulo que de ello habla, la manera en que entraban a negociar y el acato que le tenían, y cómo siempre estaban en su compañía, en aquel tiempo para despachar negocios, veinte hombres ancianos que eran sus jueces; y porque ya está memorado, no lo tornaré a recitar.

Y entonces alcanzamos a saber que las muchas mujeres que tenía por amigas, casaba de ellas con sus capitanes o personas principales muy privadas; y aun de ellas dio a nuestros soldados, y la que me dio a mí era una señora de ellas, y bien se pareció en ella, que se dijo doña Francisca.

Y así se pasaba la vida, unas veces riendo y otras veces pensando en su prisión.

Quiero aquí decir —puesto que no vaya a propósito de nuestra relación, pero me lo han preguntado algunas personas curiosas— que por qué, solamente porque un soldado por mí nombrado llamó "perro" al Montezuma —aun no en su presencia—, le mandó Cortés azotar, siendo tan pocos soldados como éramos, y que los indios tuviesen noticia de ello.

A esto digo que en aquel tiempo todos nosotros, y aun el mismo Cortés, cuando pasábamos delante del gran Montezuma, le hacíamos reverencia con los bonetes de armas, que siempre traíamos quitados, y él era tan bueno y tan bien mirado, que a todos nos hacía mucha honra. Que además de ser rey de esta Nueva España, su persona y condición lo merecía.

Y además de todo esto, si bien se considera la cosa en que estaban nuestras vidas —si no solamente mandara a sus vasallos que lo sacasen de la prisión y darnos luego guerra— bastaba con ver su presencia y real franqueza.

Y como veíamos que tenía continuamente consigo muchos señores que le acompañaban, y venían de tierras lejanas otros muchos más señores, y del gran palacio que le hacían y el gran número de gente que continuamente daba de comer y beber, ni más ni menos que cuando estaba sin prisión... Y todo esto considerado, Cortés tuvo mucho enojo desde que lo supo, que tal palabra le dijese, y como estaba airado de ello, de repente lo mandó castigar como dicho tengo; y fue bien empleado en él.

asemos adelante. Y digamos que en aquel instante llegaron de la Villa Rica indios cargados con las dos cadenas de hierro gruesas que Cortés había mandado hacer a los herreros. También trajeron todas las cosas pertenecientes para los bergantines, como dicho tengo; y así como fue traído, se lo hizo saber al gran Montezuma. Y dejémoslo aquí, y diré lo que sobre ello pasó.

Cómo Cortés mandó hacer dos bergantines de mucho sostén y veleros para andar en la laguna, y cómo el gran Montezuma dijo a Cortés que le diese licencia para ir a hacer oración a sus templos, y lo que Cortés le dijo y cómo le dio la licencia

Pues como hubo llegado todo el aparejo para hacer los bergantines, luego Cortés se lo fue a hacer saber al gran Montezuma, que quería hacer dos navíos chicos para andarse holgando en la laguna, que mandase a sus carpinteros que fuesen a cortar la madera, y que irían con nuestros maestros de hacer navíos, que se decían Martín López y un Andrés Núñez.

Y como la madera de roble estaba a obra de cuatro leguas de allí, de presto fue traída y dado el gálico de ella. Y como había muchos carpinteros de los indios, fueron de presto hechos, calafateados y breados, y puestas sus jarcias y velas a su tamaño y medida, y una tolda a cada uno, y salieron tan buenos y veleros como si hubieran estado un mes en tomar los gálicos, porque el Martín López era muy extremado maestro. Y este fue el que hizo los trece bergantines para ayuda a ganar México, como adelante diré, y fue un buen soldado para la guerra.

Dejemos aparte esto, y diré cómo el Montezuma dijo a Cortés que quería salir e ir a sus templos a hacer sacrificios y cumplir sus devociones, para lo que a sus dioses era obligado, y también para que conociesen sus capitanes y principales, especialmente ciertos sobrinos suyos que cada día le vienen a decir que, porque crean que es como se lo ha dicho, y que así se lo ha mandado su dios Huichilobos, quieren soltarlo y darnos guerra. Y que él les da por respuesta que él se huelga de estar con nosotros, como ya otra vez se lo ha hecho creer.

Y cuanto a la licencia que le demandaba, Cortés le dijo que mirase que no hiciese cosa con que perdiese la vida, y que para ver si había algún descomedimiento o mandaba a sus capitanes o papas que le soltasen o nos diesen guerra, que para aquel efecto enviaba capitanes y soldados, para que luego le matasen a estocadas en sintiendo alguna novedad de su persona. Y que vaya mucho en buena hora, y que no sacrificase ningunas personas, que era gran pecado contra nuestro Dios verdadero, que es el que le hemos predicado, y que allí estaban nuestros altares y la imagen de Nuestra Señora, ante quien podría hacer oración.

Y el Montezuma dijo que no sacrificaría alma ninguna. Y fue en sus ricas andas, muy acompañado de grandes caciques, con gran pompa, como solía, y llevaba delante sus insignias, que eran como vara o bastón, que era la señal de que iba allí su persona real, como hacen a los virreyes de esta Nueva España.

Y con él iban, para guardarle, cuatro de nuestros capitanes, que se decían Juan Velázquez de León, Pedro de Alvarado, Alonso de Ávila y Francisco de Lugo, con ciento cincuenta soldados. Y también iba con nosotros el padre de la Merced para retraerle del sacrificio, si hiciese, de hombres.

Y yendo como íbamos al cu de Huichilobos, ya que llegábamos cerca del maldito templo, mandó que le sacasen de las andas, y fue arrimado a hombros de sus sobrinos y de otros caciques hasta que llegó al templo.

Ya he dicho otras veces que por las calles por donde iba su persona, todos los principales habían de llevar los ojos puestos en el suelo y no le miraban a la cara. Y llegado a las gradas de lo alto del adoratorio, estaban muchos papas aguardándole para ayudarle a subir de los brazos, y ya le tenían sacrificado de la noche antes a cuatro indios.

Y por más que nuestro capitán le decía, y se lo retraía el fraile de la Merced, no aprovechaba cosa ninguna, sino que había de matar hombres y muchachos para hacer sus sacrificios. Y no podíamos en aquella sazón hacer otra cosa sino disimular con él, porque estaba muy revuelto México y otras grandes ciudades con los sobrinos del Montezuma, como adelante diré.

Y después que hubo hecho sus sacrificios —porque no tardó mucho en hacerlos—, nos volvimos con él a nuestros aposentos. Y estaba muy alegre, y a los soldados que con él fuimos, luego nos hizo merced de ollas de oro.

Dejémoslo aquí y diré lo que más pasó.

Desde que los bergantines fueron acabados de hacer y echados al agua, y puestas y aderezadas todas sus jarcias y mástiles, con sus banderas reales e imperiales, y apercibidos hombres de la mar para marearlos, fueron en ellos al remo y a vela, y eran muy buenos veleros.

Y como Montezuma lo supo, dijo a Cortés que quería ir a caza en la laguna, a un peñol que estaba acotado, que no osaban entrar en él a montear, por muy principal que fuese, so pena de muerte. Y Cortés le dijo que fuese mucho en buena hora, y que mirase lo que de antes le había dicho cuando fue a sus ídolos: que no era más su vida de revolver alguna cosa. Y que en aquellos bergantines iría, que era mejor navegación ir en ellos que en sus canoas y piraguas, por grandes que sean.

Y el Montezuma se holgó de ir en el bergantín más velero, y metió consigo muchos señores y principales, y en el otro bergantín fue lleno de caciques y un hijo del Montezuma. Y apercibió a sus monteros que fuesen en canoas y piraguas.

Cortés mandó a Juan Velázquez de León, que era capitán de la guarda, y a Pedro de Alvarado y a Cristóbal de Olid que fuesen con él, y a Alonso de Ávila, con doscientos soldados, que llevasen gran advertencia del cargo que les daba y mirasen por el gran Montezuma. Y como todos estos capitanes que he nombrado eran de sangre en el ojo, metieron todos los soldados que he dicho y cuatro tiros de bronce con toda la pólvora que había, con nuestros artilleros, que se decían Mesa y Arvenga.

Y se hizo un toldo muy emparamentado, según el tiempo, y allí entró Montezuma con sus principales. Y como en aquella sazón hizo el viento muy fresco, y los marineros se holgaban de contentar y agradar al Montezuma, mareaban las velas de tal manera que iban volando, y las canoas en que iban sus monteros y principales quedábanse atrás, por muchos remeros que llevaban.

Holgábase el Montezuma y decía que era gran maestría lo de las velas y remos todo junto. Y llegó al peñol, que no era muy lejos, y mató toda la caza que quiso de venados, liebres y conejos, y volvió muy contento a la ciudad.

Y cuando llegábamos cerca de México, mandaron Pedro de Alvarado y Juan Velázquez de León y los demás capitanes que disparasen la artillería, de lo cual se holgó mucho Montezuma, que, como le veíamos tan franco y bueno, le teníamos en el acato que se tiene a los reyes de estas partes, y él nos hacía lo mismo.

Y si hubiese de contar las cosas y condición que él tenía de gran señor, y el acato y servicio que todos los señores de la Nueva España y de otras provincias le hacían, es para nunca acabar, porque cosa ninguna que mandaba que le trujesen —y aunque fuese volando— luego no le era traída.

Y esto dígolo porque un día estábamos tres de nuestros capitanes y ciertos soldados con el gran Montezuma, y acaso se abatió un gavilán en unas salas como corredores por una codorniz, que cerca de las casas y palacios donde estaba preso el Montezuma estaban unas palomas y codornices mansas, porque por grandeza las tenía allí para criar el indio mayordomo que tenía cargo de barrer los aposentos.

Y como el gavilán se abatió y llevó presa, viéronlo nuestros capitanes, y dijo uno de ellos que se decía Francisco de Saucedo el Pulido, que fue maestresala del almirante de Castilla:

—"Oh, qué lindo gavilán, y qué presa hizo, y tan buen vuelo tiene!".

Y respondimos los demás soldados que era muy bueno, y que había en estas tierras muchas buenas aves de caza de volatería. Y el Montezuma estuvo mirando en lo que hablábamos, y preguntó a su paje Orteguilla sobre la plática. Y le respondió que decíamos aquellos capitanes que el gavilán que entró a cazar era muy bueno, y que si tuviésemos otros como aquel, que le mostrarían a venir a la mano y que en el campo le echarían a cualquiera ave, aunque fuese algo grande, y la mataría.

Entonces el Montezuma dijo:

—"Pues yo mandaré ahora que tomen aquel mismo gavilán, y veremos si lo amansan y cazan con él".

Todos nosotros los que allí nos hallamos le quitamos las gorras de armas por la merced. Y luego mandó llamar a sus cazadores de volatería y les dijo que le trujesen el mismo gavilán. Y tal maña se dieron en tomarlo, que a horas del Avemaría vienen con el mismo gavilán, y se lo dieron a Francisco de Saucedo, y le mostró al señuelo.

Y porque luego se nos ofrecieron otras cosas en que iba más que la caza, se dejará aquí de hablar en ello.

Y hélo dicho porque era tan gran príncipe, que no solamente le traían tributos de todas las más partes de la Nueva España y señoreaba tantas tierras y en todas bien obedecido, que, aun estando preso, sus vasallos temblaban de él, que hasta las aves que vuelan por el aire hacía tomar.

Dejemos esto aparte. Y digamos cómo la adversa fortuna vuelve de cuando en cuando su rueda.

En este tiempo tenían convocado entre los sobrinos y deudos del gran Montezuma a otros muchos caciques y a toda la tierra para darnos guerra y soltar al Montezuma y alzarse algunos de ellos por reyes de México, lo cual diré adelante.

CAPÍTULO XII: OBEDIENCIA AL REY

Desde que el Cacamatzin, señor de la ciudad de Tezcuco —que es, después de México, la mayor y más principal ciudad que hay en la Nueva España— entendió que hacía muchos días que estaba preso su tío Montezuma, y que, en todo lo que nosotros podíamos, nos íbamos señoreando, y aun alcanzó a saber que habíamos abierto la casa donde estaba el gran tesoro de su abuelo Axayaca, y que no habíamos tomado cosa ninguna de ello, acordó, antes que lo tomásemos, convocar a todos los señores de Tezcuco, sus vasallos, y al señor de Cuyuacán, que era su primo y sobrino de Montezuma, y al señor de

Tacuba, y al señor de Iztapalapa, y a otro cacique muy grande, señor de Matalcingo —que era pariente muy cercano de Montezuma, y aun decían que le venía de derecho el reino y señorío de México—, y este cacique era muy valiente por su persona entre los indios.

Pues andando concertando con ellos y con otros señores mexicanos que para tal día viniesen con todos sus poderes y nos diesen guerra, parece ser que el cacique que he dicho que era valiente por su persona —que no le sé el nombre— dijo que, si le daban a él el señorío de México, pues le venía de derecho, que él, con toda su parentela y con una provincia que se dice Matalcingo, serían los primeros que vendrían con sus armas a echarnos de México, o no quedaría ninguno de nosotros con vida.

Y el Cacamatzin, según pareció, respondió que a él le venía el cacicazgo y que él había de ser rey, pues era sobrino de Montezuma, y que si no quería venir, que sin él y su gente haría la guerra.

De manera que ya tenía el Cacamatzin apercibidos los pueblos y señores por mí nombrados, y tenía concertado que para tal día viniesen sobre México, y con los señores que dentro estaban de su parte, les darían lugar a la entrada.

Y andando en estos tratos, lo supo muy bien el Montezuma por parte de su gran deudo, que no quiso consentir en lo que Cacamatzin quería. Y para mejor saberlo, envió Montezuma a llamar a todos sus caciques y principales de aquella ciudad, y le dijeron cómo el Cacamatzin los andaba convocando con palabras o dádivas para que le ayudasen a darnos guerra y soltar al tío.

Y como el Montezuma era cuerdo y no quería ver su ciudad puesta en armas ni alborotos, se lo dijo a Cortés según y de la manera que pasaba. El cual alboroto muy bien lo sabía nuestro capitán y todos nosotros, aunque no tan por entero como se lo dijo. Y el consejo que sobre ello se tomó era que nos diese de su gente mexicana e iríamos sobre Tezcuco, y que prenderíamos o destruiríamos aquella ciudad y sus comarcas.

Y al Montezuma no le cuadró este consejo. De modo que Cortés le envió a decir al Cacamatzin que se quitase de andar revolviendo guerra, que sería causa de su perdición, y que le quería tener por amigo, y que en todo lo que hubiese menester de su persona, lo haría por él, entre otros muchos cumplimientos.

Y como el Cacamatzin era mancebo y halló otros muchos de su parecer que le acudirían en la guerra, envió a decir a Cortés que ya había entendido sus palabras de halago, que no las quería más oír, sino cuando lo viese venir, que entonces le hablaría lo que quisiera.

Tornó otra vez Cortés a enviarle a decir que mirase que no hiciese deservicio a nuestro rey y señor, que lo pagaría en su persona y le quitaría la vida por ello. Y respondió que ni conocía a rey ni quisiera haber conocido a Cortés, que con palabras blandas y mentiras prendió a su tío.

Desde que envió aquella respuesta, nuestro capitán rogó al Montezuma —pues era tan gran señor y dentro en Tezcuco tenía grandes caciques y parientes por capitanes, y no estaban bien con el Cacamatzin por ser muy soberbio y malquisto—, y pues allí en México, con el Montezuma, estaba un hermano del mismo Cacamatzin, mancebo de buena disposición, que estaba huido del propio hermano porque no lo matase, y que después del Cacamatzin heredaba el reino de Tezcuco, que tuviese manera y concierto con todos los de Tezcuco para que prendiesen al Cacamatzin, o que secretamente lo enviase a llamar, y que si viniese, que le echasen mano y lo tuviesen en su poder hasta que estuviese más sosegado.

Y que, pues aquel su sobrino estaba en su casa, huido por temor del hermano y le servía, que lo alzase luego por señor y le quitase el señorío a Cacamatzin, que está en su deservicio y anda revolviendo todas las ciudades y caciques de la tierra por señorear su ciudad y reino.

Y el Montezuma dijo que le enviaría luego a llamar; mas que sentía de él que no querría venir, y que si no viniese, que se tendría concierto con sus capitanes y parientes para que lo prendan. Y Cortés le dio muchas gracias por ello, y aun le dijo:

—Señor Montezuma, bien podéis creer que, si os queréis ir a vuestros palacios, en vuestra mano está; que desde que tengo entendido que me tenéis buena voluntad, yo os quiero tanto, que no fuera yo de tal condición que luego no os fuera acompañando para que os fuérais con toda vuestra caballería a vuestros palacios. Y si lo he dejado de hacer, es por estos mis capitanes que os fueron a prender, porque no quieren que os suelte, y porque vuestra merced dice que quiere estar preso por escusar las revueltas que vuestros sobrinos traen por haber en su poder esta vuestra ciudad y quitaros el mando.

Y el Montezuma dijo que se lo tenía en merced. Y como iba entendiendo las palabras halagüeñas de Cortés, y veía que lo decía no para soltarle, sino para probar su voluntad —y también Orteguilla, su paje, se lo había dicho al Montezuma, que nuestros capitanes eran los que le aconsejaron que le prendiesen y que no creyese a Cortés, y que sin ellos no le soltaría—, dijo el Montezuma que muy bien estaba preso, y que hasta ver en qué paraban los tratos de sus sobrinos, y que luego enviaría mensajeros a Cacamatzin rogándole que viniese ante él, que le quería hablar en amistades entre él y nosotros.

Y le envió a decir que de su prisión no tenga él cuidado, que si se quisiese soltar, que muchos tiempos ha tenido para ello, y que Malinche le ha dicho dos veces que se vaya a sus palacios y que él no quiere, por cumplir el mandato de sus dioses, que le han dicho que se esté preso, y que si no lo está, que luego será muerto. Y que esto lo saben muchos días ha los papas que están en su servicio de los ídolos, y que a esta causa será bien que tenga amistad con Malinche y sus hermanos.

Y estas mismas palabras envió el Montezuma a decir a los capitanes de Tezcuco: cómo enviaba a llamar a su sobrino para hacer las amistades, y que mirasen no les trastornase su seso aquel mancebo para tomar armas contra nosotros.

Y dejemos esta plática, que muy bien la entendió el Cacamatzin. Y sus principales entraron en consejo sobre lo que harían, y el Cacamatzin a bravear, y que nos había de matar dentro de cuatro días; y que el tío era una gallina y que por no darnos guerra cuando se lo aconsejaban, al bajar la sierra de Chalco, cuando tuvo allí buen aparejo con sus guarniciones y que nos metió él por su persona en su ciudad, como si tuviera conocido que íbamos para hacerle algún bien. Y que cuanto oro le han traído de sus tributos nos daba, y que le habíamos escalado y abierto la casa donde está el tesoro de su abuelo Axayaca, y que sobre todo esto, lo teníamos preso. Y que ya le andábamos diciendo que quitasen los ídolos del gran Huichilobos y queríamos poner los nuestros; y que para que esto no viniese a más mal y para castigar tales cosas e injurias, que les rogaba que le ayudasen, pues todo lo que les ha dicho han visto por sus ojos.

Y cómo quemamos los capitanes del mismo Montezuma, que ya no se puede compadecer otra cosa sino que todos juntos a una nos diesen guerra. Y allí les prometió el Cacamatzin que, si quedaba con el señorío de México, que les había de hacer grandes señores, y también les dio muchas joyas de oro. Y les dijo que ya tenía concertado con sus primos, los señores de Cuyuacán y de Iztapalapa y el de Tacuba y otros deudos, que le ayudarían, y que en México tenía de su parte otras personas principales que le darían entrada y ayuda a cualquier hora que quisiese. Y que unos por las calzadas y todos los más en sus piraguas y canoas chicas por la laguna podrían entrar sin tener contrarios que se lo defendiesen, pues su tío estaba preso.

Y que no tuviesen miedo de nosotros, pues saben que pocos días había pasado que en lo de Almería sus capitanes del mismo su tío habían muerto muchos teules y un caballo, lo cual vieron bien: la cabeza de un teul y el cuerpo del caballo; y que en una hora nos despacharían y con nuestros cuerpos tendrían buenas fiestas y hartazgas.

Y desque hubo hecho aquel razonamiento, dicen que se miraban unos capitanes a otros para que hablasen los que solían hablar primero en cosas de guerra, y que cuatro o cinco de aquellos capitanes le dijeron que cómo habían de ir sin licencia de su gran señor Montezuma y dar guerra en su propia casa y ciudad, y que se lo envíen primero a hacer saber y que si es consentidor, que irán con él de muy buena voluntad, y que de otra manera, que no le quieren ser traidores.

Y pareció ser que el Cacamatzin se enojó con los capitanes que le dieron aquella respuesta y mandó echar presos a tres de ellos; y como había allí en el consejo y junta que tenían otros sus deudos y ganosos de bullicios, dijeron que le ayudarían hasta morir. Y acordó de enviar a decir a su tío, el gran Montezuma, que había de tener empacho en enviarle a decir que venga a tener amistad con quien tanto mal y deshonra le ha hecho teniéndole preso; y que no es posible sino que nosotros éramos hechiceros y con hechizos le teníamos quitado su gran corazón y fuerza, o que nuestros dioses y la gran mujer de Castilla que les dijimos que era nuestra abogada nos da aquel gran poder para hacer lo que hacíamos.

Y en esto que dijo a la postre no lo erraba, que ciertamente la gran misericordia de Dios y su bendita Madre, Nuestra Señora, nos ayudaba.

Y volvamos a nuestra plática, que en lo que se resumió fue enviar a decir que él venía, a pesar nuestro y de su tío, a hablarnos y matarnos. Y cuando el gran Montezuma oyó aquella respuesta tan desvergonzada, recibió mucho enojo y luego, en aquella hora, envió a llamar a seis de sus capitanes de mucha cuenta y les dio su sello, y aun les dio ciertas joyas de oro, y les mandó que luego fuesen a Tezcuco y que mostrasen secretamente aquel su sello a ciertos capitanes y parientes que estaban muy mal con el Cacamatzin, por ser muy soberbio, y que tuviesen tal orden y manera que a él y a los que eran en su consejo los prendiesen y que luego se los trujesen delante.

Y como fueron aquellos capitanes, y en Tezcuco entendieron lo que el Montezuma mandaba, y el Cacamatzin era malquisto, en sus propios palacios le prendieron, que estaba platicando con aquellos sus confederados en cosas de la guerra, y también trajeron otros cinco presos con él. Y como aquella ciudad está poblada junto a la gran laguna, aderezan una gran piragua con sus toldos y le meten en ella, y a los demás, y con gran copia de remeros los traen a México. Y desque hubo desembarcado, le meten en sus ricas andas, como rey que era, y con gran acato le llevan ante Montezuma.

Y pareció ser que estuvo hablando con el tío, y desvergonzósele más de lo que de antes estaba. Y supo Montezuma de los conciertos en que andaba, que era alzarse por señor de México, lo cual alcanzó a saber más por entero de los demás prisioneros que le trujeron. Y si enojado estaba de antes del sobrino, mucho más lo estuvo entonces. Y luego se lo envió a nuestro capitán para que le echase preso, y a los demás prisioneros mandó soltar.

Y luego Cortés fue a los palacios, al aposento del Montezuma, y le dio las gracias por tamaña merced. Y se dio orden que se alzase por rey de Tezcuco al mancebo que estaba en compañía del gran Montezuma, que también era su sobrino, hermano del Cacamatzin, que he dicho que por su temor estaba allí retraído al favor del tío, porque no le matase, que era también heredero muy propinco del reino de Tezcuco. Y para lo hacer solemnemente y con acuerdo de toda la ciudad, mandó el Montezuma que viniesen ante él los más principales de toda aquella provincia.

Y después de muy bien platicada la cosa, le alzaron por rey y señor de aquella gran ciudad, y se llamó don Marcos.

Ya todo esto hecho, como los caciques y reyezuelos, sobrinos del gran Montezuma —que eran el señor de Cuyuacán, el de Iztapalapa y el de Tacuba—, vieron y oyeron la prisión del Cacamatzin y supieron que el gran Montezuma había sabido que ellos entraban en la conjuración para quitarle su reino y dárselo a Cacamatzin, temieron, y no le venían a hacer palacio como solían. Y con acuerdo de Cortés, que le convocó y atrajo al Montezuma para que los mandase prender, en ocho días todos estuvieron presos en la cadena gorda, de lo cual no poco se holgó nuestro capitán y todos nosotros.

Miren los curiosos lectores cuál andaban nuestras vidas, tratando de nos matar cada día y comer nuestras carnes, si la gran misericordia de Dios, que siempre era con nosotros y nos socorría, y aquel buen Montezuma a todas nuestras cosas daba buen corte. Y miren qué gran señor era, que, estando preso, así era tan obedecido.

Pues ya todo apaciguado y aquellos señores presos, siempre nuestro Cortés, con otros capitanes y el fraile de la Merced, estaban teniéndole palacio, y con todo lo que podían le daban mucho placer y burlaban, no de manera de desacato, que digo que no se sentaba Cortés ni ningún capitán hasta que el Montezuma les mandaba traer sus asentaderos ricos y les mandaba asentar. Y en esto era tan bien mirado, que todos le queríamos con gran amor, porque verdaderamente era gran señor en todas las cosas que le veíamos hacer.

Y volviendo a nuestra plática, unas veces le daban a entender las cosas tocantes a nuestra santa fe, y se lo decía el fraile con el paje Orteguilla, que parecía que le entraban ya algunas buenas razones en el corazón, pues las escuchaba con atención, mejor que al principio. También le daban a entender el gran poder del Emperador, nuestro señor, y cómo le dan vasallaje muchos grandes señores que le obedecen, y de tierras muy lejanas; y le decían otras muchas cosas que él se holgaba de oír. Y otras veces jugaba Cortés con él al totoliques, como he dicho otra vez, y de esta manera siempre le teníamos palacio. Y él, como no era nada escaso, nos daba cada día, cuáles joyas de oro o mantas.

Y dejaré de hablar en ello y pasaré adelante.

Como el capitán Cortés vio que ya estaban presos aquellos reyecillos por mí memorados y todas las ciudades pacíficas, dijo a Montezuma que dos veces le había enviado a decir, antes que entrásemos en México, que quería dar tributo a Su Majestad, y que pues ya había entendido el gran poder de nuestro rey e señor, y que de muchas tierras le dan parias e tributos y le son sujetos muy grandes reyes, que será bien que él y todos sus vasallos le den la obidiencia, porque ansí se tiene por costumbre: que primero se da la obidiencia que dan las parias e tributos.

Y el Montezuma dijo que juntaría sus vasallos y hablaría sobre ello. Y en diez días se juntaron todos los más caciques de aquella comarca, y no vino el cacique pariente muy cercano del Montezuma, que ya hemos dicho que decían que era muy esforzado, y en la presencia y cuerpo y miembros y en el semblante bien lo parescía. Era algo atronado, e en aquella sazón estaba en un pueblo suyo que se decía Tula; y a este cacique, según decían, le venía el reino de México después del Montezuma. Y como le llamaron, envió a decir que no quería venir ni dar tributo, que aun con lo que tiene de sus provincias no se puede sustentar. De la cual respuesta hobo enojo el Montezuma, y luego envió ciertos capitanes para que le prendiesen; y como era gran señor y muy emparentado, tuvo aviso dello y metiose en su provincia, donde no le pudo haber por entonces.

Y dejallo he aquí. Y diré que en la plática que tuvo el Montezuma con todos los caciques de toda la tierra que había mandado llamar, que después que les había hecho un parlamento —sin estar Cortés ni ninguno de nosotros delante, salvo Orteguilla el paje— dicen que les dijo que mirasen que de muchos años pasados sabían por muy cierto, por lo que sus antepasados les han dicho, e ansí lo tienen señalado en sus libros de cosas de memorias, que de donde sale el sol habían de venir gentes que habían de señorear estas tierras, y que se había de acabar en aquella sazón el señorío y reino de los mexicanos. E que él tiene entendido, por lo que sus dioses le han dicho, que somos nosotros. E que se lo han preguntado a su Huichilobos los papas que lo declaren, y sobre ello les hacen sacrificios, y no quieren respondelles como solían. Y lo que más le da a entender el Huichilobos es que lo que les ha dicho otras veces, aquello da agora por respuesta, e que no le preguntasen más.

"E que ansí bien dan a entender que demos la obidiencia al rey de Castilla, cuyos vasallos dicen estos teules que son; y porque al presente no va nada en ello, y el tiempo andando veremos si tenemos otra mejor respuesta de nuestros dioses. Y como viéremos el tiempo, ansí haremos. Lo que yo os mando y ruego es que todos de buena voluntad, al presente, se lo demos e contribuyamos con alguna señal de vasallaje, que presto os diré lo que más nos convenga; y porque agora soy importunado a ello por Malinche, ninguno lo rehúse. E mirá que en diez y ocho años que ha que soy vuestro señor, siempre me habéis sido muy leales, e yo os he enriquecido e ensanchado vuestras tierras, e os he dado mando e haciendas. E si agora al presente nuestros dioses permiten que yo esté aquí detenido, no lo estuviera, sino que ya os he dicho muchas veces que mi gran Huichilobos me lo ha mandado."

E desque oyeron este razonamiento, todos dieron por respuesta que harían lo que mandase, y con muchas lágrimas y sospiros, y el Montezuma muchas más.

E luego envió a decir con un principal que para otro día darían la obidiencia y vasallaje a Su Majestad, que fueron en --- días del mes de --- de mil e quinientos y diez y nueve años.

Despúes Montezuma volvió a hablar con sus caciques sobre el caso. Estando Cortés delante, e nuestros capitanes y muchos soldados, y Pero Hernández, secretario de Cortés, dieron la obidiencia a Su Majestad, y con mucha tristeza que mostraron, y el Montezuma no pudo sostener las lágrimas. E queríamoslo tanto e de buenas entrañas, que a nosotros, de velle llorar, se nos enternecieron los ojos, y soldado hobo que lloraba tanto como Montezuma: tanto era el amor que le teníamos.

Y dejallo he aquí. Y diré que siempre Cortés y el fraile de la Merced, que era bien entendido, estaban en los palacios del Montezuma por alegralle, atrayéndole para que dejase sus ídolos.

Y pasaré adelante.

Estando Cortés e otros capitanes con el gran Montezuma teniéndole palacio, entre otras pláticas que le decía con nuestras lenguas —doña Marina y Jerónimo de Aguilar e Orteguilla— le preguntó que a qué parte eran las minas, e en qué ríos, e cómo y de qué manera cogían el oro que le traían en granos, porque quería enviar a vello dos de nuestros soldados, grandes mineros.

Y el Montezuma dijo que de tres partes, y que de donde más oro le solían traer, que era de una provincia que se dice Zacatula, que es a la banda del sur, que está de aquella ciudad andadura de diez o doce días, y que lo cogían con unas jicales e que lavan la tierra para que allí queden unos granos menudos después de lavado. E que agora al presente se lo traen de otra provincia que se dice Tustepeque, cerca de adonde desembarcamos, que es en la banda del norte, e que lo cogen de dos ríos; e que cerca de aquella provincia hay otras buenas minas, en parte que no son sus subjetas, que se dicen los chinantecas y zapotecas, y que no le obedecen; y que si quiere enviar sus soldados, que él dará principales que vayan con ellos.

Y Cortés le dio las gracias por ello, y luego despachó a un piloto que se decía Gonzalo de Umbría con otros dos soldados mineros a lo de Zacatula. Aqueste Gonzalo de Umbría era al que Cortés mandó cortar los pies cuando ahorcó a Pedro Escudero y a Juan Cermeño y azotó los Peñates, porque se alzaban en San Juan de Ulúa con el navío, según más largamente lo tengo escrito en el capítulo que dello habla.

Y dejemos de contar más en lo pasado. Y digamos cómo fueron con el Umbría, y se les dio de plazo para ir y volver cuarenta días. E por la banda del norte despachó para ver las minas a un capitán que se decía Pizarro, mancebo de hasta veinte e cinco años, y a este Pizarro trataba Cortés como a pariente. En aquel tiempo no había fama del Perú ni se nombraban Pizarros en esta tierra.

E con cuatro soldados fue, y llevó de plazo otros cuarenta días para ir y volver, porque había desde México obra de ochenta leguas, e con cuatro principales mexicanos.

Ya partidos para ver las minas, como dicho tengo, volvamos a decir cómo le dio el gran Montezuma a nuestro capitán, en un paño de henequén, pintados y señalados muy al natural, todos los ríos e ancones que había en la costa del norte, desde Pánuco hasta Tabasco, que son obra de ciento y cuarenta leguas. Y en ellos venía señalado el río de Guazacualco. E como ya sabíamos todos los puertos e ancones que señalaban en el paño que le dio el Montezuma, de cuando venimos a descubrir con Grijalva, eceto el río de Guazacualco, que dijeron que era muy poderoso y hondo, acordó Cortés de enviar a ver qué cosa era y para sondar el puerto y la entrada.

Y como uno de nuestros capitanes, que se decía Diego de Ordás, otras veces por mí memorado, era hombre muy entendido y bien esforzado, dijo al capitán que él quería ir a ver aquel río, e qué tierras había y qué manera de gente era, y que le diese hombres e indios principales que vayan con él. Y Cortés lo rehusaba por ser hombre de buenos consejos y tenelle en su compañía; y por no le descomplacer, le dio la licencia para que fuese.

Y el Montezuma le dijo al Ordás que en lo de Guazacualco no llegaba su señorío, e que eran muy esforzados, y que mirase lo que hacía; y que si algo le aconteciese, no le culpasen a él. Y que antes de llegar a aquella provincia toparía con sus guarniciones de gente de guerra que tenía en la frontera, y que si los hobiese menester, que los llevase consigo; e dijo otros muchos cumplimientos. Y Cortés y el Diego de Ordás le dieron las gracias. Y ansí partió con dos de nuestros soldados y con otros principales que el Montezuma les dio.

Aquí es donde dice el coronista Francisco López Gómara que iba Juan Velázquez con cien soldados a poblar a Guazacualco, e que Pedro de Ircio había ido a poblar a Pánuco. E porque ya estoy harto de mirar en lo que el coronista va fuera de lo que pasó, lo dejaré de decir, y diré lo que cada uno de los capitanes que nuestro Cortés envió hizo.

E vinieron con muestras de oro.

El primero que volvió a la ciudad de México a dar razón de lo que Cortés le envió fue el Gonzalo de Umbría e sus compañeros, y trajeron obra de trecientos pesos en granos, que sacaron delante dellos los indios de un pueblo que se dice Zacatula. Que, según contaba el Umbría, los caciques de aquella provincia llevaron muchos indios a los ríos, y con unas como bateas chicas, y con ellas lavaban la tierra y cogían el oro, y era de dos ríos. Y dijeron que si fuesen buenos mineros y lo lavasen como en la isla de Santo Domingo o como en la isla de Cuba, que serían ricas minas.

Y asimismo trujeron consigo dos principales que envió aquella provincia, y trayeron un presente de oro hecho en joyas, que valdría docientos pesos, e a darse e ofrecerse por servidores de Su Majestad.

Y Cortés se holgó tanto con el oro como si fueran treinta mil pesos, en saber cierto que había buenas minas; e a los caciques que trujeron el presente les mostró mucho amor y les mandó dar cuentas verdes de Castilla. Y con buenas palabras se volvieron a su tierra muy contentos.

Y decía el Umbría que no muy lejos de México había grandes poblaciones y de gente polida, y paresce ser eran los pueblos del pariente del Montezuma, y otra provincia que se dice Matalcingo. E a lo que sentimos y vimos, el Umbría y sus compañeros vinieron ricos, con mucho oro y bien aprovechados, que a este efeto le envió Cortés para hacer buen amigo dél, por lo pasado que dicho tengo.

Dejémosle, pues volvió con buen recaudo. Y volvamos al capitán Diego de Ordás, que fue a ver el río de Guazacualco, que son sobre ciento y veinte leguas de México. Y dijo que pasó por muy grandes pueblos —que allí los nombró— e que todos le hacían honra, y que en el camino, cerca de Guazacualco, topó a las guarniciones de Montezuma que estaban en frontera. Y que todas aquellas comarcas se quejaban dellos, ansí de robos que les hacían, y les tomaban sus mujeres, y les demandaban otros tributos.

Y el Ordás, con los principales mexicanos que llevaba, reprendió a los capitanes de Montezuma que tenían cargo de aquellas gentes, y les amenazaron que si más robaban, que se lo harían saber a su señor Montezuma, y que enviaría por ellos y los castigaría, como hizo a Quetzalpopoca y sus compañeros, porque habían robado los pueblos de nuestros amigos; y con estas palabras les metió temor.

Y luego fue camino de Guazacualco y no llevó más de un principal mexicano. Y desque el cacique de aquella provincia, que se decía Tochel, supo que iba, envió sus principales a le recibir, y le mostraron mucha voluntad, porque aquellos de aquella provincia ya todos tenían relación y noticia de nuestras personas, de cuando venimos a descubrir con Juan de Grijalva, según largamente lo he escrito en el capítulo pasado que dello habla.

Y volvamos a decir que, desque los caciques de Guazacualco entendieron a lo que iba, luego le dieron muchas y grandes canoas, y el mesmo cacique Tochel, y con él otros muchos principales, e sondaron a boca del río y hallaron tres brazas largas sin la de caída en lo más bajo. Y, entrados en el río un poco arriba, podían nadar grandes navíos, y mientras más arriba, más hondo, y junto a un pueblo que en aquella sazón estaba poblado de indios, pueden estar carracas.

Y desque el Ordás lo hobo sondado y se vino con los caciques al pueblo, le dieron ciertas joyas [90r] de oro y una india muy hermosa, y se ofrescieron por servidores de Su Majestad y se le quejaron del Montezuma y de su guarnición de gente de guerra. Y que había poco tiempo que tuvieron una batalla con ellos y que, cerca de un pueblo de pocas casas, mataron los de aquella provincia a los mexicanos muchos de sus gentes; y por aquella causa llaman hoy en día donde aquella guerra pasó Cuylonemiquis, que en su lengua quiere decir "donde mataron los putos mexicanos".

Y el Ordás le dio muchas gracias por la honra que había rescebido y les dio ciertas cuentas de Castilla que llevaba para aquel efeto, y se volvió a México. Y fue alegremente recebido de Cortés y de todos nosotros, y decía que era buena tierra para ganados y granjerías, y el puerto a pique para las islas de Cuba y Santo Domingo y Jamaica, eceto que era lejos de México y había grandes ciénegas; y a esta causa, nunca tuvimos confianza del puerto para el descargo y trato de México.

Dejemos al Ordás. Y digamos del capitán Pizarro y sus compañeros que fueron en lo de Tustepeque a buscar oro y ver las minas: que volvió el Pizarro con un soldado solo a dar cuenta a Cortés. Y trujeron sobre mil pesos de granos de oro, sacado de las minas, y dijeron que en la provincia de Tustepeque y Malinaltepeque y otros pueblos comarcanos fue a los ríos con mucha gente que le dieron, y cogieron la tercia parte del oro que allí traían.

Y que fueron en las sierras, más arriba, a otra provincia que se dice los Chinantecas, y como llegaron a su tierra, que salieron muchos indios con armas, que son unas lanzas mayores que las nuestras, y arcos y flechas y pavesinas, y dijeron que ni un indio mexicano no les entrase en su tierra; si no, que les matarían, y que los teules que vayan mucho en buen hora; y ansí fueron, y se quedaron los mexicanos, que no pasaron adelante.

Y desque los caciques de Chinanta entendieron a lo que iban, juntaron copia de sus gentes para lavar oro y le llevaron a unos ríos, donde cogieron el demás oro que venía por su parte en granos crespillos, porque dijeron los mineros que aquello era de más duraderas minas, como de nacimiento.

Y también trujo el capitán Pizarro dos caciques de aquella tierra que vinieron a ofrecerse por vasallos de Su Majestad y tener nuestra amistad, y aun trujeron un presente de oro. Y todos aquellos caciques a una decían mucho mal de los mexicanos, que eran tan aburridos de aquellas provincias por los robos que les hacían, que no los podían ver ni aun mentar sus nombres.

Cortés rescebió bien al Pizarro y a los principales que traía y tomó el presente que le dieron, y porque han pasado muchos años, no me acuerdo qué tanto era; y se ofreció con buenas palabras que les ayudaría y sería su amigo de los chinantecas, y les mandó que se fuesen. Y porque no rescebiesen algunas molestias de mexicanos en el camino, mandó a dos principales mexicanos que les pusiesen en sus tierras y que no se quitasen dellos hasta que estuviesen en salvo, y fueron muy contentos.

Volvamos a nuestra plática: que preguntó Cortés por los demás soldados que había llevado el Pizarro en su compañía, que se decían Barrientos y Heredia el Viejo y Escalona el Mozo y Cervantes el Chocarrero, y dijo que, porque les paresció muy bien aquella tierra y era rica de minas y los pueblos por donde fue muy de paz, les mandó que hiciesen una gran estancia de cacahuatales y maizales y pusiesen muchas aves de la tierra y otras granjerías que había de algodón, y que desde allí fuesen catando todos los ríos y viesen qué minas había.

Y puesto que Cortés calló por entonces, no se lo tuvo a bien a su pariente haber salido de su mandado. Y le supimos que en secreto riñó mucho con él sobre ello, e le dijo que era de poca calidad querer entender en cosas de criar aves e cacaguatales. Y luego envió otro soldado que se decía Alonso Luis a llamar a los demás que había dejado el Pizarro; y para que luego viniesen, llevó un mandamiento. Y lo que aquellos soldados hicieron diré adelante, en su tiempo y lugar.

Pues como el capitán Diego de Ordás y los demás soldados por mí ya memorados vinieron con muestras de oro y relación que toda la tierra era rica, Cortés, con consejo de Ordás y de otros capitanes y soldados, acordó de decir y demandar al Montezuma que todos los caciques y pueblos de la tierra tributasen a Su Majestad, y que él mesmo, como gran señor, también diese de sus tesoros.

Y respondió que él enviaría por todos los pueblos a demandar oro, mas que muchos dellos no lo alcanzaban, sino joyas de poca valía que habían habido de sus antepasados. Y de presto despachó principales a las partes donde había minas, y les mandó que diese cada pueblo tantos tejuelos de oro fino, del tamaño y gordor de otros que le solían tributar, y llevaban para muestras dos tejuelos. Y de otras partes no le traían sino joyezuelas de poca valía.

También envió a la provincia donde era cacique y señor aquel su pariente muy cercano que no le quería obedescer, otra vez por mí memorado, que estaba de México obra de doce leguas. Y la respuesta que trujeron los mensajeros decía que no quería dar oro ni obedecer al Montezuma, y que también él era señor de México y le venía el señorío como al mesmo Montezuma, que le enviaba a pedir por tributo.

Y desque esto oyó el Montezuma, tuvo tanto enojo, que de presto envió su señal y su sello, y con buenos capitanes para que se lo trujesen preso. Y venido en su presencia el pariente, le habló muy desacatadamente y sin ningún temor, o de muy esforzado; e decían que tenía ramos de locura, porque era como atronado.

Todo lo cual alcanzó a saber Cortés, y envió a pedir por merced al Montezuma que se le diese, que él lo quería guardar, porque, según le dijeron, le había mandado matar el Montezuma. Y traído ante Cortés, le habló muy amorosamente y que no fuese loco contra su señor, y le quería soltar. Y Montezuma, desque lo supo, dijo que no le soltasen, sino que le echasen en la cadena gorda como a los otros reyezuelos por mí ya nombrados.

Tornemos a decir que en obra de veinte días vinieron todos los principales que Montezuma había enviado a cobrar los tributos del oro que dicho tengo. Y así como vinieron, envió a llamar a Cortés y a nuestros capitanes y a ciertos soldados que conocía, que éramos de la guarda, y dijo estas palabras formales, o otras como ellas:

Hago saber, señor Malinche y señores capitanes y soldados, que a vuestro gran Rey yo le soy en cargo y le tengo buena voluntad, ansí por ser tan gran señor como por haber enviado de tan lejos tierras a saber de mí, y lo que más me pone el pensamiento es que él ha de ser el que nos ha de señorear, según nuestros antepasados nos han dicho, y aun nuestros dioses nos dan a entender por las respuestas que dellos tenemos. Tomá ese oro que se ha recogido; por ser de priesa, no se trae más. Lo que yo tengo aparejado para el Emperador es todo el tesoro que he habido de mi padre, que está en vuestro poder y aposentos, que bien sé que, luego que aquí venistes, abristes la casa y lo mirastes todo y la tornastes a cerrar como de antes estaba. Y cuando se lo enviardes, decille en vuestros amales y cartas: "Esto os envía vuestro buen vasallo Montezuma". Y también yo os daré unas piedras muy ricas que le enviés en mi nombre, que son chalchiuis, que no son para dar a otras personas, sino para ese vuestro gran señor, que vale cada una piedra dos cargas de oro. También le quiero enviar tres cerbatanas con sus esqueros y bodoqueras, y que tienen tales obras de pedrería, que se holgará de vellas. Y también yo quiero dar de lo que tuviere, aunque es poco, porque todo el má oro y joyas que tenía os he dado en veces.

Y desque aquello le oyó Cortés y todos nosotros, estuvimos espantados de la gran bondad y liberalidad del gran Montezuma, y con mucho acato le quitamos todos las gorras de armas y le dijimos que se lo teníamos en merced. Y con palabras de mucho amor, le prometió Cortés que escrebiríamos a Su Majestad de la manificencia y franqueza del oro que nos dio en su real nombre.

Y después que tuvimos otras pláticas de buenos comedimientos, luego en aquella hora envió Montezuma sus mayordomos para entregar todo el tesoro de oro y riqueza que estaba en aquella sala encalada. Y para vello y quitalle de sus bordaduras y donde estaba engastado tardamos tres días, y aun para lo quitar y deshacer vinieron los plateros de Montezuma de un pueblo que se dice Escapuzalco. Y digo que era tanto, que, después de deshecho, eran tres montones de oro y, pesado, hobo en ellos sobre seiscientos mil pesos, como adelante diré, sin la plata e otras muchas riquezas, y no cuento con ello los tejuelos y planchas de oro y el oro en granos de las minas.

Y se comenzó a fundir con los indios plateros que dicho tengo, naturales de Escapuzalco, y se hicieron unas barras muy anchas dello, de medida como de tres dedos de la mano el anchor de cada barra. Pues ya fundido y hecho barras, traen otro presente por sí de lo que el gran Montezuma había dicho que daría, que fue cosa de admiración de tanto oro y las riquezas de otras joyas que trajo.

Pues las piedras chalchiuis eran tan ricas algunas dellas, que valían entre los mismos caciques mucha cantidad de oro. Pues las tres cerbatanes con sus bodoqueras, los engastos que tenían de pedrerías e perlas, y las pinturas de pluma y de pajaritos llenos de aljófar y otras aves: todo era de gran valor.

Dejemos de decir de penachos y plumas y otras muchas cosas ricas, que es para nunca acabar de traello aquí a la memoria.

Digamos ahora cómo se marcó todo el oro que dicho tengo con una marca de hierro que mandó hacer Cortés y los oficiales del rey, proveídos por Cortés y acuerdo de todos nosotros, en nombre de Su Majestad, hasta que otra cosa mandase, que en aquella sazón eran Gonzalo Mexía, tesorero, y Alonso de Ávila, contador. Y la marca fue las armas reales como de un real y del tamaño de un tostón de a cuatro. Y esto sin las joyas ricas, que nos pareció que no eran para deshacer.

Pues para pesar todas estas barras de oro y plata y las joyas que quedaron por deshacer, no teníamos pesos de marcos ni balanzas, y pareció a Cortés y a los mesmos oficiales de la hacienda de Su Majestad que sería bien hacer de hierro unas pesas de hasta una arroba y otras de media arroba, y de dos libras y de una libra y de media libra, y de cuarterón y de tantas onzas; y esto, no para que viniese muy justo, sino media onza más o menos en cada peso que se pesaba.

Y desque se pesó, dijeron los oficiales del rey que había en el oro, así en lo que estaba hecho barras como en los granos de las minas y en los tejuelos y joyas, más de seiscientos mil pesos, sin la plata y otras muchas joyas que se dejaron de avaliar. Algunos soldados decían que había más.

Y como ya no había que hacer en ello sino sacar el real quinto y dar a cada capitán y soldado nuestras partes, y a los que quedaban en el puerto de la Villa Rica también las suyas, parece ser Cortés procuraba de no lo repartir tan presto, hasta que hubiese más oro y hubiese buenas pesas y razón y cuenta de a cómo salían.

Y todos los más soldados y capitanes dijimos que luego se repartiese, porque habíamos visto que, cuando se deshacía de las piezas del tesoro de Montezuma, estaba en los montones mucho más oro y que faltaba la tercia parte dello, que lo tomaban y escondían, ansí por la parte de Cortés como de los capitanes, como el fraile de la Merced, y se iba menoscabando.

Y a poder de muchas pláticas, se pesó en lo que quedaba y hallaron sobre seiscientos mil pesos, sin las joyas y tejuelos, y para otro día habían de dar las partes. Y diré cómo lo repartieron, y todo lo más se quedó con ello el capitán Cortés y otras personas. Y lo que sobre ello se hizo diré adelante.

Lo primero se sacó el real quinto, y luego Cortés dijo que le sacasen a él otro quinto como a Su Majestad, pues se lo prometimos en el arenal cuando le alzamos por capitán general y justicia mayor, como ya lo he dicho en el capítulo que dello habla.

Luego, tras esto, dijo que había hecho cierta costa en la isla de Cuba, que gastó en la armada, que lo sacasen del montón. Y demás desto, que se apartase del mismo montón la costa que había hecho Diego Velázquez en los navíos que dimos al través, pues todos fuimos en ello. Y tras esto, para los procuradores que fueron a Castilla. Y demás desto, para los que quedaban en la Villa Rica, que eran setenta vecinos, y para el caballo que se le murió y para la yegua de Juan Sedeño que le mataron los de Tascala de una cuchillada.

Pues para el fraile de la Merced y el clérigo Juan Díaz, y los capitanes y los que traían caballos, dobladas partes, y escopeteros y ballesteros por el consiguiente, y otras sacaliñas. De manera que quedaba muy poco de parte. Y por ser tan poco, muchos soldados hubo que no lo quisieron recibir; y con todo se quedaba Cortés, pues en aquel tiempo no podíamos hacer otra cosa sino callar, porque demandar justicia sobre ello era por demás.

Y otros soldados hubo que tomaron sus partes a cien pesos, y daban voces por lo demás. Y Cortés, secretamente, daba a unos y a otros, por vía que les hacía merced, por contentallos, y con buenas palabras que les decía, sufrían.

Pues vamos a las partes que quedaban a los de la Villa Rica, que se lo mandó llevar a Tascala para que allí se lo guardasen; y como ello fue mal repartido, en tal paró todo como adelante diré en su tiempo.

En aquella sazón muchos de nuestros capitanes mandaron hacer cadenas de oro muy grandes a los plateros del gran Montezuma, que ya he dicho que tenía un gran pueblo dellos, media legua de México, que se dice Escapuzalco. Y asimismo Cortés mandó hacer muchas joyas y gran servicio de vajilla, y algunos de nuestros soldados que habían henchido las manos.

Por manera que ya andaban públicamente muchos tejuelos de oro, marcado y sin marcar, y joyas de muchas diversidades de hechuras, y el juego largo, con unos naipes que hacían de cueros de atambores, tan buenos y tan bien pintados como los de verida, los cuales naipes hacía un Pedro Valenciano, y desta manera estábamos.

Dejemos de hablar en el oro y de lo mal que se repartió y peor se gozó. Y diré lo que a un soldado que se decía Hulano de Cárdenas le acaesció. Paréce ser aquel soldado era piloto y hombre de la mar, natural de Triana o del Condado, y el pobre tenía en su tierra mujer e hijo, y como a muchos nos acontece, debiera de estar pobre y vino a buscar la vida para volverse a su mujer e hijos.

Y como había visto tanta riqueza en oro, en planchas y en granos de las minas y tejuelos y barras fundidos, y al repartir dello vio que no le daban sino cien pesos, cayó malo de pensamiento y tristeza; y un su amigo, como le veía cada día tan pensativo y malo, íbale a ver y decíale que de qué estaba de aquella manera y suspiraba tanto de rato en rato. Y respondió el piloto Cárdenas, que es el que estaba malo:

—¡Oh, cuerpo de tal conmigo! ¿Y no he de estar malo, viendo que Cortés ansí se lleva todo el oro, y como rey lleva quinto, y ha sacado para el caballo que se le murió, y para los navíos de Diego Velázquez y para otras muchas trancanillas? ¡Y que muera mi mujer e hijos de hambre, pudiéndolos socorrer cuando fueron los procuradores con nuestras cartas y le enviamos todo el oro y plata que habíamos habido en aquel tiempo!

Y respondiole aquel su amigo:

—Pues ¿qué oro teníades vos para les enviar?

Y el Cárdenas dijo:

—Si Cortés me diera mi parte de lo que me cabía, con ello se sostuvieran mi mujer e hijos, y aun les sobrara; mas mirá qué embustes tuvo: hacernos firmar que sirviésemos a Su Majestad con nuestras partes y sacar del oro para su padre, Martín Cortés, sobre seis mil pesos, y lo que escondió. Y yo y otros pobres, que estemos de noche y de día batallando, como habéis visto en las guerras pasadas de Tabasco y Tascala y lo de Cingapacinga y Cholula, y agora estar en tan grandes peligros como estamos, y cada día la muerte al ojo, si se levantasen en esta ciudad. ¡Y que se alce con todo el oro y que lleve quinto como rey!

Y dijo otras palabras sobre ello y que tal quinto no le habíamos de dejar sacar, ni de tener tantos reyes, sino solamente a Su Majestad.

Y replicó su compañero y dijo:

—Pues esos cuidados os matan, y ahora veis que con todo lo que traen los caciques y Montezuma se consume en él, "uno en papo y otro en saco y otro so el sobaco", y allá va todo donde quiere Cortés, él y estos nuestros capitanes, que hasta el bastimento, todo lo llevan. Por eso, dejaos de esos pensamientos y rogad a Dios que en esta ciudad no perdamos las vidas.

Y ansí cesaron sus pláticas, las cuales alcanzó a saber Cortés. Y como le decían que había muchos soldados descontentos por las partes del oro y de lo que habían hurtado del montón, acordó de hacer a todos un parlamento con palabras muy melifluas. Dijo que todo lo que tenía era para nosotros, y que él no quería quinto, sino a parte que le cabe de capitán general; y cualquiera que hubiese menester algo, que se lo daría. Y aquel oro que habíamos habido, que era un poco de aire: que mirásemos las grandes ciudades que hay y ricas minas, que todos seríamos señores dellas y muy prósperos y ricos. Y dijo otras razones muy bien dichas, que las sabía bien proponer.

Y demás desto, a ciertos soldados secretamente daba joyas de oro y a otros hacía grandes promesas. Y mandó que los bastimentos que traían los mayordomos de Montezuma se repartiesen entre todos los soldados como a su persona. Y demás desto, llamó aparte al Cárdenas y con palabras le halagó, y le prometió que en los primeros navíos le enviaría a Castilla a su mujer e hijos, y le dio trecientos pesos, y ansí se quedó contento con ellos.

Y quedarse aquí, y diré, cuando venga a coyuntura, lo que a Cárdenas acaesció cuando fue a Castilla y cómo le fue muy contrario a Cortés en los negocios que tuvo ante Su Majestad.

Como el oro comunmente todos los hombres lo deseamos, y mientras unos mas tienen, mas quieren, aconteció que, como faltaban muchas piezas del oro conocidas de los montones, ya otras veces por mi dicho. Y Juan Velazquez de Leon en aquel tiempo hacia labrar a los indios de Escapuzalco, que eran todos plateros del gran Montezuma, grandes cadenas de oro y otras piezas de vajillas para su servicio. Y como Gonzalo Mexia, que era tesorero, le dijo secretamente que se las diese, pues no estaban quintadas y era conocidamente ser de las que habia dado el Montezuma, y el Juan Velazquez de Leon, que era muy privado de Cortés, dijo que no le queria dar ninguna cosa y que no lo habia tomado de lo que estaba allegado ni de otra parte ninguna, salvo que Cortés se las habia dado antes que se hiciesen barras.

Y el Gonzalo Mexia respondio que bastaba lo que Cortés habia escondido y tomado a los compañeros. Y todavia, como tesorero, demandaba mucho oro, que no se habia pagado el real quinto; y de palabras en palabras, vinieron a se desmandar y echaron mano a las espadas. Y si de presto no los metieramos en paz, entrambos a dos acabaran alli sus vidas, porque eran personas de mucho ser y valientes por las armas, y salieron heridos cada uno con dos heridas. Y como Cortés lo supo, los mando echar presos cada uno en una cadena gorda, y parece ser, segun muchos soldados dijeron, que secretamente hablo Cortés al Juan Velazquez de Leon, como era mucho su amigo, que se estuviese preso dos dias en la misma cadena y que sacarian de la prision al Gonzalo Mexia, como a tesorero. Y esto lo hacia Cortés porque viesemos todos los capitanes y soldados que hacia justicia, que el Juan Velazquez, uña y carne del mismo capitan, le tenia preso.

Y porque pasaron otras cosas acerca del Gonzalo Mexia, que dijo a Cortés que tomaba escondido sobre el mucho oro que faltaba y que se le quejaban dello todos los soldados, porque no se lo demandaba al mismo capitan, pues era tesorero, y porque es larga relacion, lo dejare de decir. Y dire que, como Juan Velazquez de Leon estaba preso en una sala cerca del aposento de Montezuma, en una cadena gorda, y como el Juan de Velazquez era hombre de gran cuerpo y muy membrudo, y cuando se paseaba por la sala llevaba la cadena arrastrando y hacia gran sonido, que lo oyo el Montezuma y pregunto a su paje Orteguilla a quien tenia preso Cortés en las cadenas. Y el paje le dijo que a Juan Velazquez, el que solia tener guarda de su persona, porque ya en aquella sazon no lo era, sino Cristobal de Oli.

Y pregunto que por que causa, y el paje le dijo que por cierto oro que faltaba. Y aquel mismo dia fue Cortés a tener palacio al Montezuma y, despues de los acatos acostumbrados y otras palabras que entre ellos pasaron, pregunto el Montezuma a Cortés que por que tenia preso a Juan Velazquez, siendo buen capitan y muy esforzado. Porque el Montezuma, como otras veces he dicho, bien conocia a todos nosotros, y aun sus calidades. Y Cortés le dijo medio riendo que porque era tabalilo, que quiere decir loco, y que, porque no le dan mucho oro, quiere ir por sus pueblos y ciudades a demandallo a los caciques; y porque no mate algunos y por esta causa, le tiene preso.

Y el Montezuma respondio que le pedia por merced que le soltase y que el enviaria a buscar mas oro y le daria de lo suyo. Y Cortés hacia como que se le hacia de mal soltallo, y al fin dijo que si haria, por complacer al Montezuma. Y pareceme que le sentencio en que fuese desterrado del real y fuese a un pueblo que se dice Cholula con mensajeros del Montezuma a demandar oro. Y primero los hizo amigos al Gonzalo Mexia y al Juan Velazquez, y vi que dentro de seis dias volvio de cumplir su destierro, y desde alli adelante, el Gonzalo Mexia y Cortés no se llevaban muy bien, y el Juan Velazquez vino con mas oro.

He traido esto aqui a la memoria, y aunque va fuera de nuestra relacion, para que vean que Cortés, so color de hacer justicia, porque todos le temiesemos, era con grandes mañas. Y dejaremoslo aqui.

CAPÍTULO XIII: EL GRAN SEÑOR OFRECE SU HIJA A CORTÉS

Cómo el gran Montezuma dijo a Cortés que le queria dar una hija de las suyas para que se casase con ella y lo que Cortés le respondio, y todavia la tomo, y la servian y honraban como hija de tal señor

Como otras muchas veces he dicho, siempre Cortés y todos nosotros procurabamos de agradar y servir a Montezuma y tenerle palacio. Y un dia le dijo el Montezuma: "Mira, Malinche, que tanto os amo, que os quiero dar a una hija mia muy hermosa para que os caseis con ella y que la tengais por vuestra legitima mujer". Y Cortés le quito la gorra por la merced y dijo que era gran merced la que le hacia, mas que era casado y tenia mujer, y que entre nosotros no podemos tener mas de una mujer, y que el la teria en aquel grado que hija de tan gran señor merece, y que primero quiere se vuelva cristiana, como son otras señoras, hijas de señores. Y Montezuma lo hubo por bien. Y siempre mostraba el gran Montezuma su acostumbrada voluntad.

Mas de un dia en otro no cesaba Montezuma sus sacrificios y de matar en ellos personas, y Cortés se lo retraia. Y no aprovechaba cosa ninguna, hasta que tomo consejo con nuestros capitanes que qué hariamos en aquel caso, porque no se atrevia a poner remedio en ello, por no revolver la ciudad y los papas que estaban en el Huichilobos. Y el consejo que sobre ello se dio por nuestros capitanes e soldados: que hiciese que queria ir a derrocar los idolos del alto Huichilobos, y si viesemos que se ponian en defendello o que se alborotaban, que le demandase licencia para hacer un altar en una parte del gran cu y poner un crucifijo e una imagen de Nuestra Señora.

Y como esto se acordo, fue Cortés a los palacios adonde estaba preso el Montezuma y llevo consigo siete capitanes y soldados. Y dijo al Montezuma: "Señor, ya muchas veces he dicho a vuestra merced que no sacrifique mas animas a esos vuestros dioses que os traen engañados, y no lo quiere hacer, e hago saber, señor, que todos mis compañeros y estos capitanes que conmigo vienen os vienen a pedir por merced que les deis licencia para los quitar de alli y pondremos a Nuestra Señora Santa Maria y una cruz, y que si agora no les dais licencia, que ellos iran a los quitar, y no querria que matasen algunos papas".

Y desque el Montezuma oyo aquellas palabras y vio ir a los capitanes algo alterados, dijo: "¡Oh, Malinche, y como nos quereis echar a perder a toda esta ciudad! Porque estaran muy enojados nuestros dioses contra nosotros, y aun de vuestras vidas no se en qué pararan. Lo que os ruego es que agora al presente os sufráis, que yo enviare a llamar a todos los papas y vere su respuesta".

Y desque aquello oyo Cortés, hizo un ademan que le queria hablar muy secretamente al Montezuma e que no estuviesen presentes nuestros capitanes que llevaba en su compañia, los cuales mando que le dejasen solo, y los mando salir. Y desque se salieron de la sala, dijo al Montezuma que porque no saliese de alli aquello e se hiciese alboroto, ni los papas lo tuviesen a mal derrocarle sus idolos, que el trataria con los mismos nuestros capitanes que no se hiciese tal cosa, con tal que en un apartamiento del gran cu hiciesen un altar para poner la imagen de Nuestra Señora e una cruz, y que, el tiempo andando, verian cuan buenos y provechosos son para sus animas y para darles salud y buenas sementeras y prosperidades.

Y el Montezuma, puesto que con suspiros y semblante muy triste, dijo que el lo trataria con los papas; y en fin de muchas palabras que sobre ello hubo, se puso en --- dias del mes de --- de mil e quinientos y diez y nueve años. E puesto nuestro altar, apartado de sus malditos idolos, y la imagen de Nuestra Señora e una cruz, y con mucha devocion y todos dando gracias a Dios, dijo misa cantada el padre de la Merced, y ayudaba a la misa el clerigo Juan Diaz y muchos de los nuestros soldados.

Y alli mando poner nuestro capitan a un soldado viejo para que tuviese guarda en ello y rogo al Montezuma que mandase a los papas que no tocasen en ello, salvo para barrer y quemar ensencios y poner candelas de cera ardiendo de noche y de dia, e enramallo y poner flores. Y dejallo he aqui y dire lo que sobre ello avino.

Como siempre a la contina nunca nos faltaban sobresaltos, y de tal calidad que eran para acabar las vidas en ellos, si Nuestro Señor Dios no lo remediara. Y fue que, como habiamos puesto en el gran cu, en el altar que hicimos, la imagen de Nuestra Señora y la cruz, y se dijo el santo Evangelio e misa, parece ser que los Huichilobos e el Tezcatepuca hablaron con los papas y les dijeron que se querian ir de su provincia, pues tan maltratados son de los teules, e que adonde estan aquellas figuras y cruz, que no quieren estar, o que ellos no estarian alli si no nos mataban. E que aquello les daban por respuesta, e que no curasen de tener otra, e que lo dijesen a Montezuma y a todos sus capitanes, que luego comenzasen la guerra y nos matasen.

Y les dijo el idolo que mirasen que todo el oro que solian tener para honrallos lo habiamos deshecho y fecho ladrillos, e que mirasen que nos ibamos señoreando de la tierra y que teniamos presos a cinco grandes caciques, y les dijeron otras maldades para atraellos a darnos guerra. Y para que Cortés y todos nosotros lo supiesemos, el gran Montezuma envio a llamar a Cortés, para que le queria hablar en cosas que iban mucho en ellas. E vino el paje Orteguilla y dijo que estaba muy alterado y triste Montezuma, e que aquella noche y parte del dia habian estado con el muchos papas y capitanes muy principales, y secretamente hablaban, que no lo pudo entender.

Y desque Cortés lo oyo, fue de presto al palacio donde estaba el Montezuma y llevo consigo a Cristobal de Oli, que era capitan de la guardia, e a otros cuatro capitanes e a doña Marina e a Jeronimo de

Aguilar. Y despues que le hicieron mucho acato, dijo el Montezuma: "¡Oh, señor Malinche y señores capitanes, cuanto me pesa de la respuesta y mando que nuestros teules han dado a nuestros papas e a mi e a todos mis capitanes! Y es que os demos guerra y os matemos, o os hagamos ir por la mar adelante. Lo que he colegido dello, y me parece, es que, antes que encomiencen la guerra, que luego salgais desta ciudad y no quede ninguno de vosotros aqui. Y esto, señor Malinche, os digo que hagais en todas maneras, que os conviene; si no, mataros han. E mirá que os va las vidas".

Y Cortés y nuestros capitanes sintieron pesar y aun se alteraron, y no era de maravillar de cosa tan nueva y determinada, que era poner nuestras vidas en gran peligro sobre ello en aquel instante, pues tan determinadamente nos lo avisan. Y Cortés le dijo que el se lo tenia en merced el aviso, y que al presente de dos cosas le pesaba: no tener navios en que se ir, que los mando quebrar los que trujo, y la otra, que por fuerza habia de ir el Montezuma con nosotros para que le vea nuestro gran Emperador. Y que le pide por merced que tenga por bien que, hasta que se hagan tres navios en el arenal, que detenga a los papas y capitanes, porque para ellos es el mejor partido, si la encomienzan ellos la guerra, porque todos moririan en la guerra, si la quisiesen dar.

E mas dijo: que porque vea Montezuma que quiere luego hacer lo que le dice, que mande a sus carpinteros que vayan con dos de nuestros soldados, que son grandes maestros de hacer navios, a cortar la madera cerca del arenal. E el Montezuma estuvo muy mas triste que de antes como Cortés le dijo que habia de ir con nosotros ante el Emperador. Y dijo que el daria los carpinteros y que luego despachase y no hubiese mas palabras, sino obras, y que entretanto, el mandaria a los papas y a sus capitanes que no curasen de alborotar la ciudad, e que a sus idolos de Huichilobos que mandaria aplacasen con sacrificios, e que no seria con muerte de hombres. Y con esta tan alborotada platica, se despidieron los capitanes del Montezuma.

Y estábamos todos con gran congoja, esperando cuándo habian de comenzar la guerra. Luego Cortés mandó llamar a Martín López, carpintero de hacer navios, y Andrés Nuñez; y con los indios carpinteros que le dio el gran Montezuma, después de platicado el porte que se podria labrar los tres navios, le mandó que luego pusiese por la obra de los hacer e poner a punto, pues que en la Villa Rica habia todo aparejo de hierro y herreros y jarcia y estopa y calafates y brea. Y ansi fueron y cortaron la madera en la costa de la Villa Rica, y con toda la cuenta e galico della, y con buena priesa, comenzó a labrar sus navios. Lo que Cortés le dijo a Martín López sobre ello no lo sé, y esto digo porque dice el coronista Gómara en su historia que le mandó que hiciese muestras, como cosa de burla, que los labraba porque lo supiese el gran Montezuma. Remítome a lo que ellos dijeren, que, gracias a Dios, son vivos en este tiempo. Mas muy secretamente me dijo el Martín López que de hecho y apriesa los labraba, e ansi los dejó en astillero tres navios.

Dejémosles labrando los navios. Y digamos cuáles andábamos todos en aquella gran ciudad, tan pensativos, temiendo que de una hora a otra nos habian de dar guerra. Y nuestras naborías de Tascala e doña Marina ansi lo decian al capitan; y el Orteguilla, el paje de Montezuma, siempre estaba llorando y todos nosotros muy a punto, y buenas guardas al Montezuma. Digo de nosotros estar a punto; no habia necesidad de decillo tantas veces, porque de dia ni de noche no se nos quitaban las armas, gorjales y antipares, y con ello dormíamos. Y dirán agora dónde dormíamos, de qué eran nuestras camas sino un poco de paja y una estera, y el que tenia un toldillo ponelle debajo, y calzados y armados y todo género de armas muy a punto, y los caballos ensillados y enfrenados todo el dia; y todos tan prestos, que, en tocando al arma, como si estuviéramos puestos e aguardando para aquel punto. Pues velar, cada noche, que no quedaba soldado que no velaba.

Y otra cosa digo, y no por me jatanciar dello: que quedé yo tan acostumbrado a andar armado y dormir de la manera que he dicho, que, después de conquistada la Nueva España, tenia por costumbre de me acostar vestido y sin cama, e que dormia mejor que en colchones. E agora, cuando voy a los pueblos de mi encomienda, no llevo cama; e si alguna vez la llevo, no es por mi voluntad, sino por algunos caballeros que se hallan presentes, porque no vean que por falta de buena cama la dejo de llevar, mas en verdad que me echo vestido en ella. Y otra cosa digo: que no puedo dormir sino un rato de la noche, que me tengo de levantar a ver el cielo y estrellas y me he de pasear un rato al sereno, y esto sin poner en la cabeza cosa ninguna de bonete ni paño, y, gracias a Dios, no me hace mal, por la costumbre que tenía.

Y esto he dicho porque sepan de qué arte andábamos los verdaderos conquistadores y cómo estábamos tan acostumbrados a las armas y a velar. Y dejemos de hablar en ello, pues que salgo fuera de nuestra relacion. Y digamos cómo Nuestro Señor Jesucristo siempre nos hace muchas mercedes. Y es que en la isla de Cuba Diego Velázquez dio mucha priesa en su armada, como adelante diré, y vino en aquel instante a la Nueva España un capitan que se decia Pánfilo de Narváez.

Volvamos ahora a decir algo atrás de nuestra relacion, para que bien se entienda lo que agora diré. Ya he dicho, en el capítulo que dello habla, que como Diego Velázquez, gobernador de Cuba, supo que habíamos enviado nuestros procuradores a Su Majestad con todo el oro que habíamos habido e el sol y la luna y muchas diversidades de joyas y oro en granos sacado de las minas y otras muchas cosas de gran valor, y que no le acudimos con cosa ninguna. Y ansimismo supo cómo don Juan Rodríguez de Fonseca, obispo de Burgos e arzobispo de Rosano, que ansi se nombraba, e en aquella sazon era presidente de Indias y lo mandaba todo muy asolutamente, porque Su Majestad estaba en Flandes. Y había tratado muy mal el obispo a nuestros procuradores, y dicen que le envió el mismo obispo desde Castilla en aquella sazon muchos favores al Diego Velázquez y aviso e mandado para que nos enviase a prender y que él le daría desde Castilla todo favor para ello.

El Diego Velázquez, con aquel gran favor, hizo una armada de diez e nueve navios y con mil y cuatrocientos soldados, en que traían sobre veinte tiros y mucha pólvora y todo género de aparejos de piedras y pelotas y dos artilleros (que el capitán de la artillería se decía Rodrigo Martín), y traía ochenta de caballo y noventa ballesteros y setenta escopeteros. Y el mismo Diego Velázquez, por su persona, y aunque era bien gordo y pesado, andaba en Cuba de villa en villa y pueblo en pueblo proveyendo la armada y atrayendo los vecinos que tenían indios y a parientes y amigos que viniesen con Pánfilo de Narváez para que le llevasen presos a Cortés y a todos nosotros, sus capitanes y soldados, o al de menos, no quedásemos algunos con las vidas. Y andaba tan encendido en enojo y tan diligente, que vino hasta Guaniguanico, que es pasada La Habana más de sesenta leguas.

Y andando desta manera, antes que saliese su armada, paresció ser alcanzáronlo a saber la Real Audiencia de Santo Domingo y los frailes jerónimos, que estaban por gobernadores. El cual aviso y relacion dello les envió desde Cuba el licenciado Zuazo, que había venido aquella isla a tomar residencia al mesmo Diego Velázquez. Pues como lo supieron en la Real Audiencia, y tenían memoria de nuestros muchos y buenos e leales servicios que hacíamos a Dios y a Su Majestad, y habíamos enviado nuestros procuradores con grandes presentes a nuestro rey y señor, y que el Diego Velázquez no tenía razon ni justicia para que, con su mano armada, venga a tomar venganza de nosotros, sino que por justicia lo demandase, y que si venía con la armada, que era gran estorbo para nuestra conquista, acordaron de enviar al un licenciado que se decía Lucas Vázquez de Ayllón, que era oidor de la misma Real Audiencia, para que estorbase la armada al Diego Velázquez y no la dejase pasar y que sobre ello pusiese grandes penas.

Y vino a Cuba el mesmo oidor e hizo sus diligencias y protestaciones, como le era mandado por la Real Audiencia, para que no saliese con su intencion el Velázquez. Y por más penas y requerimientos que le hizo e puso, no aprovechó cosa ninguna, porque como el Diego Velázquez era tan favorescido del obispo de Burgos y había gastado cuanto tenía en hacer aquella gente de guerra contra nosotros, no tuvo todos los requerimientos que le hicieron en una castañeta, en nada; antes se mostró más bravoso. Y desque aquello vio el oidor, vínose con el mismo Narváez para poner paces y dar buenos conciertos entre Cortés y el Narváez.

Otros soldados dijeron que venía con intencion de ayudarnos; y si no lo pudiese hacer, tomar la tierra en sí por Su Majestad como oidor. Y de esta manera vino hasta el puerto de San Juan de Ulúa. Y quedarse ha aquí, y pasaré adelante lo que sobre ello hizo.

Viniendo el Pánfilo de Narváez con toda su flota, que eran diez y nueve navíos, por la mar, parece ser que junto a las sierras de San Martín, que ansí se llaman, tuvo un viento norte, y en aquella costa es travesía, y de noche se le perdió un navío de poco porte, que dio al través. Venía en él por capitán un hidalgo que se decía Cristóbal de Morante, natural de Medina del Campo, y se ahogaron cierta gente.

Y con toda la más flota vino a San Juan de Ulúa. Y como se supo de aquella grande armada, que para haberse hecho en la isla de Cuba, grande se puede llamar, tuvieron noticia della los soldados que había enviado Cortés a buscar las minas. Y viénense a los navíos del Narváez los tres dellos, que se decían Cervantes el Chocarrero, y Escalona, y el otro que se decía Alonso Hernández Carretero. Y cuando se vieron dentro en los navíos y con el Narváez, dizque alzaban las manos a Dios, que les libró del poder de Cortés y de salir de la gran ciudad de México, donde cada día esperaban la muerte.

Y como comían con el Narváez y bebían vino, y hartos de beber demasiado, estábanse diciendo los unos a los otros, delante del mismo general:

—"Mirá si es mejor estar aquí bebiendo buen vino que no cativo en poder de Cortés, que nos traía de noche y de día tan avasallados, que no osábamos hablar, y aguardando de un día a otro la muerte al ojo".

Y aun decía el Cervantes, como era truhán, so color de gracias:

—"¡Oh, Narváez, Narváez, qué bienaventurado que eres y a qué tiempo has venido! Que tiene ese traidor de Cortés allegado más de setecientos mil pesos de oro, y todos los soldados están muy mal con él porque les ha tomado mucha parte de lo que les cabía del oro de parte, y no lo quieren recibir lo que les da".

Por manera que aquellos soldados que se nos huyeron, como eran ruines y soeces, decían al Narváez mucho más de lo que quería saber. Y también le dieron por aviso que ocho leguas de allí estaba poblada en una villa que se dice la Villa Rica Veracruz, y estaba en ella por capitán un Gonzalo de Sandoval, con setenta soldados, todos viejos y dolientes, y que si enviase a ellos gente de guerra, luego se le darían; y le dicen otras muchas cosas.

Dejemos todas estas pláticas y digamos cómo luego lo alcanzó a saber el gran Montezuma: cómo estaban allí surtos en el puerto los navíos con muchos capitanes y soldados. Envió sus principales secretamente, que no lo supo Cortés, y les mandó dar comida y oro y ropa, y que de los pueblos más cercanos les proveyesen de bastimento.

Y el Narváez envió a decir al Montezuma muchas malas palabras y descomedimientos contra Cortés y de todos nosotros: que éramos unas gentes malas, ladrones, que venimos huyendo de Castilla sin licencia de nuestro rey y señor; y que, como se tuvo noticia el rey nuestro señor que estábamos en estas tierras y de los males y robos que hacíamos, y que teníamos preso al Montezuma, para estorbar tantos daños le mandó al Narváez que luego viniese con todas aquellas naos y soldados y caballos, para que le suelten de las prisiones, y que a Cortés y a todos nosotros, como malos, nos prendiesen o matasen, y en las mismas naos nos enviase a Castilla, y que, desque allá llegásemos, nos mandaría matar. Y le envió a decir otros muchos desatinos.

Y eran los intérpretes para dárselo a entender a los indios los tres soldados que se nos fueron, que ya sabían la lengua. Y demás destas pláticas, le envió el Narváez ciertas cosas de Castilla. Y cuando Montezuma lo supo, tuvo gran contento con aquellas nuevas, porque como le decían que tenía tantos navíos y caballos y tiros y escopeteros y ballesteros y eran mil y trescientos soldados, y dende arriba creyó que nos prendería.

Y demás desto, como sus principales vieron a nuestros tres soldados con el Narváez, y veían que decían mucho mal de Cortés, tuvo por cierto todo lo que el Narváez le envió a decir. Y toda la armada se la llevaron pintada en unos paños al natural. Entonces el Montezuma le envió mucho más oro y mantas, y mandó que todos los pueblos de la comarca le llevasen bien de comer; e ya había tres días que lo sabía el Montezuma, y Cortés no sabía cosa ninguna.

Y un día, yéndole a ver nuestro capitán y tenelle palacio, y después de las cortesías que entre ellos se tenían, pareció al capitán Cortés que estaba el Montezuma muy alegre y de buen semblante, y le dijo qué tal se sentía. Y el Montezuma respondió que mejor estaba. Y también, como Montezuma lo vio ir a le visitar en un día dos veces, temió que Cortés sabía de los navíos, y por ganar por la mano y no le tuviese por sospechoso, le dijo:

—Señor Malinche, agora en este punto me han llegado mensajeros de cómo en el puerto adonde desembarcastes han venido diez y ocho e más navíos, y mucha gente y caballos, y todo nos lo traen pintado en unas mantas. Y me visitastes hoy dos veces, creí que me veníades a dar nuevas dellos; ansí que no habrás menester hacer navíos. Y porque no me lo decíades, por una parte tenía enojo de vos, tenérmelo encubierto, y por otra, me holgaba, porque vienen vuestros hermanos para que todos os vais a Castilla, e no haya más palabras.

Y cuando Cortés oyó lo de los navíos y vio la pintura del paño, se holgó en gran manera, y dijo:

—Gracias a Dios, que al mejor tiempo provee.

Pues nosotros, los soldados, era tanto el gozo, que no podíamos estar quedos, y de alegría escaramucearon los de a caballo y tiramos tiros. Y Cortés estuvo muy pensativo, porque bien entendió que aquella armada la enviaba el gobernador Diego Velázquez contra él y contra todos nosotros.

Y como sabio que era, comunicó lo que sentía della con todos nosotros, capitanes y soldados, y con grandes dádivas de oro que nos da y ofrecimientos que nos haría ricos, a todos nos atraía para que estuviésemos con él. Y no sabía quién venía por capitán.

Y estábamos muy alegres con las nuevas y con el más oro de lo que nos había dado por vía de mercedes, como que lo daba de su hacienda y no de lo que nos cabía de parte. Y fue gran socorro e ayuda que Nuestro Señor Jesucristo nos enviaba. Y quedarse ha aquí, y diré lo que pasó en el real de Narváez.

Como aquellos tres malos de nuestros soldados por mí memorados, que se le pasaron al Narváez y le daban aviso de todas las cosas que Cortés y todos nosotros habíamos hecho desque entramos en la Nueva España, y le avisaron que el capitán Gonzalo de Sandoval estaba obra de ocho o nueve leguas de allí, en una villa que estaba poblada, que se decía la Villa Rica de la Veracruz, e que tenía consigo setenta vecinos, y todos los más viejos y dolientes, acordó de enviar a la villa a un clérigo que se decía Guevara, que tenía buena espresiva, e a otro hombre de mucha cuenta que se decía Amaya, pariente del Diego Velázquez, gobernador de Cuba, e a un escribano que se decía Vergara y tres testigos, los nombres dellos no me acuerdo. Los cuales envió para que notificasen a Gonzalo de Sandoval que luego se diese al Narváez, y para ello dijeron que traían unos traslados de las provisiones.

Y dicen que ya el Gonzalo de Sandoval sabía de los navíos por nuevas de indios y de la mucha gente que en ellos venía; y como era muy varón en sus cosas, siempre estaba muy apercebido él y sus soldados armados. Y sospechando que aquella armada era de Diego Velázquez y que enviaría a aquella villa de sus gentes para se apoderar della, y por estar más desabarcado y desembarazado de los viejos soldados y dolientes, los envió luego a un pueblo de indios que se dice Papalote y quedó con los sanos.

Y el Sandoval siempre tenía buenas velas en los caminos de Cempoal, que es por donde habían de venir a la villa. Y estaba convocando el Sandoval y atrayendo a sus soldados que si viniese Diego Velázquez o otra persona, que no se les diese la villa, y todos los soldados dizque le respondieron conforme a su voluntad, y mandó hacer una horca en un cerro.

Pues estando unas espías en los caminos, vienen de presto y le dan noticia que vienen cerca de la villa donde estaba seis españoles e indios de Cuba. Y el Sandoval aguardó en su casa, que no les salió a rescebir. Ya había mandado que ningún soldado saliese de su casa ni les hablase. Y como el clérigo y los demás que traían en su compañía no topaban a ningún vecino español con quien hablar, si no eran indios que hacían la obra de la fortaleza, e no les entendían. Y como entraron en la villa, fuéronse a la iglesia a hacer oración y luego se fueron a la casa de Sandoval, que les pareció que era la mayor de la villa. E el clérigo, después de "enhorabuena estéis", que ansí dizque dijo, y el Sandoval le respondió: "En tal buena hora viniese".

Dicen que el clérigo Guevara, que ansí se llamaba, comenzó un razonamiento diciendo que el señor Diego Velázquez, gobernador de Cuba, había gastado muchos dineros en la armada, e que Cortés y todos los demás que había traído en su compañía le habían sido traidores, y que les venía a notificar que luego fuesen a dar la obidiencia al señor Pánfilo de Narváez, que venía por capitán general del Diego Velázquez. E como el Sandoval oyó aquellas palabras y descomedimiento que el padre Guevara dijo, se estaba carcomiendo de pesar de lo que oía, y le dijo:

"Señor padre, muy mal habláis en decir esas palabras de traidores; aquí somos mejores servidores de Su Majestad que no Diego Velázquez, y porque sois clérigo, no os castigo conforme a vuestra mala crianza. Andá con Dios a México, que allá está Cortés, que es capitán general y justicia mayor desta Nueva España, y os responderá; aquí no tenéis más que hablar".

Entonces el clérigo dijo, muy bravoso, a su escribano que con él venía, que se decía Vergara, que luego sacase las provisiones que traía en el seno y las notificase al Sandoval y a los vecinos que con él estaban. Y dijo el Sandoval al escribano que no leyese ningunos papeles, que no sabía si eran provisiones o otras escrituras. Y de plática en plática, ya el escribano comenzaba a sacar del seno las escrituras que traía, y el Sandoval le dijo:

"Mirá, Vergara, ya os he dicho que no leáis ningunos papeles aquí, sino id a México; y os prometo que si tal leyésedes, que yo os haga dar cien azotes, porque ni sabemos si sois escribano del rey o no; amostrad título dello; e si le traéis, leeldo. Y tampoco sabemos si son originales las provisiones o traslados u otros papeles".

Y el clérigo, que era muy soberbio, dijo: "¿Qué hacéis con estos traidores? Sacad esas provisiones y notificádselas". Y esto dijo con mucho enojo. Y como el Sandoval oyó aquella palabra, le dijo que mentía como ruin clérigo; y luego mandó a sus soldados que los llevasen presos a México. Y no lo hobo bien dicho, cuando en hamaquillas de redes, como ánimas pecadoras, los arrebataron muchos indios de los que trabajaban en la fortaleza, que los llevaron a cuestas.

Y en cuatro días dan con ellos cerca de México, que de noche y de día, con indios de remuda, caminaban, e iban espantados desque vieron tantas ciudades y pueblos grandes que les traían de comer, y unos los tomaban y otros los dejaban, y andar por su camino. Dizque iban pensando si era encantamiento o sueño. Y el Sandoval envió con ellos por alguacil, hasta que los llevase a México, a Pedro de Solís, el yerno que fue de Orduña, que agora llaman Solís "Tras de la puerta".

Y ansí como los envió presos, escribió muy en posta a Cortés quién era el capitán de la armada y todo lo acaescido. Y como Cortés lo supo, que venían presos y llegaban cerca de México, envioles cabalgaduras para los tres más principales y mandó que luego los soltasen de la prisión, y les escribió que le pesó de que Gonzalo de Sandoval tal desacato tuviese hecho, e que quisiera que les hiciera mucha honra.

Y desque llegaron a México, los salió a rescebir y los metió en la ciudad muy honradamente. Y desque el clérigo y los demás sus compañeros vieron a México ser tan grandísima ciudad, y la riqueza de oro que teníamos, e otras muchas ciudades en el agua de la laguna, e todos nuestros capitanes y soldados, y la gran franqueza de Cortés, estaban admirados.

Y a cabo de dos días que estuvieron con nosotros, Cortés les habló de tal manera, con prometimientos y halagos, y aun les untó las manos de tejuelos y joyas de oro, y los tornó a enviar a su Narváez con bastimento que les dio para el camino, que donde venían muy bravosos leones, volvieron muy mansos, y se le ofrescieron por servidores.

Y así como llegaron a Cempoal e dieron relación a su capitán, comenzaron a convocar todo el real de Narváez que se pasasen con nosotros. Y dejallo he aquí, y diré cómo Cortés escribió al Narváez y lo que sobre ello pasó.

Como Cortés en todo tenía gran cuidado e advertencia, y cosa ninguna se le pasaba que no procuraba poner remedio, y como muchas veces he dicho antes de agora, tenía tan acertados y buenos capitanes y soldados que, demás de ser muy esforzados, le dábamos buenos consejos, acordose por todos que se escribiese en posta, con indios que llevasen las cartas, al Narváez antes que llegase el clérigo Guevara, con muchas querellas y ofrecimientos, que todos a una le hiciésemos, que haríamos lo que su merced mandase y que le pedíamos por merced que no alborotase la tierra ni los indios viesen entre nosotros divisiones.

Y esto deste ofrecimiento fue por causa que, como éramos los de Cortés pocos soldados en comparación de los que el Narváez traía, porque nos tuviese buena voluntad, e para ver lo que sucedía, y nos ofreciésemos por sus servidores. Y también, debajo destas buenas palabras, no dejásemos de buscar amigos entre los capitanes del Narváez, porque el padre Guevara y el escribano Vergara dijeron a Cortés que Narváez no venía bienquisto con sus capitanes, y que les enviase algunos tejuelos y cadenas de oro, porque dádivas quebrantan peñas.

Y Cortés les escribió que se había holgado en gran manera, él y todos nosotros, sus compañeros, con su llegada a aquel puerto. Y pues son amigos de tiempos pasados, que le pide por merced que no dé causa a que el Montezuma, que está preso, se suelte y la ciudad se levante, porque será para perderse él e su gente, y todos nosotros, las vidas, por los grandes poderes que tiene. Y esto que lo dice porque el Montezuma está muy alterado y toda la ciudad revuelta con las palabras que de allá le han enviado a decir; e que cree y tiene por cierto que de un tan esforzado y sabio varón como él es, no habían de salir de su boca cosas de tal arte dichas ni en tal tiempo, sino que el Cervantes el Chocarrero y los soldados que llevaba consigo lo dirían.

Y demás de otras palabras que en la carta iban, se le ofreció con su persona y hacienda, y que en todo haría lo que mandase. Y también escribió Cortés al secretario Andrés de Duero y al oidor Lucas Vázquez de Ayllón, y con las cartas envió ciertas joyas de oro para sus amigos. Y después que hubo enviado esta carta, secretamente mandó dar al oidor cadenas y tejuelos y rogó al padre de la Merced que luego, tras las cartas, fuese al real de Narváez, y le dio otras cadenas de oro y tejuelos y joyas muy estimadas que diese allá a sus amigos.

Y así como llegó la primera carta que dicho habemos que escribió Cortés con los indios antes que llegase el padre Guevara, que fue el que Narváez nos envió, andábala amostrando el Narváez a sus capitanes, haciendo burla della y aun de nosotros. Y un capitán de los que traía el Narváez, que venía por veedor, que se decía Salvatierra, dicen que hacía bramuras desque la oyó. Y decía al Narváez, reprendiéndole, que para qué leía la carta de un traidor como Cortés e los que con él estaban, e que luego fuese contra nosotros, e que no quedase ninguno a vida; y juró que las orejas de Cortés que las había de asar y comer la una dellas, y decía otras liviandades. Por manera que no quiso responder a la carta ni nos tenía en una castañeta.

Y en este instante llegó el clérigo Guevara y sus compañeros, y hablan al Narváez que Cortés era muy buen caballero e gran servidor del rey, y le dice del gran poder que vio de México y de las muchas ciudades que vieron por donde pasaron. E que entendieron que Cortés que le será servidor y hará cuanto mandase, e que será bien que por paz y sin ruido haya entre los unos y los otros desconcierto. E que mire el señor Narváez a qué parte quiere ir de toda la Nueva España con la gente que trae, que allí vaya, y deje a Cortés en otras provincias, pues hay tierras hartas donde se pueden estender.

Y como esto oyó el Narváez, dice que se enojó de tal manera con el padre Guevara e con el Amaya, que no los quería después más ver ni escuchar. Y desque los del real de Narváez les vieron ir tan ricos al padre Guevara e al escribano Vergara e a los demás, y decían secretamente a todos los de Narváez tanto bien de Cortés e de todos nosotros, e que habían visto tanta multitud de oro que en el real andaba en el juego de los naipes, muchos de los de Narváez deseaban estar ya en nuestro real.

Y en este instante llegó nuestro padre de la Merced, como dicho tengo, al real de Narváez con los tejuelos que Cortés le dio y con cartas secretas, y fue a besar las manos de Narváez y a decille cómo Cortés hará todo lo que le mandare, e que tengan paz y amor. Y el Narváez, como era cabezudo y venía muy pujante, no le quiso oír, antes dijo delante del mismo padre que Cortés y todos nosotros éramos unos traidores; e porque el fraile respondía que antes éramos muy leales servidores del rey, le trató mal de palabra.

Y muy secretamente repartió el fraile los tejuelos y cadenas de oro a quien Cortés le mandó, y convocaba y atraía a sí a los más principales del real de Narváez. Y dejallo he aquí, y diré lo que al oidor Lucas Vázquez de Ayllón e al Narváez les aconteció, y lo que sobre ello pasó.

Parece ser que como el oidor Lucas Vázquez de Ayllón venía a favorescer las cosas de Cortés y de todos nosotros, porque ansí se lo habían mandado la Real Abdiencia de Santo Domingo y los frailes jerónimos que estaban por gobernadores, como sabían los muchos y buenos y leales servicios que hacíamos a Dios, primeramente, y a nuestro rey y señor, y del gran presente que enviamos a Castilla con nuestros procuradores.

Y demás de lo que la Abdiencia Real le mandó, como el oidor vio las cartas de Cortés e con ellas tejuelos de oro, si de antes decía que aquella armada que enviaban era injusta contra toda justicia, que a tan buenos servidores del rey como éramos que era mal hecho venir, de allí adelante lo decía muy más claro y abiertamente. Y decía tanto bien de Cortés y de todos los que con él estábamos, que ya en el real de Narváez no se hablaba de otra cosa.

Y demás desto, como vían y conocían en el Narváez ser la pura miseria, y el oro y ropa que el Montezuma les enviaba todo se lo guardaba y no daba cosa dello ningún capitán ni soldado, antes decía, con voz que hablaba muy entonado, medio de bóveda, a su mayordomo: "Mirá que no falte ninguna manta, porque todas están puestas por memoria".

Y como aquello conocían dél e oían lo que dicho tengo del Cortés y los que con él estábamos de muy francos, todo su real estaba medio alborotado, y tuvo pensamiento el Narváez que el oidor entendía en ello e poner cizaña. Y demás desto, cuando Montezuma les enviaba bastimento, que repartía el despensero o mayordomo de Narváez, no tenía cuenta con el oidor ni con sus criados, como era razón, y sobre ello hobo ciertas cosquillas y ruido en el real.

Y también por consejo que daban a Narváez el Salvatierra, que dicho tengo que venía por veedor, y un Juan Bono de Quejo, vizcaíno, y sobre todo los grandes favores que tenía el Narváez de Castilla, de don Juan Rodríguez de Fonseca, obispo de Burgos e arzobispo de Rosano, tuvo tal atrevimiento el Narváez, que prendió al oidor del rey y enviole preso a él y a ciertos sus criados y a su escribano. Y los hizo embarcar en un navío y los envió a Castilla, o a la isla de Cuba.

Y aun a un hidalgo que se decía Fulano de Oblanca, y era letrado, porque decía que Cortés era muy servidor del rey, y todos nosotros los que estábamos con él, y que éramos dinos de muchas mercedes y que parescía mal llamarnos traidores y que era mal hecho prender a un oidor de Su Majestad. Y por esto que le dijo le mandó echar preso; y como el Gonzalo de Oblanca era muy noble, del enojo murió dentro de cuatro días.

Y también mandó echar presos a otros dos soldados que traía en su navío que sabía que hablaban bien de Cortés, y entre ellos fue a un Sancho de Barahona, vecino que fue de Guatemala.

Tornemos a decir del oidor que llevaban preso a Castilla, que con palabras buenas y con temores que puso al capitán y al piloto y maestre que le llevaban a cargo en el navío, que, llegados a Castilla, que Su Majestad, en lugar de paga de lo que hacen, les mandaría ahorcar. Y desque aquellas palabras oyeron, le dijeron que les pagase su trabajo y los llevarían a Santo Domingo, y así mudaron la derrota que les había mandado el Narváez.

Y llegados a la isla de Santo Domingo y desembarcado, desque la Abdiencia Real, que allí residía, y los frailes jerónimos, que estaban por gobernadores, oyeron al licenciado Lucas Vázquez de Ayllón, y vieron tan gran desacato y atrevimiento, sintiéronlo mucho y con tanto enojo, que luego lo escribieron a Castilla, al Real Consejo de Su Majestad. Y como el obispo de Burgos era presidente y lo mandaba todo, y Su Majestad no había venido de Flandes, no hobo lugar de se hacer cosa ninguna de justicia en nuestro favor; antes el don Juan Rodríguez de Fonseca dizque se holgó mucho creyendo que el Narváez nos había ya desbaratado.

Y cuando Su Majestad, que estaba en Flandes, oyó a nuestros procuradores y lo que el Diego Velázquez y Narváez habían hecho en enviar la armada sin su real licencia y haber prendido a su oidor, les hizo harto daño en los pleitos y demandas que, después que acusaron a Cortés, le pusieron, y a todos nosotros, como adelante diré, por más que decían que tenían licencia del obispo de Burgos, que era presidente, para hacer la armada que contra nosotros enviaron.

Pues como ciertos soldados, debdos e amigos del oidor Lucas Vázquez de Ayllón, vieron que el Narváez había hecho aquel gran desacato y desatino contra el oidor de Su Majestad en envialle preso, temiéronse del Narváez que les traía ya sobre los ojos y estaba mal con ellos; acordaron de se huir de los arenales, donde Narváez estaba, e irse a la Villa, donde les habían dicho que estaba el capitán Sandoval con los dolientes. Y desque llegaron adonde el Sandoval estaba e supo dellos todo lo acaecido e cómo querían enviar a la Villa soldados a le prender, e de la Villa se fue a unos pueblos e fuerzas. Y lo que más pasó diré en su tiempo.

Cómo Narváez, después que envió preso al oidor Lucas Vásquez de Ayllón e a su escribano, se pasó con toda la armada a un pueblo que se dice Cempoal, que en aquella sazón era grande, y lo que en él concertó, y lo que nuestro Cortés y todos nosotros hecimos estando en México e cómo acordamos ir sobre Narváez.

Como Narváez hobo enviado preso al oidor de la Abdiencia Real de Santo Domingo, procuró de se ir con todo su fardaje e municiones e pertrechos de guerra a asentar real en un pueblo que en aquella sazón era muy poblado, que se dice Cempoal. Y la primera cosa que hizo, tomó por fuerza al Cacique Gordo, que ansí se llama, todas las mantas y ropa e oro que Cortés le dio a guardar antes que partiésemos para Tascala, y también le tomó las indias que habían dado los caciques de aquel pueblo, que se las dejamos en casa de sus padres, porque eran hijas de señores e para ir a la guerra muy delicadas.

Y hecho esto, el Cacique Gordo dijo muchas veces a Narváez que no le tomase cosa alguna de lo que Cortés le dejó en poder, porque si lo sabía que se lo tomaban, que mataría por ello, y aun se le quejó al mismo Narváez de muchos males e robos que sus gentes le hacían en aquel pueblo. Y le dijeron que cuando estaba allí Malinche, que ansí llamaban a Cortés, y su gente, que no les tomaban cosa ninguna, e que era muy bueno y justificado, ansí él como todos los teules que traía, e que le diese luego sus indias e oro e mantas; si no, que se enviaría a quejarse a Malinche.

E como aquello le oían, hacían burla de lo que decía, y el veedor Salvatierra, otras veces por mí nombrado, que era el que más bravezas hablaba, dijo a otros sus amigos e al mismo Narváez: "¿No oís qué miedo tienen todos estos caciques de este nonada de Cortesillo?" Digo yo: miren cuánto vale no decir mal de lo bueno, que digo de verdad que cuando dimos sobre el Narváez, uno de los más cobardes fue el Salvatierra, como adelante diré; e no porque no tenía membrudo cuerpo y fuerzas, mas era mal engalibado, y no de la lengua. Decían que era natural de un pueblo adelante de Burgos.

Dejemos de hablar dél. Y digamos cómo el Narváez envió a requerir a nuestro capitán e a todos nosotros con unas provisiones, que decían eran traslados de los originales que traía, para ser capitán por el gobernador Diego Velázquez. Las cuales enviaba, para que nos las notificasen, a un escribano que se decía Hulano de Mata, el cual después fue ballestero y, el tiempo andando, fue vecino de la Puebla; y enviaba con él a cuatro soldados, personas muy de calidad, para ser testigos.

E dejarlo he aquí, ansí al Narváez e al escribano que enviaba, hasta su tiempo.

E volvamos a Cortés, que, como cada día tenía cartas e avisos, ansí de los del real de Narváez como del capitán Gonzalo de Sandoval, que quedaba en la Villa Rica, e le hizo saber que tenía allí consigo los cinco soldados, personas muy principales, parientes e amigos del licenciado Lucas Vázquez de Ayllón, que envió preso el

Narváez, que se le pasaron del real de Narváez. E la causa que daban porque se vinieron fue que, pues el Narváez no tuvo respeto a un oidor del rey, que menos se lo ternía a ellos que eran sus deudos. De los cuales soldados supo muy por estenso el Sandoval todo lo que pasaba y había hecho Narváez, y que decía que había de ir en nuestra busca a México para castigarnos.

Pasemos adelante y digamos que Cortés tomó parecer e acuerdo con todos nosotros, los que solíamos ser sus amigos, y fue acordado que era conviniente sin más aguardar fuésemos sobre el Narváez e que Pedro de Alvarado quedase en México en guarda de Montezuma con todos los soldados que no tuviesen dispusición de ir aquella jornada. También para que quedasen allí las personas sospechosas que sentíamos ser amigos de Diego Velázquez.

Y en aquella sazón, antes que el Narváez viniese, había enviado Cortés a Tascala por mucho maíz, porque había malas sementeras en tierra de México por falta de aguas, e hobo necesidad dello; e como teníamos muchos indios naborías de Tascala, habíamoslo menester. El cual maíz trujeron, e gallinas e otros bastimentos, que dejamos a Pedro de Alvarado, e aun le hecimos unos mamparos e fortaleza con ciertos pertrechos e tiros de brosne e toda la pólvora que había e catorce escopeteros y ocho ballesteros e cinco caballos, e quedaron con él ochenta soldados por todos.

Pues desque el gran Montezuma vio que queríamos ir sobre Narváez, y como Cortés le iba a ver cada día e a tenelle palacio, jamás Cortés le quiso dar a entender que el Montezuma ayudaba a Narváez, e le enviaba oro e mantas e le mandaba dar bastimentos. E de plática en plática, le preguntó Montezuma a Cortés que adónde quería ir e para qué había hecho aquellos pertrechos e fortaleza, e que cómo andábamos todos rebotados. E lo que Cortés le respondió y en lo que se resumió la plática diré adelante.

Como estaban platicando Cortés y el gran Montezuma, como lo tenían de costumbre, dijo el Montezuma a Cortés:

"Señor Malinche, a todos vuestros capitanes e soldados os veo andar desasosegados, e también he visto que no me visitáis sino de cuando en cuando, e Orteguilla, el paje, me dice que queréis ir sobre esos vuestros hermanos que vienen en los navíos e queréis dejar aquí en mi guarda al Tonatio. Hacedme merced que me lo declaréis, para que si en algo os pudiese ayudar, que lo haré de buena voluntad.

Y también, señor Malinche, no querría que os viniese algún desmán, porque vos tenéis muy pocos teules y esos que vienen son cinco veces mas, y ellos dicen que son cristianos como vosotros, e vasallos e criados de vuestro Emperador, e tienen imágenes e ponen cruces e les dicen misa, e dicen e publican que sois gente que venistes huyendo de vuestro rey, e que os vienen a prender e matar. Yo no os entiendo; por eso mirad lo que hacéis".

Cortés le respondió con un semblante de alegría e le dijo, con doña Marina, que siempre estaba con él en todos los razonamientos, e aun Jerónimo de Aguilar, nuestras lenguas, que le dijesen que si no le había venido a dar relación dello, que como le quiere mucho e por no darle pesar con nuestra partida, e que por esta causa lo ha dejado, porque ansí tiene por cierto que el Montezuma les tiene buena voluntad.

E que cuanto a lo que dice que todos somos criados e vasallos de nuestro gran Emperador, que es verdad, e que son cristianos como nosotros. Y que en lo que dicen que venimos huyendo de nuestro rey, que no es ansí, porque el rey nuestro señor nos envió para velle e hablalle todo lo que le han platicado en su real nombre.

E a lo que dice que trae muchos soldados e noventa de a caballo e muchos tiros de polvora, e que nosotros somos pocos e que nos vienen a prender, nuestro Señor Jesucristo, en quien creemos, e Nuestra Señora Santa María, su bendita madre, nos dará fuerza y esfuerzo más que no a ellos, pues son malos e vienen de aquella manera.

E que como nuestro emperador tiene muchos reinos e señoríos, hay en ellos mucha diversidad de gentes, unas muy esforzadas e otras mucho más. E que nosotros somos de dentro de Castilla la Vieja, e nos dicen castellanos, e aquel capitán que está en Cempoal y la gente que trae es de otra provincia que llaman Vizcaya, e se llaman vizcaínos, que hablan como los otomíes, cerca de México.

E que él vería cuál se lo traeríamos presos e que no tuviese pesar por nuestra ida, que presto volveríamos con vitoria.

E lo que agora le pide por merced es que mire queda con él su hermano el Tonatio, que ansí llamaban a Pedro de Alvarado, con ochenta soldados; que después que salgamos de aquella ciudad no haya algún alboroto, ni consienta a sus capitanes e papas hagan cosa que después que volvamos tengan los revolvedores que pagar con las vidas, e que todo lo que hubiese menester de bastimentos, que se lo den.

Y allí le abrazó Cortés dos veces al Montezuma, e ansimismo el Montezuma al Cortés.

E doña Marina, como era tan avisada, se lo decía de arte que ponía tristeza con nuestra partida. Allí se ofresció que haría todo lo que Cortés le había encargado, e aun prometió que enviaría en nuestra ayuda cinco mil hombres de guerra.

E Cortés le dio las gracias por ello; mas bien vio que no los había de enviar, e le dijo que no había menester más de la ayuda de Dios, primeramente, y de sus compañeros.

E también dijo que mirase que la imagen de Nuestra Señora e la cruz que siempre lo tuviesen enramado y con candelas de cera ardiendo de noche y de día, e que no consintiesen a ningún papa que hiciesen otra cosa, porque en aquello conoscería su buena amistad.

Y después de tornados a abrazar, le dijo que le perdonase, que no podía estar más con él por entender en la partida. Y luego habló a Pedro de Alvarado e a todos los soldados que con él quedaban, e les encargó que en todo guardasen al gran Montezuma, no se soltase, e obedeciesen a Pedro de Alvarado, e que prometía que, mediante Nuestro Señor, que los había de hacer a todos ricos.

E allí se quedó con ellos el clérigo Joan Díaz, que no fue con nosotros, e otros hombres sospechosos.

E nos abrazamos los unos soldados a los otros.

Sin llevar indias ni servicio, sino a la ligera, tiramos por nuestras jornadas por Cholula.

Y en el camino, envió Cortés a Tascala a rogar a nuestros amigos Xicotenga e Maseescaci que nos enviasen de presto cinco mil hombres de guerra.

Y enviaron a decir que si fueran para contra indios como ellos, que sí hicieran, e aun muchos más, e que para contra teules como nosotros, contra caballos e lombardas y ballestas, que no querían, y proveyeron diez cargas de gallinas.

También Cortés escribió a Sandoval que se juntase con sus soldados muy presto con nosotros, que íbamos a unos pueblos, obra de doce leguas de Cempoal, que se dicen Tampaniquita e Mitlanguita, que ahora son de la encomienda de Pedro Moreno Medrano, que vive en la Puebla, e que mirase muy bien Narváez no le prendiese ni hobiese a las manos a él ni a ninguno de sus soldados.

Pues yendo que íbamos de la manera que dicho, con mucho concierto para pelear si encontrásemos gente de guerra de Narváez o al mismo Narváez, e nuestros corredores del campo descubriendo, e siempre una jornada adelante, dos de nuestros soldados, grandes peones, personas de mucha confianza. Y estos no iban por camino derecho, sino por partes que no podían ir a caballo, para saber e inquirir de indios de la gente de Narváez.

Pues yendo nuestros corredores del campo descubriendo, vieron venir al Alonso de Mata, el que decían que era escribano, que venía a notificar los papeles o traslados de las provisiones, según dije atrás, en el capítulo que dello habla, e a los cuatro españoles que con él venían por testigos.

Y luego vinieron los dos nuestros de a caballo a dar mandado, e los otros dos corredores del campo se estuvieron en palabras con el Alonso de Mata e con los cuatro testigos.

Y en este instante nos dimos priesa en andar e alargamos el paso.

E desque llegaron cerca de nosotros, le hicieron gran reverencia a Cortés e a todos nosotros.

E Cortés se apeó del caballo y supo a lo que venían.

E como el Alonso de Mata quería notificar los despachos que traía, Cortés le dijo que si era escribano del rey, e dijo que sí; e mandole que luego exhibiese el título, e que si lo traía, que leyese los recaudos, e que haría lo que viese que era servicio de Dios e de Su Majestad; e si no lo traía, que no leyese aquellos papeles, e que también había de ver los originales de Su Majestad.

Por manera que el Mata, medio cortado, porque no era escribano de Su Majestad, e los que con él venían no sabían que se decir.

E Cortés mandó que les diesen de comer, porque reparamos allí; e les dijo Cortés que íbamos a unos pueblos cerca del real del Narváez, que se decían Tampanequita, y que allí podía enviar a notificar lo que su capitán mandase.

Tenía Cortés tanto sufrimiento, que nunca dijo mala palabra del Narváez, e apartadamente habló con ellos e les tomó las manos e les dio cierto oro.

Y luego se volvieron a su Narváez diciéndole bien de Cortés e de todos nosotros.

E como muchos de nuestros soldados, por gentileza, en aquel instante llevábamos en las armas joyas de oro, e cadenas e collares al pescuezo, e aquellos que venían a notificar los papeles las vieron, dicen en Cempoal maravillas de nosotros; e muchos había en el real de Narváez, personas principales, que querían venir a traer paces y tratarlas con Cortés, y desque todos los vían ir ricos.

Por manera que llegamos a Panganequita.

E otro día llegó el capitán Sandoval con los soldados que tenía, que serían hasta sesenta, porque los demás, viejos y dolientes, los dejó en unos pueblos de indios de nuestros amigos que se decían Papalote, para que allí les diesen de comer; e también vinieron con él los cinco soldados parientes e amigos del licenciado Lucas Vázquez de Ayllón, que se habían venido huyendo del real de Narváez y vinieron a besar las manos de Cortés, a los cuales con mucha alegría recibió muy bien.

E allí estuvo contando el Sandoval a Cortés de lo que le acaeció con el clérigo furioso Guevara e con el Vergara e con los demás, e cómo los mandó llevar presos a México, según e de la manera que dicho tengo en el capítulo pasado.

Y también dijo cómo desde la Villa envió dos soldados hechos indios, puestos masteles e mantas como indios propios, al real de Narváez; e como eran morenos de suyo, dijo que no parecían españoles, sino propios indios, e cada uno llevó una carguilla de ciruelas a cuestas, que en aquella sazón era tiempo dellas, a vender, cuando estaba Narváez en los arenales, antes que se pasasen al pueblo de Cempoal, e que fueron al rancho del bravoso Salvatierra, e que les dio por las ciruelas un sartalejo de cuentas amarillas.

E desque hubieron vendido las ciruelas, el Salvatierra les mandó que le fuesen por yerba, creyendo que eran indios, allí, junto a un riachuelo que estaba cerca de los ranchos, para su caballo; e fueron e cogieron unas carguillas de yerba.

Y esto era a hora del Avemaría, cuando volvieron con la yerba, y se estuvieron en el rancho en cuclillas como indios hasta que anocheció, e tenían ojo y sentido en lo que decían ciertos soldados del Narváez que vinieron a tener palacio e compañía al Salvatierra.

Dizque les decía el Salvatierra:

"¡Oh, a qué tiempo hemos venido! Que tiene allegado ese traidor de Cortés más de setecientos mil pesos de oro, y todos seremos ricos, pues los soldados e capitanes que consigo trae no será menos sino que tengan mucho oro".

Y decían por ahí otras palabras.

E desque fue bien oscuro, vienen los dos de nuestros soldados que estaban hechos como indios e, callando, salen del rancho y van adonde tenía el caballo, y con el freno, que estaba junto con la silla, le enfrenan y ensillan e cabalgan en él; e veniéndose para la Villa, e de camino, topan otro caballo maneado cabe el riachuelo, y también se lo trujeron.

E preguntó Cortés al Sandoval por los mismos caballos, e dijo que los dejó en el pueblo de Papalote, donde quedaban los dolientes, porque por donde él venía con sus compañeros no podían pasar caballos, porque era tierra muy fragosa e de grandes sierras, e que vino por allí por no topar con gente de Narváez.

E cuando Cortés supo que era el un caballo del Salvatierra, se holgó en gran manera e dijo: "Agora braveará más desque le halle menos".

Volvamos al Salvatierra, que desque amaneció e no halló a los dos indios que le trujeron a vender las ciruelas, ni halló su caballo ni la silla y el freno, dijeron después muchos soldados de los del mismo Narváez que decía cosas que los hacía reír, porque luego conoció que eran españoles de los de Cortés los que les llevaron los caballos; e desde allí adelante se velaban.

Volvamos a nuestra materia.

Y luego Cortés, con todos nuestros capitanes y soldados, estuvimos platicando cómo y de qué manera daríamos en el real de Narváez.

E lo que se concertó antes que fuésemos sobre el Narváez diré adelante.

Cómo acordó Cortés con todos nuestros soldados que tornásemos a enviar al real de Narváez al fraile de la Merced, que era muy sagaz e de buenos medios, y que se hiciese muy servidor del Narváez e que se mostrase favorable a su parte más que no a la de Cortés, e que, secretamente, convocase al artillero que se decía Rodrigo Martín y a otro artillero que se decía Usagre, e que hablase con Andrés de Duero para que viniese a verse con Cortés, e que otra carta que escribíamos a Narváez, que mirase que se la diese en sus manos, e lo que en tal caso convenía, e tuviese mucha advertencia. Y para esto llevó mucha cantidad de tejuelos e cadenas de oro.

Pues como ya estábamos en aquel pueblo todos juntos, acordamos que con el padre de la Merced se escribiese otra carta al Narváez, que decía en ella ansí, o otras palabras formales como estas, después de puesto su acato con gran cortesía: que nos habíamos holgado de su venida, e creíamos que con su generosa persona haríamos gran servicio a Dios e a su Majestad, e que no nos ha querido responder cosa ninguna, antes nos llama de traidores, siendo muy leales servidores del rey, e ha revuelto toda la tierra con las palabras que envió a decir a Montezuma.

E que le envió Cortés a pedir que escogiese la provincia, que en cualquiera parte que él quisiese quedar con la gente que tiene, o fuese adelante, e que nosotros iríamos a otras tierras e haríamos lo que buenos servidores de Su Majestad somos obligados.

E que le hemos pedido por merced que, si trae provisiones de Su Majestad, que envíe los originales, para ver e entender si vienen con la real firma e verlo, e qué es lo que en ellas se contiene, para que luego que lo veamos, los pechos por tierra, obedecerla.

E que no ha querido hacer lo uno ni lo otro, sino tratarnos mal de palabra e revolver la tierra, que le pedimos e requerimos de parte de Dios y del rey nuestro señor que dentro en tres días envíe a notificar los despachos que trae con escribano de Su Majestad, e que lo cumpliremos, como mando de su rey e señor, todo lo que en las reales provisiones mandare, que para aquel efecto nos hemos venido a aquel pueblo de Panguenequita, por estar más cerca de su real.

E que si no trae las provisiones e se quisiere volver a Cuba, que se vuelva e no alborote más la tierra, con protestación que, si otra cosa hace, que iremos contra él a le prender e enviarlo preso a nuestro rey e señor, pues sin su real licencia nos viene a dar guerra e desosegar todas las ciudades.

E que todos los males e muertes e fuegos y menoscabos que sobre esto acaescieren, que sea a su cargo, e no al nuestro.

Y esto se escribe agora por carta mensiva, porque no osa ningún escribano de Su Majestad írselo a notificar, por temor no les acaesca el gran desacato como el que se tuvo con un oidor de Su Majestad; y que ¿dónde se vio tal atrevimiento de le enviar preso? Y que aliende de lo que dicho tiene, por lo que es obligado a la honra e justicia de nuestro rey, le conviene castigar aquel gran desacato e delito.

Como capitán general e justicia mayor que es de esta Nueva España, le cita y emplaza para ello, y se lo demandará usando de justicia, pues es crimen lege magestatis en lo que ha tratado, y que hace a Dios testigo de lo que agora dice.

Y también le envió a decir que luego volviese al Cacique Gordo las mantas e ropa e joyas de oro que le habían tomado por fuerza, e ansimismo las hijas de señores que nos habían dado sus padres, e mandase a sus soldados que no robasen a los indios de aquel pueblo ni de otros.

Y después de puesto su cortesía, e firmada de Cortés e de nuestros capitanes e algunos soldados, iba allí mi firma. Y entonces se fue con el mismo fraile un soldado que se decía Bartolomé de Usagre, porque era hermano del artillero Usagre que tenía cargo de la artillería de Narváez.

Y llegados nuestro religioso y el Usagre a Cempoal, adonde estaba el Narváez, diré lo que dizque pasó.

Como el fraile de la Merced llegó al real de Narváez, sin yo gastar más palabras en tornallo a recitar, hizo lo que Cortés le mandó, que fue convocar a ciertos caballeros de los de Narváez e al artillero Rodrigo Martín, que ansí se llamaba, e al Usagre, que tenía también cargo de los tiros. Y para mejor le atraer, fue su hermano del Usagre con tejuelos de oro, que dio de secreto al hermano. E ansimismo repartió el fraile todo el oro que Cortés le mandó, e habló al Andrés de Duero que luego se viniese a nuestro real a verse con Cortés; y demás desto, ya el fraile había ido a ver e hablar al Narváez, e hacérsele muy gran servidor.

E andando en estos pasos, tuvieron gran sospecha de lo en que andaba nuestro fraile, e aconsejaban al Narváez que luego le prendiese, e ansí lo quería hacer. Y como lo supo Andrés de Duero, que era secretario del Diego Velázquez y era de Tudela de Duero, y teníanse por deudos el Narváez y él, porque el Narváez también era de tierra de Valladolid o del mismo Valladolid, y en toda la armada era muy estimado e preminente, el Andrés de Duero fue al Narváez e le dijo que le habían dicho que quería prender al fraile de la Merced, mensajero y embajador de Cortés; que mirase que, ya que se tuviese sospecha que el fraile hablaba algunas cosas en favor del Cortés, que no es bien prendelle, pues que claramente se ha visto cuánta honra e dádivas da Cortés a todos los suyos del Narváez que allá van, e que al fraile ha hablado con él después que ahí ha venido, e lo que siente dél es que desea que él y otros caballeros del real de Cortés venille a servir, e que todos fuesen amigos.

E que mire cuánto bien dice Cortés a los mensajeros que envía, que no le sale por la boca a él ni a cuantos con él están, sino "el señor capitán Narváez", e que sería poquedad prender a un religioso; e que otro hombre que vino con él, que es hermano de Usagre el artillero, que le viene a ver; que convide al fraile a comer e le saque del pecho la voluntad que todos los de Cortés tienen. E con aquellas palabras e otras sabrosas que le dijo, amansó al Narváez.

Y luego, desque esto pasó, se despidió Andrés de Duero del Narváez y secretamente habló al padre lo que había pasado. Y luego el Narváez envió a llamar al fraile; e como vino, le hizo mucho acato. Y el fraile, medio riendo, que era muy cuerdo y sagaz, le suplicó que se apartase en secreto. Y el Narváez se fue con él paseando a un patio, y el fraile le dijo: "Bien entendido tengo que vuestra merced me quería mandar prender; pues hágole saber, señor, que no tiene mejor ni mayor servidor en su real que yo, e tenga por cierto que muchos caballeros e capitanes de los de Cortés le querrían ya ver en manos de vuestra merced, e ansí creo que vernemos todos. E para más le atraer a que se desconcierte, le han hecho escribir una carta de desvaríos, firmada de los soldados, que me dieron que diese a vuestra merced, que no la he querido mostrar hasta agora, que viene a pláticas, que en un río la quise echar por las nescedades que en ella trae; y esto hacen sus capitanes e soldados de Cortés por velle ya desconcertar".

Y el Narváez dijo que se la diese; y el fraile dijo que la dejó en su posada e que iría por ella, e ansí se despidió para ir por la carta.

Y entretanto vino al aposento de Narváez el bravoso Salvatierra, y de presto el fray llamó a Duero, que fuese luego en casa del Narváez para dalle la carta, que bien sabía ya el Duero della, e aun otros capitanes de Narváez que se habían mostrado por Cortés, porque el fraile consigo la traía, sino porque estuviesen juntos muchos de los de aquel real e la oyesen.

Y luego, como vino el fraile con la carta, se la dio al mismo Narváez e dijo: "No se maraville vuestra merced con ella, que ya Cortés anda desvariando, y sé cierto que si vuestra merced le habla con amor, que luego se le dará él e todos los que consigo trae".

Dejemos de razones del fraile, que las tenía muy buenas, e digamos que le dijeron a Narváez los soldados y capitanes que leyese la carta. E desque la oyeron dizque hacían bramuras el Narváez y el Salvatierra; los demás se reían, como haciendo burla della. Y entonces dijo el Andrés de Duero: "Agora yo no sé cómo sea esto, yo no lo entiendo, porque este religioso me ha dicho que Cortés e todos se le darán a vuestra merced, ¡y escribir agora estos desvaríos!"

Y luego, de buena tinta, también, le ayudó al Duero un Agustín Bermúdez, que era capitán e alguacil mayor del real de Narváez, e dijo: "Ciertamente, también he sabido de este fraile de la Merced, muy en secreto, que, como enviase buenos terceros, que el mismo Cortés vernía a verse con vuestra merced para que se diese con sus soldados; y será bien que envíe a su real, pues no está muy lejos, al señor veedor Salvatierra e al señor Andrés de Duero, e yo iré con ellos". Y esto dijo adrede, por ver qué diría el Salvatierra.

Y luego dijo el Narváez que fuese el Andrés de Duero y Salvatierra. Respondió el Salvatierra que estaba mal dispuesto e que no iría a ver a un traidor. Y el fraile le dijo: "Señor, bueno es tener templanza, pues está cierto que le ternéis preso antes de muchos días".

Pues concertada la partida del Andrés de Duero, parece ser que muy en secreto trató el Narváez con el mismo Duero y con tres capitanes que tuviese manera con el Cortés cómo se viesen en unas estancias y casas de indios que estaban entre el real de Narváez y el nuestro, y que allí se darían conciertos dónde habíamos de ir con Cortés a poblar y partir términos, y en las vistas le prendería; y para ello tenía ya hablado el Narváez a veinte soldados de sus amigos. Lo cual luego supo el fraile, y ansimismo el Andrés de Duero, y avisaron a Cortés de todo.

Dejemos al fraile en el real de Narváez, que ya se había hecho muy amigo y pariente del Salvatierra, siendo el fraile de Olmedo y el Salvatierra de Burgos, y comió con él. Y digamos de Andrés de Duero, que quedaba apercibiéndose para ir a nuestro real y llevar consigo a Bartolomé de Usagre, nuestro soldado, porque Narváez no alcanzase a saber de él lo que pasaba, y diré lo que en nuestro real hicimos.

Volvamos a decir algo atrás de lo dicho lo que más pasó. Así como Cortés tuvo noticia de la armada que traía Narváez, luego despachó un soldado que había estado en Italia, bien diestro de todas armas, y más de jugar de una pica, y le envió a una provincia que se dice los Chinantecas, junto a donde estaban nuestros soldados, los que fueron a buscar minas, porque aquellos de aquella provincia eran muy enemigos de los mexicanos, y pocos días había que tomaron nuestra amistad, y usaban por armas muy grandes lanzas, mayores que las nuestras de Castilla, con dos brazas de pedernal y navajas. Y envióles a rogar que luego le trujesen a doquiera que estuviese trescientas dellas, y que les quitase las navajas; y que, pues tenían mucho cobre, que les hiciesen a cada una dos hierros; y llevó el soldado la manera que habían de ser los hierros.

Y como llegó, de presto buscaron las lanzas e hicieron los hierros, porque en toda la provincia a aquella sazón eran cuatro o cinco pueblos, sin muchas estancias. Las recogieron e hicieron los hierros muy más perfectamente que se los enviamos a mandar. Y también mandó a nuestro soldado, que se decía Tobilla, que les demandase dos mil hombres de guerra, y que para el día de Pascua de Espíritu Santo viniese con ellos al pueblo de Panganequita, que así se decía, o que preguntase en qué parte estábamos, y que todos dos mil hombres trujesen lanzas. Por manera que el soldado se los demandó, y los caciques dijeron que ellos vernían con la gente de guerra, y el soldado se vino luego con obra de docientos indios, que trajeron las lanzas. Y con los demás indios de guerra quedó para venir con ellos otro soldado de los nuestros que se decía Barrientos. Y este Barrientos estaba en la estancia y minas que descubrían, ya por mí otra vez memoradas, y allí se concertó que había de venir de la manera que está dicho a nuestro real, porque sería de andadura diez o doce leguas de lo uno a lo otro.

Pues venido nuestro soldado Tobilla con las lanzas, eran muy estremadas de buenas; y allí se daba orden y nos imponía el soldado y amostraba a jugar con ellas, y cómo nos habíamos de haber con los de a caballo. Y ya teníamos hecho nuestro alarde y copia y memoria de todos los soldados y capitanes de nuestro ejército, y hallamos docientos y sesenta y seis, contados a tambor y pífaro, sin el fraile, y con cinco de a caballo y dos tirillos, y pocos ballesteros y menos escopeteros. Y a lo que tuvimos ojo para pelear con Narváez eran las picas, y fueron muy buenas, como adelante verán. Y dejemos de platicar más en el alarde y lanzas. Y diré cómo llegó Andrés de Duero, que envió Narváez a nuestro real, y trujo consigo a nuestro soldado Usagre y dos indios naborías de Cuba, y lo que dijeron y concertaron Cortés y Duero, segundo después alcanzamos a saber.

Y es de esta manera que tengo de volver muy atrás a recitar lo pasado. Ya he dicho en el capítulo muy atrás pasado que, cuando estábamos en Santiago de Cuba, se concertó Cortés con Andrés de Duero y con un contador del rey que se decía Amador de Lares, que eran grandes amigos de Diego Velázquez, y el Duero era su secretario, que tratase con Diego Velázquez que le hiciesen a Cortés capitán general para venir en aquella armada y que partiría con ellos todo el oro y plata y joyas que le cupiese de su parte de Cortés.

Y como Andrés de Duero vio en aquel instante a Cortés, su compañero, tan rico y poderoso, y so color que venía a poner paces y a favorecer a Narváez, en lo que entendió era demandar la parte de la compañía, porque ya el otro su compañero, Amador de Lares, había fallecido. Y como Cortés era sagaz y mañoso, no solamente le prometió darle gran tesoro, sino que también le daría mando en toda la armada, ni más ni menos que su propia persona. Y que, después de conquistada la Nueva España, le daría otros tantos pueblos como a él, con tal que tuviese concierto con Agustín Bermúdez, que era alguacil mayor del real de Narváez, y con otros caballeros que aquí no nombro, que estaban convocados para que en todo caso fuesen en desviar a Narváez para que no saliese con la vida ni con honra y le desbaratase. Y como a Narváez tuviese muerto o preso, y deshecha su armada, que ellos quedarían por señores y partirían el oro y pueblos de la Nueva España.

Y para más atraerlo y convocarlo a lo que dicho tengo, le cargó de oro sus dos indios de Cuba. Y, según pareció, el Duero se lo prometió, y aun ya se lo tenía prometido Agustín Bermúdez por firmas y cartas. Y también envió Cortés al Bermúdez y a un clérigo que se decía Juan de León y al clérigo Guevara, que fue el que primero envió Narváez, y a otros sus amigos, muchos tejuelos y joyas de oro, y les escribió lo que le pareció que convenía para que en todo le ayudasen.

Y estuvo Andrés de Duero en nuestro real el día que llegó hasta otro día después de comer, que era día de Pascua del Espíritu Santo, y comió con Cortés y estuvo hablando en secreto un rato. Y desque hubieron comido, se despidió el Duero de todos nosotros, así capitanes como soldados, y luego fue a caballo otra vez adonde Cortés estaba, y dijo: "¿Qué manda vuestra merced, que me quiero partir?". Y respondióle: "Que vaya con Dios vuestra merced, y mire, señor Andrés de Duero, que haya buen concierto de lo que tenemos platicado; si no, en mi conciencia (que así juraba Cortés), que antes de tres días, con todos mis compañeros seré allá en vuestro real, y al primero que le eche la lanza será a vuestra merced, si otra cosa siento al contrario de lo que tenemos hablado". Y el Duero se rio, y dijo: "No faltaré en cosa que sea contrario de servir a vuestra merced". Y luego se fue. Y llegado a su real, dizque dijo a Narváez que Cortés, y todos los que estábamos con él, sentía estar de buena voluntad para pasarnos con el mismo Narváez.

Dejemos de hablar de esto del Duero. Y diré cómo Cortés luego mandó llamar a un nuestro capitán, que se decía Juan Velázquez de León, persona de mucha cuenta y amigo de Cortés, y era pariente muy cercano del gobernador de Cuba, Diego Velázquez, y, a lo que siempre tuvimos creído, también le tenía Cortés convocado y atraído a sí con grandes dádivas y ofrecimientos, que le daría mando en la Nueva España y le haría su igual, porque Juan Velázquez siempre se mostró su muy gran servidor y verdadero amigo, como adelante verán.

Y desque hubo venido delante de Cortés y hecho su acato, le dijo: "¿Qué manda vuestra merced?" Y como Cortés hablaba algunas veces muy melioso y con la risa en la boca, le dijo medio riendo: "A lo que al señor Juan Velázquez le hice llamar es que me ha dicho Andrés de

Duero que dice Narváez, y en todo su real hay fama, que si vuestra merced va allá, que luego yo soy deshecho y desbaratado, porque creen que se ha de hacer con Narváez; y a esta causa he acordado que, por mi vida, si bien me queréis, que luego vaya en su buena yegua rucia y que lleve todo su oro y la fanfarrona (que era muy pesada cadena de oro) y otras cositas que yo le daré, que dé allá por mí a quien yo le dijere. Y su fanfarrona, que pesa mucho, la llevará al un hombro, y otra cadena que pesa más que ella llevará ceñida con dos vueltas. Y allá verá qué le quiere Narváez, y, en viniendo, que se venga; luego irá allá el señor Diego de Ordás, que le desean ver en su real, como mayordomo que era de Diego Velázquez".

Y Juan Velázquez respondió que él haría lo que su merced mandaba, mas que su oro y cadenas no las llevaría consigo, salvo lo que le diese para dar a quien mandase, porque donde su persona estuviese es para le siempre servir, más que cuanto oro ni piedras de diamantes puede haber.

"Así lo tengo yo creído —dijo Cortés— y con esta confianza, señor, le envío; mas si no lleva todo su oro y joyas como le mando, no quiero que vaya allá". Y Juan Velázquez respondió: "Hágase lo que vuestra merced mandare".

Y no quiso llevar sus joyas. Allí le habló Cortés secretamente. Y luego se partió, y llevó en su compañía a un mozo de espuelas de Cortés para que le sirviese, que se decía Juan del Río.

Y dejemos de esta partida de Juan Velázquez, que dijeron que le envió Cortés por descuidar a Narváez. Y volvamos a decir lo que en nuestro real pasó, que, dentro de dos horas que se partió Juan Velázquez, mandó Cortés tocar el atambor a Canillas (que así se llamaba nuestro atambor) y a Benito de Veger, nuestro pífaro, que tocase su tamborino. Y mandó a Gonzalo de Sandoval, que era capitán y alguacil mayor, para que llamase a todos los soldados y comenzásemos a marchar luego a paso largo camino de Cempoal.

E yendo por nuestro camino, se mataron dos puercos de la tierra, que tienen el ombligo en el espinazo, y dijimos muchos soldados que era señal de victoria. Y dormimos en un repecho cerca de un riachuelo, y nuestros corredores del campo adelante, y espías y rondas.

Y desque amaneció, caminamos por nuestro camino derecho y fuimos a hora de mediodía a sestear a un río, adonde está ahora poblada la Villa Rica de la Veracruz, donde desembarcan las barcas con mercaderías que vienen de Castilla, porque en aquel tiempo estaban pobladas junto al río unas casas de indios y arboledas. Y como en aquella tierra hace grandísimo sol, reposamos, como dicho tengo, porque traíamos nuestras armas y picas.

Y dejemos ahora de más caminar. Y digamos lo que a Juan Velázquez de León le avino con Narváez y con un su capitán que también se decía Diego Velázquez, sobrino del Velázquez gobernador de Cuba.

Ya he dicho cómo envió Cortés a Juan Velázquez de León y al mozo de espuelas para que le acompañase a Cempoal y a ver lo que Narváez le quería, que tanto deseo tenía de tenerlo en su compañía. Por manera que, así como partieron de nuestro real, se dio tanta prisa en el camino, que fue amanecer en Cempoal, y se fue a apear Juan Velázquez en casa del Cacique Gordo, porque Juan del Río no tenía caballo, y desde allí se iban a pie a la posada de Narváez.

Pues como los indios le conocieron, holgaron de verle y hablarle, y decían a voces a unos soldados de Narváez que allí posaban en casa del Cacique Gordo que aquel era Juan Velázquez de León, capitán de Malinche. Y así como los oyeron los soldados, fueron corriendo a demandar albricias a Narváez de cómo había venido Juan Velázquez de León.

Y antes que Juan Velázquez llegase a la posada de Narváez, y como de repente supo Narváez su venida, le salió a recibir a la calle acompañado de ciertos soldados, donde se encontraron Juan Velázquez y Narváez y se hicieron muy grandes acatos. Y Narváez abrazó a Juan Velázquez y le mandó sentar en una silla, que luego trajeron, y sentado cerca de sí, le dijo que por qué no se fue a apear a su posada, y mandó a sus criados que le fuesen luego por el caballo y fardaje, si llevaba, para que en su casa y su caballeriza y posada estaría.

Juan Velázquez dijo que luego se quería volver, que no venía sino a besarle las manos y a todos los caballeros de su real, y para ver si podía dar concierto de que su merced y Cortés tuviesen paz y amistad. Entonces dizque dijo Narváez, habiendo apartado a Juan Velázquez, muy airado, cómo que tales palabras le había de decir: tener amistad y paz con un traidor, que se alzó a su primo Diego Velázquez con la armada. Y Juan Velázquez respondió que Cortés no era traidor, sino buen servidor de Su Majestad, y que ocurrir a nuestro rey y señor, como envió, no se le ha de atribuir a traición, y que le suplica que delante de él no se diga tal palabra.

Y entonces Narváez le comenzó a convocar con grandes prometimientos de que se quedase con él, y que concierten con los de Cortés que se le diesen y vengan luego a meterse en su obediencia, prometiéndole con juramento que sería en todo su real el más preeminente capitán, y en el mando segunda persona. Y Juan Velázquez respondió que mayor traición haría el dejar al capitán que tiene jurado en la guerra y desampararlo, conociendo que en todo lo que ha hecho en la Nueva España es en servicio de Dios Nuestro Señor y de Su Majestad, que no dejar ocurrir Cortés como ocurrió a nuestro rey y señor; y que le suplica que no le hable más en ello.

En aquella sazón habían venido a ver a Juan Velázquez todos los más principales capitanes del real de Narváez, y le abrazaban con gran cortesía, porque Juan Velázquez era muy del palacio y buen cuerpo, membrudo y de buena presencia y rostro, y la barba bien puesta, y llevaba una cadena muy grande de oro echada al hombro, que le daba dos vueltas debajo del brazo; parecía muy bien como bravoso y buen capitán.

Dejemos del buen parecer de Juan Velázquez y cómo lo estaban mirando todos los capitanes de Narváez, y aun nuestro fraile de la Merced también le vino a ver y en secreto hablar, y asimismo Andrés de Duero y el alguacil mayor Bermúdez.

Pareció ser que en aquel instante ciertos capitanes de Narváez, que se decían Gamarra, y un Juan Juste, y un Juan Bono de Quejo, vizcaíno, y Salvatierra el bravoso, aconsejaron a Narváez que luego prendiesen a Juan Velázquez, porque les pareció que hablaba muy sueltamente en favor de Cortés. Y ya que había mandado Narváez secretamente a sus capitanes y alguaciles que lo echasen preso, súpolo Agustín Bermúdez y Andrés de Duero y nuestro fraile de la Merced, y un clérigo que se decía Juan de León, y otras personas de los que se habían dado por amigos de Cortés.

dicen a Narváez que se maravillan de su merced querer mandar prender a Juan Velázquez de León; que qué puede hacer Cortés contra él, aunque tenga en su compañía otros cien Juan Velázquez. Y que mire la honra y acatos que hace Cortés a todos los que de su real han ido, que les sale a recibir y a todos les da oro y joyas, y vienen cargados como abejas a las colmenas, y otras cosas de mantas y mosqueadores. Y que a Andrés de Duero y al clérigo Guevara, y Amaya, y a Vergara el escribano, y a Alonso de Mata, y a otros que han ido a su real, bien los pudiera prender, y no lo hizo; antes, como dicho tienen, les hace mucha honra. Y que será mejor que le torne a hablar a Juan Velázquez con mucha cortesía y lo convide a comer.

Por manera que a Narváez le pareció buen consejo, y luego le tornó a hablar con palabras muy amorosas, para que fuese tercero en que Cortés se le diese con todos nosotros, y lo convidó a comer. Y Juan Velázquez respondió que haría lo que pudiese en aquel caso, mas que tenía a Cortés por muy porfiado y cabezudo en aquel negocio, y que sería mejor que partiesen las provincias y que escogiese la tierra que más su merced quisiese.

Y esto decía Juan Velázquez por amansarlo.

Entre aquellas pláticas, llegose al oído de Narváez el fraile de la Merced y díjole, como su privado y consejero que ya se le había hecho: "Mande vuestra merced hacer alarde de toda su artillería y caballeros y escopeteros y ballesteros y soldados, para que lo vea Juan Velázquez de León y el mozo de espuelas Juan del Río, para que Cortés tema sus poderes y gentes y se venga a vuestra merced, aunque le pese". Y esto le dijo el fraile como por vía de su muy gran servidor y amigo, y por hacerle que trabajasen todos los de a caballo y soldados en su real.

Por manera que, por el dicho de nuestro fraile, hizo hacer alarde delante de Juan Velázquez y de Juan del Río, estando presente nuestro religioso. Y desque fue acabado de hacer, dijo Juan Velázquez a Narváez: "Gran pujanza trae vuestra merced; Dios se lo acreciente". Entonces dijo Narváez: "Ahí verá vuestra merced que, si quisiera haber ido contra Cortés, lo hubiera traído preso, y a cuantos estáis con él".

Entonces respondió Juan Velázquez y dijo: "Téngale vuestra merced por tal, y a los soldados que con él estamos, que sabremos muy bien defender nuestras personas". Y así cesaron las pláticas.

Y otro día, lo llevó convidado a comer Juan Velázquez, y comía con Narváez un sobrino de Diego Velázquez, gobernador de Cuba, que también era su capitán. Y estando comiendo, tratose plática de cómo Cortés no se daba a Narváez y de la carta y requerimientos que le envió, y de unas palabras a otras se desmandó el sobrino de Diego Velázquez, que también se decía Diego Velázquez como el tío, y dijo que Cortés y todos los que con él estábamos éramos traidores, pues no se venían a someter a Narváez.

Y Juan Velázquez, desque lo oyó, se levantó de la silla en que estaba y, con mucho acato, dijo: "Señor capitán Narváez, ya he suplicado a vuestra merced que no consienta que se digan palabras tales como estas que dijo de Cortés ni de ninguno de los que con él estamos, porque verdaderamente son mal dichas: decir mal de nosotros, que tan lealmente hemos servido a Su Majestad".

Y Diego Velázquez respondió que eran bien dichas, y, pues volvía por un traidor y traidores, debía de ser otro tal como él, y que no era de los Velázquez de los buenos. Y Juan Velázquez, echando mano a su espada, dijo que mentía y que era mejor caballero que no él, y de los buenos Velázquez, mejor que no él ni su tío; y que se lo haría conocer si el señor capitán Narváez les daba licencia.

Y como había allí muchos capitanes, así de los de Narváez como algunos amigos de los de Cortés, se metieron en medio, que de hecho le iba a dar Juan Velázquez una estocada. Y aconsejaron a Narváez que luego mandase salir de su real, así a él como al fraile y a Juan del Río, porque, a lo que sentían, no hacían provecho ninguno. Y luego, sin más dilación, les mandaron que se fuesen; y ellos, que no veían la hora de verse en nuestro real, lo pusieron por obra.

Y dizque Juan Velázquez, yendo a caballo en su buena yegua, y su cota puesta —que siempre andaba con ella— y con su capacete y gran cadena de oro, se fue a despedir de Narváez. Y estaba allí con Narváez el mancebo Diego Velázquez, el de la brega, y dijo al Narváez: "¿Qué manda vuestra merced para nuestro real?" Respondió Narváez, muy enojado, que se fuese, y que valiera más que no hubiera venido. Y dijo el mancebo Diego Velázquez palabras de amenazas a

Juan Velázquez. Y le respondió a ellas Juan Velázquez de León, echándose mano a la barba: "Para estas, que yo vea antes de muchos días si vuestro esfuerzo es tanto como vuestro hablar".

Y como venían con Juan Velázquez seis o siete de los del real de Narváez, que ya estaban convocados por Cortés, que lo iban a despedir, dicen que trabaron de él como enojados y le dijeron: "Váyase y no cure de más hablar, que es gran atrevimiento y digno de castigo". Y así se despidieron. Y a buen andar de sus caballos se van para nuestro real, porque luego le avisaron a Juan Velázquez que Narváez los quería prender y apercibía muchos de a caballo que fuesen tras ellos.

Viniendo su camino, nos encontraron al río que dicho tengo, que está ahora junto a la Veracruz. Estando nosotros en el río por mí ya nombrado, tomando la siesta —porque en aquella tierra hace muy recio calor—, como caminábamos con todas nuestras armas a cuestas y cada uno con una pica, estábamos cansados.

Y en este instante vino uno de nuestros corredores del campo a dar mandado a Cortés de que veían venir, buen rato de allí, dos o tres personas de a caballo. Y luego presumimos que serían nuestros embajadores Juan Velázquez de León, el fraile y Juan del Río.

Y como llegaron adonde estábamos, ¡qué regocijos y alegrías tuvimos todos! Y Cortés, ¡cuántas caricias y buenos comedimientos hizo a Juan Velázquez y a nuestro fraile! Y tenía mucha razón, porque le fueron muy servidores. Y allí contó Juan Velázquez paso por paso todo lo por mí atrás dicho que les acaeció con Narváez, y cómo envió secretamente a dar las cadenas y tejuelos y joyas de oro a las personas que Cortés mandó.

Pues oír a nuestro fraile, como era muy regocijado, sabíalo muy bien representar: cómo se hizo muy servidor de Narváez, y que, por hacer burla de él, le aconsejó que hiciese el alarde y sacase su artillería, y con qué astucia y mañas le dio la carta.

Pues cuando contaba lo que le acaeció con Salvatierra, y cómo se le hizo muy pariente, siendo el fraile de Olmedo y el Salvatierra naturales de delante de Burgos, y de los fieros que le decía Salvatierra que había de hacer y acontecer en prendiendo a Cortés y a todos nosotros —y aun se le quejó de los soldados que le hurtaron su caballo y el de otro capitán—, todos nosotros nos holgábamos de oírlo, como si fuéramos a bodas y regocijos, sabiendo que otro día habíamos de entrar en batallas y que habíamos de vencer o morir en ellas, siendo como éramos doscientos sesenta y seis soldados, y los de Narváez cinco veces más que nosotros.

Y volvamos a nuestra relación. Y es que luego todos caminamos para Cempoal, y fuimos a dormir a un riachuelo, adonde estaba en aquella sazón una puente, obra de una legua de Cempoal, adonde está ahora una estancia de vacas.

Y dejallo he aquí. Y diré lo que se hizo en el real de Narváez después que se vinieron Juan Velázquez, el fraile y Juan del Río; y luego volveré a contar lo que hicimos en el nuestro real, porque en un instante acontecen dos y tres cosas, y por fuerza he de dejar las unas por contar lo que más viene a propósito de esta relación.

CAPÍTULO XIV: EL CACIQUE GORDO LE TEME A CORTÉS

Pareció ser que, como se vinieron Juan Velázquez, el fraile y Juan del Río, dijeron a Narváez sus capitanes que en su real sentían que Cortés había enviado muchas joyas de oro y que tenía de su parte amigos en el mismo real, y que sería bien estar muy apercibido, y avisase a todos sus soldados que estuviesen con sus armas y caballos prestos.

Y demás de esto, el Cacique Gordo —otras veces por mí memorado— temía mucho a Cortés, porque había consentido que Narváez tomase las mantas y oro e indias que le tomó; y siempre tenía espías sobre nosotros, en qué parte dormíamos y por qué camino veníamos, porque así se lo había mandado por fuerza Narváez.

Y como supo que ya llegábamos cerca de Cempoal, le dijo a Narváez el Cacique Gordo: "¿Qué hacéis, que estáis muy descuidado? ¿Pensáis que Malinche y los teules que trae consigo son así como vosotros? Pues yo os digo que, cuando no os catáredes, será aquí y os matará".

Y aunque hacían burla de aquellas palabras que el Cacique Gordo les dijo, no dejaron de apercibirse; y la primera cosa que hicieron fue pregonar guerra contra nosotros a fuego y sangre y a toda ropa franca. Un soldado que llamaban el Galleguillo, que se vino huyendo del real de Narváez, o le envió Andrés de Duero, dio aviso a Cortés de lo del pregón y de otras cosas que convino saber.

Volvamos a Narváez, que luego mandó sacar toda su artillería y los de a caballo y escopeteros y ballesteros a un campo, obra de un cuarto de legua de Cempoal, para allí aguardarnos y no dejar ninguno de nosotros que no fuese muerto o preso.

Y como llovió mucho aquel día, estaban ya los de Narváez hartos de estar aguardándonos al agua. Y como no estaban acostumbrados a aguas ni trabajos, y no nos tenían en nada, sus capitanes le aconsejaron que se volviesen a los aposentos, y que era afrenta estar allí como estaban, aguardando a dos, tres y más, que decían que éramos, y que asestase su artillería delante de sus aposentos —que eran dieciocho tiros gruesos— y que estuviesen toda la noche cuarenta de a caballo esperando en el camino por donde habíamos de ir a Cempoal, y que tuviese al pasar del río —que era por donde habíamos de venir— sus espías, que fuesen buenos hombres de a caballo y peones ligeros para dar mandado, y que en los patios de los aposentos de Narváez anduviesen toda la noche veinte de a caballo.

Y este concierto que le dieron fue por hacerle volver a los aposentos.

Y más le decían sus capitanes: "Pues, ¿cómo, señor? ¿Por tal tiene a Cortés, que se ha de atrever, con tres gatos que tiene, a venir a este real por lo dicho de este indio gordo? No lo crea vuestra merced, sino que ha hecho aquellas algaradas y muestras de venir para que vuestra merced venga a buen concierto con él".

Por manera que, así como dicho tengo, se volvió Narváez a su real, y después de vuelto, públicamente prometió que quien matase a Cortés o a Gonzalo de Sandoval, que le daría dos mil pesos. Y luego puso espías al río: a un Gonzalo Carrasco —que vive ahora en la Puebla— y el otro se decía Fulano Hurtado; y el nombre, apellido y señal secreta que dio para cuando batallasen contra nosotros en su real había de ser: "¡Santa María, Santa María!".

Y demás de este concierto que tenían hecho, mandó Narváez que en su aposento durmiesen muchos soldados, así escopeteros como ballesteros, y otros con partesanas; y otro tanto mandó que estuviesen en el aposento del veedor Salvatierra, y de Gamarra, y de Juan Bono.

Ya he dicho el concierto que tenía Narváez en su real, y volveré a decir la orden que se dio en el nuestro.

Del concierto y orden que se dio en nuestro real para ir contra Narváez, y del razonamiento que Cortés nos hizo, y lo que le respondimos.

Llegados que fuimos al riachuelo que ya he dicho y memorado, que estará obra de una legua de Cempoal, y había allí unos buenos prados, y después de haber enviado nuestros corredores del campo, personas de confianza, nuestro capitán Cortés, a caballo, nos envió a llamar, así a capitanes como a todos los soldados. Y cuando nos vio juntos, nos dijo que nos pedía por merced que callásemos, y luego comenzó un parlamento por tan lindo estilo y plática tan bien dicha (cierto, otra más sabrosa y llena de ofertas que yo aquí sabré escribir), en que nos trajo luego a la memoria desde que salimos de la isla de Cuba, con todo lo acaecido por nosotros hasta aquella sazón, y nos dijo:

"Bien saben vuestras mercedes que Diego Velázquez, gobernador de Cuba, me eligió por capitán general, no porque entre vuestras mercedes no hubiera muchos caballeros que eran merecedores de ello. Ya saben y tuvieron creído que veníamos a poblar, y así se publicaba y pregonó, y, según han visto, enviaba a rescatar. Ya saben lo que pasamos sobre que me quería volver a la isla de Cuba a dar cuenta a Diego Velázquez del cargo que me dio, conforme a sus instrucciones, pues vuestras mercedes me mandaron y requirieron que poblásemos esta tierra en nombre de Su Majestad, como, gracias a Nuestro Señor, la tenemos poblada, y fue cosa muy acertada.

Y demás de esto, me hicisteis vuestro capitán general y justicia mayor de ella, hasta que Su Majestad otra cosa sea servido mandar.

Y como ya he dicho, entre algunos de vuestras mercedes hubo algunas pláticas de volver a Cuba, que no lo quiero aquí más declarar, pues, a manera de decir, ayer pasó, y fue muy santa y buena nuestra quedada, y hemos hecho a Dios y a Su Majestad gran servicio, que esto claro está.

Ya saben lo que prometimos en nuestras cartas a Su Majestad, después de haberle dado cuenta y relación de todos nuestros hechos, que punto no quedó, y que esta tierra es de la manera que hemos visto y conocido de ella, que es cuatro veces mayor que Castilla, y de grandes pueblos y muy rica de oro y minas, y tiene cerca otras provincias.

Y cómo enviamos a suplicar a Su Majestad que no la diese en gobernación ni de otra cualquier manera a persona ninguna, y porque creíamos y teníamos por cierto que el obispo de Burgos, don Juan Rodríguez de Fonseca, que era en aquella sazón presidente de Indias y tenía mucho mando, que la demandaría a Su Majestad para Diego Velázquez o algún pariente o amigo del mismo obispo, porque esta tierra es tan buena, que convenía darse a un infante o gran señor, y que teníamos determinado de no darla a persona alguna hasta que Su Majestad oyese a nuestros procuradores y nosotros viésemos su real firma; y vista, que, con lo que fuere servido mandar, los pechos por tierra.

Y con las cartas ya saben que enviamos, le servimos a Su Majestad todo el oro y plata y joyas y todo cuanto teníamos y habíamos habido".

Y más dijo:

"Bien se les acordará, señores, cuántas veces hemos llegado a punto de muerte en las guerras y batallas que hemos habido, pues no hay que traerlas a la memoria. Qué acostumbrados estamos a trabajos y aguas y vientos, y algunas veces hambres, y siempre traer las armas a cuestas y dormir por los suelos, así nevando como lloviendo, que, si miramos en ello, los cueros tenemos ya curtidos de los trabajos.

No quiero decir de más de cincuenta de nuestros compañeros que nos han muerto en las guerras, ni de todas vuestras mercedes, cómo estáis entrapajados y mancos de heridas que aún ahora están por sanar.

¿Pues que les quiera traer a la memoria los trabajos que trujimos por la mar, y las batallas de Tabasco, y los que se hallaron en lo de Almería y lo de Cingapacinga, y cuántas veces por las sierras y caminos nos procuraban de quitar las vidas?

Pues en las batallas de Tascala: en qué punto nos pusieron y cuáles nos traían. Pues la de Cholula: ya tenían puestas las ollas para comer nuestros cuerpos. Pues a la subida de los puertos, no se les habrá olvidado los poderes que tenía Montezuma para no dejar ninguno de nosotros, y bien vieron los caminos todos llenos de árboles cortados. Pues los peligros de la entrada y estada en la gran ciudad de México:

cuántas veces teníamos la muerte al ojo, ¿quién los podrá componderar?

Pues vean los que han venido de vuestras mercedes dos veces primero que no yo, la una con Francisco Hernández de Córdoba y la otra con Juan de Grijalva: los trabajos, hambres, sed, heridas y muertes de muchos soldados que en descubrir estas tierras pasasteis, y todo lo que en aquellos dos viajes habíais gastado de vuestras haciendas".

Y dijo que no quería contar otras muchas cosas que tenía por decir por menudo y no habría tiempo para acabarlo de platicar, porque era tarde y venía la noche.

Y más dijo:

"Digamos ahora, señores, cómo viene Pánfilo de Narváez contra nosotros con mucha rabia y deseo de habernos a las manos, ¡y no habían desembarcado y ya nos llamaban traidores y malos! Y envió a decir al gran Montezuma no palabras de sabio capitán, sino de alborotador. Y demás de esto, tuvo atrevimiento de prender a un oidor de Su Majestad, que por solo este gran delito es digno de ser muy bien castigado. Ya habrán oído cómo han pregonado en su real guerra contra nosotros a ropa franca, como si fuéramos moros".

Y luego, después de haber dicho esto, Cortés comenzó a sublimar nuestras personas y esfuerzos en las guerras y batallas pasadas, y que entonces peleábamos por salvar nuestras vidas, y que ahora hemos de pelear con todo vigor por vida y honra, pues nos vienen a prender y echar de nuestras casas y robar nuestras haciendas. Y que, demás de esto, no sabemos si trae provisiones de nuestro rey y señor, salvo favores del obispo de Burgos, nuestro contrario.

Y que, si por ventura caemos debajo de las manos de Narváez —lo cual Dios no permita—, todos nuestros servicios que hemos hecho a Dios primeramente y a Su Majestad tornarán en deservicios, y harán procesos contra nosotros y dirán que hemos muerto y robado y destruido la tierra; donde ellos son los robadores y alborotadores y deservidores de nuestro rey y señor, dirán que le han servido.

Y pues que vemos por los ojos todo lo que ha dicho, y como buenos caballeros somos obligados a volver por la honra de Su Majestad y por las nuestras, y por nuestras casas y haciendas.

Y con esta intención salió de México, teniendo confianza en Dios y en nosotros, que todo lo ponía en las manos de Dios primeramente y después en las nuestras, que veamos lo que nos parece.

Entonces todos a una le respondimos, y también juntamente con nosotros Juan Velázquez de León y Francisco de Lugo y otros capitanes, que tuviese por cierto que, mediante Dios, habíamos de vencer o morir sobre ello, y que mirase no le convenciesen con partidos, porque si alguna cosa hacía fea, que le daríamos de estocadas. Entonces, como vio nuestras voluntades, se holgó mucho y dijo que con aquella confianza venía. Y allí hizo muchas ofertas y prometimientos de que seríamos todos muy ricos y valerosos.

Y hecho esto, tornó a decir que nos pedía por merced que callásemos, y que en las guerras y batallas han menester más prudencia y saber para bien vencer los contrarios, que osadía; y que, porque tenía conocido de nuestros grandes esfuerzos que, por ganar honra, cada uno de nosotros se quería adelantar de los primeros a encontrar con los enemigos, que fuésemos puestos en ordenanza y capitanías.

Y para que la primera cosa que hiciésemos fuese tomarles la artillería —que eran dieciocho tiros que tenían asestados delante de los aposentos de Narváez— mandó que fuese por capitán un pariente suyo de Cortés, que se decía Pizarro (que ya he dicho otras veces, en aquella sazón no había fama de Perú ni de Pizarros, que no era descubierto). Era el Pizarro suelto mancebo, y le señaló sesenta soldados mancebos, y entre ellos me nombraron a mí.

Y mandó que, después de tomada la artillería, acudiésemos todos al aposento de Narváez, que estaba en muy alto cu, y para prender a Narváez señaló por capitán a Gonzalo de Sandoval con otros sesenta compañeros. Y como era alguacil mayor, le dio un mandamiento que decía así:

"Gonzalo de Sandoval, alguacil mayor de esta Nueva España por Su Majestad, yo os mando que prendáis el cuerpo a Pánfilo de Narváez. Y si se os defendiese, matadlo, que así conviene al servicio de Dios y del rey nuestro señor, por cuanto ha hecho muchas cosas en deservicio de Dios y de Su Majestad, y le prendió a un oidor. Dado en este real".

Y la firma: Hernando Cortés, y refrendado de su secretario Pero Hernández.

Y después de dado el mandamiento, prometió que al primer soldado que le echase mano le daría tres mil pesos, y al segundo, dos mil, y al tercero, mil; y dijo que aquello que prometía era para guantes, que ya bien veíamos la riqueza que había entre nuestras manos.

Y luego nombró a Juan Velázquez de León para que prendiese al mancebo Diego Velázquez, con quien había tenido la brega, y le dio otros sesenta soldados. Y asimismo nombró a Diego de Ordás para que prendiese a Salvatierra, y le dio otros sesenta soldados, que cada capitán de estos estaba en su fortaleza y altos cúes. Y el mismo Cortés por sobresaliente, con otros veinte soldados, para acudir adonde más necesidad hubiese. Y donde él tenía el pensamiento de asistir era para prender a Narváez y a Salvatierra.

Pues ya dadas las copias a los capitanes, como dicho tengo, dijo:

"Bien sé que los de Narváez son por todos cuatro veces más que nosotros, mas ellos no son acostumbrados a las armas, y como están la mayor parte de ellos mal con su capitán y muchos dolientes, y les tomaremos de sobresalto, tengo pensamiento que Dios nos dará victoria, que no porfiarán mucho en su defensa, porque más bienes les haremos nosotros que no su Narváez.

Así que, señores, pues nuestra vida y honra está, después de Dios, en vuestros esfuerzos y vigorosos brazos, no tengo más que os pedir por merced ni traer a la memoria, sino que en esta está el toque de nuestras honras y famas para siempre jamás, y más vale morir por buenos que vivir afrentados".

Y porque en aquella sazón llovía y era tarde, no dijo más.

Una cosa me he parado después acá a pensar: que jamás nos dijo: "Tengo tal concierto en el real hecho", ni "Fulano ni Zutano es en nuestro favor", ni cosa ninguna destas, sino que peleásemos como varones. Y esto de no decirnos que tenía amigos en el real de Narváez fue de muy cuerdo capitán, que por aquel efecto no dejásemos de batallar como muy esforzados y no tuviésemos esperanza en ellos, sino, después de Dios, en nuestros grandes ánimos.

Dejemos de esto y digamos cómo cada uno de nuestros capitanes por mí nombrados estaban con los soldados señalados, cómo y de qué manera habíamos de pelear, y poniéndose esfuerzo los unos a los otros.

Pues mi capitán Pizarro, con quien habíamos de tomar la artillería —que era la cosa de más peligro, y habíamos de ser los primeros que habíamos de romper hasta los tiros— también decía, con mucho esfuerzo, cómo habíamos de entrar y calar nuestras picas hasta tener la artillería en nuestro poder.

Y desque se la hubiésemos tomado, que con ella misma mandó a nuestros artilleros —que se decían Mesa, el Seciliano, Usagre y Arvega— que con las pelotas que estuviesen por descargar diesen guerra a los del aposento de Salvatierra.

También quiero decir la gran necesidad que teníamos de armas, que por un peto, capacete, casco o babera de hierro diéramos aquella noche cuanto nos pidieran por ello y todo cuanto habíamos ganado.

Y luego secretamente nos nombraron el apellido que habíamos de tener estando batallando, que era: "¡Espíritu Santo, Espíritu Santo!", que esto se suele hacer secreto en las guerras, para que se conozcan y apelliden por el nombre, y que no lo sepan unos contrarios de otros. Y los de Narváez tenían su apellido y voz: "¡Santa María, Santa María!".

Ya hecho todo esto, como yo era gran amigo y servidor del capitán Sandoval, me dijo aquella noche que me pedía por merced que, desque hubiésemos tomado la artillería, que si quedaba con la vida, que siempre me hallase con él y le siguiese, y yo se lo prometí, y así lo hice, como adelante verán.

Digamos ahora en qué se entendió un rato de la noche, sino en aderezar y pensar en lo que teníamos por delante, pues para cenar no teníamos cosa ninguna.

Y luego fueron nuestros corredores del campo y se pusieron espías y velas; a mí y a otro soldado nos pusieron por velas. Y no tardó mucho, cuando viene un corredor del campo a preguntarme si he sentido algo, y yo dije que no. Y luego vino un cuadrillero y dijo que el Galleguillo que había venido del real de Narváez no parecía, y que era espía echada por Narváez, y que mandaba Cortés que luego marchásemos camino de Cempoal.

Y oímos tocar nuestro pífaro y atambor, y los capitanes apercibiendo sus soldados, y comenzamos a marchar. Y al Galleguillo hallaron debajo de unas mantas durmiendo, que, como llovió y el pobre no era acostumbrado a estar al agua ni a fríos, se metió allí a dormir.

Pues yendo a nuestro paso tendido, sin tocar pífaro ni atambor, y los capitanes apercibiendo sus soldados, comenzamos a marchar como está dicho, y nuestros corredores del campo descubriendo la tierra, llegamos al río donde estaban las espías de Narváez, que ya he dicho que se decían Gonzalo Carrasco e Hurtado.

Y estaban tan descuidados, que tuvimos tiempo de prender a Carrasco, y el otro fue dando voces al real de Narváez diciendo: "¡Al arma, al arma, que viene Cortés!".

Y acuérdome que, cuando pasábamos aquel río, como llovía, venía un poco hondo y las piedras resbalaban algo, y con las picas y armas nos hacía mucho estorbo. Y también me acuerdo, cuando se prendió a Carrasco, decía a Cortés a grandes voces: "Mirad, señor Cortés, no vayáis allá, que juro a tal que está Narváez esperándoos en el campo con todo su ejército".

Y Cortés le dio en guarda a su secretario Pero Hernández. Y como vimos que Hurtado fue a dar mandado, no nos detuvimos en cosa, sino que Hurtado iba dando voces y mandando dar: "¡Al arma, al arma!".

Y el Narváez llamando a sus capitanes y nosotros calando nuestras picas y cerrando con la artillería, todo fue uno, que no tuvieron tiempo sus artilleros de poner fuego sino a cuatro tiros, y las pelotas, algunas de ellas, pasaron por alto, y una de ellas mató a tres de nuestros compañeros.

Pues en aquel instante llegaron todos nuestros capitanes, tocando al arma nuestros pífaro y atambor. Y como había muchos de los de Narváez a caballo, se detuvieron un poco con ellos, porque luego derrocaron a seis o siete de ellos. Pues nosotros, los que tomamos la artillería, no osábamos desampararla, porque Narváez, desde su aposento, nos tiraba muchas saetas y escopetas, e hirió a siete de los nuestros.

Y en aquel instante llegó el capitán Sandoval y sube de presto las gradas arriba, y por mucha resistencia que le ponía Narváez, y le tiraban saetas y escopetas, y con partesanas y lanzas, todavía subió él y sus soldados. Y luego, desque vimos los soldados que ganamos la artillería, que no había quien nos la defendiese, se la dimos a nuestros artilleros por mí nombrados, y fuimos muchos de nosotros y el capitán Pizarro a ayudar al Sandoval, que les hacían los de Narváez venir dos gradas abajo retrayéndose, y con nuestra llegada tornó a subirlas.

Y estuvimos buen rato peleando con nuestras picas, que eran grandes, y cuando no me acato, oímos voces de Narváez que decía: "¡Santa María, váleme, que muerto me han y quebrado un ojo!" Y desque aquello oímos, luego dimos voces: "¡Victoria, victoria por los del nombre del Espíritu Santo, que muerto es Narváez! ¡Victoria, victoria por Cortés, que muerto es Narváez!".

Y con todo esto no les pudimos entrar en el cu donde estaban, hasta que un Martín López, el de los bergantines, como era alto de cuerpo, puso fuego a las pajas del alto cu, y vienen todos los de Narváez rodando las gradas abajo.

Entonces prendimos a Narváez (y el primero que le echó mano fue un Pero Sánchez Farfán, y el Sandoval, y yo se lo di al Sandoval y a otros capitanes que con él estaban), y todavía dando voces y apellido: "¡Viva el rey, viva el rey, y en su real nombre, Cortés, Cortés! ¡Victoria, victoria, que muerto es Narváez!"

Dejemos este combate. Vamos a Cortés y a los demás capitanes, que todavía estaban batallando cada uno con los capitanes de Narváez que aún no se habían dado, porque estaban en muy altos cúes, y con los tiros que les tiraban nuestros artilleros y con nuestras voces y la muerte de Narváez.

Y como Cortés era muy avisado, mandó de presto pregonar que todos los de Narváez se vengan luego a someter debajo de la bandera de Su Majestad y de Cortés en su real nombre, so pena de muerte. Y aun con todo esto, no se daban los de Diego Velázquez el Mozo ni los de Salvatierra, porque estaban en muy altos cúes y no los podían entrar, hasta que Gonzalo de Sandoval fue con la mitad de nosotros, los que con él estábamos, y con los tiros y con los pregones los entraron, y se prendieron así el Salvatierra como los que con él estaban, y a Diego Velázquez el Mozo.

Y luego Sandoval vino con todos nosotros, los que fuimos en prender a Narváez, a ponerle más en cobro.

Y desque Cortés, y Juan Velázquez y Ordás tuvieron presos a Salvatierra, y a Diego Velázquez el Mozo, y a Gamarra, y a Juan Yuste, y a Juan Bono, vizcaíno, y a otras personas principales, se vino

Cortés, desconocido, acompañado de nuestros capitanes, adonde teníamos a Narváez.

Y con el calor que hacía grande, y como estaba cargado con las armas, e andaba de una parte a otra apellidando nuestros soldados y haciendo dar pregones, venía muy sudando y cansado, y tal, que no le alcanzaba un huelgo a otro; y dijo a Sandoval dos veces —que no lo acertaba a decir del trabajo que traía, y dio huelgo—: "¡Ea, cesad! ¿Qué es de Narváez?"

Dijo Sandoval: "Aquí está, aquí está, y a muy buen recaudo".

Y tornó Cortés a decir, muy sin huelgo: "Mirad, hijo Sandoval, que nos quitéis de él vos y nuestros compañeros, que no se os suelte mientras yo voy a entender en otras cosas; y mirad esos capitanes que con él tenéis presos, que en todo haya recaudo".

Y luego se fue, y mandó dar otros pregones que, so pena de muerte, todos los de Narváez luego en aquel punto se vengan a someter debajo de la bandera de Su Majestad, y en su real nombre, Hernando Cortés, su capitán general y justicia mayor; y que ninguno trajese ningunas armas, sino que todos las diesen y entregasen a nuestros alguaciles.

Y todo esto era de noche, que no amanecía, y aun llovía de rato en rato. Y entonces salía la luna, que cuando allí llegamos hacía muy oscuro y llovía, y también la oscuridad ayudó, que como hacía tan oscuro, había muchos cucuyos —que así los llaman en Cuba— que relumbran de noche, y los de Narváez creyeron que eran mechas de escopetas.

Dejemos de esto y pasemos adelante. Que como Narváez estaba muy mal herido y quebrado el ojo, demandó licencia a Sandoval para que un su cirujano que traía en su armada —que se decía maestre Juan— le curase el ojo a él y a otros capitanes que estaban heridos, y se la dio.

Y estándole curando, llegó allí cerca Cortés, disimulando que no le conociesen, a verle. Dijéronle al oído a Narváez que estaba allí Cortés, y como se lo dijeron, dijo Narváez:

"Señor capitán Cortés, tened en mucho esta victoria que de mí habéis habido y en tener presa mi persona".

Y Cortés le respondió que daba muchas gracias a Dios que se la dio, y por los esforzados caballeros y compañeros que tiene, que fueron parte para ello; y que una de las menores cosas que en la Nueva España ha hecho es prendelle y desbaratalle; que si le ha parecido bien tener atrevimiento de prender a un oidor de Su Majestad...

Y desque hubo dicho esto, se fue de allí, que no le habló más, y mandó a Sandoval que le pusiese buenas guardas y que él no se quitase de él con personas de recaudo.

Ya le teníamos echado dos pares de grillos y lo llevamos a un aposento, y puestos soldados que le habíamos de guardar. Y a mí me señaló Sandoval por uno de ellos, y secretamente me mandó que no dejase hablar con él a ninguno de los de Narváez hasta que amaneciese y Cortés le pusiese más en cobro.

Dejemos de esto. Y digamos cómo Narváez había enviado cuarenta de a caballo para que nos estuviesen aguardando en el paso cuando viniésemos a su real, como dicho tengo en el capítulo que de ello habla. Y supimos que andaban todavía en el campo; tuvimos temor de que nos viniesen a acometer para quitarnos sus capitanes y al mismo Narváez que teníamos preso, y estábamos muy apercibidos.

Y acordó Cortés enviarles a pedir por merced que se viniesen al real, con grandes ofrecimientos que a todos prometió. Y para traerlos envió a Cristóbal de Olí, que era nuestro maestre de campo, y a Diego de Ordás. Y fueron en unos caballos que tomaron de los de Narváez, que todos los nuestros de a caballo no trajeron ningunos, que atados quedaron en un montecillo junto a Cempoal, que no trajimos caballos, sino picas y espadas y rodelas y puñales.

Y fueron al campo con un soldado de los de Narváez que les mostró el rastro por donde habían ido, y se toparon con ellos, y, en fin, tantas palabras de ofertas y prometimientos les dijeron por parte de Cortés, que los trajeron. Y ciertos caballeros de ellos le tenían voluntad.

Y antes que llegasen a nuestro real, ya era de día claro, y sin decir cosa ninguna Cortés ni ninguno de nosotros a los atabaleros que Narváez traía, comenzaron a tocar los atabales y a tañer sus pífaros y tamborinos, y decían: "¡Viva, viva la gala de los romanos, que, siendo tan pocos, han vencido a Narváez y a sus soldados!".

Y un negro que se decía Guidela, que fue muy gracioso truhán que traía Narváez, daba voces y decía: "Mirá que los romanos no han hecho tal hazaña".

Y por más que les decíamos que callasen y no tocasen sus atabales, no querían, hasta que Cortés mandó que prendiesen al atabalero, que era medio loco y se decía Tapia.

Y en este instante vino Cristóbal de Olí y Diego de Ordás y trajeron a los de a caballo que dicho tengo, y entre ellos venía Andrés de Duero y Agustín Bermúdez, y muchos amigos de nuestro capitán. Y así como venían, iban a besar las manos a Cortés, que estaba sentado en una silla de caderas con una ropa larga de color como naranjada, con sus armas debajo, acompañado de nosotros.

Pues ver la gracia con que les hablaba y abrazaba, y las palabras de tantos cumplimientos que les decía, era cosa de ver, y qué alegre estaba, y tenía mucha razón de verse en aquel punto tan señor y pujante. Y así como le besaban las manos, se fueron cada uno a su posada.

Digamos ahora de los muertos y heridos que hubo aquella noche. Murió el alférez de Narváez, que se decía Fulano de Fuentes, que era un hidalgo de Sevilla; murió otro capitán de Narváez que se decía Rojas, natural de Castilla la Vieja; murieron otros dos del Narváez; murió uno de los tres soldados que se le habían pasado y que habían sido de los nuestros, que llamábamos Alonso García el Carretero; y heridos de los de Narváez hubo muchos.

Y también murieron de los nuestros otros cuatro, y hubo más heridos, y el Cacique Gordo también salió herido, porque, como supo que veníamos cerca de Cempoal, se acogió al aposento de Narváez, y allí le hirieron. Y luego Cortés mandó curarlo muy bien y lo puso en su casa, y que no se le hiciese enojo.

Pues Cervantes el Loco y Escalonilla, que son los que se pasaron a Narváez y que habían sido de los nuestros, tampoco libraron bien, que Escalona salió bien herido y Cervantes bien apaleado, y ya he dicho que el Carretero, muerto.

Vamos a los del aposento del Salvatierra, el muy fiero, que dijeron sus soldados que en toda su vida vieron hombre para menos, ni tan cortado de muerte. Cuando nos oyó tocar al arma y cuando decíamos: "¡Victoria, victoria, que muerto es Narváez!", dizque luego dijo que estaba muy malo del estómago y que no fue para cosa ninguna. Esto lo he dicho por sus fieros y bravear. Y de los de su capitanía también hubo heridos.

Digamos del aposento de Diego Velázquez y otros capitanes que estaban con él, que también hubo heridos. Y nuestro capitán Juan Velázquez de León prendió a Diego Velázquez —aquel con quien tuvo las bregas estando comiendo con Narváez— y lo llevó a su aposento y mandó curarlo y hacerle mucha honra.

Pues ya he dado cuenta de todo lo acaecido en nuestra batalla. Digamos ahora lo que más se hizo.

CAPÍTULO XV: ¡VIVA EL REY! ¡VIVA CORTÉS!

Ya he dicho en el capítulo que de ello habla, que Cortés envió a decir a los pueblos de Chinanta, donde trajeron las lanzas y picas, que viniesen dos mil indios de ellos con sus lanzas —que son mucho más largas que no las nuestras— para nos ayudar, y vinieron aquel mismo día ya algo tarde, después de preso Narváez.

Y venían por capitanes los caciques de los mismos pueblos y uno de nuestros soldados que se decía Barrientos, que había quedado en Chinanta para aquel efecto. Y entraron en Cempoal con gran ordenanza, de dos en dos, y como traían las lanzas muy grandes y de buen grosor, y tienen en ellas una braza de cuchilla de pedernales, que cortan tanto como navajas —según ya otras veces he dicho—, y traía cada indio una rodela como pavesina, y con sus banderas tendidas y con muchos plumajes y atambores y trompetillas, y entre cada lancero y lancero un flechero, y dando gritos y silbos, decían: "¡Viva el rey! ¡Viva el rey nuestro señor y Hernando Cortés en su real nombre!"

Y entraron muy bravosos, que era cosa de notar, y serían mil quinientos, que parecía, de la manera y concierto que venían, que eran tres mil. Y cuando los de Narváez los vieron, se admiraron, y dizque dijeron unos a otros que si aquella gente les tomara en medio e entraran con nosotros, qué tal les parara.

Y Cortés habló a los indios capitanes muy amorosamente, agradeciéndoles su venida, y les dio cuentas de Castilla, y les mandó que luego se volviesen a sus pueblos, y que por el camino no hiciesen daño a otros pueblos, y tornó a enviar con ellos al mismo Barrientos.

Y quedarse ha aquí, y diré lo que más Cortés hizo.

Pues acabado de desbaratar a Pánfilo de Narváez, y presos él y sus capitanes, y a todos los demás tomadas las armas, mandó Cortés al capitán Francisco de Lugo que fuese al puerto adonde estaba la flota de Narváez, que eran diez y ocho navíos, y que mandase venir allí a Cempoal a todos los pilotos y maestres de los navíos, y que les sacasen velas y timones e agujas, porque no fuesen a dar mandado a Cuba a Diego Velázquez; y que si no le quisiesen obedecer, que les echase presos.

Y llevó consigo Francisco de Lugo a dos de nuestros soldados que habían sido hombres de la mar, para que le ayudasen. Y también mandó Cortés que luego le enviasen a un Sancho de Barahona, que le tenía preso Narváez con otros dos soldados. Este Barahona fue vecino de Guatimala, hombre rico, y acuérdome que cuando llegó ante Cortés, que venía muy doliente y flaco, y le mandó hacer honra.

Volvamos a los maestres y pilotos, que luego vinieron a besar las manos al capitán Cortés, a los cuales tomó juramento que no saldrían de su mandado y que le obedecerían en todo lo que les mandase. Y luego les puso por almirante y capitán de la mar a un Pedro Cavallero, que había sido maestre de un navío de los de Narváez, persona de quien nuestro Cortés se fió mucho, al cual dicen que le dio primero buenos tejuelos de oro.

Y a este mandó que no dejase ir de aquel puerto ningún navío a parte ninguna, y mandó a todos los demás maestres y pilotos y marineros que todos le obedeciesen. Y que si de Cuba enviase Diego Velázquez más navíos (porque tuvo aviso que estaban dos navíos para venir), que tuviese manera y aviso que al capitán que en él viniese le echase preso y le sacase el timón y velas y agujas hasta que otra cosa en ello Cortés mandase; lo cual así hizo Pedro Cavallero, como adelante diré.

Y dejemos ya los navíos y el puerto seguro. Y digamos lo que se concertó en nuestro real y los de Narváez, que luego se dio orden que fuese a conquistar y poblar Juan Velázquez de León a lo de Pánuco, y para ello Cortés le señaló ciento y veinte soldados: los ciento habían de ser de los de Narváez y los veinte de los nuestros entremetidos, porque tenían más experiencia en la guerra. También había de llevar dos navíos, para que desde el río de Pánuco fuesen a descubrir la costa adelante.

Y también a Diego de Ordás dio otra capitanía de otros ciento y veinte soldados, para ir a poblar a lo de Guazacualco, y los ciento habían de ser de los de Narváez y los veinte de los nuestros, según y de la manera que a Juan Velázquez de León. Y había de llevar otros dos navíos para, desde el río de Guazacualco, enviar a la isla de Jamaica por ganados de yeguas y becerros y puercos y ovejas y gallinas de Castilla y cabras para multiplicar la tierra, porque la provincia de Guazacualco era buena para ello.

Pues para ir aquellos capitanes con sus soldados y llevar todas sus armas, Cortés les mandó dar y soltar todos los prisioneros capitanes de Narváez, excepto al Narváez y al Salvatierra, que decía que estaba malo del estómago.

Pues para dalles todas las armas (algunos de nuestros soldados les teníamos ya tomado caballos y espadas y otras cosas), manda Cortés que luego se las volviésemos, y sobre no dárselas hobo ciertas pláticas enojosas. Y fueron que dijimos los soldados que las teníamos, muy claramente, que no se las queríamos dar, pues que en el real de Narváez pregonaron guerra contra nosotros e a ropa franca, e con aquella intención nos venían prender y tomar lo que teníamos. Y que siendo nosotros tan grandes servidores de Su Majestad, nos llamaban traidores, e que no se las queríamos dar.

Y Cortés todavía porfiaba a que se las diésemos. E como era capitán general, tóvose de hacer lo que mandó, que yo les di un caballo que tenía ya escondido, ensillado y enfrenado, y dos espadas e tres puñales e una adarga, y otros muchos de nuestros soldados dieron también otros caballos e armas.

Y como Alonso de Ávila era capitán y persona que osaba decir a Cortés cosas que convenía, e juntamente con él el padre de la Merced, hablaron aparte a Cortés y le dijeron que parescía que quería remedar a Alejandre Macedónico, que después que con sus soldados había hecho alguna gran hazaña, que más procuraba de honrar y hacer mercedes a los que vencía que no a sus capitanes y soldados, que eran los que lo vencían. Y esto que lo decían porque lo que vían en aquellos días que allí estábamos, después de preso Narváez, que todas las joyas de oro que le presentaban los indios a Cortés, y bastimentos, daba a los capitanes de Narváez, e que, como si no nos conosciera, ansí nos olvidaba, y que no era bien hecho, sino muy gran ingratitud, habiéndole puesto en el estado en que estaba.

A esto respondió Cortés que todo cuanto tenía, ansí persona como bienes, era para nosotros, e que al presente no podía más sino con dádivas y palabras y ofrescimientos dar a los de Narváez, porque, como son muchos e nosotros pocos, no se levanten contra él y contra nosotros y le matasen.

A esto respondió el Alonso de Ávila y le dijo ciertas palabras algo soberbias, de tal manera, que Cortés le dijo que quien no le quisiese seguir, que las mujeres han parido o paren en Castilla soldados. Y el Alonso de Ávila dijo, con palabras muy soberbias e sin acato, que ansí era verdad, que soldados y capitanes e gobernadores, e que aquello merescíamos que dijese. E como en aquella sazón estaba la cosa de arte que Cortés no podía hacer otra cosa sino callar, y con dádivas y ofertas le atrajo ansí.

Y como conosció dél ser muy atrevido e tuvo siempre temor Cortés que por ventura un día o otro no hiciese alguna cosa en su daño, disimuló. E dende allí adelante siempre le enviaba a negocios de importancia, como fue a la isla de Santo Domingo y después a España, cuando enviamos la recámara y tesoro del gran Montezuma que robó Juan Florín, gran cosario francés, lo cual diré en su tiempo y lugar.

Y volvamos agora al Narváez e a un negro que traía lleno de viruela, que harto negro fue para la Nueva España, que fue causa que se pegase y hinchiese toda la tierra dellas, de lo cual hobo gran mortandad, que, segund decían los indios, jamás tal enfermedad tuvieron, y como no lo conoscían, lavábanse muchas veces, y a esta causa se murieron gran cantidad dellos. Por manera que negra la ventura del Narváez y más prieta la muerte de tanta gente sin ser cristianos.

Dejemos agora todo esto. Y digamos cómo los vecinos de la Villa Rica que habían quedado poblados, que no fueron a México, demandaron a Cortés las partes del oro que les cabía, e dijeron a Cortés que puesto que allí les mandó quedar en aquel puerto e villa, que también servían allí a Dios y al rey como los que fuimos a México, pues entendían en guardar la tierra y hacer la fortaleza, y algunos dellos se hallaron en la de Almería, que aún no tenían sanas las heridas, y que todos los más se hallaron en la prisión de Narváez, y que les diesen sus partes. E viendo Cortés que era muy justo lo que decían, dijo que fuesen dos hombres principales, vecinos de aquella villa, con poder de todos, y que lo tenía apartado e se lo darían. Y parésceme que les dijo que en Tascala estaba guardado, que esto no me acuerdo bien, e ansí, luego despacharon de aquella villa dos vecinos por el oro e partes; el principal se decía Juan de Alcántara el Viejo.

Y dejemos de platicar en ello, y después diremos lo que subcedió al Alcántara e al oro. Y digamos cómo la adversa fortuna vuelve de presto su rueda, que a grandes bonanzas y placeres da tristeza. Y es que en este instante vienen nuevas que México está alzado y que Pedro de Alvarado está cercado en su fortaleza y aposento y que le ponían fuego por dos partes en la misma fortaleza, y que le han muerto siete soldados y que estaban otros muchos heridos, y enviaba a demandar socorro con mucha instancia y priesa. Y esta nueva trajeron dos tascaltecas sin carta ninguna, y luego vino una carta con otros tascaltecas que envió el Pedro de Alvarado, en que decía lo mismo. Y desque aquella tan mala nueva oímos, sabe Dios cuánto nos pesó, y a grandes jornadas comenzamos a marchar para México. Y quedó preso en la Villa Rica el Narváez e el Salvatierra, y por teniente y capitán parésceme que quedó a Rodrigo Rangel, que tuviese cargo de guardar al Narváez y de recoger muchos de los de Narváez que estaban dolientes.

Y también en este instante, ya que queríamos partir, vinieron cuatro grandes principales que envió el gran Montezuma ante Cortés a quejarse del Pedro de Alvarado. Y lo que dijeron, llorando muchas lágrimas de sus ojos, que Pedro de Alvarado salió de su aposento con todos los soldados que le dejó Cortés y sin causa ninguna dio en sus principales y caciques que estaban bailando y haciendo fiesta a sus ídolos Huichilobos y Tezcatepuca, con licencia que para ello les dio el Alvarado, e que mató e hirió muchos dellos, y que, por se defender, le mataron seis de sus soldados; por manera que daban muchas quejas del Pedro de Alvarado. Y Cortés les respondió a los mensajeros algo desabrido e que él iría a México y pornía remedio en todo. Y ansí fueron con aquella respuesta a su gran Montezuma; y dizque la sintió por muy mala y hobo enojo della. Y ansimismo luego despachó Cortés cartas para Pedro de Alvarado, en que le envió a decir que mirase que el Montezuma no se soltase, e que íbamos a grandes jornadas, y le hizo saber de la vitoria que habíamos habido contra Narváez, lo cual ya sabía el gran Montezuma. Y dejallo he aquí, y diré lo que más adelante pasó.

Como llegó la nueva por mí memorada cómo Pedro de Alvarado estaba cercado y México rebelado, cesaron las capitanías que habían de ir a poblar a Pánuco e a Guazacualco, que habían dado a Juan Velázquez de León y a Diego de Ordás, que no fue ninguno dellos, que todos fueron con nosotros. Y Cortés habló a los de Narváez, que sintió que no irían con nosotros de buena voluntad hacer aquel socorro, y les rogó que dejasen atrás enemistades pasadas por lo de Narváez, ofresciéndoseles de hacerlos ricos y dalles cargos, y pues venían a buscar la vida y estaban en tierras donde podrían hacer servicio a Dios y a Su Majestad y enriquecer, y pues que agora venía lance. Y tantas palabras les dijo, que todos a una se le ofrescieron que irían con nosotros. Y si supieran las fuerzas de México, cierto está que no fuera ninguno.

Y luego caminamos a muy grandes jornadas hasta llegar a Tascala, donde supimos que hasta que Montezuma y sus capitanes habían sabido cómo habíamos desbaratado a Narváez, no dejaron de dar guerra, y le habían ya muerto siete soldados, y le quemaron los aposentos. Y que desque supieron nuestra vitoria, cesaron de dalle guerra; mas dijeron que estaban muy fatigados por falta de agua y bastimento, el cual bastimento nunca se lo había mandado dar el Montezuma. Y esta nueva trujeron indios de Tascala en aquella misma hora que hobimos llegado. Y luego Cortés mandó hacer alarde de la gente que llevaba, y halló sobre mil y trecientos soldados, ansí de los nuestros como de los de Narváez, y sobre noventa y seis caballos y ochenta ballesteros y otros tantos escopeteros, con los cuales le paresció a Cortés que llevaba gente para poder entrar muy a nuestro salvo en México. Y demás desto, en Tascala nos dieron los caciques dos mil indios de guerra.

Y luego fuimos a grandes jornadas hasta Tezcuco, que es una gran ciudad; y no se nos hizo honra ninguna en ella ni paresció ningún señor, sino todo muy remontado y de mal arte.

Y llegamos a México día de señor San Juan de junio de mil e quinientos e veinte años, y no parescía por las calles caciques ni capitanes ni indios conocidos, sino todas las casas despobladas. Y como llegamos a los aposentos en que solíamos posar, el gran

Montezuma salió al patio para hablar y abrazar a Cortés y dalle el bienvenido y de la vitoria con Narváez. Y Cortés, que venía viturioso, no le quiso oír, y el Montezuma se entró en su aposento muy triste y pensativo.

Pues ya aposentados cada uno de nosotros donde solíamos estar antes que saliésemos de México para ir a lo de Narváez, y los de Narváez en otros aposentos. E ya habíamos visto e hablado con el Pedro de Alvarado y los soldados que con él quedaron, y ellos nos daban cuenta de las guerras que los mexicanos les daban y trabajo en que les tenían puestos, y nosotros les dábamos relación de la vitoria contra Narváez.

Y dejaré esto. Y diré cómo Cortés procuró saber qué fue la causa de se levantar México, porque bien entendido teníamos que Montezuma le pesó dello, que si le plugiera o fuera por su consejo. Dijeron muchos soldados de los que se quedaron con Pedro de Alvarado en aquellos trances que si el Montezuma fuera en ello, que a todos les mataran, y que el Montezuma los aplacaba que cesase la guerra. Y lo que contaba el Pedro de Alvarado a Cortés sobre el caso era que por libertar los mexicanos al Montezuma e porque su Huichilobos se lo mandó, porque pusimos en su casa la imagen de Nuestra Señora la Virgen Santa María y la cruz.

Y más dijo: que habían llegado muchos indios a quitar la santa imagen del altar donde la pusimos, y que no pudieron, e que los indios lo tuvieron a gran milagro y que se lo dijeron al Montezuma, e que les mandó que la dejasen en el mismo lugar y altar y que no curasen de hacer otra cosa, y ansí la dejaron. Y más dijo el Pedro de Alvarado: que por lo que el Narváez les había enviado a decir al Montezuma que le venía a soltar de las prisiones e a prendernos, y no salió verdad, e como Cortés había dicho al Montezuma que en teniendo navíos nos habíamos de ir a embarcar y salir de toda la tierra, e que no nos íbamos. E que todo eran palabras, e que agora había visto venir muchos más teules, antes que todos los del Narváez e los nuestros tornásemos a entrar en México, que sería bien matar al Pedro de Alvarado y a sus soldados y soltar al gran Montezuma, y después no quedar a vida a ninguno de los nuestros e de los de Narváez, cuanto más que tuvieron por cierto que nos vencieran el Narváez y sus soldados. Estas pláticas y descargo dio Pedro de Alvarado a Cortés.

Y le tornó a decir Cortés que a qué causa les fue a dar guerra estando bailando y haciendo sus fiestas. Y respondió que sabía muy ciertamente que en acabando las fiestas y bailes y sacrificios que hacían a su Huichilobos y a Tezcatepuca, que luego le habían de venir a dar guerra, según el concierto tenían entre ellos hecho; y todo lo demás, que lo supo de un papa y de dos principales y de otros mexicanos. Y Cortés le dijo: "Pues hanme dicho que le demandaron licencia para hacer el areito y bailes". Dijo que ansí era verdad, y que fue por tomarles descuidados, y que, porque temiesen y no viniesen a dalle guerra, que por esto se adelantó a dar en ellos.

Y desque aquello Cortés le oyó, le dijo muy enojado que era muy mal hecho e gran desatino, y que plugiera a Dios que el Montezuma se hobiera soltado y que tal cosa no la oyera a sus oídos. Y ansí le dejó, que no le habló más en ello.

También dijo el mismo Pedro de Alvarado que cuando andaba con ellos en aquella guerra mandó poner a un tiro, que estaba cebado, fuego, el cual tenía una pelota y muchos perdigones, y que como venían muchos escuadrones de indios a le quemar los aposentos, que salió a pelear con ellos y que mandó poner fuego al tiro, y que no salió. Y desque hizo una arremetida contra los escuadrones que le daban guerra y cargaban muchos indios sobre él, y que venía retrayéndose a la fuerza e aposento, y que entonces, sin poner fuego al tiro, salió la pelota y los perdigones y mató muchos indios, y que si aquello no acaesciera, que los enemigos les mataran a todos, como en aquella vez les llevaron dos de sus soldados vivos.

Otra cosa dijo el Pedro de Alvarado, y esta sola cosa la dijeron otros soldados, que las demás pláticas sólo el Pedro de Alvarado lo contaba, y es que no tenían agua para beber, y cavaron en el patio e hicieron un pozo y sacaron agua dulce, siendo todo salado también; todo fue muchos bienes que Nuestro Señor Dios nos hacía. E a esto del agua digo yo que en México estaba una fuente que muchas veces, y todas las más, manaba y tenía agua algo dulce.

Estas cosas y otras sé decir, que lo oí a personas de fe y creer que se hallaron con el Pedro de Alvarado cuando aquello pasó. Y dejallo he aquí. Y diré la gran guerra que luego nos dieron, y es desta manera.

Como Cortes vio que en Tezcuco no nos habian hecho ningun rescibimiento ni aun dado de comer sino mal y por mal cabo, y que no hallamos principales con quien hablar y lo vio todo remontado y de mal arte y, venido a Mexico, lo mismo, y vio que no hacian tianguez, sino todo levantado, e oyo al Pedro de Alvarado de la manera y desconcierto con que les fue a dar guerra. Y paresce ser habia dicho Cortes en el camino a los capitanes de Narvaez, alabandose de si mismo, el gran acato y mando que tenia e que por los caminos le saldrian a rescibir y hacer fiestas e le darian oro, y que en Mexico mandaba tan asolutamente asi al gran Montezuma como a todos sus capitanes, e que le darian presentes de oro como solian. Y viendo que todo estaba muy al contrario de sus pensamientos, que aun de comer no nos daban, estaba muy airado y soberbio con la mucha gente de españoles que traia, y muy triste y mohino.

Y en este instante envio el gran Montezuma dos de sus principales a rogar a nuestro Cortes que le fuese a ver, que le queria hablar, y la respuesta que les dio dijo:

"Vaya para perro, que aun tianguez no quiere hacer, ni de comer no nos manda dar".

Y entonces, como aquello le oyeron a Cortes nuestros capitanes, que fue Juan Velazquez de Leon y Cristobal de Oli e Alonso de Avila y Francisco de Lugo, dijeron:

"Señor, temple su ira, y mire cuanto bien y honra nos ha hecho este rey destas tierras, que es tan bueno, que si por el no fuese, ya fueramos muertos y nos habrian comido. E mire que hasta las hijas le ha dado2.

Y como esto oyo Cortes, se indino mas de las palabras que le dijeron, como parescian de reprehension, e dijo:

"¿Que cumplimiento he yo de tener con un perro que se hacia con Narvaez secretamente, e agora veis que aun de comer no nos da?".

Y dijeron nuestros capitanes: "Esto nos paresce que debe hacer, y es buen consejo".

Y como Cortes tenia alli en Mexico tantos españoles, asi de los nuestros como de los de Narvaez, no se daba nada por cosa ninguna e hablaba tan airado y descomedido. Por manera que torno a hablar a los principales que dijesen a su señor Montezuma que luego mande hacer tianguez e mercados; si no, que hara e que acontesera. Y los principales bien entendieron las palabras injuriosas que Cortes dijo de su señor, y aun tambien la reprehension que nuestros capitanes dieron a Cortes sobre ello, porque bien los conoscian que habian sido los que solian tener en guarda a su señor y sabian que eran grandes servidores de su Montezuma. Y segund y de la manera que lo entendieron, se lo dijeron al Montezuma; y de enojo, o porque ya estaba concertado que nos diesen guerra, no tardo un cuarto de hora que vino un soldado a gran priesa, muy mal herido, que venia de un pueblo que esta junto a Mexico que se dice Tacuba, y traia unas indias que eran de Cortes, e la una hija del Montezuma, que paresce ser las dejo a guardar alli al señor de Tacuba, que eran sus parientas del mismo señor cuando fuemos a lo de Narvaez. Y dijo aquel soldado que estaba toda la ciudad y camino por donde venia lleno de gente de guerra, con todo genero de armas, y que le quitaron las indias que traia y le dieron dos heridas, y que si no se las soltara, que le tenian ya asido para le meter en una canoa y llevarle a sacrificar, y habian deshecho una puente.

Y desque aquello oyo Cortes e algunos de nosotros, ciertamente nos peso mucho, porque bien entendido teniamos los que soliamos batallar con indios la mucha multitud que dellos se suelen juntar e que, por bien que peleasemos y aunque mas soldados trujesemos agora, que habiamos de pasar gran riesgo de nuestras vidas y hambres y trabajos, especialmente estando en tan fuerte ciudad.

Pasemos adelante. Y digamos que luego Cortes mando a un capitan que se decia Diego de Ordas que fuese con cuatrocientos soldados, e entre ellos, los mas ballesteros y escopeteros, y algunos de caballo, e que mirase que era aquello que decia el soldado que habia venido herido y trajo las nuevas, e que si viese que sin guerra e ruido se pudiese apaciguar, lo pacificase. Y como fue el Diego de Ordas de la manera que le fue mandado con sus cuatrocientos soldados, aun no hobo bien llegado a media calle por donde iba, cuando le salen tantos escuadrones mexicanos de guerra y otros muchos que estaban en las azoteas, y le dieron tan grandes combates, que le mataron a las primeras arremetidas diez y ocho soldados, y a todos los mas hirieron, y al mismo Diego de Ordas le dieron tres heridas.

Por manera que no pudo pasar un paso adelante, sino volverse poco a poco al aposento, y al retraer, le mataron a otro buen soldado que se decia Liscano, que con un montante habia hecho cosas de muy esforzado varon. Y en aquel instante, si muchos escuadrones salieron al Diego de Ordas, muchos mas vinieron a nuestros aposentos, y tiran tanta vara y piedras con ondas y flecha, que nos hirieron de aquella vez sobre cuarenta y seis de los nuestros, y doce murieron de las heridas.

Y estaban tantos guerreros sobre nosotros, que el Diego de Ordas, que se venía retrayendo, no podía llegar a los aposentos por la mucha guerra que le daban, unos por detrás y otros por delante y otros desde las azoteas. Pues quizá aprovechaba mucho nuestros tiros ni escopetas ni ballestas ni lanzas ni estocadas que les dábamos, ni nuestro buen pelear, que aunque les matábamos y heríamos muchos dellos, por las puntas de las espadas y lanzas se nos metían; con todo esto, cerraban sus escuadrones, y no perdían punto de su buen pelear, ni les podíamos apartar de nosotros. Y en fin, con los tiros y escopetas y ballestas y el mal que les hacíamos de estocadas, tuvo tiempo de se entrar el Ordas en el aposento, que hasta entonces, aunque quería, no podía pasar, y con sus soldados bien heridos y catorce menos, y todavía no cesaban muchos escuadrones de nos dar guerra y decirnos que éramos como mujeres, y nos llamaban de bellacos e otros vituperios. E aun no ha sido nada todo el daño que nos han hecho hasta agora, a lo que después hicieron.

Y es que tuvieron tanto atrevimiento, que unos dándonos guerra por unas partes y otros por otra, entraron a ponernos fuego en nuestros aposentos, que no nos podíamos valer con el humo y fuego, hasta que se puso remedio con derrocar sobre él mucha tierra e atajar otras salas por donde venía el fuego, que verdaderamente allí dentro creyeron de nos quemar vivos.

Y duraron estos combates todo el día, y aun la noche, tantos escuadrones dellos, y tiraban varas y piedras y flechas a bulto e piedra perdida, que de lo del día y lo de entonces estaban todos aquellos patios y suelos hechos parvas dellos. Pues nosotros, aquella noche en curar heridos y en poner remedio en los portillos que habían hecho y en apercebirnos para otro día, en esto se pasó.

Pues desque amanesció, acordó nuestro capitán que con todos los nuestros y los de Narvaez saliésemos a pelear con ellos, y que llevásemos tiros y escopetas y ballestas, y procurásemos de los vencer, al de menos que sintiesen más nuestras fuerzas y esfuerzo mejor que el día pasado. Y digo que si nosotros teníamos hecho aquel concierto, que los mexicanos tenían concertado lo mismo, y peleábamos muy bien; mas ellos estaban tan fuertes y tenían tantos escuadrones, que se remudaban de rato en rato, que, aunque estuvieran allí diez mil Ectores troyanos y otros tantos Roldanes, no les pudieran entrar.

Porque —sabello agora yo aquí decir cómo pasó y vimos el tesón en el pelear— digo que no lo sé escrebir, porque ni aprovechaban tiros ni escopetas ni ballestas ni apechugar con ellos, ni matalles treinta ni cuarenta de cada vez que arremetíamos, que tan enteros y con más vigor peleaban que al principio. Y si algunas veces les íbamos ganando alguna poca de tierra o parte de calle, hacían que se retraían: era para que les siguiésemos por apartarnos de nuestra fuerza y aposento, para dar más a su salvo en nosotros, creyendo que no volveríamos con las vidas a los aposentos, porque al retraernos hacían mucho mal.

Pues para pasar a quemalles las casas, ya he dicho, en el capítulo que dello habla, que de casa a casa tenían una puente de madera levadiza; alzábanla y no podíamos pasar sino por agua muy honda. Pues desde las azoteas, los cantos y piedras no lo podíamos sufrir. Por manera que nos maltrataban y herían muchos de los nuestros.

E no sé yo para qué lo escribo ansí tan tibiamente, porque unos tres o cuatro soldados que se habían hallado en Italia que allí estaban con nosotros juraron muchas veces a Dios que guerras tan bravosas jamás habían visto, en algunas que se habían hallado entre cristianos y contra la artillería del rey de Francia, ni del gran Turco; ni gente como aquellos indios, con tanto ánimo cerrar los escuadrones vieron, y porque decían otras muchas cosas y causas que daban a ello, como adelante verán.

Y quedarse aquí. Y diré cómo con harto trabajo nos retrujimos a nuestros aposentos, y todavía muchos escuadrones de guerreros sobre nosotros, con grandes gritos e silbos y trompetillas y atambores, llamándonos de bellacos y para poco, que no osábamos atendelles todo el día en batalla, sino volvernos retrayendo. Aquel día mataron otros diez o doce soldados, y todos volvimos bien heridos. Y lo que pasó de la noche fue en concertar para de ahí a dos días saliésemos todos los soldados cuantos sanos había en todo el real, y con cuatro ingenios a manera de torres, que se hicieron de madera bien recios, en que pudiesen ir debajo de cualquiera dellos veinte y cinco hombres, y llevaban sus ventanillas y agujeros en ellos para ir los tiros, y también iban escopeteros y ballesteros, y junto con ellos habíamos de ir otros soldados escopeteros y ballesteros, y los tiros y todos los demás y los de a caballo hacer algunas arremetidas. Y hecho este concierto, como estuvimos aquel día que entendíamos en la obra y en fortalecer muchos portillos que nos tenían hechos, no salimos a pelear aquel día.

No sé como lo diga: e los grandes escuadrones de guerreros que nos vinieron a los aposentos a dar guerra, no solamente por diez o doce partes, sino por más de veinte, porque en todos estábamos repartidos, y en otras muchas partes.

Y entretanto que los adobamos y fortalecíamos como dicho tengo, otros muchos escuadrones procuraban entrarnos en los aposentos a escala vista, que ni por tiros ni ballestas ni escopetas ni por muchas arremetidas y estocadas les podían retraer. Pues lo que decían, que en aquel día no habían de quedar ninguno de nosotros y que habían de sacrificar a sus dioses nuestros corazones y sangre, y con las piernas y brazos que bien tendrían para hacer hartazgas y fiestas, y que los cuerpos echarían a los tigres y leones y víboras y culebras que tienen encerrados, que se harten dellos; e que a aquel efeto ha dos días que mandaron que no les diesen de comer; y que el oro que teníamos que habríamos mal gozo dél, y de todas las mantas. Y a los de Tascala que con nosotros estaban les decían que los meterían en jaulas a engordar e que poco a poco harían sus sacrificios con sus cuerpos. Y muy afetuosamente decían que les diésemos su gran señor Montezuma, y decían otras cosas.

Y de noche ansimismo siempre muchos silbos y voces y rociadas de vara y piedra y flecha. Y desque amanesció, después de nos encomendar a Dios, salimos de nuestros aposentos con nuestras torres, que me paresce a mí que en otras partes donde me he hallado en guerras, en cosas que han sido menester, las llaman buros y mantas. Y con los tiros y escopetas y ballestas delante, y los de caballo haciendo algunas arremetidas, e, como he dicho, aunque les matábamos muchos dellos, no aprovechaba cosa para les hacer volver las espaldas, sino que, si muy bravamente habían peleado los dos días pasados, muy mas fuertes e con mayores fuerzas y escuadrones estaban este día. Y todavía determinamos que, aunque a todos costase la vida, de ir con nuestras torres e ingenios hasta el gran cu del Huichilobos.

Y quedarse aquí. Y diré cómo con harto trabajo nos retrujimos a nuestros aposentos, y todavía muchos escuadrones de guerreros sobre nosotros, con grandes gritos e silbos y trompetillas y atambores, llamándonos de bellacos y para poco, que no osábamos atendelles todo el día en batalla, sino volvernos retrayendo. Aquel día mataron otros diez o doce soldados, y todos volvimos bien heridos. Y lo que pasó de la noche fue en concertar para de ahí a dos días saliésemos todos los soldados cuantos sanos había en todo el real, y con cuatro ingenios a manera de torres, que se hicieron de madera bien recios, en que pudiesen ir debajo de cualquiera dellos veinte y cinco hombres, y llevaban sus ventanillas y agujeros en ellos para ir los tiros, y también iban escopeteros y ballesteros, y junto con ellos habíamos de ir otros soldados escopeteros y ballesteros, y los tiros y todos los demás y los de a caballo hacer algunas arremetidas. Y hecho este concierto, como estuvimos aquel día que entendíamos en la obra y en fortalecer muchos portillos que nos tenían hechos, no salimos a pelear aquel día.

No digo por estenso los grandes combates que en una casa fuerte nos dieron, ni diré cómo los caballos los herían, ni nos aprovechábamos dellos, porque, aunque arremetían a los escuadrones para rompellos, tirábanles tanta flecha y vara y piedra, que no se podían valer, por bien armados que estaban. Y si los iban alcanzando, luego se dejaban caer los mexicanos a su salvo en las acequias y laguna, donde tenían hechos otros mamparos para los de caballo, y estaban otros muchos indios con lanzas muy largas para acabar de matarlos; ansí que no aprovechaba cosa ninguna. Pues apartarnos a quemar ni deshacer ninguna casa era por demás, porque, como he dicho, están todas en el agua, y de casa a casa una puente levadiza; pasalla a nado era cosa muy peligrosa, porque desde las azoteas tenían tanta piedra e cantos y mamparos, que era cosa perdida ponernos en ello. Y demás desto, en algunas casas que les poníamos fuego, tardaba una casa en se quemar un día entero, y no se podía pegar fuego de una casa a otra: lo uno, estar apartadas una de otra e el agua en medio, y lo otro, ser de azoteas. Ansí que eran por demas nuestros trabajos en aventurar nuestras personas en aquello.

Por manera que fuimos hasta el gran cu de sus ídolos, y luego, de repente, suben en él más de cuatro mil mexicanos, sin otras capitanías que en ellos estaban, con grandes lanzas e piedra e vara, y se ponen en defensa. Y nos resistieron la subida un buen rato, que no bastaban las torres ni los tiros ni ballestas ni escopetas ni los de caballo, porque, aunque querían arremeter los caballos, había unas losas muy grandes empedrando todo el patio, que se iban a los caballos pies y manos, y eran tan lisas, que caían. E como desde las gradas del alto cu nos defendian el paso, e a un lado y a otro teníamos tantos contrarios, y aunque nuestros tiros llevaban diez o quince dellos e a estocadas e arremetidas matábamos otros muchos, cargaba tanta gente, que no les podíamos subir al alto cu. Y con gran concierto tornamos a porfiar sin llevar las torres, porque ya estaban desbaratadas, y les subimos arriba.

Aquí se mostró Cortés muy varón, como siempre lo fue. ¡Oh, qué pelear y fuerte batalla que aquí tuvimos! Era cosa de notar vernos a todos corriendo sangre y llenos de heridas, y otros muertos. Y quiso Nuestro Señor que llegamos adonde solíamos tener la imagen de Nuestra Señora, y no la hallamos, que paresció, según supimos, que el gran Montezuma tenía devoción en ella y la mandó guardar, y pusimos fuego a sus ídolos y se quemó un buen pedazo de la sala con los ídolos Huichilobos e Tezcatepuca.

Entonces, ya hecho esto, estando que estábamos unos peleando e otros poniendo el fuego, como dicho tengo, ver los papas que estaban en este gran cu, y sobre tres o cuatro mil indios, todos principales, ya que nos bajábamos, cuál nos hacían venir rodando seis gradas y aun diez abajo. E hay tanto que decir de otros escuadrones que estaban en los petriles y concavidades del gran cu, tirándonos tanta vara y flecha, que ansí a unos escuadrones como a los otros no podíamos hacer cara; acordamos con mucho trabajo y riesgo de nuestras personas de nos volver a nuestros aposentos, los castillos deshechos, y todos heridos y diez e seis muertos. Y los indios siempre apretándonos y otros escuadrones por las espaldas, que a quien no nos vio, aunque aquí más claro lo diga, yo no lo sé senificar.

Pues aun no digo lo que hicieron los escuadrones mexicanos que estaban dando guerra en los aposentos en tanto que andábamos fuera, y la gran porfía y tesón que ponían de les entrar. En esta batalla prendimos dos papas principales, que Cortés nos mandó que los llevasen a buen recaudo. Muchas veces he visto pintada entre los mexicanos y tascaltecas esta batalla e subida que hicimos en este gran cu. Y tiénenlo por cosa muy heroica, que aunque nos pintan a todos nosotros muy heridos, corriendo sangre e muchos muertos, en retratos que tienen dello hechos, en mucho lo tienen esto de poner fuego al cu, y estar tanto guerrero guardándolo en los petriles y concavidades, y otros muchos indios abajo en el suelo, y patios llenos y en los lados y otros muchos, y deshechas nuestras torres, ¡cómo fue posible subille!

Dejemos de habiar de ello. E digamos cómo con gran trabajo tornamos a los aposentos, y si mucha gente nos fueron siguiendo y daban guerra, otros muchos estaban en los aposentos, que ya les tenían derrocadas unas paredes para entralles, y con nuestra llegada cesaron, mas no de manera que en tanto lo que quedó del día dejaban de tirar vara y piedra y flecha, y en la noche, grita y piedra y vara. Dejemos de su gran tesón y porfía, que siempre a la contina tenían destar sobre nuestros aposentos, como he dicho, e digamos que aquella noche se nos fue en curar heridos y enterrar los muertos y en aderezar para salir otro día a pelear, e en poner fuerzas e mamparos a las paredes que habían derrocado e a otros portillos que habían hecho, y tomar consejo cómo y de qué manera podríamos pelear sin que rescibiésemos tantos daños ni muertes; y en todo lo que platicamos no hallábamos remedio ninguno.

Pues también quiero decir las maldiciones que los Narváez echaban a Cortés, y las palabras que decían, que renegaban dél y de la tierra y aun de Diego Velázquez que acá les envió, que bien pacíficos estaban en sus casas en la isla de Cuba, y estaban embelesados e sin sentido.

CAPÍTULO XVI: LA MUERTE DE MONTEZUMA

Volvamos a nuestra plática, que fue acordado de demandalles paces para salir de México. Y desque amanesció, vienen muchos más escuadrones de guerreros, e vienen muy de hecho e nos cercan por todas partes los aposentos, y si mucha piedra y flecha tiraban de antes, muchas más espesas y con mayores alaridos e silbos vinieron este día. E otros escuadrones por otras partes procuraban de nos entrar, que no aprovechaban tiros ni escopetas, y aunque les hacían harto mal.

E viendo todo esto, acordó Cortés que el gran Montezuma les hablase desde una azotea y les dijese que cesasen las guerras, e que nos queríamos ir de su ciudad. Y cuando al gran Montezuma se lo fueron a decir de parte de Cortés, dicen que dijo con gran dolor: "¿Qué quiere ya de mí Malinche? Que yo no deseo vivir ni oílle, pues en tal estado por su causa mi ventura me ha traído". Y no quiso venir, y aun dicen que dijo que ya no le quería ver ni oír a él ni a sus falsas palabras ni promesas e mentiras.

E fue el padre de la Merced e Cristóbal de Olí y le hablaron con mucho acato y palabras muy amorosas. E dijo el Montezuma: "Yo tengo creído que no aprovecharé cosa ninguna para que cese la guerra, porque ya tienen alzado otro señor e han propuesto de no os dejar salir de aquí con la vida, e, ansí, creo que todos vosotros habéis de morir".

Y volvamos a los grandes combates que nos daban. Que Montezuma se puso a un petril de una azotea con muchos de nuestros soldados que le guardaban y les comenzó a hablar con palabras muy amorosas que dejasen la guerra e que nos iríamos de México. Y muchos principales y capitanes mexicanos bien le conoscieron y luego mandaron que callasen sus gentes y no tirasen varas ni piedras ni flechas, y cuatro dellos se llegaron en parte que el Montezuma les podía hablar, y ellos a él, y llorando le dijeron: "¡Oh, señor e nuestro gran señor, y cómo nos pesa de todo vuestro mal y daño y de vuestros hijos y parientes! Hacemos os saber que ya hemos levantado a un vuestro pariente por señor".

E allí le nombró cómo se llamaba, que se decía Coadlavaca, señor de Iztapalapa, que no fue Guatemuz, el que luego fue señor. Y más dijeron: que la guerra que la habían de acabar e que tenían prometido a sus ídolos de no la dejar hasta que todos nosotros muriésemos, y que rogaban cada día a su Huichilobos y a Tezcatepuca que le guardase libre y sano de nuestro poder. E como saliese, como deseaban, que no le dejarían de tener muy mejor que de antes por señor, y que les perdonasen.

Y no hobieron bien acabado el razonamiento, cuando en aquella sazón tiran tanta piedra y vara, que los nuestros que le arrodelaban, desque vieron que entre tanto que hablaba con ellos no daban guerra, se descuidaron un momento de le rodelar de presto, y le dieron tres pedradas, una en la cabeza y otra en un brazo y otra en una pierna, y puesto que le rogaban se curase y comiese, y le decían sobre ello buenas palabras, no quiso, antes, cuando no nos catamos, vinieron a decir que era muerto.

Y Cortés lloró por él, y todos nuestros capitanes y soldados, y hombres hobo entre nosotros, de los que le conoscíamos y tratábamos, que fue tan llorado como si fuera nuestro padre, y no nos hemos de maravillar dello, viendo que tan bueno era. Y decían que había diez y siete años que reinaba e que fue el mejor rey que en México había habido, e que por su persona había vencido tres desafíos que tuvo sobre las tierras que sojuzgó.

Pasemos adelante.

Pues como vimos a Montezuma que se había muerto, ya he dicho la tristeza que en todos nosotros hobo por ello, y aun al fraile de la Merced, que siempre estaba con él, se lo tuvimos a mal no le atraer a que se volviese cristiano, y él dio por descargo que no creyó que de aquellas heridas muriese, salvo que él debía de mandar que le pusiesen alguna cosa con que se pasmó.

En fin de más razones, mandó Cortés a una papa e a un principal, de los que estaban presos, que soltamos para que fuese a decir al cacique que alzaron por señor, que se decía Coadlavaca, y a sus capitanes cómo el gran Montezuma era muerto, y que ellos le vieron morir, y de la manera que murió y heridas que le dieron los suyos. Y dijesen cómo a todos nos pesaba dello, y que le enterrasen como a gran rey que era y que alzasen a su primo del Montezuma, que con nosotros estaba, por rey, pues le pertenescía de heredar, o a otros sus hijos, e que al que habían alzado por señor que no le venía por derecho.

E que tratasen paces para salirnos de México, que si no lo hacían, que agora que era muerto Montezuma, a quien teníamos respeto, e por su causa no les destruimos su ciudad, que saldríamos a dalles guerra e a quemalles todas las casas, y les haríamos mucho mal.

Y porque lo viesen cómo era muerto el Montezuma, mandó a seis mexicanos muy principales y los demás papas que teníamos presos que los sacasen a cuestas y lo entregasen a los capitanes mexicanos y les dijesen lo que el Montezuma mandó al tiempo que se quería morir, que aquellos que le llevaron a cuestas se hallaron presentes a su muerte. Y dijeron al Coadlavaca toda la verdad, cómo ellos propios le mataron de tres pedradas. Y desque ansí le vieron muerto, vimos que hicieron muy gran llanto, que bien oímos las gritas y aullidos que por él daban.

Y aun con todo esto no cesó la gran batería que siempre nos daban y era sobre nosotros de vara y piedra y flecha, y luego la encomenzaron muy mayor y con gran braveza, y nos decían: "Agora pagaréis muy de verdad la muerte del nuestro rey y señor y el deshonor de nuestros ídolos; y las paces que nos enviáis a pedir, salí acá y concertaremos cómo y de qué manera han de ser". Y decían tantas palabras sobre ello y de otras cosas, que ya no se me acuerda, y las dejaré aquí de decir; y que ya tenían elegido un buen rey, y que no será del corazón tan flaco que le podáis engañar con palabras falsas, como fue a su buen Montezuma; y que del enterramiento que no tuviésemos cuidado, sino de nuestras vidas, que en dos días no quedarían ningunos de nosotros para que tales cosas les enviemos a decir.

Y con estas pláticas, muy grandes gritas y silbos y rociadas de piedras y vara y flecha, y otros muchos escuadrones todavía procurando de poner fuego a muchas partes de nuestros aposentos.

Y desque aquello vio Cortés y todos nosotros, acordamos que para otro día saliésemos del real todos y diésemos por otra parte adonde había muchas casas en tierra firme, y que hiciésemos todo el mal que pudiésemos y fuésemos hacia la calzada, y que todos los de a caballo rompiesen con los escuadrones y los alanceasen o se echasen en la laguna, y aunque les matasen los caballos. Y esto se ordenó para si por ventura con el daño y muerte que les hiciésemos, cesarían la guerra y se trataría alguna manera de paz para salir libres, sin más muerte y daños.

Y puesto que otro día lo hicimos todos muy varonilmente y matamos muchos contrarios y se quemaron obra de veinte casas y fuimos hasta cerca de tierra firme, todo fue nonada para el daño, así muertes como heridas que nos dieron, y no pudimos guardar ninguna puente, porque todas estaban medio quebradas. Y cargaron muchos mexicanos sobre nosotros, y tenían puestas albarradas e mamparos en parte adonde conoscían que podían alcanzar los caballos.

Por manera que si muchos trabajos teníamos hasta allí, muchos mayores tuvimos adelante. Y dejallo he aquí y volvamos a decir cómo acordamos salir de México. En esta entrada y salida que hicimos con los de caballo era un jueves; acuérdome que iba allí Sandoval, y Lares el Buen Jinete y Gonzalo Domínguez, Juan Velázquez de León y Francisco de Morla y otros buenos hombres de a caballo de los nuestros, e de los de Narváez iban otros buenos jinetes, mas estaban espantados e temerosos, como no se habían hallado en guerras de indios.

Como veíamos que cada día menguaban nuestras fuerzas, y las de los mexicanos crecían, e víamos muchos de los nuestros muertos y todos los más heridos, e que, aunque peleábamos muy como varones, no podíamos hacer retirar ni que se apartasen los muchos escuadrones que de día y de noche nos daban guerra, y la pólvora apocada, y la comida e agua por el consiguiente; y el gran Montezuma muerto, las paces y treguas que les enviamos a demandar no las querían aceptar. En fin, víamos nuestras muertes a los ojos, y las puentes que estaban alzadas.

Fue acordado por Cortés y por todos nuestros capitanes y soldados que de noche nos fuésemos, cuando viésemos que los escuadrones guerreros estaban más descuidados. Y para más les descuidar, aquella tarde les enviamos a decir con un papa de los que estaban presos, que era muy principal entre ellos, y con otros prisioneros, que nos dejen ir en paz de ahí ocho días, y que les daríamos todo el oro, y esto por descuidarlos y salirnos aquella noche.

Y demás desto, estaba con nosotros un soldado que se decía Botello, al parecer muy hombre de bien y latino, y había estado en Roma, y decían que era ingrumántico, otros decían que tenía familiar, algunos le llaman astrólogo; y este Botello había dicho cuatro días había que hallaba por sus suertes o astrologías que si aquella noche que venía no salíamos de México, que si más aguardábamos, que ninguno saldría con la vida, y aun había dicho otras veces que Cortés había de tener muchos trabajos o había de ser desposeído de su ser y honra, y que después había de volver a ser gran señor e ilustre, de muchas rentas; y decía otras muchas cosas.

Dejemos al Botello, que después tornaré a hablar en él, y diré cómo se dio luego orden que se hiciese de maderos y tablas muy recias una puente, que llevásemos para poner en las puentes que tenían quebradas, y para ponellas y llevallas y guardar el paso hasta que pasase todo el fardaje y el ejército, señalaron cuatrocientos indios tascaltecas e ciento cincuenta soldados; para llevar la artillería señalaron asimismo docientos indios de Tascala e cincuenta soldados; y para que fuesen en la delantera peleando señalaron a Gonzalo de Sandoval y a Diego de Ordás e a Francisco de Saucedo y a Francisco de Lugo e una capitanía de cien soldados, mancebos sueltos, para que fuesen entremedias y acudiesen a la parte que más conviniese pelear.

Señalaron al mismo Cortés e Alonso de Ávila e Cristóbal de Olí y a otros capitanes que fuesen en medio; en la retaguarda a Pedro de Alvarado y a Juan Velázquez de León, y entremetidos en medio de los capitanes y soldados del Narváez, y para que llevasen a cargo los prisioneros y a doña Marina y doña Luisa, señalaron trecientos tascaltecas y treinta soldados.

Pues hecho este concierto, ya era noche para sacar el oro y llevallo o repartillo; mandó Cortés a su camarero que se decía Cristóbal de Guzmán y a otros soldados sus criados, que todo el oro y joyas y plata lo sacasen con muchos indios de Tascala, que para ello les dio, y lo pusieron en la sala. Y dijo a los oficiales del rey, que se decían Alonso de Dávila y Gonzalo Mejía, que pusiesen cobro en el oro de Su Majestad, y les dio siete caballos heridos y cojos y una yegua y muchos amigos tascaltecas, que fueron más de ochenta, y cargaron dello a bulto lo que más pudieron llevar, que estaban hechas barras muy anchas, como otras veces he dicho en el capítulo que dello habla, y quedaba mucho oro en la sala hecho montones.

Entonces Cortés llamó a su secretario y a otros escribanos del rey y dijo:

"Dame por testimonio que no puedo más hacer sobre este oro. Aquí teníamos en este aposento y sala sobre setecientos mil pesos de oro, y como habéis visto que no se puede pesar ni poner más en cobro, los soldados que quisieren sacar dello, desde aquí se lo doy, como ha de quedar perdido entre estos perros".

Y desque aquello oyeron, muchos soldados de los de Narváez y algunos de los nuestros cargaron dello. Yo digo que no tuve codicia, sino procurar de salvar la vida, mas no dejé de apañar de unas cazuelas que allí estaban unos cuatro chalchuis, que son piedras entre los indios muy preciadas, que de presto me eché en los pechos entre las armas, que me fueron después buenas para curar mis heridas y comer el valor dellas.

Pues de que supimos el concierto que Cortés había hecho de la manera que habíamos de salir e ir aquella noche a los puentes, y como hacía algo oscuro y había niebla y lloviznaba, antes de medianoche se comenzó a traer la puente y caminar el fardaje y los caballos y la yegua y los tascaltecas cargados con el oro; y de presto se puso la puente y pasó Cortés y los demás que consigo traía primero, y muchos de caballo.

Y estando en esto, suenan las voces y cornetas y gritas y silbos de los mexicanos, y decían en su lengua a los del Tatelulco: "¡Salí presto con vuestras canoas, que se van los teules, y atajaldos, que no quede ninguno a vida!".

Y cuando no me cato, vimos tantos escuadrones de guerreros sobre nosotros y toda la laguna cuajada de canoas, que no nos podíamos valer, y muchos de nuestros soldados ya habían pasado. Y estando desta manera, cargan tanta multitud de mexicanos a quitar la puente y a herir y matar en los nuestros, que no se daban a manos.

Y como la desdicha es mala en tales tiempos, ocurre un mal sobre otro: como llovía, resbalaron dos caballos y caen en la laguna. Y como aquello vimos yo y otros de los de Cortés, nos pusimos en salvo de esa parte de la puente, y cargaron tanto guerrero, que por bien que peleábamos, no se pudo más aprovechar de la puente. Por manera que en aquel paso y abertura de agua de presto se hinchó de caballos muertos y de indios e indias y naborías y fardaje y petacas. Y temiendo no nos acabasen de matar, tiramos por nuestra calzada adelante y hallamos muchos escuadrones que estaban aguardándonos con lanzas grandes, y nos decían palabras vituperiosas, y entre ellas decían: "¡Oh cuilones, y aun vivos quedáis!".

Y a estocadas y cuchilladas que les dábamos pasamos, aunque hirieron allí a seis de los que íbamos. Pues quizá había algún concierto cómo lo habíamos concertado; ¡maldito aquel! Porque Cortés y los capitanes y soldados que pasaron primero a caballo por salvarse y llegar a tierra firme y asegurar sus vidas aguijaron por la calzada adelante, y no la erraron; también salieron en salvo los caballos con el oro y los tascaltecas.

Y digo que si aguardáramos, ansí los de a caballo como los soldados, unos a otros en las puentes, todos fenesciéramos, que no quedara ninguno a vida. Y la causa es esta: porque yendo por la calzada, ya que arremetíamos a los escuadrones mexicanos, de la una parte es agua y de la otra parte azoteas, y la laguna llena de canoas: no podíamos hacer cosa ninguna, pues escopetas y ballestas, todas quedaban en la puente, y siendo de noche, ¿qué podíamos hacer sino lo que hacíamos?

¿Qué era arremeter y dar algunas cuchilladas a los que nos venían a echar mano, y andar y pasar adelante hasta salir de las calzadas? Y si fuera de día, muy peor fuera. Y aun los que escapamos fue Nuestro Señor servido de ello. Y para quien no vio aquella noche la multitud de guerreros que sobre nosotros estaban, y las canoas que dellos andaban arrebatar nuestros soldados, es cosa de espanto.

Ya que íbamos por nuestra calzada adelante, cabe el pueblo de Tacuba, adonde ya estaba Cortés con todos los capitanes, Gonzalo de Sandoval y Cristóbal de Olí y otros de caballo de los que pasaron delante, decían a voces: "Señor capitán, aguardemos, que vamos huyendo y los dejamos morir en las puentes, tornémoslos a amparar, si algunos han quedado, y no salen ni vienen ninguno."

Y la respuesta de Cortés fue que los que habíamos salido era milagro. Y luego volvió con los de a caballo y soldados que no estaban heridos, y no anduvieron mucho trecho, porque luego vino Pedro de Alvarado bien herido, a pie, con una lanza en la mano, porque la yegua alazana ya se la habían muerto, y traía consigo cuatro soldados tan heridos como él y ocho tascaltecas, todos corriendo sangre de muchas heridas.

Y entretanto que fue Cortés por la calzada con los demás capitanes, reparamos en los patios de Tacuba. Ya habían venido de México muchos escuadrones, dando voces, a dar mandado a Tacuba y a otro pueblo que se dice Escapulzaco. Por manera que encomenzaron a tirar vara y piedra y flecha y con sus lanzas grandes, y nosotros hacíamos algunas arremetidas en que nos defendíamos y ofendíamos.

Volvamos al Pedro de Alvarado, que como Cortés y los demás capitanes le encontraron de aquella manera y vieron que no venían más soldados, se le saltaron las lágrimas de los ojos, y dijo Pedro de

Alvarado que Juan Velázquez de León quedó muerto con otros muchos caballeros, ansí de los nuestros como de los de Narváez, que fueron más de ochenta, en la puente, y que él y los cuatro soldados que consigo traía que, desque les mataron los caballos, pasaron la puente con mucho peligro sobre muertos y caballos y petacas, que estaban en aquel paso de la puente cuajado dellos; y dijo más: que todas las puentes y calzadas estaban llenas de guerreros. Y en la triste puente, que dijeron después que fue el salto de Alvarado, digo que en aquel tiempo ningún soldado se paraba a vello si saltaba poco o mucho, porque harto teníamos que salvar nuestras vidas, porque estábamos en gran peligro de muerte, según la multitud de mexicanos que sobre nosotros cargaban.

Y todo lo que en aquel caso dice Gómara es burla, porque ya que quisiera saltar y sustentarse en la lanza, estaba el agua muy honda y no podía llegar al suelo con ella. Y demás desto, la puente y abertura muy ancha y alta, que no la podría salvar por muy más suelto que era, ni sobre lanza ni de otra manera; y bien se puede ver agora qué tan alta iba el agua en aquel tiempo y qué tan altas son las paredes donde estaban las vigas de la puente, y qué tan ancha era el abertura. Y nunca oí decir deste salto de Alvarado hasta después de ganado México, que fue en unos nibelos que puso un Gonzalo de Ocampo, que por ser algo feos aquí no declaro; y en ellos dice: "Y de acordársete debía del salto que diste de la puente". Y no declaro más en esta tecla.

Pasemos adelante y diré cómo, estando en Tacuba, se habían ajuntado muchos guerreros mexicanos de todos aquellos pueblos, y nos mataron allí tres soldados. Acordamos lo más presto que pudiésemos salir de aquel pueblo, y con cinco indios tascaltecas, que atinaban al camino de Tascala, sin ir por camino, nos guiaban con mucho concierto, hasta que llegábamos a unos caseríos que en un cerro estaban, y allí, junto a un cu, su adoratorio, como fortaleza, adonde reparamos.

Quiero tornar a decir qué seguidos que íbamos de los mexicanos, y de las flechas y varas y pedradas que con sus hondas nos tiraban, y cómo nos cercaban, dando siempre en nosotros, ¡es cosa de espantar! Y como lo he dicho muchas veces, y estoy harto de lo decir, los letores no lo tengan por cosa de prolijidad, por causa que cada vez o cada rato que nos apretaban y herían y daban recia guerra, por fuerza tengo de tornar a decir de los escuadrones que nos seguían y mataban muchos de nosotros. Dejémoslo ya de traer tanto a la memoria y digamos cómo nos defendíamos.

En aquel cu e fortaleza nos albergamos y se curaron los heridos, y con muchas lumbres que hicimos, pues de comer ni por pensamiento; y en aquel cu y adoratorio, después de ganada la gran ciudad de México, hecimos una iglesia que se dice Nuestra Señora de los Remedios, muy devota, y van agora allí en romería y a tener novenas muchos vecinos y señoras de México.

Dejemos esto. Y volvamos a decir qué lástima era de ver curar y apretar con algunos paños de mantas nuestras heridas, y como se habían resfriado y estaban hinchadas, dolían. Pues más de llorar fue los caballeros y esforzados soldados que faltaban; ¿qué es de Juan Velázquez de León, Francisco de Saucedo y Francisco de Morla y un Lares el Buen Jinete, y otros muchos de los nuestros de Cortés? ¿Para qué cuento yo estos pocos? Porque para escrebir los nombres de los muchos que de nosotros faltaron es no acabar tan presto. Pues de los de Narváez todos los más en las puentes quedaron cargados de oro.

Digamos ahora del astrólogo Botello; no le aprovechó su astrología, que también allí murió con su caballo. Pasemos adelante. Y diré cómo se hallaron en una petaca deste Botello, después que estuvimos en salvo, unos papeles como libro, con cifras y rayas y apuntamientos y señales, que decía en ellas: "¿Si me he de morir aquí en esta triste guerra en poder de estos perros indios?". Y decía en otras rayas y cifras más adelante: "No morirás". Y tornaba a decir en otras cifras y rayas y apuntamientos: "Sí morirás". Y respondía la otra raya: "No morirás". Y decía en otra parte: "¿Si me han de matar también mi caballo?". Decía adelante: "Sí matarán". Y desta manera tenía otras como cifras y a manera de suertes que hablaban unas letras contra otras en aquellos papeles que era como libro chico. Y también se halló en la petaca una natura como de hombre, de obra de un jeme, hecha de baldres, ni más ni menos, al parecer de natura de hombre, y tenía dentro como una borra de lana de tundidor.

Tornemos a decir cómo quedaron en las puentes muertos ansí los hijos e hijas del Montezuma como los prisioneros que traíamos, y el Cacamatzín, señor de Tezcuco, y otros reyes de provincias.

Dejemos ya de contar tantos trabajos y digamos cómo estábamos pensando en lo que por delante teníamos, y era que todos estábamos heridos, y no escaparon sino veinte y tres caballos; pues los tiros y artillería y pólvora no sacamos ninguna; las ballestas fueron pocas, y ésas se remediaron luego las cuerdas e hecimos saetas. Pues lo peor de todo era que no sabíamos la voluntad que habíamos de hallar en nuestros amigos los de Tascala.

Demás desto, aquella noche (siempre cercados de mexicanos y gritas y varas y flechas, con hondas, sobre nosotros) acordamos de nos salir de allí a medianoche, y con los tascaltecas, nuestras guías, por delante, con muy buen concierto caminar, los heridos en medio y los cojos con bordones, y algunos que no podían andar y estaban muy malos, a ancas de caballos de los que iban cojos, que no eran para batallar, y los de a caballo que no estaban heridos, delante e a un lado y a otro repartidos. Y desta manera todos nosotros los que más sanos estábamos haciendo rostro y cara a los mexicanos, y los tascaltecas heridos dentro del cuerpo de nuestro escuadrón, y los demás que estaban sanos hacían cara juntamente con nosotros, porque los mexicanos nos iban siempre picando con grandes voces y gritos y silbos, y decían: "Allá iréis, donde no quede ninguno de vosotros a vida". Y no entendíamos a qué fin lo decían, según adelante verán.

Pues olvidado me he de escrebir el contento que recibimos de ver viva a nuestra doña Marina y a doña Luisa, la hija de Xicotenga, que las escaparon en las puentes unos tascaltecas, y también una mujer que se decía María de Estrada, que no teníamos otra mujer de Castilla en México sino aquella; y los que las escaparon y salieron primero de las puentes fueron unos hijos del Xicotenga, hermanos de la doña Luisa, y quedaron muertas las más de nuestras naborías que nos habían dado en Tascala y en la mesma ciudad de México.

Y volvamos a decir cómo llegamos aquel día a unas estancias y caserías de un pueblo grande que se dice Gualtitan, el cual pueblo, después de ganado México, fue de Alonso Dávila; y aunque nos daban grita y voces y tiraban piedra y vara y flecha, todo lo soportamos. Y desde allí fuimos por unas caserías y poblezuelos, y siempre los mexicanos siguiéndonos, y como se juntaban muchos, procuraban de nos matar, y nos comenzaban a cercar y tiraban tanta de piedra con hondas y varas y flechas, y con sus montantes, que mataron a dos de nuestros soldados en un paso malo, y también mataron un caballo e hirieron a muchos de los nuestros; y también nosotros a estocadas y cuchilladas matamos algunos dellos, y los de a caballo lo mismo; y ansi dormimos en aquellas casas y comimos el caballo que mataron.

Y otro día muy de mañana comenzamos a caminar con el concierto que de antes íbamos, y aun mejor, y siempre la mitad de los de a caballo adelante. E poco más de una legua de allí, en un llano, ya que creíamos ir en salvo, vuelven nuestros corredores del campo que iban descubriendo y dicen que están los campos llenos de guerreros mexicanos aguardándonos. E cuando lo oímos, bien que teníamos temor, pero no para desmayar ni dejar de encontrarnos con ellos y pelear hasta morir.

Y allí reparamos un poco y se dio orden cómo se había de entrar e salir los de a caballo a media rienda, y que no se parasen a lancear, sino las lanzas por los rostros hasta romper sus escuadrones, e que todos los soldados las estocadas que diésemos que les pasásemos las entrañas, y que hiciésemos de manera que vengásemos muy bien nuestras muertes y heridos, por manera que, si Dios fuese servido, escapásemos con las vidas.

Y después de nos encomendar a Dios e a Santa María muy de corazón, e invocando el nombre de señor Santiago, desque vimos que nos comenzaban a cercar, de cinco en cinco de caballo rompieron por ellos, y todos nosotros juntamente. ¡Oh, qué cosa era de ver esta tan temerosa y rompida batalla, cómo andábamos tan revueltos con ellos, pie con pie, y qué cuchilladas y estocadas les dábamos y con qué furia los perros peleaban, y qué herir y matar hacían en nosotros con sus lanzas y macanas y espadas de dos manos!

Y los de caballo, como era el campo llano, ¡cómo alanceaban a su placer entrando y saliendo, y aunque estaban heridos ellos y sus caballos, no dejaban de batallar muy como varones! Pues todos nosotros, los que no teníamos caballos, paresce ser que a todos se nos ponía doblado esfuerzo, que aunque estábamos heridos y de refresco teníamos otras heridas, no curábamos de las apretar, por no nos parar a ello, que no había lugar, sino con grandes ánimos apechucábamos con ellos a les dar de estocadas.

Pues quiero decir cómo Cortés y Cristóbal de Olí y Gonzalo de Sandoval y Gonzalo Domínguez y un Juan de Salamanca, cuáles andaban a una parte e a otra, y aunque bien heridos, rompiendo escuadrones. Y las palabras que Cortés decía a los que andábamos envueltos con ellos: que la estocada o cuchillada que diésemos fuese en señores señalados, porque todos traían grandes penachos de oro y ricas armas e divisas.

Pues ver cómo nos esforzaba el valiente y animoso Sandoval, e decía: "¡Ea, señores, que hoy es el día que hemos de vencer; tened esperanza en Dios que saldremos de aquí vivos para algún buen fin!". Y tornaré a decir los muchos de nuestros soldados que nos mataban y herían. Y dejemos esto y volvamos a Cortés y Cristóbal de Olí y Sandoval y Gonzalo Domínguez y otros de a caballo que aquí no nombro, y Juan de Salamanca.

Y todos los soldados poníamos grande ánimo a Cortés para pelear, y esto Nuestro Señor Jesucristo e Nuestra Señora la Virgen Santa María nos lo ponía en corazón, y señor Santiago, que ciertamente nos ayudaba.

Y quiso Dios que allegó Cortés con los capitanes ya por mí memorados que andaban en su compañía en parte donde andaba con su grande escuadrón el capitán general de los mexicanos, con su bandera tendida, con ricas armas de oro y grandes penachos de argentería. Y desque le vio Cortés con otros muchos mexicanos que eran principales, que todos traían grandes penachos, dijo a Gonzalo de Sandoval y a Cristóbal de Olí y a Gonzalo Domínguez y a los demás capitanes: "¡Ea, señores, rompamos por ellos y no quede ninguno dellos sin herida!".

Y encomendándose a Dios, arremetió Cortés y Cristóbal de Olí y Sandoval y Alonso Dávila y otros caballeros. Y Cortés dio un encuentro con el caballo al capitán mexicano que le hizo abatir su bandera, y los demás nuestros capitanes acabaron de romper el escuadrón, que eran muchos indios.

Y quien siguió al capitán que traía la bandera, que aun no había caído del encuentro que Cortés le dio, fue Juan de Salamanca, ya por mí nombrado, que andaba con Cortés con una buena yegua overa, que le dio una lanzada y le quitó el rico penacho que traía e se lo dio luego a Cortés, diciendo que pues él lo encontró primero e le hizo abatir la bandera y le hizo perder el brío del pelear de sus gentes, que aquel penacho era suyo; mas desde ha obra de tres años Su Majestad se lo dio por armas al Salamanca, y lo tienen sus descendientes en sus reposteros.

Volvamos a nuestra batalla, que Nuestro Señor Dios fue servido que, muerto aquel capitán que traía la bandera mexicana y otros muchos que allí murieron, aflojó su batallar, y todos los de a caballo siguiéndoles, y ni teníamos hambre ni sed, sino que parescía que no habíamos habido ni pasado ningún mal ni trabajo, y seguimos la victoria matando e hiriendo. Pues nuestros amigos los de Tascala estaban hechos unos leones, y con sus espadas y montantes y otras armas que allí apañaron hacíanlo muy bien y esforzadamente.

Ya vueltos los de a caballo de seguir la victoria, todos dimos muchas gracias a Dios que escapamos de tan gran multitud de gente, porque no se había visto ni hallado en todas las Indias, en batalla que se haya dado, tan gran número de guerreros juntos, porque allí estaba la flor de México y de Tezcuco y todos los pueblos que están alrededor de la laguna y otros muchos sus comarcanos, y los de Otumba y Tepetezcuco y Saltocán, ya con pensamiento que de aquella vez no quedara roso ni velloso de nosotros. Pues ¡qué armas tan ricas que traían, con tanto oro y penachos y devisas, y todos los más capitanes y personas principales!

Y allí junto donde fue esta reñida y nombrada batalla (para en estas partes ansí se puede decir, pues Dios nos escapó con las vidas), y en un pueblo que se dice Otumba tienen muy bien pintada esta batalla y en retratos entallada los mexicanos y tascaltecas, entre otras muchas batallas que con los mexicanos hobimos hasta que ganamos a México.

Y tengan atención los curiosos letores que esto leyeren, que quiero traer aquí a la memoria que cuando entramos al socorro de Pedro de Alvarado en México fuimos por todos sobre más de mil e trecientos soldados, con los de a caballo, que fueron noventa y siete, y ochenta ballesteros y otros tantos escopeteros, e más de dos mil tascaltecas, y metimos mucha artillería. Y fue nuestra entrada en México día de señor San Juan de junio de mil e quinientos y veinte años, fue nuestra salida huyendo a diez del mes de julio del dicho año, y fue esta nombrada batalla de Otumba a catorce del mes de julio.

Digamos agora, ya que escapamos de todos los trances por mí atrás dichos, quiero dar otra cuenta qué tantos nos mataron, ansí en

México como en puentes y calzadas, como en todos los rencuentros y en esta de Otumba, y los que mataron por los caminos. Digo que en obra de cinco días fueron muertos y sacrificados sobre ochocientos y setenta soldados, con setenta y dos que mataron en un pueblo que se dice Tustepeque, y a cinco mujeres de Castilla, y estos que mataron en Tustepeque eran de los de Narváez; y mataron sobre mil y ducientos tascaltecas.

También quiero decir cómo en aquella sazón mataron a un Juan de Alcántara el Viejo, con otros tres vecinos de la Villa Rica que venían por las partes del oro que les cabía, de lo cual tengo hecha relación en el capítulo que dello trata; por manera que también perdieron las vidas y aun el oro. Y si miramos en ello, todos comúnmente hobimos mal gozo de las partes del oro que nos dieron; y si de los de Narváez murieron muchos más que de los de Cortés en las puentes, fue por salir cargados de oro, que con el peso dello no podían salir ni nadar.

Dejemos de hablar en esta materia. Y digamos cómo íbamos ya muy alegres y comiendo unas calabazas que llaman ayotes, y comiendo y caminando hacia Tascala, que, por salir de aquellas poblazones, por temor no se tornasen a juntar escuadrones mexicanos, que aun todavía nos daban grita en partes que no podíamos ser señores dellos, y nos tiraban mucha piedra con hondas y varas y flecha, hasta que fuimos a otras caserías y pueblo chico, porque todo estaba poblado. Y allí estaba un buen cu y casa fuerte, donde reparamos aquella noche y nos curamos nuestras heridas y estuvimos con más reposo, y aunque siempre teníamos escuadrones de mexicanos que nos seguían, mas ya no se osaban llegar, y aquellos que venían era como quien dice: "Allá iréis fuera de nuestra tierra".

Y desde aquella poblazón y casa donde dormimos se parescen las serrezuelas que están par de Tascala; y como las vimos, nos alegramos como si fueran nuestras casas. Pues ¡quizá sabíamos cierto que nos habían de ser leales, o qué voluntad ternían o qué había acontecido a los que estaban poblados en la Villa Rica, si eran muertos o vivos! Y Cortés nos dijo que pues éramos pocos, que no quedamos sino cuatrocientos y cuarenta con veinte caballos y doce ballesteros y siete escopeteros, y no teníamos pólvora, y todos heridos y cojos y mancos, que mirásemos muy bien cómo Nuestro Señor Jesucristo fue servido escaparnos con las vidas, por lo cual siempre le hemos de dar muchas gracias y loores, y que volvimos otra vez a desminuirnos en el número y copia de los soldados que con él pasamos, y que primero entramos en México cuatrocientos e cincuenta soldados.

Y que nos rogaba que en Tascala no les hiciésemos enojo ni se les tomase ninguna cosa, y esto dio a entender a los de Narváez, porque no estaban acostumbrados a ser sujetos a capitanes en las guerras, como nosotros. Y más dijo: que tenía esperanza en Dios que los hallaríamos buenos y muy leales, y que si otra cosa fuese, lo que Dios no permita, que nos han de tornar a andar los puños con corazones fuertes y brazos vigurosos, y que para eso fuésemos muy apercebidos y nuestros corredores del campo adelante.

Llegamos a una fuente que estaba en una ladera, y allí estaban unas como cercas y mamparos de tiempos viejos, y dijeron nuestros amigos los tascaltecas que allí partían términos entre los mexicanos y ellos. Y de buen reposo, nos paramos a lavar y a comer de la miseria que habíamos habido. Y luego comenzamos a marchar y fuimos a un pueblo de tascaltecas que se dice Guaolipar, donde nos rescibieron y daban de comer, mas no tanto, que si no se lo pagábamos con algunas pecezuelas de oro y chalchihuis que llevamos algunos de nosotros, no nos lo daban de balde.

Y allí estuvimos un día reposando, curando nuestras heridas, y ansimismo curamos los caballos.

Pues desque lo supieron en la cabecera de Tascala, luego vino Maseescaci y Xicotenga el Viejo e Chichimecatecle e Guaxasolo e Tecapaneca e otros muchos caciques y principales y todos los más sus vecinos de Guaxocingo. Y como llegaron aquel pueblo donde estábamos, fueron abrazar a Cortés y a todos nuestros capitanes y soldados, y llorando algunos dellos, especial el Maseescaci e Xicotenga e Chichimecatecle e Tapaneca, dijeron a Cortés: "¡Oh, Malinche, Malinche, y cómo nos pesa de vuestro mal y de todos vuestros hermanos y de los muchos de los nuestros que con vosotros han muerto! Ya os lo habíamos dicho muchas veces que no os fiásedes de gente mexicana, porque un día o otro os habían de dar guerra; no me quisiste creer. Ya hecho es, no se puede al presente hacer más de curaros y daros de comer.

En vuestras casas estáis, descansá e iremos luego a nuestro pueblo y os aposentaremos. Y no pienses, Malinche, que has hecho poco en escapar con las vidas de aquella tan fuerte ciudad e sus puentes, e yo te digo que si de antes os teníamos por muy esforzados, agora os tengo en mucho más. Bien sé que llorarán muchas mujeres e indios destos nuestros pueblos las muertes de sus hijos y maridos y hermanos y parientes; no te congojes por ello. Y mucho debes a tus dioses que te han aportado aquí y salido de entre tanta multitud de guerreros que os aguardaban en lo de Otumba, que cuatro días había que lo supo que os esperaban para os matar. Yo quería ir en vuestra busca con treinta mil guerreros de los nuestros, y no pude salir a causa que no estábamos juntos e los andaba juntando.

Cortés y todos nuestros capitanes y soldados los abrazamos y les dijimos que se lo teníamos en merced. Y Cortés les dio a todos los principales joyas de oro y piedras (que todavía se escaparon, cada cual soldado lo que pudo); y ansimismo dimos algunos de nosotros a nuestros conocidos de lo que teníamos. Pues ¡qué fiesta y alegría mostraron con doña Luisa y doña Marina desque las vieron en salvamento! Y ¡qué llorar y tristeza tenían por los demás indios que no venían, que quedaron muertos! En especial el Maseescaci por su hija doña Elvira, y lloraba la muerte de Juan Velázquez de León, a quien la dio.

Y desta manera fuimos a la cabecera de Tascala con todos los caciques, y a Cortés aposentaron en las casas de Maseescaci, y Xicotenga dio sus aposentos a Pedro de Alvarado. Y allí nos curamos y tornamos a convalecer, y aun se murieron cuatro soldados de las heridas y a otros soldados no se les habían sanado. Y dejallo he aquí, y diré lo que más pasamos.

Pues como había un día que estábamos en el poblezuelo de Gualipar y los caciques de Tascala por mí memorados nos hicieron aquellos ofrescimientos que son dignos de no olvidar y de ser gratificados, y hechos en tal tiempo y coyuntura. Y después que fuimos a la cabecera e pueblo de Tascala, nos aposentaron como dicho tengo, parece ser Cortés preguntó por el oro que habían traído allí, que eran cuarenta mil pesos, el cual oro fueron las partes de los vecinos que quedaban en la Villa Rica. Y dijo Maseescaci e Xicotenga el Viejo e un soldado de los nuestros, que se había allí quedado doliente, que no se halló en lo de México cuando nos desbarataron, que habían venido de la Villa Rica un Juan de Alcántara e otros dos vecinos e que lo llevaron todo, porque traían cartas de Cortés para que se lo diesen, la cual carta mostró el soldado, que había dejado en poder del Maseescaci cuando le dieron el oro. Y preguntando que cómo y cuándo y en qué tiempo lo llevó, y sabido que fue por la cuenta de los días que nos daban guerra los mexicanos, luego entendimos cómo en el camino los habían muerto y tomado el oro, y Cortés hizo sentimiento por ello.

Y también estábamos con pena por no saber de los de la Villa Rica, no hobiesen corrido algund desmán, y luego y en posta escribió con tres tascaltecas en que les hizo saber los grandes peligros en que nos habíamos visto en México, y cómo y de qué manera escapamos con las vidas, y no se les dio relación cuántos faltaban de los nuestros, e que mirasen que siempre estuviesen muy alerta y se velasen, y que si hobiesen algunos soldados sanos, que se los enviasen (y que guardasen muy bien al Narváez e al Salvatierra), o si hubiese pólvora o ballestas, porque quería tornar a correr los rededores de México.

Y también escribió al que quedó por guarda y capitán de la mar, que se decía Caballero, y que mirasen no se fuese ningun navío a Cuba, ni Narváez se soltase, y que si viese que dos navíos de los de Narváez que quedaban y no estaban para navegar, que diese con ellos al través y le enviase los marineros con todas las armas que tuviesen. Y en posta fueron y volvieron los mensajeros, y trujeron cartas cómo no habían tenido guerras, e que su Juan de Alcántara, ni los dos vecinos que enviaron por el oro, que le deben de haber muerto en el camino, y que bien supieron la guerra que en México nos dieron, porque el Cacique Gordo de Cempoal se lo había dicho. E ansimismo escribió el almirante de la mar, que se decía Pedro Cavallero, y dijeron que haría lo que Cortés le mandaba, e que el un navío estaba bueno y que al otro daría al través e enviaría la gente, e que había pocos marineros, porque habían adolescido y se habían muerto, e que agora escrebían las respuestas de las cartas e que luego vernía el socorro que envían de la Villa Rica.

Y con cuatro hombres de la Villa vinieron tres de la mar, que todos fueron siete, y venía por capitán dellos un soldado que se decía Lencero, cuya fue la venta que agora se dice de Lencero. Y cuando llegaron a Tascala, como venían dolientes y flacos, muchas veces por nuestro pasatiempo y burlar dellos decíamos: "El socorro de Lencero", que venían siete soldados y los cinco hipates e llenos de bubas, y los dos hinchados con grandes barrigas.

Dejemos burlas. Y digamos lo que allí en Tascala nos aconteció con Xicotenga el Mozo y de su mala voluntad, el que había sido capitán de todo Tascala cuando nos dieron las guerras, por mí otras veces dicho en el capítulo que dello habla. Y el caso es que, como se supo en aquella su ciudad que salimos huyendo de México y que nos habían muerto mucha copia de soldados, ansí de los nuestros como de los indios tascaltecas que habían ido de Tascala en nuestra compañía, e que veníamos a nos socorrer e amparar en aquella provincia, el Xicotenga el Mozo andaba convocando a todos sus parientes e amigos e a otros que sentían que eran de su parcialidad, y les decía que en una noche o de día, cuando más aparejado tiempo viesen, que nos matasen, y haría amistades con el señor de México, que en aquella sazón habían alzado por rey a uno que se decía Coadlavaca. Y que demás desto, que de las mantas y ropa que habíamos dejado en Tascala a guardar y el oro que agora sacábamos de México, ternían qué robar y quedarían todos ricos con ello.

Lo cual alcanzó a saber el viejo Xicotenga, su padre, y se lo riñó y le dijo que no le pasase tal por pensamiento, que era mal hecho, y que si lo alcanzase a saber Maseescaci y Chichimecatecle, otros señores de Tascala, que por ventura le matarían, y a los que en tal concierto fuesen. Y por más que el padre se lo riñó, no curaba de lo que le decía y todavía entendía en su mal propósito. Y vino a oídos de Chichimecatecle, que era su enemigo mortal del mozo Xicotenga, y lo dijo a Maseescaci, y acordaron de entrar en acuerdo e consultado sobre ello, y llamaron al Xicotenga el Viejo y los caciques de Guaxocingo, y mandaron traer preso ante sí a Xicotenga el Mozo.

Y Maseescaci propuso un razonamiento delante de todos y dijo que si se les acordaba o había oído decir de más de cien años hasta entonces que en todo Tascala habían estado tan prósperos y ricos como desque los teules vinieron a sus tierras, ni en todas las provincias habían sido en tanto tenidos, y que tenían mucha ropa de algodón e oro, y comían sal, y por doquiera que iban sus tascaltecas con los teules les hacían honra, por respeto de los teules, puesto que agora les habían muerto en México muchos.

Y que tengan en la memoria lo que sus antepasados les habían dicho muchos años atrás: que de adonde sale el sol habían de venir hombres que les habían de señorear, e que a qué causa agora andaba Xicotenga en aquellas traiciones y maldades, concertando de nos dar guerra y matarnos, que era mal hecho e que no podía dar ninguna desculpa de sus bellaquerías y maldades que siempre tenía encerradas en su pecho; que agora que nos veía venir de aquella manera desbaratados, que nos había de ayudar, para, en estando sanos, volver sobre los pueblos de México, sus enemigos, quería hacer aquella traición.

Y a estas palabras que el Maseescaci e su padre Xicotenga el ciego le dijeron, el Xicotenga el Mozo respondió que era muy bien acordado lo que él decía, por tener paces con mexicanos, y dijo otras cosas que no las pudieron sufrir, y luego se levantó Maseescaci y el Chichimecatecle y el viejo de su padre, ciego como estaba, y toman al Xicotenga el Mozo por los cabezones de las mantas e se las rompieron, e a empujones, con palabras injuriosas que le dijeron, le echaron de las gradas abajo, y las mantas todas rompidas, y aun, si por el padre no fuera, le querían matar, e a los demás que habían sido en su consejo echaron presos. E como estábamos allí retraídos e no era tiempo de le castigar, no osó Cortés hablar más en ello.

He traído aquí esto a la memoria para que vean cuánta lealtad y buenos fueron los de Tascala y cuánto les debemos, y aun al buen viejo Xicotenga, que a su hijo dizque le había mandado matar desque supo sus tramas e traición.

Dejemos esto. Y digamos cómo había ya veinte y dos días que estábamos en aquel pueblo curándonos nuestras heridas y prevalesciendo, e acordó Cortés que fuésemos a la provincia de Tepeaca, que estaba cerca, porque allí habían muerto muchos de nuestros soldados y de los de Narváez que se venían a México, y en otros pueblos que estaban junto de Tepeaca, que se dice Cachula. Y como Cortés lo dijo a nuestros capitanes y apercebían a los soldados de Narváez para ir a la guerra, y como no eran acostumbrados a guerras y habían escapado de la derrota de México y puentes y lo de Otumba, y no vían la hora de se volver a la isla de Cuba, a sus indios e minas de oro, renegaban de Cortés y de sus conquistas, especial el Andrés de Duero, compañero de nuestro Cortés (porque ya lo habrán entendido los curiosos letores, en dos veces que lo he declarado en los capítulos pasados, cómo y de qué manera fue la compañía), maldecían el oro que le había dado a él y a los demás capitanes, que todo se había perdido en las puentes.

Y como habían visto las grandes guerras que nos daban y con haber escapado con las vidas estaban muy contentos, e acordaron de decir a Cortés que no querían ir a Tepeaca ni a guerra ninguna, sino que se querían volver a sus casas, que bastaba lo que habían perdido en haber venido de Cuba.

Y Cortés les habló sobre ello muy mansa y amorosamente, creyendo de los atraer para que fuesen con nosotros a lo de Tepeaca: por más pláticas y reprensiones que les dio, no querían.

Y desque vieron que con Cortés no aprovechaban sus palabras, le hicieron un requerimiento en forma, delante de un escribano del rey, para que luego se fuese a la Villa Rica y dejase la guerra, poniéndole por delante que no teníamos caballos ni escopetas ni ballestas ni pólvora ni hilo para hacer cuerdas ni almacen; que estaban todos heridos y que no habían quedado por todos nuestros soldados e los de Narváez sino cuatrocientos y cuarenta soldados; que los mexicanos nos tomarían los puertos y sierras y pasos, y que los navíos, si más aguardaban, se comerían de bromas, y dijeron en el requerimiento otras muchas cosas. Y desque se hobieron dado y leído a Cortés, si muchas palabras decían en él, muy muchas más contrariedades respondió.

Y demás desto, todos los más de los nuestros, de los que habíamos pasado con Cortés, le dijimos que mirase que no diese la licencia a ninguno de los de Narváez ni a otras personas para volver a Cuba, sino que procurásemos todos de servir a Dios e al rey, e que esto era lo bueno, y no volverse a Cuba.

Desque Cortés hobo respondido al requerimiento, y desque vieron las personas que le estaban requiriendo que muchos de nosotros le ayudábamos de buena a Cortés y que les estorbaríamos sus importunaciones que sobre ello le hablaban e requerían, no más decir que no es servicio de Dios y de Su Majestad que dejen desmamparado su capitán en las guerras.

En fin de muchas razones que pasaron, obedecieron para ir con nosotros a las entradas que se ofresciese, mas fue que les prometió Cortés que, en habiendo coyuntura, los dejaría volver a su isla de Cuba, y no por esto dejaron de murmurar dél y de su conquista, que tan caro les había costado en dejar sus casas y reposo, y haberse venido a meter adonde aun no estaban seguros de las vidas. Y más decían: que si en otra guerra entrásemos con el poder de México, que no se podría escusar, tarde o temprano, de tenella, que creían e tenían por cierto que no nos podríamos sustentar contra ellos en las batallas, segund habían visto lo de México y puentes y en la nombrada de Otumba. Y más decían: que nuestro Cortés, por mandar y siempre ser señor, y nosotros los que con él pasamos, no teníamos que perder sino nuestras personas, asistíamos con él; y decían otros muchos desatinos, y todo se les desimulaba por el tiempo en que lo decían. Mas no tardó muchos meses, que no les dio licencia para que se volviesen a sus casas e isla de Cuba, lo cual diré en su tiempo y sazón.

Y dejémoslo de repetir e digamos de lo que dice el coronista Gómara, que estoy muy harto de declarar sus borrones que dice que le informaron, las cuales no son ansí como él lo escribe. Y por no me detener en todos los capítulos a tornalles a recitar y traer a la memoria cómo y de qué manera pasó, lo he dejado de escribir, y agora, pareciéndome que en esto deste requerimiento que escribe que hicieron a Cortés, no dice quién fueron los que lo hicieron, si eran de los nuestros o de los de Narváez, y en esto que escribe es por sublimar a Cortés y abatir a nosotros los que con él pasamos. Y sepan que hemos tenido por cierto los conquistadores verdaderos que esto vemos escrito que le debieron de dar oro al Gómara e otras dádivas porque lo escribiese desta manera, porque en todas las batallas o reencuentros éramos los que sosteníamos al Cortés, y agora nos aniquila en lo que dice este coronista.

También dice que decía Cortés en las respuestas del mismo requerimiento que, para esforzarnos y animarnos, que enviaría a llamar a Juan Velázquez de León y a Diego de Ordás, que el uno de ellos, dijo, estaba poblado en Pánuco con trescientos soldados, y el otro en lo de Guazacualco con otros tantos soldados. Y no es ansí en todo lo que dice, porque luego que fuimos sobre México al socorro de Pedro de Alvarado, cesaron los conciertos que estaban hechos, que el Juan Velázquez de León había de ir a lo de Pánuco y el Diego de Ordás a lo de Guazacualco, segund más largamente lo tengo escrito en el capítulo pasado que sobre ello tengo hecho relación. Porque estos dos capitanes fueron a México con nosotros al socorro de Pedro de Alvarado, y en aquella derrota el Juan Velázquez de León quedó muerto en las puentes y el Diego de Ordás salió muy mal herido de tres heridas que le dieron en México, segund ya lo tengo escrito cómo y cuándo y de qué arte pasó. Por manera que el coronista Gómara, si como tiene buena retórica en lo que escribe, acertara a decir lo que pasó, muy bien fuera.

También he estado mirando cuando dice en lo de la batalla de Otumba, que si no fuera por la persona de Cortés, que todos fuéramos vencidos, y que él solo fue el que la venció en el dar como dio el encuentro al que traía el estandarte y seña de México. Ya he dicho, y lo torno ahora a decir, que a Cortés toda la honra se le debe como esforzado capitán, mas sobre todo hemos de dar gracias a Dios, que fue servido poner su divina misericordia con que siempre nos ayudaba y sustentaba, y a Cortés en tener tan esforzados y valerosos capitanes y esforzados soldados como tenía, y nosotros le dábamos esfuerzo y rompíamos los escuadrones y le sustentábamos para que, con nuestra ayuda y de nuestros capitanes, guerrease de la manera que guerreamos, como en los capítulos pasados sobre ellos dicho tengo. Porque siempre andaban juntos con Cortés todos los capitanes por mí nombrados, y aun ahora los torno a nombrar, que fueron Cristóbal de Olí, Gonzalo de Sandoval, Francisco de Morla y Luis Marín, Francisco de Lugo, Gonzalo Domínguez y otros muy buenos y valientes soldados que no alcanzábamos caballos, porque en aquel tiempo dieciséis caballos y yeguas fueron los que pasaron desde la isla de Cuba con Cortés, y no los había, aunque costaran a mil pesos.

Y como el Gómara dice en su historia que sólo la persona de Cortés fue el que venció la de Otumba, ¿por qué no declaró los heroicos hechos que estos nuestros capitanes y valerosos soldados hicimos en esta batalla? Ansí que por estas causas tenemos por cierto que por ensalzar a solo Cortés le debieron de untar las manos, porque de nosotros no hace mención. Si no, pregúntenselo aquel muy esforzado soldado que se decía Cristóbal de Olea cuántas veces se halló en ayudar a salvar la vida a Cortés, hasta que en las puentes, cuando volvimos sobre México, perdió la vida él y otros muchos soldados por le salvar. Olvidado se me había de otra vez que le salvó en lo de Suchemilco, que quedó mal herido. Y para que bien se entienda esto que digo, uno fue Cristóbal de Olea y otro Cristóbal de Olí.

También lo que dice el coronista del encuentro con el caballo que dio al capitán mexicano y le hizo abatir la bandera, ansí es verdad, mas ya he dicho otra vez que un Juan de Salamanca, natural de la villa de Ontiveros, que después de ganado México fue alcalde mayor de Guazacualco, es el que le dio una lanzada, le mató y quitó el rico penacho y estandarte que llevaba, y se le dio el Salamanca a Cortés, y se le dio Su Majestad, el tiempo andando, por armas al Salamanca.

Y esto he traído aquí a la memoria, no por dejar de ensalzar y tenerle en mucha estima a nuestro capitán Hernando Cortés, y débesele todo honor y prez y honra de todas las batallas y vencimientos hasta que ganamos esta Nueva España, como se suele dar en Castilla a los muy nombrados capitanes y como los romanos daban triunfos a Pompeyo y a Julio César y a los Escipiones; más digno es de loor nuestro Cortés que no los romanos.

También dice el mesmo Gómara que Cortés mandó matar secretamente a Xicotenga el Mozo en Tascala por las traiciones que andaba concertando para nos matar, como atrás he dicho. No pasó ansí como dice, por donde le mandó ahorcar fue en un pueblo junto a Tezcuco, como adelante diré.

Y también dice este coronista que iban tantos mil millares de indios con nosotros a las entradas, que no tiene cuenta ni razón en tantos como pone. Y también dice de las ciudades y pueblos y poblazones que eran tantos millares de casas, no siendo la quinta parte, que si se suma todo lo que pone en su historia, son más millones de hombres que en todo el universo están poblados; y eso se le da poner ocho mil que ochenta mil; y en esto se jacta, creyendo que va muy apacible su historia a los oyentes, no diciendo lo que pasa.

Miren los curiosos letores cuánto va de la verdad a la mentira, a esta mi relación en decir letra por letra lo acaecido, y no miren la retórica y ornato, que ya cosa vista es que es más apacible que no esta tan grosera mía; mas resiste la verdad a mi mala plática y pulidez de retórica con que va escrito. Dejemos ya de contar y traer a la memoria los borrones declarados, y cómo yo soy más obligado a decir la verdad de todo lo que pasa que no a lisonjas. Y demás de las trampas que ha escrito, ha dado ocasión que el doctor Illescas y Pablo Jovio sigan sus palabras.

Volvamos a nuestra historia y digamos cómo acordamos ir sobre Tepeaca, y lo que pasó en la entrada diré adelante.

CAPÍTULO XVII: LLEGADA A TEPEACA

Como Cortés había demandado a los caciques de Tascala, ya por mí otras veces nombrados, cinco mil hombres de guerra para ir a correr y castigar los pueblos adonde habían muerto españoles, que era a Tepeaca y Cachula y Tecamachalco, que estaría de Tascala seis o siete leguas, de muy entera voluntad tenían aparejados hasta cuatro mil indios, porque si mucha voluntad teníamos nosotros de ir a aquellos pueblos, mucha más gana tenía el Maseescaci y Xicotenga el Viejo, porque les habían venido a robar unas estancias. Tenían voluntad de enviar gente sobre ellos, y la causa es esta: porque como los mexicanos nos echaron de México según y de la manera que dicho tengo en los capítulos pasados que sobre ello hablan, y supieron que en Tascala nos habíamos recogido, tuvieron por cierto que, estando sanos, habíamos de venir con el poder de Tascala a correrles las tierras de los pueblos que más cercanos confinan con Tascala. Y a este efecto enviaron a todas las provincias adonde sentían que habíamos de ir muchos escuadrones mexicanos que estuviesen en guarda y guarniciones, y en Tepeaca estaba la mayor guarnición de ellos, lo cual supo el Maseescaci y el Xicotenga, y aun se temían de ellos no diesen de noche sobre Tascala.

Pues ya que todos estábamos a punto, comenzamos a caminar, y en aquella jornada no llevamos artillería ni escopetas, porque todo quedó en las puentes, y ya que algunas escaparon, no teníamos pólvora. Y fuimos con diez y siete caballos y seis ballestas, y cuatrocientos y veinte soldados, los más de espada y rodela, y con obra de dos mil amigos de Tascala. Y el bastimento para un día, porque las tierras adonde íbamos eran muy pobladas y bien bastecidas de maíz y gallinas y perrillos de la tierra, y como lo teníamos de costumbre, nuestros corredores del campo adelante, y con muy buen concierto fuimos a dormir obra de tres leguas de Tepeaca. Y ya tenían alzado todo el fardaje de las estancias y poblazón por donde pasábamos, porque muy bien tuvieron noticia de cómo íbamos a su pueblo.

Y porque ninguna cosa hiciésemos sino por buena orden y justificadamente, Cortés les envió a decir con seis indios de su pueblo de Tepeaca, que habíamos tomado en aquellas estancias, y con cuatro sus mujeres, cómo íbamos a su pueblo a saber e inquirir quién y cuántos se hallaron en la muerte de más de dieciséis españoles que mataron sin causa ninguna, viniendo de camino para México, y también veníamos a saber a qué causa tenían ahora nuevamente muchos escuadrones mexicanos, que con ellos habían ido a robar y saltear unas estancias de Tascala, nuestros amigos. Que les ruega que luego vengan de paz adonde estábamos para ser nuestros amigos, y que despidan de su pueblo a los mexicanos; si no, que iremos contra ellos como a rebeldes y matadores y salteadores de caminos, y los castigaría a fuego y a sangre y los daría por esclavos.

Y como fueron aquellos seis indios y cuatro mujeres del mismo pueblo, si muy fieras palabras les enviamos a decir, mucho más bravosas nos dieron la respuesta con los mismos seis indios y dos mexicanos que venían con ellos, porque bien conocido tenían de nosotros que a ningunos mensajeros que nos enviaban hacíamos demasía, sino antes dalles algunas cuentas por atraellos.

Y con estos que enviaron los de Tepeaca fueron las palabras bravosas dichas por los capitanes mexicanos, como estaban vitoriosos de lo de las puentes de México, y Cortés les mandó dar a cada mensajero una manta, y con ellos les tornó a requerir que viniesen a le ver y hablar, y que no hobiesen miedo. Y que, pues ya los españoles que habían muerto no los podían dar vivos, que vengan ellos de paz y se les perdonará los muertos que mataron. Y sobre ello se les escribió una carta, y aunque sabíamos que no la habían de entender, sino, como vían papel de Castilla, tenían por cierto que era cosa de mandamiento. Y rogó a los dos mexicanos que venían con los de Tepeaca con los mensajes que volviesen a traer la respuesta, y volvieron, y lo que dijeron era que no pasásemos adelante y que nos volviésemos por donde veníamos, si no, que otro día pensaban tener buenas hartazgas con nuestros cuerpos, mayores que las de México y sus puentes y la de Otumba.

Y desque aquello vio Cortés, comunicólo con nuestros capitanes y soldados, y fue acordado que se hiciese un auto por escribano que diese fe de todo lo pasado y que se diesen por esclavos a todos los aliados de México que hobiesen muerto españoles, porque, habiendo dado la obediencia a Su Majestad, se levantaron y mataron sobre de ochocientos y sesenta de los nuestros y sesenta caballos, y a los demás pueblos por salteadores de caminos y matadores de hombres. Hecho este auto, envióseles a hacer saber, amonestándoles y requiriendo con la paz, y ellos tornaron a decir que si luego no nos volvíamos, que saldrían a nos matar, y se apercibieron para ello, y nosotros lo mismo.

Otro día tuvimos en un llano una buena batalla con los mexicanos y tepeaqueños, y como el campo era labranzas de maíz y magueyales, puesto que peleaban bravosamente los mexicanos, presto fueron desbaratados por los de caballo, y los que no los teníamos no estábamos despacio. Pues ver a nuestros amigos los de Tascala tan animosos cómo peleaban con ellos y les siguieron el alcance. Allí hobo muertos de los mexicanos y de Tepeaca muchos, y de nuestros amigos los de Tascala, tres, e hirieron dos caballos (el uno se murió), y también hirieron dos de nuestros soldados, mas no de arte que peligró ninguno. Pues seguida la victoria, allegáronse muchas indias y muchachos que se tomaron por los campos y casas, que hombres no curábamos de ellos, que los tascaltecas los llevaban por esclavos.

Pues como los de Tepeaca vieron que el bravear que hacían los mexicanos que tenían en su pueblo y guarnición eran desbaratados, y ellos juntamente con ellos, acordaron que, sin decilles cosa ninguna, venir adonde estábamos, y los recibimos de paz, y dieron la obediencia a Su Majestad y echaron los mexicanos de sus casas. Y nos fuimos al pueblo de Tepeaca, adonde se fundó una villa que se nombró la villa de Segura de la Frontera, porque estaba en el camino de la Villa Rica y en una buena comarca de buenos pueblos sujetos a México, y había mucho maíz y teníamos a guarda la raya a nuestros amigos los de Tascala. Y allí se nombraron alcaldes y regidores y se dio orden en cómo se corriese los rededores sujetos a México, en especial los pueblos adonde habían muerto a españoles. Y allí se hizo el hierro con que se habían de herrar los que se tomaban por esclavos, que era una G, que quiere decir guerra.

Y desde la villa de Segura de la Frontera corríamos los rededores, que fue Cachula y Tecamachalco y el pueblo de las Guayabas y otros pueblos que no se me acuerda el nombre. Y en los de Cachula fue adonde habían muerto en los aposentos quince españoles, y en este de Cachula hobimos muchos esclavos. De manera que en obra de cuarenta días tuvimos aquellos pueblos muy pacíficos y castigados.

Ya en aquella sazón habían alzado en México otro señor, porque el señor que nos echó de México era fallescido de virgüelas. Y al señor que hicieron era un sobrino o pariente muy cercano de Montezuma que se decía Guatemuz, mancebo de hasta veinte y cinco años, bien gentilhombre para ser indio y muy esforzado, y se hizo temer de tal manera, que todos los suyos temblaban del, y era casado con una hija del Montezuma bien hermosa mujer para ser india.

Y como este Guatemuz, señor de México, supo cómo habíamos desbaratado los escuadrones mexicanos que estaban en Tepeaca y que habían dado la obediencia a Su Majestad y nos servían y daban de comer y estábamos allí poblados, y temió que les correríamos lo de Guaxaca y otras provincias y que a todos los atraeríamos a nuestra amistad, envió sus mensajeros por todos los pueblos para que estuviesen muy alerta con todas sus armas, y a los caciques les daba joyas de oro y a otros perdonaba los tributos, y sobre todo mandaba ir muy grandes capitanías y guarniciones de gente de guerra para que mirasen no les entrásemos en sus tierras. Y les enviaba a decir que peleasen muy reciamente con nosotros, no les acaesciese como en lo de Tepeaca y Cachula y Tecamachalco, que todos les habíamos hecho esclavos.

Y adonde más gente de guerra envió fue a Guacachula y a Ozucar, que está de Tepeaca, adonde estaba nuestra villa, doce leguas. Para que bien se entiendan los nombres de estos pueblos, un nombre es Cachula, otro nombre es Guacachula. Y dejaré de contar lo que en Guacachula se hizo hasta su tiempo y lugar, y diré cómo en aquel instante vinieron de la Villa Rica mensajeros cómo había venido un navío de Cuba y ciertos soldados en él.

Pues como andábamos en aquella provincia de Tepeaca castigando a los que fueron en la muerte de nuestros compañeros, que fueron los que mataron en aquellos pueblos, e atrayéndolos de paz, y todos daban la obediencia a Su Majestad, vinieron cartas de la Villa

Rica cómo había venido un navío al puerto. E vino en él por capitán un hidalgo que se decía Pedro Barba, muy amigo de Cortés. Y este Pedro Barba había estado por teniente del Diego Velázquez en La Habana y traía trece soldados y un caballo y una yegua, porque el navío que traía era muy chico. Y traía cartas para Pánfilo de Narváez, el capitán que Diego Velázquez había enviado contra nosotros, creyendo que estaba por él la Nueva España e nos había desbaratado, en que le enviaba a decir el Velázquez que si no había muerto a Cortés, que luego se le enviase a Cuba preso, para envialle a Castilla, que ansí lo mandaba don Juan Rodríguez de Fonseca, obispo de Burgos e arzobispo de Rosano, presidente de Indias, que luego fuese preso con otros nuestros capitanes, porque el Diego Velázquez tenía por cierto que éramos desbaratados, o al de menos que Narváez señoreaba la Nueva España.

Pues como el Pedro Barba llegó al puerto con su navío y echó anclas, luego le fue a visitar y dar el bienvenido al almirante de la mar que puso Cortés, el cual se decía Pedro Cavallero o Juan Cavallero, por mí memorado, que estaba por Cortés, con un batel bien esquifado de marineros y armas encubiertas. E fue al navío del Pedro Barba, y después de hablar palabras de buen comedimiento, "¿qué tal viene vuestra merced?", e quitar las gorras y abrazarse unos a otros como se suele hacer, pregunta el Pedro Escudero por el señor Diego Velázquez, gobernador de Cuba, qué tal quedaba, y responde el Pedro Barba que bueno; y el Pedro Barba y los demás que consigo traía preguntan por el señor capitán Pánfilo de Narváez y cómo le va con Cortés, y responden que muy bien, e que Cortés anda huyendo e alzado con veinte de sus compañeros, e que Narváez está muy próspero e rico, y que la tierra es muy buena.

Y de plática en plática les dicen al Pedro Barba que allí junto está un pueblo, que desembarque e que se vayan a dormir y estar en él, e que les traerán comida e lo que hobiere menester, que para solo aquel efeto e servicio está señalado aquel pueblo. E tantas palabras les dicen, que en el batel e en otros que luego allí venían de los otros navíos que estaban surtos les sacaron en tierra. Y desque los vieron fuera del navío, ya tenía copia de marineros juntos con el almirante Pedro Cavallero, dijeron al Pedro Barba: "Sed preso por el señor capitán Hernando Cortés, mi señor". Y ansí los prendían y quedaban espantados.

Y luego les sacaban del navío las velas y timón y agujas y los enviaban adonde estábamos con Cortés en Tepeaca, con los cuales habíamos gran placer con el socorro que venía en el mejor tiempo que podía ser. Porque en aquellas entradas que he dicho que hacíamos no eran tan en salvo que a muchos de nuestros soldados no quedábamos heridos, y otros adolecían del trabajo, porque de sangre y polvo, que estaba cuajado en las entrañas, no echábamos otra cosa del cuerpo por la boca, como traíamos siempre las armas a cuestas, y no parar noches ni días; por manera que ya se habían muerto cinco de nuestros soldados de dolor de costado en obra de quince días.

También quiero decir que con este Pedro Barba vino un Francisco López, vecino y regidor que fue de Guatimala.

Y Cortés hacía mucha honra a Pedro Barba y le hizo capitán de ballesteros, el cual dio nuevas que estaba otro navío chico en Cuba que le quería enviar el Diego Velázquez con cazabi y bastimentos. El cual vino dende a ocho días, y venía en él por capitán un hidalgo natural de Medina del Campo que se decía Rodrigo Morejón de Lobera, y traía consigo ocho soldados y seis ballestas y mucho hilo para cuerdas e una yegua. E ni más ni menos que habían prendido al Pedro Barba, ansí hicieron a este Rodrigo Morejón, y luego fueron a Segura de la Frontera y con todos ellos nos alegramos. Y Cortés les hacía mucha honra y les daba cargos, y gracias a Dios ya nos íbamos fortaleziendo con soldados y ballestas y dos o tres caballos más.

Y dejallo he aquí, y volveré a decir lo que en Guacachula hacían los ejércitos mexicanos que estaban en frontera y cómo los caciques de aquel pueblo vinieron secretamente a demandar favor a Cortés para echallos de allí.

Ya he dicho que Guatémuz, señor que nuevamente era alzado por rey de México, enviaba guarniciones a sus fronteras; en especial envió una muy poderosa y de mucha copia de guerreros a Guacachula, y otra a Ozúcar, que estaba dos o tres leguas de Guacachula, porque bien temió que por allí le habíamos de correle las tierras y pueblos sujetos a México. Y parece ser que, como envió tanta multitud de guerreros y como tenían nuevo señor, hacían muchos robos y fuerzas en los naturales de aquellos pueblos adonde estaban aposentados.

Y tantas, que no las podían sufrir los naturales de aquella provincia, porque decían que les robaban las mantas, el maíz, gallinas, joyas de oro, y sobre todo las hijas y mujeres, si eran hermosas, y que las forzaban delante de sus maridos, padres y parientes. Y como oyeron decir que los del pueblo de Cholula estaban muy de paz y sosiego después que mexicanos no entraban en él, y ahora asimismo en lo de Tepeaca, Tecamachalco y Cachula...

A esta causa vinieron cuatro principales muy secretamente de aquel pueblo por mí nombrado, y dijeron a Cortés que enviase teules y caballos a quitar aquellos robos y agravios que les hacían los mexicanos, y que todos los de aquel pueblo y otros comarcanos nos ayudarían para que matásemos los escuadrones mexicanos. Y desque Cortés lo oyó, luego propuso que fuese por capitán Cristóbal de Olí con todos los más de a caballo y ballesteros y con gran copia de tascaltecas, porque con la ganancia que los de Tascala habían llevado de Tepeaca, habían venido a nuestro real y villa muchos más tascaltecas. Y nombró Cortés para ir con Cristóbal de Olí a ciertos capitanes de los que habían venido con Narváez, por manera que llevaba sobre trescientos soldados y todos los mejores caballos que teníamos.

Y yendo con todos sus compañeros camino de aquella provincia, pareció ser que en el camino dijeron ciertos indios a los de Narváez cómo estaban todos los campos y casas llenas de gente de guerra de mexicanos, mucha más que la de Otumba, y que estaba allí con ellos Guatémuz, señor de México. Y tantas cosas dicen que les dijeron, que atemorizaron a los de Narváez; y como no tenían buena voluntad de ir a entradas ni ver guerras sino volverse a su isla de Cuba, y como habían escapado de la de México, calzadas y puentes y la de Otumba, no se querían ver en otra como las pasadas.

Y sobre ello dijeron los de Narváez tantas cosas a Cristóbal de Olí para que no pasase más adelante, sino que se volviese, y que mirase no fuese peor esta guerra que las pasadas, donde perdieron las vidas. Y tantos inconvenientes le dijeron y le daban a entender que si Cristóbal de Olí quería ir, que fuese en buena hora, que muchos de ellos no querían pasar adelante.

Por manera que, por muy esforzado que era el capitán que llevaba, aunque les decía que no era cosa de volverse sino de ir adelante, que buenos caballos llevaba y mucha gente, y que si volvían un paso atrás, que los indios los tendrían en poco, y que era tierra llana y que no quería volver sino ir adelante… Y para ello muchos de nuestros soldados de los de Cortés le ayudaban a decir que no se volviesen, y que en otras entradas y guerras peligrosas se habían visto y que gracias a Dios en todas habían tenido victoria. Y no aprovechó cosa ninguna de cuanto les decían, sino que por vía de ruegos le trastornaron el seso para que se volviese y que desde Cholula escribiese a Cortés sobre el caso. Y ansí se volvió.

Y desque Cortés lo supo, hubo mucho enojo y envió al Cristóbal de Olí otros dos ballesteros, y le escribió que se maravillaba de su buen esfuerzo y valentía, que por palabras de ninguno dejase de ir a una cosa señalada como aquella. Y desque el Cristóbal de Olí vio la carta, hacía bramuras de enojo, y dijo a los que tal le aconsejaron que por su causa había caído en falta; y luego, sin más determinación, les mandó fuesen con él, y que el que no quisiese ir, que se volviese al real por cobarde, que Cortés le castigaría. Y como iba hecho un bravo león de enojo, va con su gente camino de Guacachula, y antes que llegasen, con una legua, les salen a decir los caciques de aquel pueblo de la manera y arte que estaban los de Culúa, y cómo había de dar en ellos y de qué manera había de ser ayudado.

Y desque lo hubieron entendido, apercibió a los de caballo, ballesteros y soldados, y según y de la manera que tenían el concierto, da en los de Culúa. Y puesto que pelearon muy bien por un buen rato y le hirieron ciertos soldados y le mataron dos caballos e hirieron otros ocho en unas fuerzas y albarradas que estaban en aquel pueblo, en obra de una hora estaban ya puestos en huida todos los mexicanos.

Y dizque nuestros tascaltecas lo hicieron muy varonilmente, que mataban y prendían muchos de ellos, y como les ayudaban todos los de aquel pueblo y provincia, hicieron gran estrago en los mexicanos, que presto despacharon en se ir retrayendo para se hacer fuertes en otro gran pueblo que se dice Ozúcar, donde estaban otras grandes guarniciones de mexicanos. Y estaban en gran fortaleza y quebraron una puente para que no pudiesen pasar caballos ni el Cristóbal de Olí, porque, como he dicho, andaba enojado, hecho un tigre, no tardó mucho en aquel pueblo, que luego fue a Ozúcar con todos los que le pudieron seguir, y con los amigos de Guacachula pasó el río y da en los escuadrones mexicanos, que de presto los venció.

Y allí le mataron dos caballos y a él le dieron dos heridas, y la una en el muslo, y el caballo bien herido; y estuvo en Ozúcar dos días. Y como los mexicanos fueron desbaratados, luego vinieron los caciques y señores de aquel pueblo y de otros comarcanos a demandar paz, y se dieron por vasallos de nuestro rey y señor. Y desque todo fue pacífico, se fue con todos sus soldados a nuestra Villa de la Frontera.

Y porque yo no fui en esta entrada, digo en esta relación: "Dizque pasó lo que he dicho". Y Cortés le salió a recibir, y todos nosotros, y hubimos mucho placer, y reíamos de cómo le habían convocado a que se volviese, y el Cristóbal de Olí también reía, y decía que más cuidado tenían algunos de sus minas y de Cuba que no de las armas, y que juraba a Dios que no le acaesciese llevar consigo, si otra entrada iba, sino de los pobres soldados de los de Cortés, y no de los ricos que venían de Narváez, que querían mandar más que no él.

Dejemos de platicar más desto. Y digamos cómo el coronista Gómara dice en su historia que por no entender bien el Cristóbal de Olí a los nahuatatos e intérpretes se volvía del camino de Guacachula, creyendo que era trato doble contra nosotros. Y no fue ansí como dice, sino que los más principales capitanes de los de Narváez, como les decían otros indios que estaban juntos grandes escuadrones de mexicanos, y más que en lo de México e Otumba, y que con ellos estaba el señor de México que se decía Guatémuz, que entonces le habían alzado por rey, y como habían escapado de la de Mazagatos, como dice el refrán, tuvieron gran temor de entrar en aquellas batallas, y por esta causa convocaron al Cristóbal de Olí que se volviese, y aunque él todavía porfiaba de ir adelante. Y esta es la verdad, e no mentiras.

Y también dice que fue Cortés a aquella guerra desque el Cristóbal de Olí se volvía; no fue ansí, que el mismo Cristóbal de Olí, maestre de campo, es el que fue, como dicho tengo. También dice dos veces que los que informaron a los de Narváez cómo estaban los muchos millares de indios juntos fueron los de Guaxocingo, cuando pasaban por aquel pueblo. También dice otras cosas que no son ansí, porque claro está que para ir desde Tepeaca a Huacachula no habían de volver atrás por Guaxocingo, que era ir como si estuviésemos agora en

Medina del Campo y para ir a Salamanca tomar el camino por Valladolid; no es más lo uno en comparación de lo otro, ansí que muy desatinado anda el coronista. Si todo lo que escribe de otras corónicas de España es desta manera, yo las maldigo como cosa de patrañas y mentiras, puesto que por más lindo estilo lo diga.

Y dejemos ya esta materia. Y digamos lo que más en aquel instante acontesció, e fue que vino un navío al puerto del Peñol del Nombre Feo que se decía el tal de Bernal, junto a la Villa Rica, que venía de lo de Pánuco, que era de los que enviaba Garay, y venía en él por capitán uno que se decía Camargo, y lo que pasó diré adelante.

Estando que estábamos en Segura de la Frontera de la manera que en mi relación habrán oído, vinieron cartas a Cortés cómo había aportado un navío de los que el Francisco de Garay había enviado a poblar a Pánuco, e que venía por capitán uno que se decía Fulano Camargo, y traía sobre sesenta soldados, y todos dolientes y muy amarillos e hinchadas las barrigas, e que habían dicho que otro capitán que el Garay había enviado a poblar a Pánuco, que se decía Fulano Álvarez Pinedo, que los indios de Pánuco los habían muerto, y a todos los soldados y caballos que había enviado a aquella provincia, y que los navíos se los habían quemado.

Y que este Camargo, viendo el mal subceso, se embarcó con los soldados que dicho tengo y se vino a socorrer aquel puerto, porque bien tenían noticia que estábamos poblados allí. Y que a causa que por sustentar las guerras con los indios no tenían qué comer, e venían tan flacos y amarillos e hinchados. Y más dijeron: que el capitán Camargo había sido fraile dominico y que había hecho profesión. Los cuales soldados con su capitán se fueron luego su poco a poco a la Villa de la Frontera, donde estábamos, porque no podían andar a pie de flacos.

Y cuando Cortés los vio tan hinchados y amarillos y que no eran para pelear, harto teníamos que curar en ellos, y les hizo mucha honra. Y tengo que el Camargo murió luego, que no me acuerdo bien qué se hizo, e también se murieron muchos dellos. Y entonces, por burlar, les llamamos y pusimos por nombre los panciverdetes, porque traían los colores de muertos y las barrigas muy hinchadas.

Y por no me detener en contar cada cosa en qué tiempo y lugar acontecían, pues eran todos los navíos que en aquel tiempo venían a la Villa Rica del Garay, puesto que vinieron los unos de los otros un mes delanteros, hagamos cuenta que todos aportaron aquel puerto, agora sean un mes antes los unos que los otros.

Y esto digo: que vino luego un Miguel Díaz de Auz, aragonés, por capitán de Francisco de Garay, el cual le enviaba para socorro al capitán Fulano Álvarez Pinedo, que creía que estaba en Pánuco. Y como llegó al puerto de Pánuco y no halló rastro ni hueso ni pelo de la armada de Garay, luego entendió, por lo que vio, que habían muerto. Porque al Miguel Díaz le dieron guerra, luego que llegó con su navío, los indios de aquella provincia. Y a esta causa se vino aquel nuestro puerto y desembarcó sus soldados, que eran más de cincuenta, e siete caballos, y se fue luego para donde estábamos con Cortés; y éste fue el mejor socorro y al mejor tiempo que le habíamos menester.

Y para que bien sepan quién fue este Miguel Díaz de Auz, digo yo que sirvió muy bien a Su Majestad en todo lo que se ofreció en las guerras e conquistas de la Nueva España, y éste fue el que trujo pleito, después de ganada la Nueva España, con un cuñado de Cortés que se decía Andrés de Barrios, natural de Sevilla, que llamaban el Danzador, e púsosele aquel nombre porque bailaba mucho, sobre el pleito de la mitad de Mestitán.

E este Miguel Díaz de Auz fue el que en el Real Consejo de Indias, en el año mil e quinientos y cuarenta y uno, dijo que a unos daba favor e indios por bien bailar e danzar, y a otros les quitaba sus haciendas porque habían bien servido a Su Majestad peleando. Aqueste es el que dijo que por ser cuñado de Cortés le dio los indios que no merecía, estando comiendo en Sevilla buñuelos, y los dejaba de dar a quien Su Majestad mandaba. Aqueste es el que claramente dijo otras cosas acerca de que no hacían justicia ni lo que Su Majestad los manda. E más dijo otras cosas: que querían remedar al villano del nombre Abubio, de que se iban enojando los señores que mandaban en el Real Consejo de Indias, que era presidente el reverendísimo fray García de Loaysa, arzobispo que fue de Sevilla, e oidores, el obispo de Lugo e el licenciado Gutierre Velázquez y el doctor don Bernal Díaz de Luco y el doctor Beltrán.

Volvamos a nuestro cuento. Y entonces el Miguel Díaz de Auz, desque hobo hablado lo que quiso, tendió la capa en el suelo y puso la daga sobre el pecho, estando tendido en ella de espaldas, e dijo: "Si no es verdad lo que digo, Vuestra Alteza me mande degollar con esta daga, e si es verdad, hacé recta justicia". Entonces el presidente le mandó levantar y dijo que no estaban allí para matar a ninguno, sino para hacer justicia, e que fue mal mirado en lo que dijo, e que se saliese fuera y que no dijese más desacatos, si no, que le castigaría. Y lo que proveyeron sobre su pleito de Mestitán, que le den la parte de lo que rentare, que son más de dos mil y quinientos pesos de su parte, con tal que no entre en el pueblo dentro por dos años, porque en lo que acusaban era que había muerto ciertos indios en aquel pueblo y en otros que había tenido.

Dejemos de contar esto, pues va fuera de nuestra relación.

Y digamos que desde allí a pocos días que Miguel Díaz de Auz había venido aquel puerto de la manera que dicho tengo, aportó luego otro navío que enviaba el mismo Garay en ayuda y socorro de su armada, creyendo que todos estaban buenos y sanos en el río de Pánuco. Y venía en él por capitán un viejo que se decía Ramírez, e ya era hombre anciano, y a esta causa le llamábamos Ramírez el Viejo, porque habían en nuestro real dos Ramírez; y traía sobre cuarenta soldados y diez caballos e yeguas e ballesteros y otras armas. Y el Francisco de Garay no hacía sino echar un virote tras otro en socorro de su armada, y en todo le socorría la buena fortuna a Cortés, y a nosotros era gran ayuda. Y todos esos de Garay que dicho tengo fueron a Tepeaca, adonde estábamos.

Y porque los soldados que traía Miguel Díaz de Auz venían muy recios y gordos, les pusimos por nombre "los de los lomos recios"; y a los que traía el viejo Ramírez, que traían unas armas de algodón de tanto gordor que no las pasaría ninguna flecha, y pesaban mucho, pusímosles por nombre "los de las albardillas". Y cuando fueron los capitanes que dicho tengo y soldados delante Cortés, les hizo mucha honra. Dejemos de contar de los socorros que teníamos de Garay, que fueron buenos. Y digamos cómo Cortés envió a Gonzalo de Sandoval a una entrada a unos pueblos que se dicen Xalacingo y Zacatami.

CAPÍTULO VIII: A PACIFICAR XALACINGO E ZACATAMI

Como ya Cortés tenía copia de soldados y caballos y ballestas, e se iba fortalesciendo con los dos navichuelos que envió Diego Velázquez, en que venían por capitanes Pedro Barba y Rodrigo de

Morejón de Lobera, y trujeron en ellos sobre veinte e cinco soldados y dos caballos y una yegua, y luego vinieron los tres navíos de Garay, que fue el primero capitán que vino Camargo y el segundo Miguel Díaz de Auz, y el postrero Ramírez el Viejo; y traían entre todos estos capitanes que he nombrado sobre ciento y veinte soldados, y diez y siete caballos e yeguas, y las yeguas eran de juego y de carrera.

Y Cortés tuvo noticia que en unos pueblos que se dicen Zacatami y Xalacingo, e en otros sus comarcanos, que habían muerto muchos soldados de los de Narváez que venían camino de México, e ansimesmo que en aquellos pueblos habían muerto y robado el oro a un Juan de Alcántara y a otros dos vecinos de la Villa Rica, que era lo que les habían cabido de las partes a todos los vecinos que quedaban en la misma Villa, según más largo lo he escrito en el capítulo que dello se trata.

Y envió Cortés para hacer aquella entrada por capitán a Gonzalo de Sandoval, que era alguacil mayor y muy esforzado y de buenos consejos, y llevó consigo docientos soldados, todos los más de los nuestros de Cortés, y veinte de caballo e doce ballesteros y buena copia de tascaltecas.

Y antes que llegase a aquellos pueblos, supo que estaban todos puestos en armas, e juntamente tenían consigo guarniciones de mexicanos, e que se habían muy bien fortalecido con albarradas e petrechos, porque bien habían entendido que por la muerte de los españoles que habían muerto que luego habíamos de ser contra ellos para los castigar, como a los de Tepeaca y Cachula y Tecamachalco.

Y Sandoval ordenó muy bien sus escuadrones y ballesteros y mandó a los de caballo cómo y de qué manera habían de ir y romper. Y primero que entrasen en su tierra les envió mensajeros a decilles que viniesen de paz y que diesen el oro e armas que habían robado, e que la muerte de los españoles se les perdonaría. E esto de les enviar mensajeros sobre la paz fueron tres o cuatro veces, y la respuesta que enviaban era que si allá iba, que como habían muerto e comido los teules que les demandan, que ansí harían al capitán y a todos los que llevaba; por manera que no aprovechaban mensajes.

Y otra vez les tornó a enviar a decir que les haría esclavos por traidores y salteadores de caminos y que se aparejasen a defender. E fue Sandoval con sus compañeros y les entra por dos partes, que, puesto que peleaban muy bien los mexicanos y los naturales de aquellos pueblos, sin más relatar lo que allí en aquellas batallas pasaron, los desbarató. Y fueron huyendo los mexicanos y caciques de aquellos pueblos, y siguió el alcance y prendió mucha gente menuda, que de los indios no se curaban dellos, por no tener qué guardar. Y hallaron en unos cúes de aquel pueblo muchos vestidos y armas y frenos de caballos y dos sillas y otras cosas de la jineta que habían presentado a sus ídolos.

Acordó Sandoval estar allí tres días, y vinieron los caciques de aquellos pueblos a demandar perdón y a dar la obediencia a Su Majestad, y Sandoval les dijo que diesen el oro que habían robado a los españoles que mataron, e que luego les perdonaría. Y respondieron que el oro que los mexicanos lo hobieron y que lo enviaron al señor de México que entonces habían alzado por rey, y que no tenían ninguno; por manera que les mandó que, en cuanto al perdón, que fuesen adonde estaba Malinche, que es Cortés, e que él les hablaría e perdonaría. Y ansí, se volvió con buena presa de mujeres e muchachos, que les echaron el hierro por esclavos. Y Cortés holgó mucho desque le vio venir bueno y sano, puesto que traía ocho soldados mal heridos y tres caballos muertos, y aun el Sandoval traía un flechazo.

Yo no fui en esta entrada, que estaba muy malo de calenturas y echaba sangre por la boca, e gracias a Dios estuve bueno porque me sangraron muchas veces.

E como Gonzalo de Sandoval había dicho a los caciques de Xalacingo y Zacatami que viniesen a Cortés a demandar paces, no solamente vinieron aquellos pueblos solos, sino también otros muchos de la comarca, y todos dieron la obediencia a Su Majestad, y traían de comer aquella villa donde estábamos. Y fue aquella entrada que hizo de mucho provecho y se pacificó la tierra, y dende en adelante tenía Cortés tanta fama en todos los pueblos de la Nueva España, lo uno, de muy justificado en lo que hacía y lo otro, de muy esforzado, que a todos ponía temor, e muy mayor a Guatémuz, el señor e rey nuevamente alzado por rey en México.

Y tanta era la autoridad y ser y mando que había cobrado Cortés, que venían ante él pleitos de indios de lejos tierras, en especial sobre cosas de cacicazgos y señoríos. Como en aquel tiempo anduvo la viruela tan común en la Nueva España, fallescían muchos caciques, y sobre a quién pertenescía el cacicazgo y ser señor y partir tierras o vasallos o bienes, venían a Cortés, como a señor asoluto de toda la tierra, para que por su mano e autoridad alzase por señor a quien le pertenescía.

Y en aquel tiempo vinieron del pueblo de Ozúcar y Guacachula, otras veces por mí memorados, porque en Ozúcar estaba casada una parienta muy cercana de Montezuma con el señor de aquel pueblo, y tenían un hijo que decían era sobrino e cacique del Montezuma, e segund paresce heredaba el señorío, e otros decían que les pertenescía a otro señor, y sobre ello tenían diferencias. Y vinieron a Cortés, y mandó que lo heredase el pariente de Montezuma, y luego cumplieron su mandado. E ansí vinieron de otros muchos pueblos de la redonda sobre pleitos, y a cada uno mandaba dar sus tierras y vasallos segund sentía por derecho que les pertenescía.

Y en aquella sazon también tuvo noticia Cortés que en un pueblo que estaba de allí seis leguas que se decía Cozotlan, y le pusimos por nombre Castilblanco, habían muerto nueve españoles; envió al mismo Gonzalo de Sandoval para que los castigase y los trujese de paz. Y fue allá con treinta de caballo y cient soldados e ocho ballesteros y cinco escopeteros e muchos tascaltecas. Y despues de hechos sus requerimientos y protestaciones que vengan de paz y se les perdonará la muerte de los españoles que mataron. Y les enviaron a decir otras muchas cosas de cumplimientos con cinco indios principales de Tepeaca, y que si no venían, que les daría guerra y haría esclavos.

Y pareció ser estaban en aquel pueblo otros escuadrones mexicanos en su guarda y amparo, y respondieron que señor tenían, que era Guatémuz, e que no habían menester venir ni ir a llamado de otro señor; que si allá fuesen, que en el campo les hallarían; que no se les habían fallescido las fuerzas agora menos que las que tenían en México y puentes e calzadas, e que ya sabían a qué tanto allegaban nuestras valentías.

Y desque aquello oyó Sandoval, puesto muy en orden su gente cómo había de pelear, y los de caballo y escopeteros y ballesteros, y mandó a los tascaltecas que no se metiesen en los enemigos al principio, porque no estorbasen los caballos y porque no corriesen peligro o hiriesen algunos dellos con las ballestas y escopetas, o los tropellasen con los caballos, hasta haber rompido los escuadrones; y despues de desbaratados, que prendiesen a los mexicanos y siguiesen el alcance.

Y luego comenzó de caminar hacia el pueblo, y sálenle al camino y encuentro dos buenos escuadrones de guerreros junto a unas fuerzas y barrancas, y allí estuvieron fuertes un rato; y con las ballestas y escopetas les hacían mucho mal, por manera que tuvo Sandoval lugar de pasar aquella fuerza e albarradas con los de caballo, y aunque le hirieron nueve caballos y uno murió, y también le hirieron cuatro soldados. Y como se vio fuera de aquel mal paso e tuvo lugar por donde corriesen los caballos, y aunque no era buena tierra ni llano, que había muchas piedras, da tras los escuadrones rompiendo por ellos, que los llevó hasta el mismo pueblo, adonde estaba un gran patio, y allí tenían otra fuerza y unos cues, adonde se tornaron a ser fuertes, y puesto que peleaban muy bravosamente, todavía los venció y mató hasta siete indios, porque estaban en malos pasos.

Y los tascaltecas no habían menester mandalles que siguiesen el alcance, que con la ganancia, como eran guerreros, ellos tenían el cargo, especialmente como sus tierras no estaban lejos de aquel pueblo. Allí se hobieron muchas mujeres y gente menuda, y estuvo allí el Gonzalo de Sandoval dos días, y envió a llamar los caciques de aquel pueblo con unos principales de Tepeaca que iban en su compañia. E vinieron e demandaron perdón de la muerte de los españoles, y Sandoval les dijo que si daban las ropas y haciendas que robaron de los que mataron, que sí perdonaría. Y respondieron que todo lo habían quemado y que no tenían ninguna cosa, y que los que mataron, que los más dellos habían ya comido; y que cinco teules enviaron vivos a Guatémuz, su señor, y que ya habían pagado la pena con los que agora les habían muerto en el campo y en el pueblo; y que les perdonase, e que llevarían muy bien de comer y bastecerían la villa adonde estaba Malinche. Y como el Gonzalo de Sandoval vio que no se podía hacer más, les perdonó, y allí se ofrescieron de servir bien en lo que les mandasen. Y con este recado se fue a la villa y fue bien rescebido de Cortés y de todos los del real. Donde lo dejaré de hablar más en ello. Y digamos cómo se herraron todos los esclavos que se habían habido en aquellos pueblos y provincia, y lo que sobre ello se hizo.

Como Gonzalo de Sandoval hobo llegado a la villa de Segura de la Frontera de hacer aquellas entradas que ya he dicho, y en aquella provincia todos los teníamos ya pacíficos y no teníamos por entonces donde ir a entrar, porque todos los pueblos de los rededores habían dado la obidiencia a Su Majestad, acordó Cortés, con los oficiales del Rey, que se herrasen las piezas y esclavos que se habían habido, para sacar su quinto, despues que se hobiese primero sacado el de Su Majestad.

Y para ello mandó dar pregones en el real e villa que todos los soldados llevásemos a una casa que estaba señalada para aquel efeto a herrar todas las piezas que tuviesen recogidas, y dieron de plazo aquel día y otro, que se pregonó. Y todos ocurrimos con todas las indias y muchachas y muchachos que habíamos habido, que hombres de edad no curábamos dellos, que eran malos de guardar y no habíamos menester su servicio, teniendo a nuestros amigos los tascaltecas.

Pues ya juntas las piezas y echado el hierro, que era una G como esta, que quería decir guerra, cuando no nos catamos, apartan el real quinto e luego sacan otro quinto para Cortés. Y demás desto, la noche antes, cuando metimos las piezas, como he dicho, en aquella casa, habían ya escondido y tomado las mejores indias, que no pareció allí ninguna buena, y al tiempo de repartir dábannos las viejas y ruines.

Y sobre esto hobo grandes murmuraciones contra Cortés y de los que mandaban hurtar y esconder las buenas indias, y de tal manera se lo dijeron al mesmo Cortés soldados de los de Narváez, que juraron a Dios que no había tal acaescido: ¡haber dos reyes en la tierra de nuestro rey y señor, y sacar dos quintos! Y uno de los soldados que se lo dijeron fue un Juan Bono de Quejo; y más dijo: que no estarían en tierra semejante, y que lo haría saber en Castilla a Su Majestad y a los señores de su Real Consejo de Indias.

Y también dijo a Cortés otro soldado muy claramente que no bastó repartir el oro que se había habido en México de la manera que lo repartió, y que cuando lo estaba repartiendo decía que eran trecientos mil pesos los que se habían allegado, y que cuando salimos huyendo de México mandó tomar por testimonio que quedaban más de setecientos mil, y que agora el pobre soldado que había echado los bofes y estaba lleno de heridas por haber una buena india, y les habían dado naguas y camisas, habían tomado y escondido las tales indias. Y que cuando dieron el pregón para que se llevasen a herrar, que creyeron que a cada soldado volverían sus piezas y que apreciarían qué tantos pesos valían y que, como las apreciase, pagasen el quinto a Su Majestad y que no habría más quinto para Cortés, y decían otras murmuraciones peores que estas.

Y desque Cortés aquello vio, con palabras algo blandas dijo que juraba en su conciencia (que aquesto tenía por costumbre jurar) que de allí adelante que no se haría de aquella manera, sino que, buenas o malas indias, sacallas al almoneda, y la buena que se vendería por tal, y la que no lo fuese, por menos precio, y de aquella manera no ternían que reñir con él. Y puesto que allí en Tepeaca no se hicieron más esclavos, mas despues en lo de Tezcuco casi que fue desta manera, como adelante diré. Y dejaré de hablar en esta materia.

Y digamos otra cosa casi peor que esto de los esclavos, y es que ya he dicho en el capítulo cuando la triste noche salimos huyendo de México, cómo quedaba en la sala donde posaba Cortés muchas barras de oro perdido, que no lo podían sacar más de lo que cargaron en la yegua e caballos y muchos tascaltecas, y lo que hurtaron los amigos y otros soldados que cargarían dello. Y como lo demás se quedaba perdido en poder de los mexicanos, Cortés dijo delante de un escribano del rey que cualquiera que quisiese sacar oro de lo que allí quedaba que se lo llevase mucho en buen hora por suyo, como se había de perder.

Y muchos soldados de los de Narváez cargaron de ello y ansimismo algunos de los nuestros, y por sacallo perdieron muchos dellos las vidas, y los que escaparon, con la presa que traían, habían estado en gran riesgo de morir y salieron llenos de heridas. Y como en nuestro real e Villa de Segura de la Frontera, que así se llamaba, alcanzó Cortés a saber que había muchas barras de oro y que andaban en el juego, y como dice el refrán que "el oro y amores eran malos de encubrir", mandó dar un pregón, so graves penas, que trayan a manifestar el oro que sacaron y que les dará la tercia parte dello; y si no lo traen, que se lo tomará todo.

Y muchos soldados de los que lo tenían no lo quisieron dar, y algunos se lo tomó Cortés como prestado, y más por fuerza que por grado. Y como todos los más capitanes tenían oro, y aun los oficiales del rey, muy mejor se calló lo del pregón, que no se habló en ello, mas paresció muy mal esto que mandó Cortés. Dejémoslo ya de más aclarar.

Y digamos cómo todos los más capitanes y personas principales de los que pasaron con Narváez demandaron licencia a Cortés para se volver a Cuba, y Cortés se la dio, y lo que más acaesció.

Como vieron los capitanes de Narváez que ya teníamos socorros, ansí de los que vinieron de Cuba como los de Jamaica que había enviado Francisco de Garay para su armada, segund lo tengo declarado en el capítulo que dello habla, y vieron que los pueblos de la provincia de Tepeaca estaban pacíficos, después de muchas palabras que a Cortés dijeron, con grandes ofertas y ruegos le suplicaron que les diese licencia para se volver a la isla de Cuba, pues se lo había prometido. Y luego Cortés se la dio y aun les prometió que si volvía a ganar la Nueva España y ciudad de México que al Andrés de Duero, su compañero, que le daría mucho más oro que le había de antes dado, y ansí hizo otras ofertas a los demás capitanes, en especial Agustín Bermúdez, y les mandó dar matalotaje, que en aquella sazón había, que era maíz y perrillos salados y pocas gallinas y un navío de los mejores. Y escribió Cortés a su mujer, que se decía doña Catalina Juárez la Marcaida, y a Juan Juárez, su cuñado, que en aquella sazón vivía en la isla de Cuba, y les envió ciertas barras y joyas de oro y les hizo saber todos los desmanes y trabajos que nos habían acontescido y cómo nos echaron de México.

Dejemos esto. Y digamos las personas que demandaron licencia para se volver a Cuba, que todavía iban ricas. Fueron Andrés de Duero y Agustín Bermúdez, Juan Bono de Quejo y Bernaldino de Quesada y Francisco Velázquez el Corcovado, pariente del Diego Velázquez, gobernador de Cuba, y Gonzalo Carrasco, el que vive en la Puebla, que después se volvió a esta nueva España, y un Melchior de Velasco, que fue vecino de Guatimala, y un Jiménez que vive en Guaxaca, que fue por sus hijos, y el comendador Leonel de Cervantes, que fue por sus hijas, que, después de ganado México, las casó muy honradamente; e se fue uno que se decía Maldonado, natural de Medellín, que estaba doliente; no digo Maldonado, el que fue marido de doña María del Rincón, ni por Maldonado el Ancho ni otro Maldonado que se decía Álvaro Maldonado el Fiero, que fue casado con una señora que se decía María Arias; y también se fue un Vargas, vecino de la Trinidad, que le llamaban en Cuba Vargas el Galán, no digo Vargas el que fue suegro de Cristóbal Lobo, vecino que fue de Guatimala; y se fue un soldado de los de Cortés que se decía Cárdenas, piloto. Aquel Cárdenas fue el que dijo a un compañero que cómo podíamos reposar los soldados teniendo dos reyes en esta Nueva España; éste fue a quien Cortés dio trecientos pesos para que se fuese a su mujer e hijos. Y por escusar prolijidad de ponellos todos por memoria, se fueron otros muchos que no me acuerdo bien sus nombres. Y cuando Cortés les dio la licencia, dijimos que para qué se la daba, pues que éramos pocos los que quedábamos, y respondió que por escusar escándalos e importunaciones, y que ya víamos que para la guerra algunos de los que se volvían no lo eran, y que "valía más estar solo que mal acompañado". Y para los despachar del puerto envió Cortés a Pedro de Alvarado, y en habiéndolos embarcado, que se volviese luego a la villa.

Y digamos agora que también envió a Castilla Diego de Ordás y Alonso de Mendoza, natural de Medellín o de Cáceres, con ciertos recabdos de Cortés, que yo no sé otros que llevase nuestros, ni nos dio parte de cosa de los negocios que enviaba a tratar con Su Majestad; ni lo que pasó en Castilla yo no lo alcancé a saber, salvo que a boca llena decía el obispo de Burgos, delante del Diego de Ordás, que ansí Cortés como todos los soldados que pasamos con él éramos malos y traidores, puesto que el Ordás respondía muy bien por todos nosotros. Y entonces le dieron al Ordás una encomienda de señor Santiago y por armas al volcán que estaba entre Guaxocingo y cerca de Cholula, y lo que negoció adelante lo diré segund lo supimos por carta.

Dejemos esto aparte. Y diré cómo Cortés envió a Alonso de Ávila, que era capitán y contador desta Nueva España, y juntamente con él envió a otro hidalgo que se decía Francisco Álvarez Chico, que era hombre que entendía de negocios. Y mandó que fuesen con otro navío para la isla de Santo Domingo a hacer relación de todo lo acaescido a la Real Abdiencia que en ella residía y a los frailes jerónimos, que estaban por gobernadores de todas las islas, que tuviesen por bueno lo que habíamos hecho en las conquistas y el desbarate de Narváez, y como había hecho esclavos en los pueblos que habían muerto españoles, y se habían quitado de la obidiencia que habían dado a nuestro rey y señor. Y que ansí entendía hacer en todos los más pueblos que fueron de la liga y nombre de mexicanos, y que les suplicaba que hiciesen relación dello en Castilla a nuestro gran emperador, y tuviese en la memoria los grandes servicios que siempre le hacíamos, y que por su intercesión y de la Real Abdiencia y frailes jerónimos fuésemos favorescidos con justicia contra la mala voluntad y obras que contra nosotros trataba el obispo de Burgos y arzobispo de Rosano.

Y también envió otro navío a la isla de Jamaica por caballos y yeguas, y el capitán que en él fue se decía Fulano de Solís, que después de ganado México le llamamos Solís "el de la huerta", yerno de uno que se decía el bachiller Ortega.

Bien sé que dirán algunos curiosos letores que sin dineros que cómo enviaba a Diego de Ordás a negocios a Castilla, pues está claro que para Castilla y para otras partes son menester dineros, y que ansimesmo envió a Alonso de Ávila y a Francisco Álvarez el Chico a Santo Domingo, a negocios, y a la isla de Jamaica por caballos y yeguas. A esto digo que como al salir de México, como salimos huyendo la noche por mí muchas veces memorada, que como quedaba en la sala muchas barras de oro perdido en un montón, que todos los más soldados apañaban dello, en especial los de a caballo, y los de Narváez mucho mejor, y los oficiales de Su Majestad que lo tenían en poder y a cargo llevaron los fardos hechos. Y demás desto, cuando se cargaron de oro más de ochenta indios tascaltecas por mandado de Cortés, y fueron los primeros que salieron en las puentes, vista cosa era que salvarían muchas cargas dello, que no se perdería todo en la calzada. Y como nosotros, los pobres soldados que no teníamos mando, sino ser mandados, en aquella sazón procurábamos de salvar nuestras vidas y después de curar nuestras heridas, no mirábamos en el oro si salieron muchas cargas dello en las puentes o no, ni se nos daba mucho por ello. Y Cortés, con algunos de nuestros capitanes, lo procuraron de haber de los tascaltecas que lo sacaron, y aun tuvimos sospecha que los cuarenta mil pesos de las partes de los de la Villa Rica, que también lo habían habido y echado fama que lo habían robado. Y con ello envió a Castilla a los negocios de su persona y a comprar caballos, y a la isla de Santo Domingo, a la Abdiencia Real.

Porque en aquel tiempo todos se callaban con las barras de oro que tenían, aunque más pregones habían dado.

Dejemos esto. Y digamos cómo ya estaban de paz todos los pueblos comarcanos de Tepeaca; acordó Cortés que quedase en la villa de Segura de la Frontera por capitán un Francisco de Orozco con obra de veinte soldados que estaban heridos y dolientes, y con todos los más de nuestro ejercito fuimos a Tascala. Y se dio orden que se cortase madera para hacer trece bergantines para ir otra vez a México, porque hallábamos por muy cierto que para la laguna sin bergantines no la podíamos señorear, ni podíamos dar guerra ni entrar otra vez por las calzadas en aquella ciudad, sino con gran riesgo de nuestras vidas. Y el que fue maestro de cortar la madera y dar el galibo y cuenta y razon como habían de ser veleros y ligeros para aquel efeto, y los hizo, fue un Martín López, que ciertamente, demás de ser un buen soldado en todas las guerras, sirvió muy bien a Su Majestad en esto de los bergantines, y trabajó en ellos como fuerte varón. Y me parece que si por desdicha no viniera en nuestra compañia de los primeros, como vino, que hasta enviar por otro maestro a Castilla se pasara mucho tiempo, o no viniera ninguno, segun el gran estorbo que en todo nos ponía el obispo de Burgos.

Volveré a nuestra materia. Y digamos agora que cuando llegamos a Tascala ya era fallescido de virgüelas nuestro gran amigo y leal vasallo de Su Majestad Maseescaci, de la cual muerte nos pesó a todos. Y Cortés lo sintió tanto, como él decía, como si fuera su padre, y se puso luto de mantas negras, y ansimesmo muchos de nuestros capitanes y soldados. Y a sus hijos y parientes del Maseescaci Cortés y todos nosotros les hacíamos mucha honra; y porque en Tascala había diferencias sobre el mando y cacicazgo, señaló y mandó que lo fuese un su hijo legitimo del mesmo Maseescaci, porque así lo había mandado su padre antes que muriese. Y aun dijo a sus hijos y parientes que mirasen que no saliesen del mando de Malinche y de sus hermanos, porque ciertamente éramos los que habíamos de señorear estas tierras; y les dijo otros muchos buenos consejos.

Dejemos ya de contar del Maseescaci, pues es ya él muerto. Y digamos del Xicotenga el Viejo y de Chichimecatecle y de todos los más caciques de Tascala que se ofrescieron de servir a Cortés, ansí en cortar la madera para los bergantines como para todo lo demás que les quisiesen mandar en la guerra contra mexicanos. Cortés les abrazó con mucho amor y les dio gracias por ello, especialmente a Xicotenga el Viejo y a Chichimecatecle, y luego procuró que se volviese cristiano. Y el buen viejo de Xicotenga de buena voluntad dijo que lo quería ser; e con la mayor fiesta que en aquella sazón se pudo hacer en Tascala le bautizó el padre de la Merced y le puso nombre don Lorenzo de Vargas.

Volvamos a decir de nuestros bergantines, que el Martín López se dio tanta priesa en cortar la madera, con la gran ayuda de indios que le ayudaban, que en pocos días la tenía ya toda cortada y señalada su cuenta en cada madero para qué parte y lugar había de ser, segun tienen sus señales los oficiales maestros y carpinteros de ribera; y también le ayudaba otro buen soldado que se decia Andrés Núñez e un viejo carpintero que estaba cojo de una herida que se decia Ramírez el Viejo. Y luego despachó Cortés a la Villa Rica por mucho yerro y clavazon de los navíos que dimos al través, y por anclas y velas y jarcias y cables y estopa y por todo aparejo de hacer navíos, y mandó venir todos los herreros que había y a un Hernando de Aguilar que era medio herrero, que ayudaba a machar. Y porque en aquel tiempo había en nuestro real tres hombres que se decían Aguilar, llamamos a este Hernando de Aguilar Majayerro. Y envió por capitán a la Villa Rica, por los aparejos que he dicho para mandallo traer, a un Santa Cruz, burgalés, regidor que después fue de México, persona muy buen soldado y diligente. Y hasta las calderas para hacer brea y todo cuanto de antes habían sacado de los navíos trujo, con más de mil indios, que todos los pueblos de aquellas provincias, enemigos de mexicanos, luego se los daban para traer las cargas. Pues como no teníamos pez para brear, ni aun los indios lo sabían hacer, mandó Cortés a cuatro hombres de la mar que sabían de aquel oficio que en unos pinares cerca de Guaxalcingo, que los hay buenos, fuesen a hacer la pez.

Pasemos adelante. Y puesto que no va muy a propósito de la materia en que estaba hablando, que me han preguntado ciertos caballeros curiosos que conocían muy bien a Alonso de Ávila, que cómo, siendo capitán, y muy esforzado y era contador de la Nueva España, y siendo belicoso y su inclinacion dado más para guerras que no para ir a solicitar negocios con los frailes jerónimos, que estaban por gobernadores de todas las islas, que por qué causa le envió Cortés, teniendo otros hombres que fueran más acostumbrados a negocios, como era un Alonso de Grado o un Juan de Cáceres el Rico y otros que me nombraron. A esto digo que Cortés le envió al Alonso de Ávila porque sintió dél ser muy varón y porque osaría responder por nosotros conforme a justicia, y también le envió por causa que como el Alonso de Ávila había tenido diferencias con otros capitanes y tenía gran atrevimiento de decir a Cortés cualquiera cosa que veía que convenía decille, y por escusar ruidos y por dar la capitanía que tenía Andrés de Tapia, y la contaduría, Alonso de Grado, como luego se la dio; por estas razones le envió.

Volvamos a nuestra relacion. Pues viendo Cortés que ya era cortada la madera para los bergantines y se habían ido a Cuba las personas por mí nombradas, que eran de los de Narváez, que los teníamos por sobrehuesos, especialmente poniendo temores que siempre nos ponían, que no seríamos bastantes para resistir el gran poder de mexicanos cuando oían que decíamos que habíamos de ir a poner cerco sobre México. Y libre de aquellas zozobras, acordó Cortés que fuésemos con todos nuestros soldados para la ciudad de Tezcuco; y sobre ello hobo grandes e muchos acuerdos, porque unos soldados decían que era mejor sitio y acequias y zanjas para hacer los bergantines en Ayocingo, junto a Chalco, que no en la zanja y estero de Tezcuco; y otros porfiábamos que mejor sería en Tezcuco, por estar en parte e sitio e cerca de muchos pueblos, y que teniendo aquella ciudad por nosotros, desde allí haríamos entradas en las tierras comarcanas de México, y puestos en aquella ciudad, tomaríamos el mejor parescer como sucediesen las cosas.

Pues ya estaba acordado lo por mí dicho, viene nueva y cartas, que trujeron tres soldados, en cómo había venido a la Villa Rica un navío de Castilla o de las islas de Canaria, de buen porte, cargado de muchas mercaderías, escopetas, pólvora y ballestas e hilo de ballestas y tres caballos y otras armas, y venía por señor de la mercadería y navío un Juan de Burgos, y por maestre un Francisco de Medel, y venían trece soldados. Y con aquella nueva nos alegramos en gran manera. Y si de antes que supiésemos del navío nos dábamos priesa en la partida para Tezcuco, mucho más nos dimos entonces, porque luego le envió Cortés comprar todas las armas y pólvora y todo lo más que traía, y aun el mismo Burgos y el Medel y todos los pasajeros que traía se vinieron luego pora donde estábamos, con los cuales rescebimos contento, viendo tan buen socorro y en tal tiempo. Acuérdome que entonces vino un Juan del Espinar, vecino que fue de Guatimala, persona que fue muy rico; y también vino un Sagredo, tío de una mujer que se decía la Sagreda, que estaba en Cuba, naturales de Medellín; y también vino un vizcaíno que se decía Monjaraz, tío que decía ser de Andrés de Monjaraz y Gregorio de Monjaraz, soldados que estaban con nosotros, y padre de una mujer que después vino a México que se decía la Monjaraza, muy hermosa mujer.

He traído esto aquí a la memoria por lo que adelante diré, y es que jamás fue el Monjaraz a guerra ninguna ni entrada con nosotros, porque andaba doliente en aquel tiempo; e ya que estaba muy bueno e presumía de muy valiente, cuando teníamos puesto cerco a México dijo el Monjaraz que quería ir a ver cómo batallábamos con los mexicanos, porque no tenía a los indios por valientes; y fue y se subió en un alto cu como torrecilla, y nunca supimos cómo ni de qué manera le mataron los indios en aquel mismo dia. Y muchas personas dijeron, que le habían conocido en la isla de Santo Domingo, que fue promision divina que muriese aquella muerte, porque había muerto a su mujer, muy honrada y buena persona, sin culpa ninguna, y que buscó testigos falsos que juraron que le hacía maleficio. Quiero ya dejar de contar cosas pasadas. Y digamos cómo fuimos a la ciudad de Tezcuco y lo que más pasó.

Como Cortés vio tan buen aparejo, ansí de escopetas y pólvora y ballestas y caballos, y conosció de todos nosotros, ansí capitanes como soldados, el gran deseo que teníamos de estar ya sobre la gran ciudad de México, acordó de hablar a los caciques de Tascala para que le diesen diez mil indios de guerra que fuesen con nosotros aquella jornada hasta Tezcuco, que es una de las mayores ciudades que hay en toda la Nueva España, después de México. Y como se lo demandó y les hizo un buen parlamento sobre ello, luego Xicotenga el Viejo (que en aquella sazón se había vuelto cristiano y se llamó don Lorenzo de Vargas, como dicho tengo) dijo que le placía de buena voluntad, no solamente diez mil hombres, sino muchos más si los quería llevar, e que iría por capitán dellos otro cacique muy esforzado y nuestro gran amigo que se decía Chichimecatecle.

Y Cortés le dio las gracias por ello, y después de hecho nuestro alarde, que ya no me acuerdo bien qué tanta copia éramos, ansí de soldados como de lo demás, un día, después de pasada la Pascua de Navidad del año de mil e quinientos y veinte años, comenzamos a caminar con mucho concierto, como lo teníamos de costumbre, y fuimos a dormir a un pueblo que se dice subjeto de Tezcuco, y los del mismo pueblo nos dieron lo que habíamos menester.

De allí adelante era tierra de mexicanos. Íbamos más recatados, nuestra artillería puesta en mucho concierto y ballesteros y escopeteros, y siempre cuatro corredores del campo a caballo y otros cuatro soldados de espada y rodela muy sueltos, juntamente con los de a caballo, para ver los pasos si estaban para pasar caballos, porque en el camino tuvimos aviso que estaba embarazado de aquel día un mal paso y la sierra con árboles cortados, porque bien tuvieron noticia en México y en Tezcuco cómo caminábamos hacia su ciudad. Y aquel dia no hallamos estorbo ninguno y fuimos a dormir al pie de la sierra, que serían tres leguas, y aquella noche tuvimos buen frío; y con nuestras rondas y espías e velas y corredores del campo la pasamos. Y desque amanesció, comenzamos a subir un portezuelo, y en unos malos pasos como barrancas estaba cortada la sierra, por donde no podíamos pasar, y puesta mucha madera e pinos en el camino, y como llevábamos tantos amigos tascaltecas, de presto se desembarazó. Y con mucho concierto caminamos con una capitanía de escopeteros y ballesteros delante, y nuestros amigos cortando y apartando los árboles para poder pasar los caballos, hasta que subimos la sierra, y aun bajamos un poco abajo, adonde se descubrió la laguna de México y sus grandes ciudades pobladas en el agua. Y desque la vimos, dimos muchas gracias a Dios que nos la tornó dejar a ver.

Entonces nos acordamos de nuestro desbarate pasado, de cuando nos echaron de México, y prometimos, si Dios fuese servido, de tener otra manera en la guerra desque la cercasemos. Y luego bajamos la sierra, donde vimos grandes ahumadas que hacían ansí los de Tezcuco como de los pueblos sus subjectos; e yendo más adelante, topamos con un buen escuadrón de gente, guerreros de México y de Tezcuco, que nos aguardaban a un mal paso, a un arcabuezo como quebrada algo honda, adonde estaba una puente de madera y corría buen golpe de agua; mas luego desbaratamos los escuadrones y pasamos muy a nuestro salvo. Pues oír la grita que nos daban desde las estancias y barrancas: no hacían otra cosa, y era en parte que no podían correr caballos, y nuestros amigos los tascaltecas les apañaban gallinas. Y lo que podían roballes no lo dejaban, puesto que Cortés les mandaba que si no diesen guerra que no se la diesen; y los tascaltecas decían que si estuvieran de buenos corazones y de paz, que no salieran al camino a darnos guerra, como estaban al paso de las barrancas y puente para no nos dejar pasar.

Volvamos a nuestra materia. Y digamos cómo fuimos a dormir a un pueblo subjecto de Tezcuco, y estaba despoblado; y puestas nuestras velas y rondas y escuchas y corredores de campo, estuvimos aquella noche con pensamiento no diesen aquella noche en nosotros muchos escuadrones de guerreros que estaban aguardándonos en unos malos pasos, de lo cual tuvimos aviso porque se prendieron cinco mexicanos en la puente primera que dicho tengo, y aquellos dijeron lo que pasaba de los escuadrones. Y segund después supimos, no se atrevieron a darnos guerra ni más aguardar, porque, segund paresció, entre los mexicanos y los de Tezcuco tenían diferencias y bandos, y también como aún no estaban muy sanos de las viruelas, que fue dolencia que en toda la tierra dio y cundió. Y como habían sabido cómo en lo de Guacachula y Ozucar y en Tepeaca y Xalacingo y Castilblanco todas las guarniciones mexicanas habíamos desbaratado, y ansimismo teníamos fama, y ansí lo creían, que iban con nosotros en nuestra compañía todo el poder de Tascala y Guaxalcingo, acordaron de no nos aguardar; y todo esto Nuestro Señor Jesucristo lo encaminaba.

Y desque amaneció, puestos todos nosotros en gran concierto, ansí artillería como escopetas y ballestas, y los corredores del campo adelante descubriendo tierra, comenzamos a caminar hacia Tezcuco, que sería de allí de donde dormimos obra de dos leguas. E aun no habíamos andado media legua cuando vimos volver nuestros corredores del campo a matacaballo, muy alegres, e dijeron a Cortés que venían hasta diez indios y que traían unas señas y veletas de oro y que no traían armas ningunas, y que en todas las caserías y estancias por do pasaban no les daban grita ni voces como habían dado el día antes; al parescer, todo estaba de paz. Y Cortés y todos nuestros capitanes y soldados nos alegramos. Y luego mandó Cortés reparar, hasta que llegaron siete indios principales, naturales de Tezcuco, y traían una bandera de oro e una lanza larga; y antes que llegasen, abajaron su bandera y se humillaron, que es señal de paz.

Y desque llegaron ante Cortés, estando doña Marina y Jerónimo de Aguilar, nuestras lenguas, delante, dijeron: "Malinche, Cocoyoacin, nuestro señor y señor de Tezcuco, te envía a rogar que le quieras recebir a tu amistad y te está esperando de paz en su ciudad de Tezcuco, y en señal dello recibe esta bandera de oro, y que te pide por merced que mandes a todos los tascaltecas y a tus hermanos que no les hagan mal en su tierra, y que te vayas aposentar a su ciudad, que él te dará lo que hobieres menester". Y más dijeron: que los escuadrones que allí estaban en las barrancas y pasos malos que no eran de Tezcuco, sino mexicanos, que los enviaba Guatemuz. Y cuando Cortés oyó aquellas paces, holgó mucho dellas, y ansimismo todos nosotros, e abrazó a los mensajeros, en especial a tres dellos que eran parientes del buen Montezuma y los conoscíamos todos los más soldados, que habían sido sus capitanes. Y considerada la embajada, luego mandó Cortés llamar los capitanes tascaltecas y les mandó muy afectuosamente que no hiciesen ningún mal ni les tomasen cosa ninguna en toda la tierra, porque estaban de paz; y ansí lo hicieron como se lo mandó. Mas comida no se les defendía, si era solamente maíz y frísoles y aun gallinas e perrillos, que había muchos: todas las casas llenas dello.

Y entonces Cortés tomó consejo con nuestros capitanes, y a todos les paresció que aquel pedir de paz y de aquella manera que era fingido, porque si fueran verdaderas, no vinieran tan arrebatadamente, y aun trujeron bastimento. Y con todo esto, Cortés rescibió la bandera, que valía hasta ochenta pesos, y dio muchas gracias a los mensajeros y les dijo que no tenía por costumbre hacer mal ni daño a ningunos vasallos de Su Majestad; antes les favorescía y miraba por ellos. Y que si guardaban las paces que decían, que les favorescería contra mexicanos; e que ya había mandado a los tascaltecas que no hiciesen daño en su tierra, como habían visto, e que ansí lo cumpliría adelante.

Y que bien sabía que en aquella ciudad mataron sobre cuarenta españoles, nuestros hermanos, cuando salimos de México, y sobre docientos tascaltecas, y que robaron muchas cargas de oro y otros despojos que dellos hobieron; que ruega su señor Cuacayutzin y a todos los más caciques y capitanes de Tezcuco que le den el oro y ropa, y que la muerte de los españoles, que pues ya no tenían remedio, que no se les pedirá. Y respondieron aquellos mensajeros que ellos se lo dirían a su señor ansí como se lo mandaba, mas que el que los mandó matar fue el que en aquel tiempo alzaron en México por señor, después de muerto Montezuma, que se decía Coadlavaca, e hobo todo el despojo y le llevaron a México todos los más de los teules, y que luego los sacrificaron a su Huichilobos. Y desque Cortés vio aquella respuesta, por no los resabiar ni atemorizar no les replicó en ello, sino que fueran con Dios; y quedó uno dellos en nuestra compañía.

Y luego nos fuimos a unos arrabales de Tezcuco que se decían Guautinchan o Huaxutan, que ya se me ha olvidado el nombre, y allí nos dieron bien de comer y todo lo que hobimos menester, y aun derribamos unos ídolos que estaban en unos aposentos donde posábamos. Y otro día de mañana fuimos a la ciudad de Tezcuco, y en todas las calles ni casas no veíamos mujeres ni muchachos ni niños, sino todos los indios como asombrados y como gente que estaba de guerra; y fuímonos aposentar a unos grandes aposentos y salas. Y luego mandó Cortés llamar a nuestros capitanes y todos los más soldados, y nos dijo que no saliésemos de unos patios grandes que allí había y que estuviésemos muy apercebidos, porque no le parescía que estaba aquella ciudad pacífica, hasta ver cómo y de qué manera estaba. Y mandó a Pedro de Alvarado y a Cristóbal de Olí e a otros soldados, e a mí con ellos, que subiésemos a un gran cu que era bien alto y llevásemos hasta veinte escopeteros para nuestra guarda, y que mirásemos desde el alto cu la laguna y la ciudad, porque bien se parescía toda. Y vimos que todos los moradores de aquellas poblazones se iban con sus haciendas y hatos e hijos e mujeres, unos a los montes y otros a los carrizales que hay en la laguna, y que toda iba cuajada de canoas, dellas grandes y otras chicas.

Y como Cortés lo supo, quiso prender al señor de Tezcuco que envió la bandera de oro; y cuando lo fueron a llamar ciertos papas que envió Cortés por mensajeros, ya estaba puesto en cobro, que el primero que se fue huyendo a México fue él con otros muchos principales. Y ansí se pasó aquella noche, que tuvimos grande recaudo de velas y rondas y espías.

Y otro día muy de mañana mandó Cortés llamar a todos los más principales indios que había en Tezcuco, porque como es gran ciudad, había otros muchos señores, partes contrarias del cacique que se fue huyendo, con quien tenían debates y diferencias sobre el mando y reino de aquella ciudad. Y venidos ante Cortés, e informado dellos cómo y de qué manera y desde qué tiempo acá señoreaba el Cuacoyotzin, dijeron que por cobdicia de reinar había muerto malamente a su hermano mayor, que se decía Cuxcuxca, con favor que para ello le dio el señor de México, que ya he dicho otras veces que se decía Coadlavaca, el cual fue el que nos dio la guerra cuando salimos huyendo después de muerto Montezuma. E que allí habían otros señores a quien venía el reino de Tezcuco más justamente que no al que lo tenía, que era un mancebo que luego en aquella sazón se volvió cristiano con mucha solenidad y se llamó don Hernando Cortés, porque fue su padrino nuestro capitán. E aqueste mancebo dijeron que era hijo legítimo del señor y rey de Tezcuco, que se decía su padre Nezabalpincintle.

Y luego sin más dilaciones, con gran fiesta y regocijo de todo Tezcuco le alzaron por rey y señor natural, con todas las cerimonias que a los tales reyes solían hacer, e con mucha paz y en amor de todos sus vasallos y otros pueblos comarcanos, y mandaba muy asoluta e osadamente, y era obedescido. Y para le mejor industriar en las cosas de nuestra santa fe y ponelle en toda pulicia y deprendiese nuestra lengua, mandó Cortés que tuviese por ayos a Antonio de Villarreal, marido que fue de una señora hermosa que se dijo Isabel de Ojeda, e a un bachiller que se decía Escobar. Y puso por capitán de Tezcuco, que viese y defendiese que no contratasen con el don Fernando ningún mexicano, a un buen soldado que se decía Pero Sánchez Farfán, marido que fue de la buena e honrada mujer María de Estrada.

Dejemos de contar su gran servicio de aqueste cacique y digamos cuán amado y obedescido fue de los suyos. Y digamos cómo Cortés le demandó que diese mucha copia de indios trabajadores para ensanchar y abrir más las acequias y zanjas por donde habíamos de sacar los bergantines a la laguna desque estuviesen acabados y puestos a punto para ir a la vela. Y se le dio a entender al mismo don Hernando y a otros sus principales a qué fin y efeto se habían de hacer, y cómo y de qué manera habíamos de poner cerco a México. Y para todo ello se ofresció con todo su poder y vasallos, que no solamente aquello que le mandaba, sino que enviaría mensajeros a otros pueblos comarcanos para que se diesen por vasallos de Su Majestad y tomasen nuestra amistad y voz contra México.

Y todo esto concertado, después de nos haber aposentado muy bien, y cada capitanía por sí y señalados los puestos y lugares donde habíamos de acudir si hobiese rebato de mexicanos, porque estábamos a guarda la raya de su laguna y porque de cuando en cuando enviaba Guatemuz grandes piraguas y canoas con muchos guerreros, y venían a ver si nos tomaban descuidados. Y en aquella sazón vinieron de paz ciertos pueblos subjetos a Tezcuco, a demandar perdón y paz si en algo habían errado en las guerras pasadas y habían sido en muertes de españoles, los cuales se decían Guatinchan y ----. Y Cortés les habló a todos muy amorosamente y les perdonó.

Quiero decir que no había día ninguno que dejasen de andar en la obra y zanja y acequia de siete u ocho mil indios, y lo abrían y ensanchaban muy bien, que podían nadar por ella navíos de gran porte. Y en aquella sazón, como teníamos en nuestra compañía sobre siete mil tascaltecas, y estaban deseosos de ganar honra y de guerrear contra mexicanos, acordó Cortés que, pues tan fieles compañeros teníamos, que fuésemos a entrar y dar una vista a un buen pueblo que se dice Iztapalapa, el cual pueblo fue por donde habíamos pasado cuando la primera vez venimos para México, y el señor dél fue el que alzaron por rey en México después de la muerte del gran Montezuma, que ya he dicho otras veces que se decía Coadlavaca. Y de aqueste pueblo, segund supimos, rescebíamos mucho daño, porque eran muy contrarios contra Chalco y Tamanalco y Mecameca y Chimaloacán e Agocingo, que querían venir a tener nuestra amistad, y ellos lo estorbaban. Y como había ya doce días que estábamos en Tezcuco sin hacer cosa que de contar sea más de lo por mí ya dicho, fuimos aquella entrada de Iztapalapa, y lo que allí pasó diré adelante.

CONTENIDO